中华职业教育年鉴

（2019）

中华职业教育社　编

方志出版社
Publishing House of Local Records

图书在版编目（CIP）数据

中华职业教育年鉴. 2019 / 中华职业教育社编. 北京 : 方志出版社, 2024. 9. -- ISBN 978-7-5144-6237-1

Ⅰ. G719.2-54

中国国家版本馆 CIP 数据核字第 2024381G9R 号

责任编辑：李静
责任校对：张玉霞
责任印制：梅中英
出 版 者：方志出版社
地　　址：北京市朝阳区潘家园东里 9 号（国家方志馆 4 层）
邮　　编：100021
网　　址：http://www.zgfzcb.cn
发　　行：方志出版社图书营销中心（010-67110500）
印　　刷：北京中科印刷有限公司
开　　本：889 毫米×1194 毫米　1/16
印　　张：25.25
字　　数：719 千字
版　　次：2024 年 9 月第 1 版
印　　次：2024 年 9 月第 1 次印刷
定　　价：200.00 元

《中华职业教育年鉴（2019）》编委会

前言

PREEACE

2018年是中国改革开放40周年。40年前，在邓小平倡导下，中国共产党领导中国人民开启了改革开放和社会主义现代化的伟大征程。在庆祝改革开放40周年大会上，习近平总书记发表重要讲话，他指出“建成社会主义现代化强国，实现中华民族伟大复兴，是一场接力跑，我们要一棒接着一棒跑下去，每一代人都要为下一代人跑出一个好成绩”。习近平总书记的讲话被称为“当代中国改革开放再出发的宣言书”。

2018年，中国职业教育与中国教育事业一道开始继往开来再出发的伟大征程，并呈现出宏大格局。党中央隆重召开新时代第一次全国教育大会。习近平总书记在大会上发表重要讲话，他强调“教育是国之大计、党之大计”，进一步突出包括职业教育在内的整个教育在中国特色社会主义现代化强国建设中的重要战略地位。习近平总书记主持召开中央全面深化改革委员会第五次会议，审议通过《国家职业教育改革实施方案》，明确新时代中国职业教育改革发展的行动纲领和工作路线图。

一年中，党和国家先后出台和确立了一系列促进和保障职业教育加快发展的重要政策和制度安排。中共中央、国务院发布《关于全面深化新时代教师队伍建设改革的意见》，对职业教育师资队伍建设提出明确任务要求。2018年中央一号文件，《关于实施乡村振兴战略的意见》提出要全面实行职业农民制度，实施新型职业农民培育工程，支持地方高校和职业院校为乡村振兴培养专业化人才。国务院发布了《关于推行终身职业技能培训制度的意见》，提出建立并推行覆盖城乡全体劳动者、贯穿劳动者学习工作终身、适应就业创业和人才成长需要以及经济社会发展需求的终身职业技能培训制度。中共中央办公厅、国务院办公厅印发了《关于提高技术工人待遇的意见》，提出完善技术工人培养、评价、使用、激励、保障等措施，激发技术工人积极性、主动性、创造性。国务院批复同意建立由国务院领导同志牵头负责的国务院职业教育工作部际联席会议制度。

全国职业教育战线以改革创新的实际行动展现改革开放再出发的精神风貌。教育部召开全国职业教育与继续教育工作视频会，推动党中央决策部署形成生动实践，写好新时代职业教育的“奋进之笔”。浙江省正式启动中职与应用型本科一体化育人工程，推进职业教育与本科教育的衔接与贯通。江苏省加快推进高职院校产业教授制度探索，充分发挥优秀产业人才在职业教育中的引领作用。广西壮族自治区实施“教育开放工程”，加快建设桂港现代职业教育发展中心、东盟语种人才培养基地、中国—东盟边境职业教育联盟、中国—东盟旅游职业联盟等平台体系。天津市持续推动“鲁班工坊”建设，全市职业教育国际化进入高水平发展阶段。职业院校和行业企业持续深化合作，推进产教融合向深广领域发展。林肯（中国）与天津职业大学成立国内首家林肯校企合作基地——林肯（中国）天津技术培训中心。华为技术有限公司与深圳职业技术学院举行战略合作协议签约仪式，成立“深职院—华为合作项目领导小组”，一批创新经验和做法孕育而生。各类群众团体、社会团体发挥“第三方”优势，在推动职业教育高质量发展、师资队伍建设和人才培养、助力深化产教融合、服务乡村振兴等方面迈出了新的步伐。职业教育的实践精彩纷呈，职业教育的学术研究也收获累累硕果。全国教育科学规划职业教育类课题全年立项 47 项，职业教育专著类图书当年出版 50 多种，各类期刊发表职业教育类论文 1 万多篇，职教研究呈现井喷之势。

一年中，香港、澳门、台湾地区继续根据自身的社会、经济和文化发展需要推进多种形式的职业教育。香港特区政府成立新的推广职专教育专责小组，宣布了一系列措施支持职业教育发展；澳门特区在学生人数逐渐减少趋势下，基本上保持了职业教育规模；台湾地区推出了一系列新的政策措施、修订了若干法令，以支持职业教育发展。

这一年的职教成果值得记录！接续《中华职业教育年鉴》首卷，中华职业教育社开展了《中华职业教育年鉴》2019 卷的编撰工作，将记述 2018 年中国职业教育发展情况作为主要内容，向为中国特色社会主义现代化强国建设作出重要贡献的中国职业教育致敬！

2019 卷年鉴编撰具体工作由教育与职业杂志社、吉林省中华职业教育社、吉林工程技术师范学院联合承办。年鉴编辑委员会组织了以吉林省中华职业教育社、职业技术教育编辑部、唐山工业职业技术大学三方研究人员为核心的专业团队参与年鉴编撰工作，并提供了良好的工作条件。

2019卷年鉴编撰工作还得到了有关方面的高度重视和大力支持。教育部、人力资源和社会保障部等部门，以及各级地方政府有关部门，提供了所属系统的相关统计数据和工作资料，并给予了专业指导。港澳台有关部门和团体提供了有关统计资料和情况介绍。中华职业教育社各级地方组织按照总社的工作部署开展了本地区工作联络、信息整理和资料汇辑工作。《中华职业教育年鉴》编委会对总体框架、编辑思路、文稿内容等进行了多次深入探讨，并提出重要的意见和建议。方志出版社多次派出专家和编辑人员对编辑工作给予专业指导和帮助。

2019卷年鉴的编辑和出版是各方心血和力量凝聚的成果。在此，向所有关心支持这项工作的单位和同人表示衷心的感谢，并致以崇高的敬意！我们将赓续前行，求精创新，推动此项工作更上一层楼！

编辑说明

一、《中华职业教育年鉴》是汇辑一年内全国职业教育重要事件、文献和统计资料并按年度连续出版的工具性图书，由中华职业教育社主办，教育部、人力资源和社会保障部支持，《中华职业教育年鉴》编辑部组织编写。

二、本年鉴以马克思列宁主义、毛泽东思想、邓小平理论、“三个代表”重要思想、科学发展观、习近平新时代中国特色社会主义思想为指导，坚持辩证唯物主义和历史唯物主义的立场、观点和方法，力求全面、系统和准确地反映全国职业教育改革发展的基本情况以及国际职业教育动向，突出年度特色、中国特色、地方特色和行业（部门）特色，体现年鉴信息的实用价值、借鉴价值和史料价值。

三、本年鉴记述2018年国内职业教育发展情况，时间为2018年1月1日—12月31日（港澳台地区个别除外）。凡在这一时限内的事情，均直书月、日，不再注明年份；因跨年度前后延伸的内容，则写明年份。

四、本年鉴的正文内容为：大事记、综合、地方、行业企业、群团社团、院校、科研、港澳台职业教育等，共8个部类。正文后设有附录，主要提供统计数据。条目的内容主要来源于有关部门和机构提供的资料、权威媒体发布的消息，均经该类目撰稿人及责任编辑核实。有关港澳台有内地差异词原文照录不作修改。

五、本年鉴中数字用法、标点符号用法分别采用国家标准《出版物上数字用法》（GB/T 15835—2011）、《标点符号用法》（GB/T 15834—2011），计量单位采用国家技术监督局1993年12月发布的《量和单位》系列国家标准。

中英文对照目录
(Contents)

目录 CONTENTS

大事记

综合

地方

行业企业

群团社团

院校

科研

港澳台职业教育

附录

大 事 记

Chronicle of Major Events

1月

4日，教育部公布第二批66个《职业学校专业顶岗实习标准》。

1月4日，教育部出台《中等职业学校茶叶生产与加工专业仪器设备装备规范》等10项教育行业标准。

1月6日—7日，全国县级职教中心联盟成立大会暨全国县级职教中心新时代振兴发展研讨会在石家庄市召开。

1月9日—10日，黄炎培职业教育思想研究会2017学术年会在南京举办，

1月15日，教育部、国务院扶贫办印发《深度贫困地区教育脱贫攻坚实施方案（2018—2020年）》。

1月23日—24日，2018年全国教育工作会议在北京召开。

1月31日，中共中央、国务院印发《关于全面深化新时代教师队伍建设改革的意见》。

1月31日，教育部印发《教育部2018年工作要点》。

2月

2月1日，教育部下发《关于开展2018年国家级教学成果奖评审工作的通知》，正式启动2018年国家级教学成果奖评审工作。

2月5日，教育部、国家发展改革委、工业和信息化部、财政部、人力资源和社会保障部、国家税务总局联合印发《职业学校校企合作促进办法》。

2月7日，教育部等37部门印发《全国职业院校技能大赛章程》。

2月11日，教育部等五部门印发《教师教育振兴行动计划（2018—2022年）》。

2月26日，中共中央办公厅、国务院办公厅印发《关于分类推进人才评价机制改革的指导意见》。

2月26日，教育部职业教育与成人教育司印发《职业教育与继续教育2018年工作要点》。

3月

3月6日，教育部办公厅印发《教育部第三批现代学徒制试点工作方案》。

3月16日，人力资源和社会保障部职业能力建设司印发《2018年职业能力建设司工作要点》。

3月16日，2018年度全国职业教育与继续教育工作视频会议在北京召开。

3月21日，教育部办公厅印发《关于做好职业教育专业教学资源库2018年度相关工作的通知》。

3月22日，中共中央办公厅、国务院办公厅印发《关于提高技术工人待遇的意见》。

4月

4月13日，教育部印发《教育信息化2.0行动计划》。

4月18日，国务院总理李克强主持召开国务院常务会议，确定推行终身职业技能培训制度的政策措施等。

4月19日，教育部办公厅印发《关于公布第五批国家级农村职业教育和成人教育示范县创建入围名单的通知》，共有59个县（市、区）入围第五批示范县创建名单。

4月20日，教育部印发《中等职业学校职业指导工作规定》。

4月20日，人力资源和社会保障部印发《关于贯彻落实〈关于提高技术工人待遇的意见〉精神的通知》。

4月20日，教育部印发《中等职业学校职业指导工作规定》。

4月23日，教育部等四部门印发《关于加快发展残疾人职业教育的若干意见》。

4月24日—25日，2018年全国教育信息

化工作会议在重庆璧山召开。

5月

5月3日，国务院印发《关于推行终身职业技能培训制度的意见》。

5月6日，2018年职业教育活动周全国启动仪式暨第十一届全国职业院校技能大赛开幕式在天津海河教育园区举行。中共中央政治局委员、国务院副总理孙春兰出席。

5月17日，第五届产教融合发展战略国际论坛在驻马店开幕。

5月19日，中国现代职业学校教育创立100周年庆祝大会在南京工业职业技术学院举行。

5月29日，全国职业能力建设工作座谈会在合肥召开。

6月

6月12日，2018年中国技能大赛——第45届世界技能大赛全国选拔赛开幕式在上海国家会展中心举行。

6月21日，国务院国资委、人力资源和社会保障部、全国总工会在北京联合召开中央企业贯彻落实《关于提高技术工人待遇的意见》专题会议。

6月22日，教育部在大理召开2018年度职业教育东西协作行动计划滇西实施方案工作座谈会。

7月

7月4日，2018职业教育与城市发展高层对话会在陕西杨凌举行。

7月17日，教育部印发《中等职业学校焊接技术应用专业实训教学条件建设标准》等11项职业教育教学标准。

7月27日，教育部党组书记、部长陈宝生主持召开2018年“奋进之笔”年中推进会。

8月

8月8日，教育部印发《全国职业院校技能大赛经费管理办法》。

8月31日，人力资源和社会保障部印发《打赢人力资源和社会保障扶贫攻坚战三年行动方案》。

9月

9月10日，全国教育大会在北京召开。中共中央总书记、国家主席、中央军委主席习近平出席会议并发表重要讲话。

9月24日，人力资源和社会保障部、国务院国资委印发《关于深入推进技工院校与国有企业开展校企合作的若干意见》。

9月26日，人力资源和社会保障部、国务院扶贫办发布《关于开展深度贫困地区技能扶贫行动的通知》。

10月

10月12日，人力资源和社会保障部、财政部联合印发《关于全面推行企业新型学徒制的意见》。

10月15日，中共中央政治局委员、国务院副总理胡春华调研河南职业技术学院创客空间。

10月16日，人力资源和社会保障部印发《技能人才队伍建设实施方案（2018—2020年）》。

10月24日，教育部党组学习贯彻全国教育大会精神推进会召开。

10月25日，2018年全民终身学习活动周全国总开幕式在宁波举行。

11月

11月6日，2018年全国职业院校技能大赛总结会在天津召开。

11月7日，国家发展改革委、教育部、人力资源和社会保障部、国家开发银行联合印发《关于加强实训基地建设组合投融资支持的实施方案》。

11月8日，教育部印发《新时代高校教师职业行为十项准则》《新时代中小学教师职业行为十项准则》《新时代幼儿园教师职业行为十项准则》。

11月10日，全国中等职业学校校长联席会议2018年会在北京召开。

11月14日，中共中央总书记、国家主席、中央军委主席、中央全面深化改革委员会主任习近平主持召开中央全面深化改革委员会第五次会议并发表重要讲话。会议审议通过《国家职业教育改革实施方案》等文件。

11月20日，国务院印发《关于同意建立国务院职业教育工作部际联席会议制度的批复》。

11月21日，人力资源和社会保障部、财政部、国务院国资委在北京召开全面推行企业新型学徒制工作电视电话会。

11月25日，人力资源和社会保障部发布《关于在工程技术领域实现高技能人才与工程技术人才职业发展贯通的意见（试行）》。

11月29日，全国教育法治工作会议在北京召开。

12月

12月8日，全国高职高专校长联席会议2018年年会在福州召开。

综　合

Comprehensive Overview

综　述

【党中央、国务院作出一系列新的战略部署】 中共中央、国务院印发《关于实施乡村振兴战略的意见》，明确提出要把优先发展农村教育事业作为提高农村民生保障水平和塑造美丽乡村新风貌的重要内容，解决农民群众最关心最直接最现实的利益问题。中共中央、国务院印发《关于全面深化新时代教师队伍建设改革的意见》，从师德建设、培养培训、管理改革、教师待遇、保障措施等方面提出了一系列建设高素质教师队伍的政策举措，明确提出要造就党和人民满意的高素质专业化创新型教师队伍。国务院印发《关于推行终身职业技能培训制度的意见》，提出要构建终身职业技能培训体系，深化职业技能培训体制机制改革，提升职业技能培训基础能力。中共中央办公厅、国务院办公厅印发《关于分类推进人才评价机制改革的指导意见》《关于提高技术工人待遇的意见》，对新时期分类推进人才评价机制改革和提高技术工人待遇工作做出全面部署。国务院发布《关于同意建立国务院职业教育工作部际联席会议制度的批复》，同意建立由国务院领导同志牵头负责的国务院职业教育工作部际联席会议制度，进一步加强对职业教育工作的领导，强化统筹协调。国务院办公厅印发《关于对真抓实干成效明显地方进一步加大激励支持力度的通知》，提出对校企合作推进力度大、职业教育发展环境好、推进职业教育改革成效明显的省（区、市）加大激励支持力度。

【各部门大力推进贯彻落实工作】 教育部、国家发展改革委、工业和信息化部、财政部、人力资源和社会保障部、国务院扶贫办等部门，密切配合，相互支持，围绕脱贫攻坚、校企合作、技能大赛、残疾人职业教育、企业新型学徒制、实训基地建设等开展一系列改革。教育部、人力资源和社会保障部按照各自职责分工，聚焦职业教育标准、专业资源库、教育信息化、职业指导、技术工人待遇、教学条件、教师队伍等领域存在的问题，制定一系列相关配套政策措施或提出政策建议。有关负责人深入开展职业教育调研活动，了解新情况，研究新问题，提出解决对策。

【职业教育重要活动】 5 月 6 日，2018 年职业教育活动周全国启动仪式暨第十一届全国职业院校技能大赛在天津开幕，活动主题为“职教改革四十年产教融合育工匠”。6 月 12 日，2018 年中国技能大赛——第 45 届世界技能大赛全国选拔赛在上海开幕，大赛共设 34 个比赛项目，来自全国 46 个代表队、约 900 名选手参加上海赛区比赛。9 月 10 日，全国教育大会在北京召开，中共中央总书记、国家主席、中央军委主席习近平出席会议并发表重要讲话。这次大会是在中国特色社会主义进入新时代、全面建成小康社会进入决胜阶段的大背景下，党中央召开的第一次全国教育大会，谋划了我国教育改革发展的宏伟蓝图，开启了教育现代化建设的新征程，是我国教育发展史上新的里程碑。11 月 14 日，中共中央总书记、国家主席、中央军委主席、中央全面深化改革委员会主任习近平主持召开中央全面深化改革委员会第五次会议并发表重要讲话。会议审议通过了《国家职业教育改革实施方案》等文件。11 月 29 日，全国教育法治工作会议在北京召开，研究部署新时代教育法治建设任务。

重要政策文件

【中共中央、国务院印发《关于实施乡村振兴战略的意见》】 1月2日，中共中央、国务院印发《关于实施乡村振兴战略的意见》。《意见》分为12个部分。要求推进农村普及高中阶段教育，支持教育基础薄弱县普通高中建设，加强职业教育，逐步分类推进中等职业教育免除学杂费；健全学生资助制度，使绝大多数农村新增劳动力接受高中阶段教育、高等教育；健全覆盖城乡的公共就业服务体系，大规模开展职业技能培训，促进农民工多渠道转移就业，提高就业质量。要求大力培育新型职业农民；全面建立职业农民制度，完善配套政策体系；实施新型职业农民培育工程；支持新型职业农民通过弹性学制参加中高等农业职业教育；创新培训机制，支持农民专业合作社、专业技术协会、龙头企业等主体承担培训；引导符合条件的新型职业农民参加城镇职工养老、医疗等社会保障制度；鼓励各地开展职业农民职称评定试点。要求加强农村专业人才队伍建设；建立县域专业人才统筹使用制度，提高农村专业人才服务保障能力；推动人才管理职能部门简政放权，保障和落实基层用人主体自主权。推行乡村教师“县管校聘”；实施好边远贫困地区、边疆民族地区和革命老区人才支持计划，继续实施“三支一扶”、特岗教师计划等，组织实施高校毕业生基层成长计划；支持地方高等学校、职业院校综合利用教育培训资源，灵活设置专业（方向），创新人才培养模式，为乡村振兴培养专业化人才；扶持培养一批农业职业经理人、经纪人、乡村工匠、文化能人、“非遗”传承人等。建立自主培养与人才引进相结合，学历教育、技能培训、实践锻炼等多种方式并举的人力资源开发机制。

【教育部出台《中等职业学校茶叶生产与加工专业仪器设备装备规范》等10项教育行业标准】 1月4日，教育部经全国教学仪器标准化技术委员会审查通过，发布10项教育行业标准，包括：《JY/T 0596–2017 中等职业学校农业机械使用与维护专业仪器设备装备规范》《JY/T 0597–2017 高等职业学校农业装备应用技术专业仪器设备装备规范》《JY/T 0598–2017 中等职业学校现代林业技术专业仪器设备装备规范》《JY/T 0599–2017 高等职业学校林业技术专业仪器设备装备规范》《JY/T 0600–2017 中等职业学校农业与农村用水专业仪器设备装备规范》《JY/T 0601–2017 高等职业学校水利工程专业仪器设备装备规范》《JY/T 0602–2017 中等职业学校粮油储运与检验技术专业仪器设备装备规范》《JY/T 0603–2017 高等职业学校粮油储藏与检测技术专业仪器设备装备规范》《JY/T 0604–2017 中等职业学校茶叶生产与加工专业仪器设备装备规范》《JY/T 0605–2017 高等职业学校茶树栽培与茶叶加工专业仪器设备装备规范》。

【教育部公布第二批《职业学校专业顶岗实习标准》】 1月4日，教育部公布第二批66个《职业学校专业顶岗实习标准》，包括高等职业学校城市轨道交通车辆技术、城市轨道交通机电技术、城市轨道交通通信信号技术、城市轨道交通工程技术、城市轨道交通运营管理、城市轨道交通供配电技术、船舶工程技术、大气探测技术、航海技术、轮机工程技术、船舶电子电气技术、飞行器制造技术、电气自动化技术、电子信息工程技术、工业分析技术、环境工程技术、矿山机电技术、金属与非金属矿开采技术、黑色冶金技术、民航运输、林业技术、铁道交通运营管理、食品加工技术、食品生物技术、水产养殖技术、粮油储藏与检测技术等54

个专业顶岗实习标准；中等职业学校城市轨道交通运营管理、城市轨道交通车辆运用与检修、城市轨道交通供电、城市轨道交通信号、电气技术应用、工程测量、工业分析与检验、船舶驾驶、轮机管理、船舶水手与机工、美发与形象设计、农产品营销与储运12个专业顶岗实习标准。

【教育部、国务院扶贫办印发《深度贫困地区教育脱贫攻坚实施方案（2018—2020年）》】 1月15日，教育部、国务院扶贫办印发《深度贫困地区教育脱贫攻坚实施方案（2018—2020年）》。《实施方案》提出，省级统筹职业教育资金，支持“三区三州”每个地级市（州、盟）建设好一所中等职业学校；在“三区三州”率先实施职业教育东西协作行动计划，建立工作协调机制和管理平台，全面落实东西职业院校协作全覆盖行动、东西协作中职招生兜底行动、职业院校参与东西劳务协作等三大任务；为就读职业学校的“三区三州”贫困家庭学生，开辟招生绿色通道，优先招生，优先选择专业，优先安排在校企合作程度较深的订单定向培训班或企业冠名班，优先落实助学政策，优先安排实习，优先推荐就业；广泛开展公益性职业技能培训，实现脱贫举措与技能培训的精准对接。

【中共中央、国务院印发《关于全面深化新时代教师队伍建设改革的意见》】 1月31日，中共中央、国务院印发《关于全面深化新时代教师队伍建设改革的意见》。《意见》共有六项二十七条。《意见》强调，百年大计，教育为本；教育大计，教师为本。坚持兴国必先强师，深刻认识教师队伍建设的重要意义和总体要求。《意见》阐述了全面深化新时代教师队伍建设改革的战略意义、指导思想、基本原则和目标任务。《意见》提出，经过5年左右努力，教师培养培训体系基本健全，职业发展通道比较畅通，事权人权财权相统一的教师管理体制普遍建立，待遇提升保障机制更加完善，教师职业吸引力明显增强。教师队伍规模、结构、素质能力基本满足各级各类教育发展需要。《意见》提出，到2035年，教师综合素质、专业化水平和创新能力大幅提升，培养造就数以百万计的骨干教师、数以十万计的卓越教师、数以万计的教育家型教师。教师管理体制机制科学高效，实现教师队伍治理体系和治理能力现代化。教师主动适应信息化、人工智能等新技术变革，积极有效开展教育教学。尊师重教蔚然成风，广大教师在岗位上有幸福感、事业上有成就感、社会上有荣誉感，教师成为让人羡慕的职业。《意见》还就着力提升思想政治素质，全面加强师德师风建设；大力振兴教师教育，不断提升专业素质能力；深化教师管理综合改革，切实理顺体制机制；不断提高地位待遇，真正让教师成为令人羡慕的职业；切实加强党的领导，全力确保政策举措落地见效等方面工作提出了具体要求。

【《教育部2018年工作要点》印发】 1月31日，教育部印发《教育部2018年工作要点》。《工作要点》提出41个方面的内容。针对职业教育，《工作要点》要求：深化产教融合、校企合作，贯彻落实《国务院办公厅关于深化产教融合的若干意见》，印发职业学校校企合作促进办法，推动有条件的行业企业举办职业院校。启动中国特色高水平高职学校和专业建设计划。实施职业教育质量发展攻坚战。推进职业院校教学工作诊断与改进制度建设。完善和实施职业教育国家教学标准，完成中等职业教育德育、语文、历史三科课程标准修订。印发《关于职业院校专业人才培养方案制订工作的指导意见》《中等职业学校职业指导工作规定》。制订服务乡村振兴战略进一步办好农村职业教育和培训的指导意见。总结现代学徒制试点经验。分类遴选职业院校管理500强工作案例，建设一批示范性职业教育集团。继续举办全国职业院校技能大赛和信息化教学大赛。

【教育部印发《关于开展2018年国家级教学成果奖评审工作的通知》】 2月1日，教育部下发《关于开展2018年国家级教学成果奖评审工作的通知》，正式启动2018年国家级教学成果奖评审工作。评奖范围包括基础教育、职业教育、高等教育3个大类。基础教育包括学前教育、义务教育、普通高中教育；职业教育包括中等职业教育和高等职业教育；高等教育包括高等教育阶段的学历教育和非学历教育。其他类型的教育根据其所实施的教育层次，申报相应的教学成果奖。《通知》提出，2018年职业教育国家级教学成果奖重点奖励全面贯彻党的教育方针，坚持为社会主义现代化建设服务、为人民服务，落实立德树人根本任务，反映党的十八大以来我国职业教育教学改革的新成就，代表职业教育教学改革理论创新和实践探索的新成果，针对职业教育教学中存在的问题，提出有效解决办法，实施效果显著，能够在教育教学领域贯彻落实党的十九大精神，健全职业教育与培训体系，深化产教融合、校企合作中发挥引领作用的成果。

【教育部等六部门印发《职业学校校企合作促进办法》】 2月5日，教育部、国家发展改革委、工业和信息化部、财政部、人力资源和社会保障部、国家税务总局联合印发《职业学校校企合作促进办法》。《办法》包括总则、合作形式、促进措施、监督检查和附则等5章，共34条。《办法》规定，校企双方既可根据就业市场需求，合作设置专业、研发专业标准，也可合作制订人才培养或职工培训方案，实现人员互相兼职，相互为学生实习实训、教师实践、学生就业创业、员工培训、企业技术和产品研发、成果转移转化等提供支持；还可根据企业工作岗位需求，开展学徒制合作，联合招收学员，按照工学结合模式，实行校企双主体育人；同时鼓励以多种形式合作办学，合作研发岗位规范、质量标准等。《办法》要求，职业学校应制订校企合作规划，建立适应开展校企合作的教育教学组织方式和管理制度，明确相关机构和人员，改革教学内容和方式方法、健全质量评价制度，为合作企业的人力资源开发和技术升级提供支持与服务；增强服务企业特别是中小微企业的技术和产品研发能力。《办法》还明确了校企合作的15条促进措施，既明晰了国家在促进跨区域校企合作方面的职责、地方政府的职责以及教育、财税、用人和分配等方面的具体政策，又鼓励各地通过政府和社会资本合作、购买服务、落实财税用地、职业教育集团以及支持产教融合型企业试点、促进教师和企业人员双向流动、保护学生权益、建设服务体系等具体措施支持校企合作。

【教育部等37部门印发《全国职业院校技能大赛章程》】 2月7日，教育部等37部门印发《全国职业院校技能大赛章程》。该章程由全国职业院校技能大赛组委会研究制定，分为7章，46条。第一章为总则，明确大赛的性质、意义、目的、作用、内容导向、经费来源等。第二章为组织机构，明确大赛的组委会、秘书处、执行委员会、执委会办公室、经费管理委员会等机构设置和人员设置，以及对承办院校的要求。第三章为赛项设置，明确赛项的设置原则、周期、申报与遴选基本流程等。第四章为参赛规则与奖项设置，明确选手资格、数量、奖励等。第五章对大赛的宣传与资源转化工作进行规定。第六章对规范廉洁办赛提出要求。第七章附则对《章程》的修订、解释提出要求。该章程指出，要贯彻落实习近平新时代中国特色社会主义思想和党的十九大精神，完善职业教育和培训体系，深化产教融合、校企合作，推进全国职业院校技能大赛科学化、制度化、规范化建设。

【教育部等五部门印发《教师教育振兴行动计划（2018—2022 年）》】 2 月 11 日，教育部等五部门印发《教师教育振兴行动计划（2018—2022 年）》。《行动计划》由指导思想、目标任务、主要措施、组织实施 4 部分组成。《行动计划》提出，经过 5 年左右努力，办好一批高水平、有特色的教师教育院校和师范类专业，教师培养培训体系基本健全，为我国教师教育的长期可持续发展奠定坚实基础。师德教育显著加强，教师培养培训的内容方式不断优化，教师综合素质、专业化水平和创新能力显著提升，为发展更高质量更加公平的教育提供强有力的师资保障和人才支撑。《行动计划》针对当前教师教育发展不平衡不充分的问题，从师德教育、培养规格层次、教师资源供给、教师教育模式、师范院校作用五个维度，提出五项重点任务：明确落实师德教育新要求，增强师德教育实效性；提升培养规格层次，夯实国民教育保障基础；改善教师资源供给，促进教育公平发展；创新教师教育模式，培养未来卓越教师；发挥师范院校主体作用，加强教师教育体系建设。《行动计划》将主要措施明确为十大行动，具体包括师德养成教育全面推进行动、教师培养层次提升行动、乡村教师素质提高行动、师范生生源质量改善行动、"互联网 + 教师教育"创新行动、教师教育改革实验区建设行动、高水平教师教育基地建设行动、教师教育师资队伍优化行动、教师教育学科专业建设行动和教师教育质量保障体系构建行动。

【《职业教育与继续教育 2018 年工作要点》印发】 2 月 26 日，教育部职业教育与成人教育司印发《职业教育与继续教育 2018 年工作要点》。《工作要点》提出：一是把发展职业教育与继续教育的思想和举措统一到党中央决策部署上来，主要包括：深入学习贯彻党的十九大精神、指导战线做强做实党建工作；二是完善职业教育和培训体系，主要包括：坚定办好中等职业教育、推进高等职业教育高质量发展、以扩大培训为重点搭建人才成长"立交桥"；三是打好职业教育提质升级攻坚战，主要包括：完善德技并修、工学结合的育人机制，深化产教融合、校企合作的办学模式，完善质量保障机制；四是办好中国特色继续教育，主要包括：稳步发展高等学历继续教育、加快建设学习型社会；五是夯实职业教育与继续教育持续发展的基础，主要包括：加大投入保障力度、提升对外开放水平、着力营造良好社会氛围、持续加强自身建设。

【中共中央办公厅、国务院办公厅印发《关于分类推进人才评价机制改革的指导意见》】 2 月 26 日，中共中央办公厅、国务院办公厅印发《关于分类推进人才评价机制改革的指导意见》。《意见》分为 5 个部分，18 条。《意见》提出适应现代职业教育发展需要，按照兼备专业理论知识和技能操作实践能力的要求，完善职业院校（含技工院校）"双师型"教师评价标准，吸纳行业、企业作为评价参与主体，重点评价其职业素养、专业教学能力和生产一线实践经验。创新技术技能人才评价制度。适应工程技术专业化、标准化程度高、通用性强等特点，分专业领域建立健全工程技术人才评价标准，着力解决评价标准过于追求学术化问题，重点评价其掌握必备专业理论知识和解决工程技术难题、技术创造发明、技术推广应用、工程项目设计、工艺流程标准开发等实际能力和业绩。探索推动工程师国际互认，提高工程教育质量和工程技术人才职业化、国际化水平。健全以职业能力为导向、以工作业绩为重点、注重职业道德和知识水平的技能人才评价体系。加快构建国家职业标准、行业企业工种岗位要求、专项职业能力考核规范等多层次职业标准。完善职业资格评价、职业技能等级认定、专项职业能力考核等多元化评价方式，做好评价结果有机衔接。坚持职业标准和岗位要求、职业能力考核和工作业绩评价、专业评价和企业认可相结合的原则，对技术技能型人才突出实际操作能力和解决关键生产技术难题要求，对知识技能型人才突出掌握运用理论知识指导生产实践、创造性开展工作要求，对复合技能型人才突出掌握多项技能、从事多工种多岗位复杂工作要求，引导鼓励技能人才培育精益求精的工匠精神。健全以职业农民为主体的农村实用人才评价制度，完善教育培训、认定评价管理、政策扶持“三位一体”的制度体系。

【教育部办公厅印发《教育部第三批现代学徒制试点工作方案》】 3月6日，教育部办公厅印发《教育部第三批现代学徒制试点工作方案》。《工作方案》提出第三批现代学徒制试点的目标为：探索建立校企联合招生、联合培养、双主体育人的长效机制，完善学徒培养的教学文件、管理制度、培养标准，推进专兼结合、校企互聘互用的双师结构教师队伍建设，建立健全现代学徒制的支持政策，形成和推广政府引导、行业参与、社会支持，企业和职业院校“双主体”育人的中国特色现代学徒制。《工作方案》从探索校企“双主体”育人机制、推进招生招工一体化、完善人才培养制度和标准、建设校企互聘共用的教师队伍、建立体现现代学徒制特点的管理制度5个方面提出了第三批现代学徒制试点的内容。《工作方案》规定第三批现代学徒制试点的形式为地方政府牵头的试点、行业牵头的试点、职业院校牵头的试点、企业牵头的试点。

【人力资源和社会保障部职业能力建设司印发《2018年职业能力建设司工作要点》】 3月16日，人力资源和社会保障部职业能力建设司印发《2018年职业能力建设司工作要点》。《工作要点》提出：一是以制定出台提高技术工人待遇等政策为突破口，进一步加强高技能人才队伍建设工作；二是推行终身职业技能培训制度，大规模开展职业技能培训；三是深化校企合作，大力发展技工教育；四是深化职业资格改革，完善技能人才评价制度；五是大力开展各类职业技能竞赛，着力提高竞赛质量；六是持续加强职业能力建设宣传工作。

【教育部办公厅印发《关于做好职业教育专业教学资源库2018年度相关工作的通知》】 3月21日，教育部办公厅印发《关于做好职业教育专业教学资源库2018年度相关工作的通知》。《通知》对2018年度国家级备选资源库、升级改进支持项目遴选和年度验收工作有关事项作出详细规定。为进一步健全建设机制、提高资源质量、提升应用效果，《通知》对职业教育专业教学资源库的功能定位、应用要求、建设思路、建设内容、运行平台、组织实施、申请条件、备选资源库申请流程、验收流程、质量与监测、管理机制、保障措施作出了明确规定和具体要求。

【中共中央办公厅、国务院办公厅印发《关于提高技术工人待遇的意见》】 3月22日，中共中央办公厅、国务院办公厅印发《关于提高技术工人待遇的意见》。《意见》共分七个部分。第一部分为指导思想，第二部分为基本原则，第三部分至第六部分为具体措施，第七部分为加强组织领导。在构建技能形成与提升体系方面，《意见》提出：一是加强终身职业技能培训。适应产业结构转型升级趋势，大力弘扬劳模精神和工匠精神，根据劳动者不同就业阶段特点，加强职业素质培养，开展就业技能培训、岗位技能提升培训、创业创新培训，着力缓解就业结构性矛盾。充分发挥企业在技术工人培训中的主体作用，引导企业结合生产经营和技术创新需要，制定技术工人培养规划和培训制度，发挥工会支持、监督和共青团动员、组织作用，确保企业职工教育培训资金落实到位，并向一线技术工人倾斜。加大政府支持力度，按规定对参加职业培训的技术工人提供职业培训补贴和职业技能鉴定补贴。发挥失业保险基金支持参保职工提升职业技能作用，按规定为参保职工提供技能提升补贴。探索“互联网+”远程职业培训新模式。二是深入实施高技能人才振兴计划。紧密结合先进制造业、战略性新兴产业、现代服务业发展需要，重点实施高技能人才培训基地、技师培训等项目，推动具备条件的行业企业建立首席技师制度，加大技能大师工作室、劳模和工匠人才创新工作室、职工创新工作室、青创先锋工作室等建设力度。企业可从职工教育经费中列支相关工作室专项经费，支持高技能人才“师带徒”。三是加大校企合作培养技术工人力度。充分发挥国民教育对技术工人成长发展的支撑作用，促进职业院校（含技工院校）、本科高校与企业充分合作，改革人才培养模式，提高应用型和技术技能型人才培养培训能力。积极发展职工培训和学历继续教育。提高职业教育质量，促进产教融合。完善职业教育“文化素质+职业技能”的考试招生方式。支持职业院校（含技工院校）、本科高校与企业共同开发教学资源和培训项目。统筹规范现代学徒制和企业新型学徒制。逐步扩大高等职业院校招收有实践经历人员的比例。鼓励企业、职业院校（含技工院校）、本科高校、职业培训机构合作建设现代化产业人才培养培训基地（中心），健全企业参与校企合作的成本补偿等政策，培养符合企业岗位需求的技术工人。鼓励各地根据实际打造具备实践经验的高素质职业教育师资队伍。

【教育部印发《教育信息化2.0行动计划》】 4月13日，教育部印发《教育信息化2.0行动计划》。《行动计划》提出到2022年基本实现“三全两高一大”的发展目标，即教学应用覆盖全体教师、学习应用覆盖全体适龄学生、数字校园建设覆盖全体学校，信息化应用水平和师生信息素养普遍提高，建成“互联网+教育”大平台，推动从教育专用资源向教育大资源转变、从提升师生信息技术应用能力向全面提升其信息素养转变、从融合应用向创新发展转变，努力构建“互联网+”条件下的人才培养新模式、发展基于互联网的教育服务新模式、探索信息时代教育治理新模式。《行动计划》的主要任务是继续深入推进“三通两平台”，实现三个方面普及应用；持续推动信息技术与教育深度融合，促进两个方面水平提高；构建一体化的“互联网+教育”大平台。《行动计划》通过8项行动实施，即数字资源服务普及行动、网络学习空间覆盖行动、网络扶智工程攻坚行动、教育治理能力优化行动、百区千校万课引领行动、数字校园规范建设行动、智慧教育创新发展行动、信息素养全面提升行动。

【教育部办公厅印发《关于公布第五批国家级农村职业教育和成人教育示范县创建入围名单的通知》】 4月19日，教育部办公厅印发《关于公布第五批国家级农村职业教育和成人教育示范县创建入围名单的通知》，共有59个县（市、区）入围第五批示范县创建名单。《通知》要求，各省级教育行政部门要督促创建入围县（市、区）人民政府，以示范县创建为契机，提高职业教育和成人教育服务国家乡村振兴战略的能力，在破解农村人才培养瓶颈方面积极探索，取得经验后示范推广。一要按照国民经济和社会发展第十三个五年规划纲要的总体要求和教育规划纲要精神，进一步推进农业现代化，加大“三农”干部的培养力度，建立“职业农民”的制度，加快培育新型的农业经营主体，打造高素质现代农业生产经营者队伍。二要主动引导、支持、鼓励各类人才返乡下乡创业兴业，推动新型城镇化和新农村建设协调发展，提升县域经济支撑辐射能力，促进公共资源在城乡间均衡配置，拓展发展空间，形成城乡共同发展新格局。三要在已有工作基础上，督促各入围县（市、区）按照创建申报书的承诺做好工作规划，开展好创建工作，增强农村职业教育和成人教育持续发展能力，提高其社会贡献率，成为真正的示范典型。四要积极借鉴全国各地创建示范县的经验，指导入围县认真落实创建目标、制定政策措施、完善工作机制，优先予以项目支持，切实发挥入围县（市、区）的示范引领作用。

【教育部印发《中等职业学校职业指导工作规定》】 4月20日，教育部印发《中等职业学校职业指导工作规定》。《工作规定》强调，职业指导是职业教育的重要内容，是职业学校的基础性工作，是帮助引导学生树立正确职业观、就业观和创业观的重要途径。各地各校要高度重视，把职业指导摆在人才培养的重要位置，贯穿于教育教学全过程，不断提高职业指导工作水平。《工作规定》的目的是规范和加强中等职业学校职业指导工作，不断提高人才培养质量，扩大优质职业教育资源供给。《工作规定》由总则、主要任务、主要途径、师资队伍、工作机制、实施保障、附则共7章构成，共计30条。

【人力资源和社会保障部印发《关于贯彻落实〈关于提高技术工人待遇的意见〉精神的通知》】 4月20日，人力资源和社会保障部印发《关于贯彻落实〈关于提高技术工人待遇的意见〉精神的通知》。《通知》要求，各级人力资源和社会保障部门要按照党的十九大精神和《意见》要求，深刻领会提高技术工人待遇的重要意义，根据《意见》确定的任务分工加强统筹协调，推动各项政策措施落到实处。《通知》要求，各省、自治区、直辖市及新疆生产建设兵团人力资源社会保障厅（局）要深刻领会提高技术工人待遇的重要意义；要发挥牵头作用，推动《意见》贯彻落实；要做好高技能领军人才服务保障工作。

【教育部等四部门印发《关于加快发展残疾人职业教育的若干意见》】 4月23日，教育部等四部门印发《关于加快发展残疾人职业教育的若干意见》。《若干意见》明确了进一步推动残疾人职业教育、提高残疾人职业教育的普及水平与保障能力的政策和举措。《若干意见》提出6个方面的内容：一是充分认识加快发展残疾人职业教育的重要意义，二是以中等职业教育为重点不断扩大残疾人接受职业教育的机会，三是改进残疾人职业教育的办学条件，四是提高残疾人职业教育的质量，五是加强残疾人的就业指导和援助，六是强化残疾人职业教育的组织领导。

【国务院印发《关于推行终身职业技能培训制度的意见》】 5月3日，国务院印发《关于推行终身职业技能培训制度的意见》。《意见》指出，职业技能培训是全面提升劳动者就业创业能力、解决结构性就业矛盾、提高就业质量的根本举措，是适应经济高质量发展、培育经济发展新动能、推进供给侧结构性改革的内在要求，对推动大众创业万众创新、推进制造强国建设、提高全要素生产率、推动经济迈上中高端水平具有重要意义。《意见》要求，要以习近平新时代中国特色社会主义思想为指导，全面深入贯彻党的十九大和十九届二中、三中全会精神，坚持以人民为中心的发展思想，适应经济转型升级、制造强国建设和劳动者就业创业需要，推行终身职业技能培训制度，大规模开展职业技能培训，着力提升培训的针对性和有效性，建设知识型、技能型、创新型劳动者大军。《意见》明确了促进普惠均等、坚持需求导向、创新体制机制、坚持统筹推进的基本原则，提出要建立并推行覆盖城乡全体劳动者、贯穿劳动者学习工作终身、适应就业创业和人才成长需要以及经济社会发展需求的终身职业技能培训制度，实现培训对象普惠化、培训资源市场化、培训载体多元化、培训方式多样化、培训管理规范化，力争2020年后基本满足劳动者培训需要，努力培养造就规模宏大的高技能人才队伍和数以亿计的高素质劳动者。《意见》提出了推行终身职业技能培训制度的一系列政策措施。一是构建终身职业技能培训体系。完善终身职业技能培训政策和组织实施体系；围绕就业创业重点群体，广泛开展就业技能培训；充分发挥企业主体作用，全面加强企业职工岗位技能提升培训；适应产业转型升级需要，着力加强高技能人才培训；大力推进创业创新培训；强化工匠精神和职业素质培育。二是深化职业技能培训体制机制改革。建立职业技能培训市场化社会化发展机制、技能人才多元评价机制、职业技能培训质量评估监管机制、技能提升多渠道激励机制。三是提升职业技能培训基础能力。加强职业技能培训服务能力建设、职业技能培训教学资源建设和职业技能培训基础平台建设。《意见》强调，要加强组织领导，做好公共财政保障，多渠道筹集经费，建立政府、企业、社会多元投入机制，进一步优化社会环境，大力营造劳动光荣的社会风尚和精益求精的敬业风气。

【教育部印发《中等职业学校焊接技术应用专业实训教学条件建设标准》等11项职业教育教学标准】 7月17日，教育部印发《中等职业学校焊接技术应用专业实训教学条件建设标准》《中等职业学校工业分析与检验专业实训教学设施建设标准》《中等职业学校电气技术应用专业实训教学条件建设标准》《中等职业学校城市轨道交通运营管理专业实训教学条件建设标准》《高等职业学校城市轨道交通运营管理专业实训教学条件建设标准》《高等职业学校电气自动化技术专业实训教学条件建设标准》《高等职业学校工业分析技术专业实训教学设施建设标准》《高等职业学校焊接技术与自动化专业实训教学条件标准》《高等职业学校物联网应用技术专业实训教学条件建设标准》《高等职业学校移动应用开发专业实训教学条件建设标准》《高等职业学校智能控制技术专业实训教学设施建设标准》等11项职业教育教学标准，从分类、面积与主要功能、采光、照明、通风、防火、安全与卫生、网络环境等8个方面对实训教学场所提出明确要求，并对实训教学设备、实训教学管理与实施作出明确规定。

【教育部印发《全国职业院校技能大赛经费管理办法》】 8月8日，教育部印发《全国职业院校技能大赛经费管理办法》。《管理办法》强调，要加强和规范全国职业院校技能大赛经费管理，提高资金使用与管理的规范性、安全性和有效性，提升大赛管理水平和赛事质量。《管理办法》共由总则、经费管理主体及职责、捐赠资产管理、预算管理、经费使用与管理、监督检查与绩效评价、附则7个章节、32条具体规定组成。

【人力资源和社会保障部印发《打赢人力资源和社会保障扶贫攻坚战三年行动方案》】 8月31日，人力资源和社会保障部印发《打赢人力资源社会和保障扶贫攻坚战三年行动方案》。《行动方案》要求到2020年，通过扩大建档立卡贫困劳动力就业规模、提高就业质量，促进100

万贫困劳动力实现就业，带动300万建档立卡贫困人口脱贫；使有职业培训需求的贫困劳动力都有机会接受职业培训，完成贫困劳动力职业技能培训累计300万人次；使有就读技工院校意愿的建档立卡贫困家庭应、往届“两后生”都能接受技工教育，技工院校新招收贫困家庭学生不少于12万人；实现贫困人口基本养老保险全覆盖；各类人才服务贫困地区的支持力度不断加大，人才智力支撑贫困地区脱贫能力显著增强。

【人力资源和社会保障部、国务院国资委印发《关于深入推进技工院校与国有企业开展校企合作的若干意见》】 9月24日，人力资源和社会保障部、国务院国资委印发《关于深入推进技工院校与国有企业开展校企合作的若干意见》。《若干意见》强调，要根据经济转型升级、产业结构优化需要和劳动者就业创业需求，大力发展校企双制、工学一体的技工教育，充分发挥国有企业重要主体作用，促进人才培养供给侧和产业需求侧全方位对接，为增强企业核心竞争力，建设知识型、技能型、创新型劳动者大军提供有力支撑。《若干意见》强调，技工院校与国有企业开展合作要坚持“统筹协调，共同推进”“服务需求，优化结构”“校企双制，工学一体”的基本原则，并提出9条主要任务：完善校企合作办学制度；强化技工院校与国有企业合作关系；加强技工院校与国有企业人才的双向流动；切实做好国有企业办技工院校改革工作；营造国有企业参与技工教育良好政策环境；持续完善国有企业办技工院校管理制度；着力提升技工院校服务企业技能人才培养培训能力；推动校企培训资源共享，积极开展生产性实习实训；创新教育培训服务供给，积极参与学习型企业建设。《若干意见》提出3条保障举措：加强组织领导、完善投入保障机制、营造良好社会环境。

【人力资源和社会保障部、国务院扶贫办印发《关于开展深度贫困地区技能扶贫行动的通知》】 9月26日，人力资源和社会保障部、国务院扶贫办发布《关于开展深度贫困地区技能扶贫行动的通知》。《通知》要求聚焦深度贫困地区，坚持精准扶贫和就业导向，加大帮扶力度，做到“应培尽培、能培尽培”，努力实现每个有培训需求的贫困劳动力都有机会接受职业技能培训，每个有就读技工院校意愿的建档立卡贫困家庭应、往届初高中毕业未能继续升学的学生都有机会接受技工教育。《通知》要求要建立完善职业指导、分类培训、技能评价、就业服务协同联动的公共服务体系，提升职业技能培训促进转移就业脱贫效果。

【人力资源和社会保障部、财政部联合印发《关于全面推行企业新型学徒制的意见》】 10月12日，人力资源和社会保障部、财政部联合印发《关于全面推行企业新型学徒制的意见》。《意见》的主要目标是，按照政府引导、企业为主、院校参与的原则，在企业（含拥有技能人才的其他用人单位）全面推行以“招工即招生、入企即入校、企校双师联合培养”为主要内容的企业新型学徒制，进一步发挥企业主体作用，通过企校合作、工学交替方式，组织企业技能岗位新招用和转岗等人员参加企业新型学徒培训，促进企业技能人才培养，壮大发展产业工人队伍。从2018年到2020年底，努力形成政府激励推动、企业加大投入、培训机构积极参与、劳动者踊跃参加的职业技能培训新格局，力争培训50万名以上企业新型学徒（以下简称“学徒”）。《意见》提出12条主要任务，即培养对象和培养模式、培养主体职责、培养目标和主要方式、建立企校双师联合培养制度、学徒培养实行弹性学制和学分制、健全企业对学徒培训的投入机制、完善财政补贴政策、加强组织领导、规范组织实施、建立培训质量评估监管机制、提高服务能力、加强宣传动员。

【人力资源和社会保障部印发《技能人才队伍建设实施方案（2018—2020年）》】 10月16日，人力资源和社会保障部印发《技能人才队伍建设实施方案（2018—2020年）》。《实施方案》分为目标任务、基本原则、重点举措和组织保障四个部分。《实施方案》提出，贯彻党的十九大精神和党中央、国务院一系列决策部署，以做大做强高技能人才队伍为统领，坚持问题导向、能力导向、市场导向，立足特点、聚焦重点、打造亮点，聚合各方力量，聚集政策措施，全面加强技能人才培养、评价、选拔、使用、激励等工作，借机借势借力推动技能人才工作取得新的突破、再上新台阶。《实施方案》要求，一是提高政治站位。坚决落实党中央、国务院关于技能人才队伍建设的决策部署，强化做好做实职业培训、技工教育、技能评价、技能竞赛和表彰激励等各项工作的使命感和责任担当。二是坚持问题导向。从源头上和机制上找准制约阻碍技能人才工作的问题症结与短板，在解决体制、机制等障碍问题上发力，进一步做好制度和体系"四梁八柱"的顶层设计，提出科学解决实际问题的应对之策和政策措施。三是整合有效资源。立足人社部门特点聚集政策，整合、细化和升级人社部门促进技能人才队伍建设的政策措施。聚合各方力量，充分调动相关部门、行业企业和地方的积极性，释放政策红利，形成横向合作、纵向联动、共同推动的技能人才队伍建设工作格局。《实施方案》要求，一是加强技能人才激励保障。提高技术工人待遇，完善加强技能人才队伍建设的政策措施，加强高技能人才表彰工作，持续开展高技能领军人才休疗养、研修等活动。二是大规模开展职业技能培训。推行终身职业技能培训制度，全面推行企业新型学徒制，持续开展高校毕业生、新生代农民工、失业人员和转岗职工等重点培训行动计划，创新职业培训模式，实施重点培训项目。三是大力发展技工教育。完善技工教育发展政策措施，加强一流技工院校建设，深化校企合作，全面开展一体化课程教学改革，加强专业建设和教材建设，加强师资队伍建设。四是深化技能人才评价制度改革。改革完善技能人才评价制度，建立职业技能等级制度，加强职业标准和新职业开发，贯通高技能人才与工程技术人才职业发展，推动政府职能转变，突出用人单位在评价中的主体作用，发挥第三方评价机构的重要作用。五是推动职业技能竞赛发展。完善职业技能竞赛制度，做好世界技能大赛参赛及筹办工作，创新开展技能竞赛。举办"一带一路"国际技能大赛。筹备举办第一届全国职业技能大赛，打造"技能全运会"。围绕重大战略、重大工程、重大项目、重点产业，每年组织中国技能大赛国家级一类大赛10项左右，国家级二类竞赛50项左右，指导各地、各行业企业积极开展各级各类竞赛活动。六是加大技能扶贫工作力度。深入实施技能脱贫千校行动，努力实现有就读技工院校意愿的贫困家庭子女都能免费接受技工教育，争取到2020年，招收贫困家庭学生12万人以上。开展贫困地区技能扶贫行动，努力实现有培训意愿的贫困劳动力都有机会接受职业技能培训，争取到2020年，完成贫困劳动力培训300万人次。《实施方案》要求，制定出台支持职业教育发展和加强技能人才队伍建设、全面推行企业新型学徒制、开展深度贫困地区技能扶贫行动、深入推进技工院校与国有企业开展校企合作、加强技工院校劳动教育、推进技工院校学生创业创新工作、改革完善技能人才评价制度、工程技术领域高技能人才与专业技术人才职业发展贯通、全国职业技能竞赛管理、社会赞助世界技能大赛参赛工作等多个政策文件。

【国家发展改革委等4部门联合印发《关于加强实训基地建设组合投融资支持的实施方案》】 11月7日，国家发展改革委、教育部、人力资源和社会保障部、国家开发银行联合印发《关于加强实训基地建设组合投融资支持的实施方案》。《实施方案》指出，实训基地建设是加强技术技能人才培养的关键环节。加强实训基地建设组合投融资支持，是贯彻落实党中央、国务院关于加快发展现代职业教育、推行终身职业技能培训制度决策部署，深化产教融合、校企合作，加快建设实体经济、科技创新、现代金融、人力资源协同发展的产业体系的重要举措。《实施方案》明确，聚焦产教融合实训基地和公共实训基地两个重点，利用“补贷债”组合模式，坚持政策统筹、资源共建、开放共享，综合运用中央预算内投资、地方投入、开发性金融、债券融资和吸引社会资本等手段，多措并举拓宽投融资渠道。《实施方案》强调，在建设任务上要分类支持实训基地建设，一是支持职业院校和应用型本科高校主导建设“以教为主”的产教融合实训基地；二是支持国有企业、民营企业联合职业学校、高等学校建设“以产为主”的产教融合实训基地；三是支持地方政府主导建设公益性的公共实训基地。《实施方案》明确实行4方面的支持政策：一是投资补助政策。国家发展改革委加大中央预算内投资对实训基地建设的支持力度。结合开展产教融合建设试点，鼓励试点城市统筹规划编制建设方案。鼓励制造业企业为新增先进产能和新上技术改造项目配套建设产教融合实训基地，纳入相应政府投资项目支持范围。二是信贷融资政策。充分发挥开发性金融的支持引导作用，将支持实训基地建设作为深化产教融合的重点领域，创新结构化融资模式，支持培育一批产教融合实训基地示范建设项目。国家发展改革委统筹安排国际金融组织、外国政府贷款支持的地方教育项目，优先支持产教融合实训基地建设。三是债券融资政策。支持符合条件的发行人申请发行教育培训产业专项债券，重点用于实训基地建设。在“加快和简化审核类”债券审核基础上，提供专项服务支持。四是完善配套政策。鼓励地方政府向符合条件的实训基地购买服务，根据成本给予补偿补助，落实职业培训补贴。在确保国有资产安全前提下，支持以股份制、混合所有制等形式创新产教融合的产权制度，探索设立产权共有的实训基地（机构）。

【教育部印发《新时代高校教师职业行为十项准则》《新时代中小学教师职业行为十项准则》《新时代幼儿园教师职业行为十项准则》】 11月8日，教育部印发《新时代高校教师职业行为十项准则》《新时代中小学教师职业行为十项准则》《新时代幼儿园教师职业行为十项准则》。《新时代高校教师职业行为十项准则》要求教师坚定政治方向、自觉爱国守法、传播优秀文化、潜心教书育人、关心爱护学生、坚持言行雅正、遵守学术规范、秉持公平诚信、坚守廉洁自律、积极奉献社会。《新时代中小学教师职业行为十项准则》要求教师坚定政治方向、自觉爱国守法、传播优秀文化、潜心教书育人、关心爱护学生、加强安全防范、坚持言行雅正、秉持公平诚信、坚守廉洁自律、规范从教行为。《新时代幼儿园教师职业行为十项准则》要求教师坚定政治方向、自觉爱国守法、传播优秀文化、潜心培幼育人、加强安全防范、关心爱护幼儿、遵循幼教规律、秉持公平诚信、坚守廉洁自律、规范保教行为。

【国务院发布《关于同意建立国务院职业教育工作部际联席会议制度的批复》】 11月20日，国务院印发《关于同意建立国务院职业教育工作部际联席会议制度的批复》，同意建立由国务院领导同志牵头负责的国务院职业教育工作部际联席会议制度。根据批复要求，国务院职业教育工作部际联席会议的主要职能是贯彻落实党中央、国务院关于职业教育工作的重大决策部署；统筹协调全国职业教育工作，研究解决职业教育重大问题；研究审议拟出台的职业教育法律法规和重大政策，部署实施职业教育改革创新重大事项；听取国家职业教育指导咨询委员会等方面的意见建议；督促检查职业教育有关政策措施的落实情况；完成党中央、国务院交办的其他事项。联席会议由教育部、国家发展改革委、工业和信息化部、财政部、人力资源和社会保障部、农业农村部、国资委、税务总局、扶贫办9个部门和单位组成，教育部为牵头单位。批复同时要求，联席会议设召集人1人，由国务院分管教育工作的负责人担任；设副召集人2人，由教育部主要负责人和协助分管教育工作的国务院副秘书长担任；其他成员单位有关负责人为联席会议成员。

【人力资源和社会保障部印发《关于在工程技术领域实现高技能人才与工程技术人才职业发展贯通的意见（试行）》】 11月25日，人力资源和社会保障部印发《关于在工程技术领域实现高技能人才与工程技术人才职业发展贯通的意见（试行）》。《意见》首次在技工院校学历认可上实现重大突破，明确规定技工院校中级工班、高级工班、预备技师（技师）班毕业，可分别按相当于中专、大专、本科学历申报评审相应专业职称。《意见》在评审的内容和方式上着重突出高技能人才的工作特点，要求不得将身份、论文等作为高技能人才职称评审的限制性条件。《意见》打破常规，提出可破格评审的内容，列举获得中华技能大奖、全国技术能手等荣誉，担任国家级技能大师工作室负责人，享受省级以上政府特殊津贴，或各省（自治区、直辖市）人民政府认定的高技能领军人才等可破格的人员类型。

【国务院办公厅印发《关于对真抓实干成效明显地方进一步加大激励支持力度的通知》】 12月6日，国务院办公厅印发《关于对真抓实干成效明显地方进一步加大激励支持力度的通知》。《通知》指出，对校企合作推进力度大、职业教育发展环境好、推进职业教育改革成效明显的省（区、市），优先纳入国家职业教育改革试验区建设，在中国特色高水平高职学校和专业建设、职业教育实训基地建设、现代职业教育质量提升计划等重大项目中予以倾斜支持。

【第十三届全国人民代表大会常务委员会第七次会议通过《全国人民代表大会常务委员会关于修改〈中华人民共和国劳动法〉等七部法律的决定》第二次修正】 12月29日，第十三届全国人民代表大会常务委员会第七次会议通过《全国人民代表大会常务委员会关于修改〈中华人民共和国劳动法〉等七部法律的决定》第二次修正。

2018年涉职业教育其他政策文件目录

表1

名称	发文机构	发布日期
关于2017年度国家科学技术奖励的决定	国务院	1月1日
关于印发《高等教育自学考试专业设置实施细则》和《高等教育自学考试开考专业清单》的通知	教育部办公厅	1月8日
关于印发《贯彻落实〈高校思想政治工作质量提升工程实施纲要〉内部分工方案》的通知	教育部办公厅	1月9日

续表 1

名称	发文机构	发布日期
关于开展 2018 年“一师一优课、一课一名师”活动的通知	教育部办公厅	1 月 10 日
关于成立普通高等学校师范类专业认证专家委员会的通知	教育部办公厅	1 月 10 日
关于改革完善全科医生培养与使用激励机制的意见	国务院办公厅	1 月 14 日
关于印发《推普脱贫攻坚行动计划（2018—2020 年）》的通知	教育部、国务院扶贫办、国家语委	1 月 15 日
关于在学校推进生活垃圾分类管理工作的通知	教育部办公厅等部门	1 月 16 日
关于公布第二批全国中小学中华优秀文化艺术传承学校名单的通知	教育部	1 月 16 日
关于全面加强基础科学研究的若干意见	国务院	1 月 19 日
关于印发《教育系统扶贫领域作风问题专项治理实施方案》的通知	教育部	1 月 26 日
关于印发《北京 2022 年冬奥会和冬残奥会中小学生奥林匹克教育计划》的通知	教育部、国家体育总局、北京冬奥组委	1 月 30 日
关于 2017 年度高等学校科学研究优秀成果奖（科学技术）奖励的决定	教育部	2 月 7 日
关于公布 2017 年全国职业院校信息化教学大赛获奖名单的通知	教育部办公厅	2 月 9 日
关于印发《2018 年教育信息化和网络安全工作要点》的通知	教育部办公厅	2 月 11 日
关于切实减轻中小学生课外负担开展校外培训机构专项治理行动的通知	教育部办公厅等四部门	2 月 13 日
关于做好 2018 年重点高校招收农村和贫困地区学生工作的通知	教育部	2 月 26 日
关于在教育系统大兴调查研究之风的意见	中共教育部党组	2 月 26 日
关于举办第四届中国“互联网 +”大学生创新创业大赛的通知	教育部	3 月 8 日
关于公布 2017 年度普通高等学校本科专业备案和审批结果的通知	教育部	3 月 15 日
关于公布首批“新工科”研究与实践项目的通知	教育部办公厅	3 月 15 日
关于加强全国青少年校园足球特色学校建设质量管理与考核的通知	教育部办公厅	3 月 12 日
关于加快推进校外培训机构专项治理工作的通知	教育部办公厅	3 月 20 日
关于做好职业教育专业教学资源库 2018 年度相关工作的通知	教育部办公厅	3 月 21 日
关于下达 2017 年审核增列的博士、硕士学位授权点名单的通知	国务院学位委员会	3 月 22 日
关于切实做好高校少数民族预科学生自主培养工作的通知	教育部办公厅	3 月 29 日
关于印发《高等学校人工智能创新行动计划》的通知	教育部	4 月 2 日
关于实施 2018 年“高校思想政治理论课教师队伍后备人才培养专项支持计划”的通知	教育部办公厅	4 月 2 日
关于做好 2018 年中等职业学校招生工作的通知	教育部办公厅	4 月 11 日
关于公布第四届“礼敬中华优秀传统文化”系列活动示范项目和特色展示项目的通知	教育部办公厅	4 月 11 日
关于印发《新时代高校思想政治理论课教学工作基本要求》的通知	教育部	4 月 12 日

续表 1

名称	发文机构	发布日期
关于加强新时代高校“形势与政策”课程建设的若干意见	教育部	4月12日
关于做好2018年高校毕业生“三支一扶”计划实施工作的通知	人力资源和社会保障部办公厅、财政部办公厅	4月12日
关于开展2018年高雅艺术进校园活动的通知	教育部办公厅、文化和旅游部办公厅、财政部办公厅	4月13日
关于印发《中国英语能力等级量表》的通知	教育部办公厅	4月12日
关于做好2018年职业教育活动周相关工作的通知	教育部等部门	4月11日
关于发布《网络学习空间建设与应用指南》的通知	教育部	4月16日
关于发布《中小学数字校园建设规范（试行）》的通知	教育部	4月16日
关于贯彻执行《普通高等学校建筑面积指标》的通知	教育部办公厅	4月17日
关于高等学校开展学位授权自主审核工作的意见	国务院学位委员会	4月19日
关于开展中小学生欺凌防治落实年行动的通知	国务院教育督导委员会办公室	4月19日
关于全面加强乡村小规模学校和乡镇寄宿制学校建设的指导意见	国务院办公厅	4月25日
关于下达2017年审核增列的博士、硕士学位授予单位及其学位授权点名单的通知	国务院学位委员会	5月2日
关于进一步做好技能人员职业资格证书发放管理有关工作的通知	人力资源和社会保障部办公厅	5月3日
关于做好2018年农村义务教育阶段学校教师特设岗位计划实施工作的通知	教育部办公厅 财政部办公厅	5月9日
关于做好2018年“三区”人才支持计划教师专项计划有关实施工作的通知	教育部办公厅	5月8日
关于印发《高等学校科技成果转化和技术转移基地认定暂行办法》的通知	教育部	5月18日
关于印发《会计专业技术人员继续教育规定》的通知	财政部、人力资源和社会保障部	5月19日
关于高校党组织“对标争先”建设计划的实施意见	中共教育部党组	5月22日
关于高校教师党支部书记“双带头人”培育工程的实施意见	中共教育部党组	5月22日
关于开展“三全育人”综合改革试点工作的通知	教育部办公厅	5月18日
关于推荐2018年度高等学校科学研究优秀成果奖（科学技术）的通知	教育部办公厅	5月25日
关于印发《教育部贯彻落实国务院办公厅2018年政务公开工作要点实施方案》的通知	教育部办公厅	5月30日
印发《关于进一步加强科研诚信建设的若干意见》	中共中央办公厅、国务院办公厅	5月30日
关于印发《中小学图书馆（室）规程》的通知	教育部	5月28日
关于印发《民办教育工作部际联席会议2018年工作要点》的通知	教育部等部门	6月5日
关于开展首批高校“双带头人”教师党支部书记工作室建设工作的通知	教育部办公厅	6月13日
关于调整翻译专业资格考试实施工作有关事项的通知	人力资源和社会保障部办公厅	6月14日

续表 1

名称	发文机构	发布日期
国家发展改革委办公厅关于全面取消国内高等教育学历学位认证服务收费的通知	教育部办公厅 财政部办公厅	6月15日
关于开展幼儿园“小学化”专项治理工作的通知	教育部办公厅	7月4日
关于印发《高等学校学生心理健康教育指导纲要》的通知	中共教育部党组	7月4日
关于严厉查处高等学校学位论文买卖、代写行为的通知	教育部办公厅	7月4日
关于印发《银龄讲学计划实施方案》的通知	教育部、财政部	7月4日
关于调整国务院教育督导委员会组成人员的通知	国务院办公厅	7月11日
关于印发《高等学校基础研究珠峰计划》的通知	教育部	7月18日
关于印发《前沿科学中心建设方案（试行）》的通知	教育部	7月18日
关于开展校园不良网贷风险警示教育及相关工作的通知	教育部办公厅	7月18日
关于召开全面深化新时代教师队伍建设改革暨乡村教师和“三区三州”教师队伍建设工作会议的通知	教育部办公厅	7月19日
关于转发教育部等部门教育部直属师范大学师范生公费教育实施办法的通知	国务院办公厅	7月30日
关于贯彻落实《国务院关于推行终身职业技能培训制度的意见》精神的通知	人力资源和社会保障部	8月3日
关于规范校外培训机构发展的意见	国务院办公厅	8月6日
关于开展人工智能助推教师队伍建设行动试点工作的通知	教育部办公厅	8月7日
印发《关于高等学校加快“双一流”建设的指导意见》的通知	教育部、财政部、国家发展改革委	8月8日
关于印发《全国青少年校园足球改革试验区基本要求（试行）》和《全国青少年校园足球试点县（区）基本要求（试行）》的通知	教育部办公厅	8月14日
关于做好普通高中新课程新教材实施工作的指导意见	教育部	8月15日
关于进一步调整优化结构提高教育经费使用效益的意见	国务院办公厅	8月17日
关于印发《高等学校勤工助学管理办法（2018年修订）》的通知	教育部、财政部	8月20日
关于印发《综合防控儿童青少年近视实施方案》的通知	教育部等八部门	8月30日
关于切实做好校外培训机构专项治理整改工作的通知	教育部办公厅	8月31日
关于公布2018年全国职业院校技能大赛（常规赛项）获奖名单的通知	教育部	8月27日
关于加强学生营养改善计划食品安全工作的紧急通知	国务院教育督导委员会办公室	9月6日
关于印发《高校思想政治工作专项资金管理暂行办法》的通知	教育部	9月4日
印发《关于面向中小学生的全国性竞赛活动管理办法（试行）》的通知	教育部办公厅	9月13日
关于印发《中华经典诵读工程实施方案》的通知	教育部、国家语委	9月25日
关于实施卓越教师培养计划2.0的意见	教育部	9月17日
关于加强医教协同实施卓越医生教育培养计划2.0的意见	教育部、国家卫生健康委员会、国家中医药管理局	9月17日

续表 1

名称	发文机构	发布日期
关于实施基础学科拔尖学生培养计划 2.0 的意见	教育部等六部门	9 月 17 日
关于提高高校新闻传播人才培养能力实施卓越新闻传播人才教育培养计划 2.0 的意见	教育部、中共中央宣传部	9 月 17 日
关于坚持德法兼修实施卓越法治人才教育培养计划 2.0 的意见	教育部、中央政法委	9 月 17 日
关于加强农科教结合实施卓越农林人才教育培养计划 2.0 的意见	教育部、农业农村部、国家林业和草原局	9 月 17 日
关于加快建设发展新工科实施卓越工程师教育培养计划 2.0 的意见	教育部、工业和信息化部、中国工程院	9 月 17 日
关于加快建设高水平本科教育全面提高人才培养能力的意见	教育部	9 月 17 日
关于印发《来华留学生高等教育质量规范（试行）》的通知	教育部	9 月 3 日
关于开展深度贫困地区技能扶贫行动的通知	人力资源和社会保障部、国务院扶贫办	9 月 26 日
关于公布 2018 年全国中小学德育工作典型经验名单的通知	教育部办公厅	10 月 17 日
关于公布首批“三全育人”综合改革试点单位名单的通知	教育部办公厅	10 月 17 日
关于加强中小学合成材料面层运动场地建设管理的通知	教育部办公厅	10 月 17 日
关于开展第二批“三全育人”综合改革试点工作的通知	教育部办公厅	10 月 19 日
关于印发《教育课程教材改革与质量标准工作专项资金管理办法》的通知	教育部办公厅	10 月 15 日
关于调整开展中等职业学校“文明风采”活动的通知	教育部办公厅	10 月 19 日
关于开展职业教育校企深度合作项目建设工作的通知	教育部办公厅	10 月 19 日
关于印发《国家语言文字工作委员会语言文字规范标准管理办法（2018 年修订）》的通知	教育部、国家语委	10 月 24 日
关于开展清理“唯论文、唯帽子、唯职称、唯学历、唯奖项”专项行动的通知	教育部办公厅	11 月 7 日
关于印发《高校科技创新服务“一带一路”倡议行动计划》的通知	教育部	11 月 7 日
关于学前教育深化改革规范发展的若干意见	中共中央、国务院	11 月 7 日
关于完善教育标准化工作的指导意见	教育部	11 月 8 日
关于印发《幼儿园教师违反职业道德行为处理办法》的通知	教育部	11 月 8 日
关于印发《中小学教师违反职业道德行为处理办法（2018 年修订）》的通知	教育部	11 月 8 日
关于高校教师师德失范行为处理的指导意见	教育部	11 月 8 日
关于健全校外培训机构专项治理整改若干工作机制的通知	教育部办公厅、国家市场监管总局、办公厅应急管理部办公厅	11 月 20 日
关于印发《2019 年面向香港、澳门、台湾地区招收研究生工作管理办法》的通知	教育部办公厅	11 月 23 日
关于推动落实《国务院办公厅关于进一步调整优化结构提高教育经费使用效益的意见》的通知	教育部办公厅等四部门	11 月 23 日

续表 1

名称	发文机构	发布日期
关于公布首批全国党建工作示范高校、标杆院系、样板支部培育创建单位名单的通知	教育部办公厅	12 月 10 日
关于加强中小学影视教育的指导意见	教育部、中共中央宣传部	11 月 21 日
关于进一步加强中小学（幼儿园）预防性侵害学生工作的通知	教育部办公厅	12 月 12 日
关于开展学校联网攻坚行动的通知	教育部办公厅、工业和信息化部办公厅	12 月 17 日
印发《关于进一步激励教育部直属系统广大干部新时代新担当新作为的实施意见》的通知	中共教育部党组	12 月 18 日
关于公布“国家中等职业教育改革发展示范学校建设计划”第三批项目学校验收结果的通知	教育部办公厅、人力资源和社会保障部办公厅、财政部办公厅	12 月 24 日
关于印发《教育部高等学校教学指导委员会章程》的通知	教育部办公厅	12 月 20 日
关于批准 2018 年国家级教学成果奖获奖项目的决定	教育部	12 月 21 日
关于印发中小学生减负措施的通知	教育部等九部门	12 月 28 日
关于做好 2019 年普通高等学校部分特殊类型招生工作的通知	教育部办公厅	12 月 27 日
关于做好 2019 年高校自主招生工作的通知	教育部办公厅	12 月 29 日
关于印发《高等学校乡村振兴科技创新行动计划（2018—2022 年）》的通知	教育部	12 月 29 日
关于印发《全国教育系统财务管理干部培训实施方案（2018—2022 年）》的通知	教育部	12 月 28 日
关于认真学习贯彻习近平总书记在庆祝改革开放 40 周年大会上重要讲话精神的通知	中共教育部党组	12 月 28 日
关于公布第四届中国“互联网 +”大学生创新创业大赛获奖名单的通知	教育部	12 月 29 日

会议与活动

【全国县级职教中心联盟成立大会暨全国县级职教中心新时代振兴发展研讨会在石家庄召开】 为明确新时代县级职教中心的重要地位和历史使命，全面服务乡村振兴战略和区域协调发展战略，1 月 6 日—7 日，由河北师范大学河北省职业技术教育研究所主办，中国职业技术教育学会、中国成人教育协会共同支持指导的全国县级职教中心联盟成立大会暨全国县级职教中心新时代振兴发展研讨会在石家庄召开。

1 月 6 日下午，举行了全国县级职教中心联盟成立大会。大会审议通过了联盟章程，选举产生最高领导机构，决定将联盟秘书处设在河北省职业技术教育研究所。刘占山当选第一届全国县级职教中心联盟主席，张昭文当选常务副主席，陈嘉兴当选副主席兼秘书长。教育部职业教育与成人教育司副司长谢俐提出了县级职教中心要全面深化改革，希望联盟要深入学习、共建平台、加强科研、扩大影响、做好做强，努力将联盟打造成国家级智库。该联盟是由全国各地县级职教中心和有关科研机构、行业组织、企事业单位和其他社会团体自愿参加的开放型、非营利性社会组织，主要职责是加强县级职教中心在各方面的交流与合作，探索和创新农村职业教育改革发展道路。

1月7日上午，举行了全国县级职教中心新时代振兴发展研讨会。会议主要意见为——中国职教学会常务副会长、全国县级职教中心联盟主席刘占山提出振兴县级职教中心的三点意见：一是切实把县级职教中心摆在优先发展位置；二是创新和深化改革，推动县级职教中心的理论创新、实践创新、制度创新；三是创新办学模式，把县级职教中心做大、做强、做优。

1月7日下午，召开了专题研讨会，职业技术教育科研机构负责人、县级职教中心校长代表做大会发言，围绕新时代县级职教中心面临的新形势、新目标等问题进行了深入交流和案例分享，为联盟发展和职教中心振兴建言献策。

【黄炎培职业教育思想研究会2017学术年会举行】 1月9日—10日，由中华职业教育社总社和江苏省中华职业教育社联合主办，南京工业职业技术学院承办的“黄炎培职业教育思想研究会2017学术年会”在南京举行，本次年会的主题是“百年经典传承创新”。全国人大常委会副委员长、中华职业教育社理事长、黄炎培职教思想研究会会长陈昌智出席开幕式作主旨发言。江苏省教育厅党组书记、厅长、省委教育工委书记葛道凯介绍了江苏省职业教育发展情况。

山东省委统战部副部长曲涛，福建省中华职教社副主任陈毅萍等14位省、市职教社及团体社员代表作交流发言。中华职业教育社常务理事、北京电子科技职业学院院长孙善学，中华职业教育社专家委员会副主任、国家教育行政学院职业教育研究中心主任邢晖，黄炎培职业教育思想研究会理事、西南大学教育学部教授、谢长法等3名专家作了点评发言。

全国30个省级组织负责人、部分团体社员学校负责人和南京工业职业技术学院师生共716人参会。

【2018职业教育装备专业委员会工作会议及实训教学条件建设交流研讨会在杭州召开】 1月17日—19日，2018年职业教育装备专业委员会工作会议及实训教学条件建设交流研讨会在杭州科技职业技术学院高桥校区召开。中国职业技术教育学会常务副会长兼秘书长刘占山、中国职业教育装备专业委员会主任林瀛、教育部职成司高职发展处孙辉、中国职业教育装备专业委员会常务副秘书长张利华，浙江省教育厅高教处副处长祝鸿平，杭州科技职业技术学院党委书记谢列卫、校长许淑燕，以及全国中高职院校、国内职教企业会员和代表等近300人参加会议。中国职业技术教育学会常务副会长兼秘书长刘占山围绕出台的背景、主要目标、具体举措等三个方面深入解读了《国务院关于深化产教融合的若干意见》，并对2018年中国职业技术教育学会工作重点作了介绍。教育部职成司高职发展处孙辉就职成司2018年重点工作做了具体介绍。中国职业教育装备专业委员会常务副秘书长张利华总结了2017年职业教育装备专业委员会的主要工作，并布置了2018年的重点工作。会议期间，还召开了虚拟仿真实训教学建设交流研讨会、智能制造专业建设交流研讨会、新能源汽车专业实训教学建设交流研讨会和基于诊改基础的智慧校园建设交流研讨会。与会人员分组围绕四大专题开展了交流研讨。会议过程中，与会人员还参观了杭科院汽车工程技术应用中心、智能制造技术应用中心、物联网综合实训基地、地下工程智能化实训基地、绿色建筑技术实训基地、高端会议服务与旅游创新综合实训基地、艺术设计综合实训基地、现代商贸综合实训基地、行知创业学院展示中心和陶行知研究馆。

【2018 年全国教育工作会议召开】 1 月 23 日—24 日，2018 年全国教育工作会议在北京召开。会议强调，要全面贯彻党的十九大精神，以习近平新时代中国特色社会主义思想为指导，紧紧围绕统筹推进“五位一体”总体布局和协调推进“四个全面”战略布局，坚持稳中求进总基调，按照高质量发展根本要求，贯彻党的教育方针，推进教育优先发展，落实立德树人根本任务，深化教育改革，推进教育公平，发展素质教育，加快教育现代化，努力培养德智体美全面发展的社会主义建设者和接班人，培养担当民族复兴大任的时代新人。

教育部党组书记、部长陈宝生作工作报告。

【“贯彻十九大精神 推动职业教育精准改革”会议召开】 2 月 3 日，在无锡市人民政府支持下，由中国职业教育创新联盟、无锡市教育局联合主办，江苏信息职业技术学院承办的“贯彻十九大精神 推动职业教育精准改革”会议在无锡召开，来自全国近百所职业院校校长及行业企业代表 300 余人参加会议，中国高科技产业化研究会副理事长刘延宁、教育部思政司司长张东刚、教育部职业教育与成人教育司副司长谢俐、无锡市人民政府副市长刘霞等出席会议。

会上，中国职业教育创新联盟联合现代职业教育研究院发布电子商务、会计职业基本能力体系框架蓝皮书，旨在为职业教育、职业培训和能力水平评价提供有效的参考。联盟希望以此次会议为契机，结合新形势、新任务、新要求，充分发挥社团组织的优势和桥梁纽带作用，积极推动职业教育精准改革，为我国的职业教育多尽一份社会责任。

【全国交通运输行业职业教育对口援疆行动计划启动会在乌鲁木齐召开】 3 月 6 日，全国交通运输行业职业教育对口援疆行动计划启动会在新疆乌鲁木齐召开。会上发布了《对口援助新疆交通职业技术学院行动计划（2018—2020 年）》，明确 2018—2020 年，将以全国交通运输职业教育教学指导委员会为对口援助协调平台，充分发挥全国交通运输高职院校的示范辐射作用，精准援助新疆交通职业技术学院，全面提升办学水平和人才培养质量。

根据《行动计划》，2018 年至 2020 年，交通行指委将以学期为单位，分 6 个阶段开展对口援助工作，采取“走出去、请进来”的方式，安排全国交通运输高职院校对口援助新疆交通职业技术学院。通过高层次领军人才援助、专业教师（管理干部）互派交流、专业和课程建设援助等形式，实现资源共享、优势互补，形成精准对口援助机制。

新疆维吾尔自治区交通运输厅厅长祖丽菲娅·阿布都卡德尔、副厅长丁彦昕，14 所对口援疆交通运输职业院校代表等 40 余人参加启动会。

【2018 年度全国职业教育与继续教育工作视频会在北京召开】 3 月 16 日上午，2018 年度全国职业教育与继续教育工作视频会在北京召开。会议的主要任务是贯彻落实习近平新时代中国特色社会主义思想和党的十九大精神，总结工作经验，部署 2018 年重点工作。

会议指出，党的十八大以来，教育部始终以习近平新时代中国特色社会主义思想为根本遵循和强大思想武器，持续深化职业教育与继续教育改革创新，推动总体发展水平不断提高。

会议强调，党的十九大为职业教育与继续教育发展指明了方向、明确了任务、提出了要求，要以改革的思路和办法破解难题，要突出改革的方向性、前瞻性、协同性、人民性、开放性，书写好职业教育与继续教育发展的新篇章。

会议要求，职业教育与继续教育要根据教育部党组部署，在打好职业教育提质升级攻坚战、落实好5项“争先计划”的基础上，突出4个重点：抓体系，高职瞄准高质量、中职守牢职普比、培训注重补短板；抓质量，聚焦提高学生职业素养，深化产教融合、校企合作，建好“双师型”教师队伍；抓继教，注重职业教育与继续教育融合发展；抓党建，加强基层党组织建设和作风建设。

广东省教育厅、宁波市教育局、交通运输部人事司（全国交通运输行指委）、清华大学、湖南汽车工程职业学院、重庆市渝北职业教育中心、上海医药集团股份有限公司等7个单位作了交流发言。教育部相关司局和直属单位负责人，部分行业职业教育教学指导委员会负责人，中华职教社、中国职教学会、中国成教协会、中国教育发展基金会等单位负责人，各省（区、市）教育行政部门负责人，部分行业企业、职业院校和普通高校代表在主会场或分会场参加会议。

【2018年全国职业院校师生礼仪大赛研讨会在北京召开】 3月18日，2018年全国职业院校师生礼仪大赛研讨会在北京召开。外交部礼宾司前司长鲁培新、中国职业技术教育学会常务副会长兼秘书长刘占山、首届全国职业院校师生礼仪大赛副裁判长张玲莉、中国职业技术教育学会人文素质教育专委会副会长兼礼仪文化教育研究中心主任蔡少惠、中国职业技术教育学会人文素质教育专委会副秘书长宋辉，中国职业技术教育学会礼仪文化教育研究中心副主任、湖南幼儿师范学校校长彭程及来自全国各地的45位代表出席会议。

会议就2018年第二届全国职业院校师生礼仪大赛的方案细则进行逐条讨论。在听取各方建议和意见后，确定大赛主题为“弘扬中华礼仪文化，展现时代职业风采”，并就大赛方案、赛前说明、赛前培训、裁判员执裁标准等进行了详细安排。

【2018年行（教）指委工作研讨会在北京召开】 3月27日，2018年行（教）指委工作研讨会在北京召开。来自56个行业指导委员会、5个教学指导委员会的主任、秘书长等160余人参加会议。会议的主要任务是贯彻落实党的十九大精神，传达教育部2018年全国教育工作会议、2018年度全国职业教育与继续教育工作视频会议精神，全面总结行（教）指委一年来的工作，深入分析新时代职业教育面临的新形势、新问题，进一步明确行（教）指委的新任务，部署做好2018年行（教）指委工作。

会议提出要重点做好五个方面的工作：一是抓学习领会，确保新理念新精神落地开花；二是抓产教融合，不断推进校企协同育人；三是抓重点项目，主动服务国家重大战略；四是抓标准实施，稳步提高教育教学质量；五是抓自身建设，全面提升行业指导能力。

机械行指委、电子商务行指委、农业行指委、卫生行指委、工信行指委、文化素质教指委等6个行（教）指委作了交流发言。会议邀请有关方面专家就人工智能对职业教育及就业影响、教学标准研制、教学改革等作了专题讲座。

【李克强主持召开国务院常务会议 确定推行终身职业技能培训制度的政策措施等】 4月18日，国务院总理李克强主持召开国务院常务会议，确定推行终身职业技能培训制度的政策措施，提高劳动者素质、促进高质量发展；决定对职务科技成果转化获得的现金奖励实行个人所得税优惠，使创新成果更好服务发展和民生。

会议指出，推动经济转型升级和高质量发展，既要有先进装备作基础，又要有劳动者素质和技能提升作支撑。按照党的十九大精神，建立并推行终身职业技能培训制度，以促进就业创业为目标，面向城乡全体劳动者提供普惠性、均等化、贯穿学习和职业生涯全过程的终身职业技能培训，并将工匠精神、质量意识融入其中，以缓解技能人才短缺的结构性矛盾、提高全要素生产率、推动经济迈上中高端。会议确定，一是充分发挥企业主体作用，适应产业升级需求，采取政府补贴培训、企业自主培训、市场化培训等方式，支持企业大规模开展职业技能培训。全面推行新型学徒制，对企业新招用和转岗人员开展技能培训。二是着力培养高技能人才，重点强化高级技师等培训。教育部、财政部和人力资源和社会保障部要抓紧研究支持企业开展技能培训、加快培养高技能人才的措施。三是对高校毕业生、新生代农民工等重点群体广泛开展就业创业技能培训。促进职业技能培训与学历教育相互衔接。四是健全以职业能力为导向的人才评价、技能等级等制度，制定企业技术工人按技能要素和创新成果贡献参与分配的办法，鼓励凭技能创造财富、增加收入。五是大力发展民办职业技能培训，鼓励企业兴办职业培训机构。六是加大职业技能培训经费保障，建立政府、企业、社会多元投入机制。政府补贴的职业技能培训项目全部向具备资质的职业院校和培训机构开放。七是强化培训质量监管，对职业技能培训公共服务项目实施目录清单管理，完善培训绩效评估体系。用更加优质高效的职业技能培训，打造素质高、创新力强的产业工人队伍。

会议指出，加大对科技成果转化的政策激励，有利于更大激发创新活力，提升经济竞争力，促进民生改善。会议决定，在落实好科技人员股权奖励递延纳税优惠政策的同时，对因职务科技成果转化获得的现金奖励给予税收优惠。具体是：对依法批准设立的非营利性科研机构、高校等单位的科技人员，通过科研与技术开发所创造的专利技术、计算机软件著作权、生物医药新品种等职务创新成果，采取转让、许可方式进行成果转化的，在相关单位取得转化收入后三年内发放的现金奖励，减半计入科技人员当月个人工资薪金所得计征个人所得税，减轻税收负担，促进科技成果转化提速。

会议还研究了其他事项。

【2018 年全国教育信息化工作会议召开】 4 月 24 日—25 日，2018 年全国教育信息化工作会议在重庆璧山召开。

会议指出，党的十八大以来，全国教育信息化和网络安全工作取得巨大成就，实现了“五大进展”“三大突破”和“双轮驱动、两翼齐飞”，有力支撑了教育改革和发展。面对新时代，要敏锐抓住信息化发展的历史机遇，因势而谋、应势而动、顺势而为。

会议强调，教育信息化 2.0 行动计划要实现“三全两高一大”的发展目标，即教学应用覆盖全体教师、学习应用覆盖全体适龄学生、数字校园建设覆盖全体学校，提高信息化应用水平、提高师生信息素养，建设一个“互联网 + 教育”大平台，推动从教育专用资源向教育大资源转变、从提升师生信息技术应用能力向全面提升其信息素养转变、从融合应用向创新发展转变，努力构建“互联网 +”条件下的人才培养新模式、发展基于互联网的教育服务新模式、探索信息时代教育治理新模式。

会议要求，全面贯彻全国网络安全和信息化工作会议精神，健全领导体制、加强统筹规划、抓好重点工作、鼓励多方参与、注重培训宣传、落实安全责任，努力让教育信息化 2.0 变为现实。

会议就加快推进教育信息化融合创新发展进行了交流研讨，重庆、上海、江苏、贵州、宁夏等 5 个省（区、市）作典型发言，科技司、基教司、职成司、高教司、教师司负责人对年度重点工作进行了部署。

【2018 年职业教育活动周全国启动仪式暨第十一届全国职业院校技能大赛开幕式在天津举行】 5 月 6 日下午，2018 年职业教育活动周全

国启动仪式暨第十一届全国职业院校技能大赛开幕式在天津举行。中共中央政治局委员、国务院副总理孙春兰出席开幕式并讲话，中共中央政治局委员、天津市委书记李鸿忠出席活动。

本次活动周以“职教改革四十年产教融合育工匠”为主题，进一步突出对接教学标准，注重专业核心技术技能，切实贯彻“以赛促教、以赛促学、以赛促改”理念；进一步突出普惠性，扩大专业覆盖面，公开大赛题库，加快大赛资源转化，让更多学生参与和受益；进一步提升制度化水平，强化赛事管理，高水平办好大赛。同时重点开展以下三大类活动：一是内容丰富、形式多样的职业体验活动，二是产教融合、校企合作等主题推介活动，三是走进城乡、贴近群众的志愿服务活动。通过这些活动，使活动周成为社会了解职业教育、体验职业教育、共享职业教育成果的窗口。

据悉，2018 年的全国职业院校技能大赛由教育部、天津市人民政府、国家发展改革委等 35 个国家部委和行业协会联合主办。第十一届全国职业院校技能大赛定于 5 月 6 日至 6 月 30 日举行，设天津主赛区和吉林、江苏等 22 个分赛区，共设 74 个大项（中职 30 个，高职 44 个）、8 个行业特色赛项，参赛选手逾万人。

【孙春兰在天津调研并出席职业教育有关活动】 5 月 6 日—7 日，中共中央政治局委员、国务院副总理孙春兰在天津调研职业教育工作，并出席 2018 年全国职业教育活动周启动仪式暨全国职业院校技能大赛开幕式。孙春兰实地考察了天津轻工业职业技术学院、天津城市职业学院、天津第一商业学校、天津职业技术师范大学，深入了解鲁班工坊、实训基地、人才培养等情况，并召开职业教育工作座谈会，听取有关省市、行业企业和职业院校师生的意见建议。中共中央政治局委员、天津市委书记李鸿忠出席有关活动。

【2018 年职业教育国际研讨会在天津举行】 5 月 11 日，2018 年职业教育国际研讨会在天津职业大学召开。来自联合国教科文组织、世界银行、印度、印度尼西亚、泰国、叙利亚、巴基斯坦、英国等国家和国际组织的代表与中国教育行政部门、行业企业、职业院校代表一起，围绕“产教融合与‘一带一路’沿线共建国家和地区职业教育合作”这一主题，就深化产教融合，更好地发挥职业教育在“一带一路”建设和人类命运共同体构建中的作用等问题进行了交流研讨。

研讨会上，中外嘉宾就“一带一路”倡议与职业院校“走出去”的经验、问题与建议开展了对话交流。英国驻华大使馆高级教育经理弗雷泽·迪斯（Fraser Deas）介绍了英国职业教育国际合作及相关政策，对我国职业教育推进“一带一路”提供借鉴。泰国大城技术学院院长哲仁（Jarun Youbrum）分享了鲁班工坊在泰国的三种建设模式以及成效。印度尼西亚必利达国民三语学校董事长饶兴生介绍学校与中国的合作，希望能在政府支持下搭建印尼—中国职业教育合作交流平台，将中国职业教育教学体系引进印尼，促进印尼和中国“民心相通”。

此次会议由教育部职业技术教育中心研究所、天津市教育委员会主办，宁波职业技术学院、天津职业大学承办，全国高职高专校长联席会议、“一带一路”产教协同联盟协办。来自 8 个国家的外方嘉宾与国内 23 个省、自治区、直辖市的政府机构、企业、职业院校、协会代表共 260 余人参加了会议。

【2018 年中国职业教育养老服务成果展在北京召开】 5 月 9 日—11 日，第七届中国国际养老服务业博览会暨 2018 年中国职业教育养老服务成果展在北京国家会议中心举行，此次成果展由中国社会福利与养老服务协会主办，中国职业技术教育学会协办，中国职业技术教育学会

健康与养老服务专业委员会负责职业院校养老服务成果展区的组织工作。成果展以“深化产教协同，助力养老服务产业发展”为主题，旨在通过博览会平台向社会宣传、展示职业教育在服务养老产业发展方面的人才培养模式、教育质量和水平以及对养老产业发展的贡献，进一步促进职业教育与养老产业的深度融合，推动养老产业健康发展。

其间，中国职业技术教育学会健康与养老服务专委会主任、江苏卫生健康职业学院院长李庆荣现场介绍此次养老服务成果展主要情况，以及参展各家单位在养老服务建设方面的主要经验和特色。各学校领导、教师、学生同台参展，通过视频宣传、现场推介讲解，产品展示、观众体验等形式，向社会展示了职业院校养老服务在人才培养模式、教育质量和水平以及养老产品开发方面取得的成绩。

【第五届产教融合发展战略国际论坛开幕】 5月17日，第五届产教融合发展战略国际论坛（IFIE）在驻马店开幕。论坛由教育部学校规划建设发展中心、中华职业教育社、应用技术大学（学院）联盟主办，驻马店市人民政府、黄淮学院承办。

本次论坛以“扎根中国大地办大学——新时代产教融合新作为”为主题，围绕现代化产业体系、乡村振兴战略、新型城镇化与人力资源供给等议题，探讨新时代中国高校根植人民需求，服务国家战略的特色发展新方略。论坛设1个主论坛、7个分论坛和1个圆桌会议；邀请36位业界知名专家作专题报告，开展7场对话会；22家单位和机构做创新案例分享。来自13个国家的20个政府机构、245所高校、120家知名企业、22家科研院所及24个社会组织机构的负责人、校长和代表等共780余人参会。

【中国现代职业学校教育创立100周年庆祝大会在南京工业职业技术学院举行】 5月19日，中国现代职业学校教育创立100周年庆祝大会在南京工业职业技术学院举行，大会由中华职教社、江苏省中华职教社、中国高等教育学会职业技术教育分会、南京工业职业技术学院主办，800余名嘉宾和师生代表参加大会。

南京工业职业技术学院《百年赋》落成仪式展现了百年来南京工业职业技术学院秉承黄炎培先生“责在人先”“以例示人”的使命，坚持“实业救国”“教育救国”的梦想，致力于百姓安身立命、国家繁荣富强，走出一条具有中国特色职业教育发展之路的宏伟图景。

【全国职业能力建设工作座谈会在合肥召开】 5月29日，全国职业能力建设工作座谈会在合肥召开。会议指出，党的十八大以来，全国职业能力建设系统各项工作取得突出成绩。会议强调，新时代，加强职业技能培训工作面临一系列新机遇新挑战，必须切实增强责任感和使命感，以推行终身职业技能培训制度为主线，着力构建终身职业技能培训体系；以机制创新为突破口，深化职业技能培训制度改革；以适应培训需求为统领，提升职业技能培训基础能力；以政策创新为支撑，充分发挥企业主体作用；以增加人才供给为目标，着力加强高技能人才培训。要提高政治站位，理顺工作体制机制，加大改革创新力度，狠抓工作落实，全面推动职业技能培训工作取得新发展。

【全国邮政职业教育教学指导委员会2018工作会议在北京召开】 5月29日，全国邮政职业教育教学指导委员会2018工作会议暨全国邮政行业人才培养基地经验交流会在北京召开。国家邮政局副局长杨春光为第二批全国邮政行业人才培养基地授牌。会议交流了全国邮政行业人才培养经验，总结过去一年的相关工作，安排部署2018年重点任务，原则通过邮政行指委章程，集体学习国家邮政局及教育部会议精神。与会代表还围绕校企合作、科研建设、“互联网+”快递大学生创新创业大赛等议题进行了深入研讨。会议指出，过去的一年里，邮政行指委指导完成高职邮政快递类专业教学标准制订、专业实训教学设施建设标准申报、行业人才需求预测与专业设置指导报告；推进全国职业院校技能大赛邮政快递赛项申报前期准备工作，主办第二届全国“互联网+”快递大学生创新创业大赛；指导做好第二批快递专业教材开发和快递运营管理专业教学资源库建设；组织“行业职业教育活动周”活动，逐步形成多方联动宣传的良好态势。

会议要求，邮政行业职业教育要进一步找准定位，完善顶层设计，明确政策措施。第一，邮政行指委要主动适应行业新变化新要求，在专业建设、人才培养、目标确定、方案完善等方面主动对接行业，持续推进人才培养供给侧结构性改革。第二，要结合行业发展需要，进一步明晰专业定位，科学评估办学规模、招生数量、企业需求，加强宣传引导，实现“出口畅、进口旺”的良性循环，从根本上解决目前专业规模小、培养数量少的难题。第三，要在快递大学生双创大赛、职业院校技能竞赛、政行企校的交流沟通、专业师资培训等方面进行创新，同时要加快快递绿色包装产业联盟、职业教育集团化办学、现代学徒制试点、生产实训基地建设等方面的实践。第四，企业要根据《关于深化产教融合的若干意见》和《关于推行终身职业技能培训制度的意见》的要求，积极对接、主动参与，努力提高职工的技能水平。

国家邮政局人事司、国家邮政局职业技能鉴定指导中心有关负责人，邮政行业指导委员会委员，相关院校和企业代表等70余人参加会议。

【第十届海峡论坛·海峡两岸职业教育论坛在厦门开幕】 6月5日—6日，第十届海峡论坛·海峡两岸职业教育论坛在厦门举行，论坛由中华职业教育社、台湾私立科技大学校院促进会、海峡两岸教育交流促进协会、台湾中华劳工共同品质产物提升暨就业辅导促进会、台湾劳动人权协会主办，福建省中华职教社、厦门市中华职教社承办，《教育与职业》杂志社、厦门南洋职业学院协办。论坛主题为“职业教育中的全人教育”。来自台湾12所院校、教育机构的16位嘉宾以及大陆各省区市的职业教育专家、学者及职业院校校长等近150名代表参会。

【首届中国校企双创高峰论坛暨全国职教集团双创成果展示对接大会在广州召开】 6月8日—9日，首届中国校企双创高峰论坛暨全国职教集团双创成果展示对接大会在广州隆重举行，来自全国各地的100余所高职院校、职教集团和100多家企业的300多名代表参加大会。大会秉承“校企双创，价值共享”理念，以“融通思想、搭建平台、构建机制、开辟通道、展示成果、对接项目、树立典型、服务学生”为主题，围绕精准搭建开放式校企创新创业平台、展示和对接创新创业项目成果等事项开展研讨、确定合作意向，共商校企联动、协同促进产教融合、校企合作的推进与深化。

【2018年中国技能大赛——第45届世界技能大赛全国选拔赛在沪开幕】 6月12日，2018年中国技能大赛——第45届世界技能大赛全国选拔赛开幕式在上海国家会展中心虹馆举行。

本次大赛上海赛区的比赛于6月13日至15日在上海国家会展中心举行，共设有汽车技术、木工、机电一体化、网络系统管理、时装技术、健康和社会照护等34个比赛项目，覆盖世界技能大赛中运输与物流、制造与工程技术、结构与建筑技术、信息与通信技术、创意艺术与时尚、社会与个人服务等全部6大领域。来自全国46个代表队、约900名选手参加上海赛区比赛。同时，赛场内还安排了高技能人才培养基地、世赛合作伙伴等38家单位的技能展示与互动体验活动。

【中央企业贯彻落实《关于提高技术工人待遇的意见》专题会议在北京召开】 6月21日，国务院国资委、人力资源和社会保障部、全国总工会在北京联合召开中央企业贯彻落实《关于提高技术工人待遇的意见》专题会议。会议交流中央企业在提高技术工人待遇方面的经验做法，对中央企业贯彻落实中共中央办公厅、国务院办公厅《关于提高技术工人待遇的意见》进行部署。

会议指出，出台提高技术工人待遇的意见，是党中央、国务院坚持以人民为中心的发展思想的重要体现。党中央、国务院高度重视技术工人队伍建设，《意见》的制定出台，是以习近平同志为核心的党中央站在决胜全面建成小康社会、夺取新时代中国特色社会主义伟大胜利的高度，针对加快推进新时期产业工人队伍建设改革，提高保障和改善民生水平作出的重大战略决策，对实施人才强国战略和创新驱动发展战略，实现“两个一百年”奋斗目标、实现中华民族伟大复兴的中国梦，都具有重要意义。

会议要求，中央企业要以习近平新时代中国特色社会主义思想为指导，站在全局和战略的高度，充分认识推进产业工人队伍建设改革、提高技术工人待遇的重要性、紧迫性。要发挥中央企业示范引领作用，进一步解放思想、大胆创新，采取有力措施，以为国家作出突出贡献的高技能领军人才为重点支持对象，着力提高他们的政治待遇、经济待遇和社会待遇，充分发挥他们在技术创新方面的重要作用。要充分发挥职业技能培训在提升技术工人技能水平方面的作用，支持技术工人凭技能提高待遇。要不断畅通技术工人成长成才通道，激发技术工人积极性、主动性、创造性。

会议指出，国资委、人力资源和社会保障部、全国总工会等部门要在推进企业工资集体协商、改革国有企业工资决定机制、完善技术要素参与分配政策、推行终身职业技能培训制度、推进技工院校与国有企业校企合作、完善技能人才评价制度等方面加大工作力度，确保党中央、国务院的决策部署不折不扣地得到贯彻落实。

航天科技、中航工业、兵器工业集团、中国石油、中国中车集团、中国中铁等6家企业的负责人介绍了各自企业在技术工人培养、评价、使用、激励、保障等方面的经验和做法。

【教育部职业教育东西协作行动计划滇西实施方案座谈会在大理州召开】 7月16日，教育部《职业教育东西协作行动计划滇西实施方案（2017—2020年）》2018年度座谈会在大理州召开。会议总结2017年工作，商议2018年工作。会议要求，要提高对职业教育东西协作工作重要性和紧迫性的认识，加强组织协调，认真落实东西协作各项要求，尤其是做好中职兜底招生工作，按期按质完成任务；要相互理解，增进信任，解决各种困难和问题；要继续组织实施好今后各项工作任务，抓好云南省职业教育及公费师范生的培养工作，不断优化滇西各州市及全省中职学校师资队伍结构，努力提升基础能力；要建章立制，加强督导考核，以敢于担当的精神，早安排、早部署、早行动，认真抓好滇西实施方案的落实，助力滇西如期脱贫。

【中国职业技术教育学会高等职业技术教育分会在杭州成立】 6月23日，中国职业技术教育学会高等职业技术教育分会成立大会在杭州召开。会议主题为“新时代 新高职 新作为”。会议由中国职业技术教育学会主办，浙江机电职业技术学院承办，联想集团、浙江天煌科技实业有限公司协办，同方知网（北京）技术有限公司支持。

参加会议的还有来自全国32个省（自治区、直辖市）的360多所高职院校和企业、研究院所代表约600人。

大会审议通过了《中国职业技术教育学会高等职业技术教育分会筹备工作报告》《中国职业技术教育学会高等职业技术教育分会工作条例》《中国职业技术教育学会高等职业技术教育分会会费使用管理办法》。大会选举产生了中国职业技术教育学会高等职业技术教育分会第一届理事会会长、30余名副会长、100余名常务理事和秘书长。浙江机电职业技术学院院长丁金昌教授任首届会长，四川交通职业技术学院党委书记王东平、南京工业职业技术学院院长谢永华等副会长30余名，北京电子科技职业学院、联想集团等学校和企业常务理事100余名，理事300余名，浙江机电职业技术学院副院长王建林当选分会秘书长。

【2018职业教育与城市发展高层对话会召开】 7月4日，主题为“乡村振兴与人才培养”的2018职业教育与城市发展高层对话会在陕西杨凌农业高新技术产业示范区举行。对话会由中华职业教育社、陕西省中华职业教育社、陕西省教育厅、杨凌示范区管委会联合主办，杨凌职业技术学院承办。全国人大常委会原副委员长、中华职教社理事长陈昌智出席对话会并作题为“聚焦人才培养助力乡村振兴”的主旨讲话。会上，中华职业教育社向杨凌示范区管委会授予“职业教育促进经济社会发展示范区”牌匾，向杨凌职业技术学院授予“职业教育促进经济社会发展示范校”牌匾。来自中国社会科学院、国家教育行政学院等单位的6位专家作主题报告。中华职业教育社专家委员会成员与杨凌示范区管委会相关部门代表、行业企业及学校代表参加对话交流。

【中国职业教育改革发展40周年暨职业教育发展报告编写座谈会召开】 7月4日，为系统总结改革开放40年来我国职业教育发展历程、成就经验、历史贡献和未来趋势，教育部职业技术教育中心研究所在北京召开中国职业教育改革发展40周年暨职业教育发展报告编写座谈会。与会专家围绕中国特色职业教育发展道路40年探索与成就进行了热烈讨论，并确定将由教育部职业技术教育中心研究所牵头，带领与会专家共同将本次座谈会的主题和内容进行深化，编写一本改革开放40年来我国职业教育发展的书籍，以庆祝改革开放40年，同时为新时代职业教育改革发展提供参考和借鉴。

【首届两岸大学生职业技能大赛开幕】 7月6日，首届两岸大学生职业技能大赛在北京电子科技职业学院正式启动。来自北京10所高校和台湾20所院校的共400多名师生参加了大赛开幕式。开幕式上，32套学生服装设计作品通过褶皱、缠绕等方式和缤纷色彩产生不同的视觉感，选用数码印花、印染、织绣等工艺进行设计，作品在突出创新性的同时更注重服装的版型与工艺细节，彰显设计师的独特“匠心”，令现场观众赞叹不已。本次职业技能大赛以“新时代·新发展·新成长”为主题，以技术技能交流为主，竞赛为辅，充分展示北京的职业教育、现代科技和传统文化，使两岸青年在共同参与中提升技能。接下来，京台两地参赛院校师生将围绕建筑艺术、智能制造、中药辨识、护理技能、投资理财、汽车技能、视觉传达、宠物美容、创新创业等专业项目，进行技能比赛和交流，展现两岸大学生职业多样性和技能高水平。

【教育部党组召开2018年“奋进之笔”年中推进会】 7月27日，2018年“奋进之笔”年中推进会召开。会上，部党组成员分别就分管领域形势任务以及落实重点工作的考虑作了发言。有关司局负责人围绕校外培训机构综合治理、学前教育规范发展、城乡义务教育一体发展、高中阶段教育普及、中西部教育加快发展、基层党建质量提升、扶智育人教育脱贫、高考改革拓展深化、职业教育提质升级、高等教育内涵发展、教师队伍建设改革等中央关心、社会关注、百姓关切的“奋进之笔”攻坚行动，逐一汇报了上半年工作进展和下半年工作计划。教育部机关各司局、各直属单位主要负责人参加会议。

【全国教育大会召开】 9月10日，全国教育大会在北京召开。中共中央总书记、国家主席、中央军委主席习近平出席会议并发表重要讲话。他强调，在党的坚强领导下，全面贯彻党的教育方针，坚持马克思主义指导地位，坚持中国特色社会主义教育发展道路，坚持社会主义办学方向，立足基本国情，遵循教育规律，坚持改革创新，以凝聚人心、完善人格、开发人力、培育人才、造福人民为工作目标，培养德智体美劳全面发展的社会主义建设者和接班人，加快推进教育现代化、建设教育强国、办好人民满意的教育。

9月10日是我国第三十四个教师节，习近平代表党中央，向全国广大教师和教育工作者致以节日的热烈祝贺和诚挚问候。他强调，长期以来，广大教师贯彻党的教育方针，教书育人，呕心沥血，默默奉献，为国家发展和民族振兴作出了重大贡献。教师是人类灵魂的工程师，是人类文明的传承者，承载着传播知识、传播思想、传播真理，塑造灵魂、塑造生命、塑造新人的时代重任。全党全社会要弘扬尊师重教的社会风尚，努力提高教师政治地位、社会地位、职业地位，让广大教师享有应有的社会声望，在教书育人岗位上为党和人民事业作出新的更大的贡献。

李克强在会上讲话。汪洋、赵乐际、王沪宁、韩正出席会议。

中共中央政治局委员、中央书记处书记，全国人大常委会有关领导同志，国务委员，最高人民法院院长，最高人民检察院检察长，全国政协有关领导同志出席大会。

中央教育工作领导小组成员，各省区市和计划单列市、新疆生产建设兵团，中央和国家机关有关部门、有关人民团体，军队有关单位，部分高校负责同志参加大会。

【首届全国技工院校教师职业能力大赛举办】 9月15日—21日，第一届全国技工院校教师职业能力大赛决赛在广州市举行。大赛分为机械、电工电子、信息、交通、服务、财经商贸、工业综合与农业、文化艺术与综合、公共9个大类，各省每个大类仅限1名选手参加决赛。大赛于2018年3月底正式启动，全国共有近千所技工院校的5000余名教师参加了省赛。经过层层选拔，在省级选拔赛中脱颖而出的265名优秀技工院校教师参加决赛，最终共产生一等奖36名、二等奖72名、三等奖108名。获奖者将由人力资源和社会保障部颁发证书，并优先晋升上一级职称层级。

【高职教育服务“一带一路”暨西部高职教育发展研讨会召开】 9月25日—28日，全国高职高专校长联席会议在甘肃酒泉组织召开了“高职教育服务‘一带一路’暨西部高职教育发展研讨会”。会议指出，习近平总书记关于教育的系列重要论述，系统科学描述了新时代中国特色社会主义教育理论体系，为做好新时代教育工作提供了根本遵循。党的十九大报告作出“中国特色社会主义进入新时代”的重大判断，明确“优先发展教育事业”的战略布局，提出“促进教育公平”的历史使命，要求“完善职业教育和培训体系，深化产教融合、校企合作”。全国教育大会深入分析研究了教育工作面临的新形势新任务，对当前和今后一个时期教育改革发展作出战略部署，为新时代教育事业勾画了蓝图、指明了方向。

会议认为，高等职业教育发展呈现总体稳定态势，规模占据高等教育半壁江山，服务经济社会发展能力稳步增强，社会认可度和美誉度持续提升。高等职业教育发展质量保证体系、学校层次结构基本成型，率先发布国家专业教学标准，率先专门全面部署高职创新发展，率先建立教学工作诊断与改进机制，全国高职院校已形成国家示范骨干引领、省级示范骨干支撑、其他高职院校竞相发展的良性格局。借鉴国家示范性高职院校建设项目的有益经验，高等职业教育还需中央财政专项的大力支持。当前，职业教育已具备诸多有利条件和良好工作基础，到了大有可为的历史机遇期，要坚持把高职教育做大、做强、做出特色，让教育公平而有质量，让人民满意，让职业教育的“中国方案”有国际影响力、感召力和号召力。

会议强调，要高度重视、加快发展职业教育，要坚持面向市场、服务发展、促进就业的办学方向，推进产教融合、校企合作，培养更多高素质技术技能人才，提高技术技能人才的社会地位和待遇。要加快推进职业教育由追求量的发展向质的显著提升转变，由参照普通教育办学向行业企业参与、专业特色鲜明的类型教育转变，由政府举办为主向政府统一管理、社会多元办学的格局转变，为全面建成社会主义现代化强国提供坚实的技术技能人才保障。要稳步推进职业教育重点领域和关键环节改革，补齐短板，着力提升技术技能人才培养质量，加快形成社会力量积极参与的多元办学格局，建立健全职业教育国家制度框架，大力营造重视技术技能人才的良好社会环境，推进教育领域治理能力和水平现代化。

会议倡议，高等职业教育战线要用实际行动落实党的十九大精神和教育大会精神。一是提高质量意识，坚持质量第一、效益优先，从量的扩展转型为对质的提升，以供给侧结构性改革为主线，扩大优质职业教育供给。二是促进教育公平，推动区域协调发展、协同发展、共同发展，更好地发挥职业教育助力脱贫攻坚的重要作用，深入推进均衡发展与高质量发展相结合、教育扶贫和产业发展相结合、精准脱贫与职教发展相结合。三是扩大开放办学，树立更加开放的理念，研发更加开放的标准，建设更加开放的资源，完善更加开放的机制，特别是要通过加强与“一带一路”沿线共建国家和地区职业教育与产业领域合作，推动沿线共建国家和地区经济社会发展、推进我国职业教育国际化发展进程、促进国际经贸交流和合作、促进丝路文化交流，探索在发展中国家发展更高水平职业教育的模式与经验，持续扩大开放，向世界分享我们的模式与经验。高职院校要以大会召开为契机，进一步分析职业教育面临的新形势、新问题、新挑战，进一步交流各地、各校职业教育的新做法、新经验、新成果，进一步扩大东中西部高职院校合作的新平台、新途径、新空间，为促进教育公平、加快推进教育现代化作出新的更大的贡献。

会议期间，宁波职业技术学院、南京工业职业技术学院等12所东部院校与酒泉职业技术学院、和田职业技术学院等10所西部院校签订了对口支援协议；掌淘网络科技（上海）有限公司、同方知网（北京）技术有限公司等2家企业与武威职业学院等3所西部院校签订设备与软件捐赠协议。全国172所高职院校代表，高等教育出版社等企业代表，《中国教育报》、甘肃电视台、酒泉电视台、《酒泉日报》等中央和地方媒体，近500人参加会议。会议由全国高职高专校长联席会议主办，酒泉职业技术学院承办。

【全国职业院校“奋进新时代，中华传统美德职教行”活动在杭州启动】 9月26日，全国职业院校“奋进新时代，中华传统美德职教行”活动在杭州启动。来自全国高职院校的400多位代表，以及教育部、交通运输部、中国职业技术教育学会、浙江省教育厅等单位负责人出席启动仪式。

此次活动由中国职业技术教育学会牵头，学会高职分会、教育部职业院校文化素质教指委、全国交通运输职业教育教指委参与，浙江交通职业技术学院、北京电子科技职业学院、济宁职业技术学院等九家共同发起，国内40余个相关单位共同组成“职教行”活动组委会。组委会将着力做好活动谋划、平台搭建、资源统筹工作，做好各职业院校美德教育活动的咨询、指导和服务工作，推出一批美德研究成果，建成一批美德传承基地，开发一批美德教育课程与资源，培育一批美德教育名师，培养一批又一批德技双修的技术技能人才，打造一批中华传统美德传承发展重点品牌活动项目。

启动仪式上，“教育部文化素质教指委中华传统美德研究院”举行揭牌仪式。该研究院将在广泛开展学术研究和研讨交流方面全面挖掘阐释中华传统美德的精神内核与价值理念，为职业院校中华优秀传统美德教育提供学术支撑和思想资源。

【中共中央政治局委员、国务院副总理胡春华调研河南职业技术学院创客空间】 10月15日，在第三届“中国创翼”创业创新大赛全国选拔赛和决赛闭幕式活动前夕，中共中央政治局委员、国务院副总理胡春华在人力资源和社会保障部部长张纪南、河南省委书记王国生、副省长戴柏华的陪同下，调研了河南职业技术学院创客空间。

【2018年全民终身学习活动周全国总开幕式在宁波举行】 10月25日，2018年全民终身学习活动周全国总开幕式在浙江宁波举行。来自全国各地的600多名代表参加总开幕式。本届活动周由教育部职业教育与成人教育司、中国成人教育协会、中国教科文全委会秘书处主办，浙江省教育厅、宁波市人民政府和宁波市教育局承办，以“服务国家重大战略，推动全民终身学习”为主题。开幕式表彰了从全国各地遴选出的2018年全国“事迹特别感人的百姓学习之星”“特别受百姓喜爱的终身学习品牌项目”和“优秀成人教育院校（培训机构）”等先进典型，公布了第六批学习型城市名单并发布《学习型城市建设联盟宁波宣言》，同时展示了全国各地在发展社区教育、老年教育、职工教育等方面取得的成果。

【第四届中美省州教育厅长对话在华盛顿成功举办】 10月30日—31日，中美两国教育部在华盛顿成功举办第四届中美省州教育厅长对话。本次对话系落实首轮中美社会和人文对话共识而举行的教育领域机制性活动，也是两国首次以“职业技术教育与培训”为主题举办高级别政府间对话活动。美国教育部长德沃斯出席开幕式并致辞，助理部长斯坦普、中国教育部职业与成人教育司司长王继平发表主旨演讲，中国驻美国大使馆公使衔参赞杨新育、美国教育部国际司司长麦克劳林共同主持会议。

德沃斯在致辞中称，中国是美国重要的合作伙伴，中美两国在相互尊重、互利共赢的基础上开展合作，合作成果为两国人民共享。美方期待与中方拓展在职教领域的交流与合作，持续发挥中美人文交流的影响力。王继平司长转达了中国教育部部长陈宝生对美方通力合作的感谢、对本次对话的重视以及对中美职教合作的期待。他表示职业教育与经济社会发展紧密相连，发展职业教育是中美两国共同的需要。中方愿同美方加强政府间政策对话，推动行业间信息交流，深化学校间办学合作，希望双方抓住机遇，乘势而上，谱写中美职教合作新篇章。

来自两国中央/联邦和省/州教育行政部门、职业教育院校和研究机构、行业企业的70余位代表齐聚一堂，秉承交流互鉴、合作共赢的理念，就各自在职教领域的政策措施和实践经验进行交流，探讨拓展中美地方合作的有效途径。双方一致认为，两国在职教领域面临共同的机遇和挑战，双方在校企融合、教师培训、学生交流等方面具有广泛的合作前景。

会议期间，双方代表还实地走访了美国两所职业院校。

【2018年全国职业院校技能大赛总结会在津召开】 11月6日，2018年全国职业院校技能大赛总结会在天津召开。大赛组委会、执委会，分赛区组委会、执委会，赛项执委会、承办院校、合作企业等有关单位的300余名代表参加会议。会议全面总结了本届大赛的成绩经验，对工作突出的赛区、学校、企业和个人进行表彰，对2019年大赛工作提出明确要求。

2018年大赛于5月6日—6月30日在天津主赛区和北京、山西等22个分赛区举行。大赛共设赛项82项，其中常规赛项74项，行业特色赛项8项；总参赛选手15640人，共有9393人次获奖，其中一等奖1584人次，二等奖3118人次，三等奖4691人次，再创历史新高。

会议认为，2018年大赛意义重大、成果丰硕。本届大赛是新一届政府组成后举办的首次大赛，孙春兰副总理出席大赛开幕式并作重要讲话，充分肯定了大赛十年来取得的成绩，并对职业教育下一步工作进行部署。按照“精彩、专业、安全、廉洁”的总体办赛要求，本届大赛实现赛事零投诉和零申诉，成为第二个精彩十年的开局之作。

会议要求，各地要把学习贯彻全国教育大会精神作为重要任务，认真学习领会、全面准确把握习近平总书记关于教育的重要论述和全国教育大会对新时代教育作出的战略部署，深刻理解习近平总书记提出的“九个坚持”和“培养德智体美劳全面发展的社会主义建设者和接班人”的总体要求。要把习近平总书记关于教育的重要论述作为大赛组织工作的根本遵循和行动指南，健全德技并修、工学结合的育人机制，厚植企业承担职业教育责任的文化环境，推动职业院校和行业企业形成命运共同体，源源不断为各行各业培养亿万高素质的产业生力军。

会议强调，《全国职业院校技能大赛章程》和《全国职业院校技能大赛经费管理办法》是大赛的根本制度，必须要贯彻落实到每个办赛环节。要继续坚持现行的办赛体制，坚持管办分离的办赛机制，坚持完善和落实好大赛规章制度，坚持年年有计划、事事有规矩的工作程序。要把“精彩、专业、安全、廉洁”作为长期坚持的办赛要求和办赛目标。要坚持立德树人，以赛促教学，进一步深化教育教学改革；以赛促合作，进一步促进产教融合校企合作；以赛促环境，进一步营造更优越的发展环境。

【全国中医药职业教育集团在烟台成立】 11月8日，全国中医药职业教育集团在山东中医药高等专科学校正式成立。集团成员单位代表及学校部分教师代表200余人参加会议。会议共分为集团组建筹备会议、常务理事会一届一次会议以及集团全体理事大会三个环节。全国中医药职业教育集团是在全国中医药职业教育教学指导委员会指导下，由山东中医药高专牵头筹建的行业型职教集团。集团的成立，旨在全面贯彻落实党中央、国务院关于大力发展职业教育以及振兴中医药的方针政策和决策部署，进一步深化产教融合、医教协同、校企合作，系统整合全国中医药职业教育优质资源，建立创新型、发展型、复合型中医药人才培养体系，推动全国中医药现代职业教育体系建设。集团目前拥有成员单位 139 家，覆盖全国 21 个省市自治区，其中高职院校 29 家，中职院校 11 家，医院 41 所，企业 52 家，行业协会 3 家，科研院所 2 家，出版社 1 家。

【全国中等职业学校校长联席会议在北京召开】 11 月 10 日，全国中等职业学校校长联席会议 2018 年年会在北京召开。年会以“探索提高中等职业教育发展水平”为主题，来自全国中职学校的 300 多位代表参会。年会设立了“东西协作，助推精准扶贫”“产教融合，推动双元育人”“多措并举，提升中职吸引力”三个主题分论坛。北京市商业学校、厦门信息学校、上海信息技术学校等近 30 所学校在分论坛上交流经验。

【习近平主持召开中央全面深化改革委员会第五次会议 审议通过《国家职业教育改革实施方案》】 11 月 14 日，中共中央总书记、国家主席、中央军委主席、中央全面深化改革委员会主任习近平下午主持召开中央全面深化改革委员会第五次会议并发表重要讲话。

会议审议通过了《国家职业教育改革实施方案》等文件。会议强调，要把职业教育摆在更加突出的位置，对接科技发展趋势和市场需求，完善职业教育和培训体系，优化学校、专业布局，深化办学体制改革和育人机制改革，鼓励和支持社会各界特别是企业积极支持职业教育，着力培养高素质劳动者和技术技能人才，为促进经济社会发展和提高国家竞争力提供优质人才资源支撑。

【全面推行企业新型学徒制工作电视电话会召开】 11 月 21 日，人力资源和社会保障部、财政部、国务院国资委在北京召开全面推行企业新型学徒制工作电视电话会。会议总结 2015 年以来的学徒制试点工作，部署全面推进企业新型学徒制工作。

会议指出，我国经济发展和就业工作面临着技能人才短缺的现实问题。企业新型学徒制是职业培训工作主动适应经济高质量发展和供给侧结构性改革的重大举措，是我国技能人才培养模式的重大创新，是支持企业发挥主体作用、提高培训针对性有效性的培训制度重大变革，必须全力推进企业新型学徒制工作。

会议强调，2015 年开始的试点工作成效显著，通过试点，完善了管理制度、推动了校企融合、缓解工学矛盾、促进了技能人才提升待遇、促进企业提升了生产效率，为全面推行企业新型学徒制提供了实践支撑。各级人社部门要全力做好企业新型学徒制工作。要加强组织领导、完善工作机制、明确工作任务、落实工作责任、加强工作督导。要做好宣传发动，开展普遍宣传、重点宣讲和政策咨询，充分调动企业、院校、劳动者的积极性。要健全政策措施，制定具体操作办法，完善督导评估办法，制定教学管理、学分管理、补贴申领等专项政策。要精心组织实施，开展审核备案、加强信息管理、强化服务保障。确保 2019 年全面推开，让企业、院校、劳动者真正受益。

山东、河南、重庆、徐工集团、首钢技师学院在会上介绍了经验。各省、自治区、直辖市和新疆生产建设兵团人社厅（局）及市、县人社部门有关人员，部分技工院校代表，部分企业人力资源部门负责人参加会议。

【全国百名职教校长论坛举行】 11 月 25 日，以“奋进新时代、职教再出发”为主题的“落实全国教育大会精神、庆祝改革开放 40 周年百名职教校长论坛”在唐山工业职业技术学院举行。此次论坛由人民政协报教育在线周刊主办，唐山工业职业技术学院承办。

论坛共分为自信篇、奋斗篇、创新篇、国

际篇、对话篇五部分。全国政协委员、中华职教社副理事长苏华，中国职教学会副会长、上海教育科学研究院原副院长马树超，中国财政科研院教科文研究中心主任韩风芹，唐山工业职业技术学院院长张建军分别作了主旨报告。与会者分享了浙江金融职业学院人才培养模式创新与成效，天津职业大学在改革中探索、实践中创新的办学成果，常州工程职院融合创新、赋能升级的创新做法，北京商业学校国企主体办学下产教融合的新模式；聆听了职教校长和媒体人关于“新经济、新动能、新职教”“职业教育的国际视野”和“讲好职教故事、唱响职教声音”的互动话题。

论坛结束时还发布了百名职教校长论坛倡议书。

【全国教育法治工作会议召开】 11月29日，全国教育法治工作会议在北京召开，研究部署新时代教育法治建设任务，为加快推进教育现代化、建设教育强国、办好人民满意的教育提供坚实的法治保障。这是新时代教育系统召开的第一次全国性教育法治工作会议。

北京、上海、浙江、山东、广东、四川、青岛以及清华大学、武汉大学、南京农业大学等10个地方和高校作交流发言。各省（区、市）教育厅（教委）、各计划单列市教育局、新疆生产建设兵团教育局、教育部直属高等学校、教育部各司局负责人参加会议。

【全国高职高专校长联席会议2018年年会在福建福州召开】 12月8日，全国高职高专校长联席会议2018年年会在福建福州召开。会议以“新时代·新高职·新目标”为主题，以深入贯彻落实全国教育大会精神特别是习近平总书记关于教育的重要论述为首要任务。教育部、福建省教育厅、福州市、全国500多所高职院校相关负责人出席年会。会议回顾总结了40年职业教育改革发展历程，分析了新时代职业教育改革发展面临的新形势，提出了中国特色高水平高等职业教育的发展方向和实施路径。会议设“高水平专业建设”“信息化与课堂教学改革”“社会服务与创新人才培养”“产教融合校企合作”四个分论坛。会议还组织了“新时代·新高职·新目标”成果展。

【全国人大调研组到东莞开展职业教育法修改专题调研】 12月14日，全国人大常委会委员、全国人大教科文卫委员会副主任委员杜玉波率调研组到东莞市，开展职业教育法修改专题调研。调研组表示，通过这次调研真正找到了东莞在职业教育方面好的经验和做法，对东莞职业教育取得的成绩表示肯定，希望东莞进一步推动职业教育结构布局与产业发展的融合，着力推进校企合作，把立德树人工作落到实处。

地　方

Region

综　述

【概述】2018年，在党中央、国务院坚强领导下，各地按照高质量发展根本要求，统筹规划教育和产业深度融合发展格局，深化职业教育重点领域改革，组织开展全国性职业教育对话交流活动，积极推进区域间职业教育协同发展，深入开展地区技能大赛和职教周活动，职业教育工作取得新的成效。

【统筹规划教育和产业深度融合发展格局】安徽、辽宁、广东、河南、黑龙江等省份皆印发了《关于深化产教融合的实施意见》，推进人力资源供给侧结构性改革，促进教育链、产业链、创新链有机衔接，全面提高教育质量，扩大就业创业，培育经济发展新动能，推进经济转型升级。甘肃省印发《甘肃省中长期职业技能培训规划（2018—2025年）》，吉林省和海南省分别印发《关于推行终身职业技能培训制度的实施意见》，着力推进培训对象普惠化、培训资源市场化、培训载体多元化、培训方式多样化、培训管理规范化，通过大规模开展高质量的职业技能培训，努力造就一批高技能人才和高素质劳动者。江苏省人民政府印发《关于加快推进职业教育现代化的若干意见》，从完善职业教育和培训体系、推进产教深度融合、建设高水平教师队伍、激发职业教育办学活力、提高技术技能人才培养质量、增强职业教育服务发展能力、健全职业教育经费保障机制、营造全社会关心重视职业教育的氛围等8个方面提出26条意见。四川省人民政府办公厅印发《“天府工匠”培养工程实施方案》，提出实施高技能人才培养开发工程、全民职业培训提能工程、工匠培养平台提升工程、天府传统技艺振兴工程、天府技能大赛品牌工程、天府匠心筑梦激励工程。青海省人民政府办公厅印发《关于进一步优化调整中等职业学校布局及专业结构的实施意见》，明确了进一步优化调整中等职业学校布局及专业结构的指导思想、基本原则、主要目标、重点任务和保障措施。新疆维吾尔自治区人民政府印发《关于全面深化新时代教师队伍建设改革的实施意见》，强调要健全职业院校教师管理制度。湖南省人民政府办公厅印发《关于加强技能人才培养建设技工大省的意见》，从加快发展现代职业教育、加强企业高技能人才培训、完善职业培训补贴政策、加大职业教育培训师资队伍建设力度、夯实技能人才培养载体建设、加大对高技能人才的表彰激励力度、加大对高技能人才的引进交流力度、贯通技能人才职业发展通道、健全技能人才的保障措施、健全技能人才评价机制、大力开展职业技能竞赛活动等方面对技能人才培养工作作出具体部署。各省市有关行政部门根据党和国家以及地方党委和政府的要求，出台了推进职业教育高质量发展的具体政策举措。

【深化职业教育重点领域改革】山西、江苏等省份分别召开现代学徒制试点工作座谈会和经验交流会，总结成绩、交流经验，分析存在的主要问题，讨论研究解决对策，进一步推进现代学徒制人才培养模式的改革实践。广西、福建等省（自治区）召开年度职业教育工作会议，推进职业教育年度重点工作的落实。四川、北京等省（直辖市）召开产教融合推进会，总结职业教育产教融合工作，部署下一步工作，促进教育链、人才链和产业链、创新链有效衔接。广东省召开职业教育集团化办学工作推进会，凝聚共识，大力推进集团化办学往纵深发展。山西、河南、宁夏等省（自治区）专门召开职业教育精准扶贫工作推进会，围绕对口帮扶、助力脱贫攻坚、职业技能培训等部署新的工作任务。黑龙江省召开省部共建国家现代农村职业教育改革试验区试点市、试点县建设项目现场会，从党的领导、政府支持、主体联动、人才培养等方面提出改革的思路。

【开展全国性职业教育对话交流】 2018 年 4 月 27 日，教育部 2018 年职业教育与产业对话活动在武汉举行，围绕食品药品行业如何面对新技术、新业态、新政策深化产教融合充分研讨。2018 年 5 月 9 日，全国中等职业学校“文明风采”活动总结交流暨德育工作座谈会在湖南召开，来自全国 100 余所中等职业学校的代表参加活动。2018 年 9 月 26 日至 27 日，全国深化卫生职业教育改革发展高峰论坛在白城召开，围绕办学理念、专业学术、职业教育产教对话等活动开展深入交流。2018 年 9 月 27 日至 28 日，2018 年全国县级职教中心联盟年会暨聚焦人才培养助力乡村振兴研讨会在齐齐哈尔举办，来自联盟成员单位及相关企业的代表 270 余人参加了会议。2018 年 9 月 28 日，第五届国际航空职教论坛在西安阎良召开，国内航空产业领域的专家、国际航空职教专家、国内职业院校教师代表参加了会议。2018 年 10 月 13 日，“共建产业学院　服务产业升级”主题研讨活动在郑州举办，来自全国各地教育主管部门、高等院校、知名企业的领导、专家学者等 1000 余人参加了研讨活动。2018 年 12 月 6 日至 8 日，第五届全国养老产业与职业教育高端对话活动暨第三届京津冀养老高峰论坛在北京举办，来自全国的职业院校、养老服务机构、媒体、双选会机构、老年福祉学院等代表共 450 余人参加会议。

【推进区域间职业教育协同发展】 2018 年 1 月 28 日，第二届京津冀晋甘蒙职业教育与新能源汽车产业对话高峰论坛在天津举行，2018 年冀台职业教育交流与合作论坛在石家庄开幕，贵州省、云南省、四川省和重庆市联合召开云贵川渝 2018 职业教育发展论坛，南京市和西宁市联合举办南京—西宁职业教育现代化发展论坛。2018 年 6 月 5 日，第十届海峡论坛·海峡两岸职业教育论坛在厦门开幕，第六届海峡两岸高职教育校长联席会议学术年会在扬州召开，冀台职业教育交流与合作论坛在石家庄开幕，鲁台职业教育交流与合作大会在青州市举办，桂台职业教育交流暨青年就业创业研讨会在南宁举行，推动大陆与我国台湾地区之间职业教育的交流合作。“2018VETnet 中德职业教育合作论坛”在武汉举办，“一带一路”国际职业教育论坛在威海举办，中国职业教育国际化与区域发展论坛在东阳市举行，推动我国职业教育的对外开放。

政　策

地方党委和政府

【安徽省印发《关于深化产教融合的实施意见》】 2 月 22 日，安徽省人民政府办公厅印发《安徽省人民政府办公厅关于深化产教融合的实施意见》。该《意见》从总体要求、构建教育和产业深度融合发展格局、发挥企业产教融合重要主体作用、加强产教融合人才培育、促进产教供需双向对接、强化产教融合支撑保障 6 个方面提出 26 条意见。具体实施意见包括：统筹产教融合规划布局，促进高等教育融入国家和区域创新体系，完善产教融合学科专业体系，强化人才培养需求导向，拓宽企业参与途径，深化“引企入教”改革，开展生产性实习实训，推进协同创新和成果转化，强化企业职工在岗教育培训，将劳动实践融入基础教育，推进校企协同育人，强化师资队伍建设，完善考试招生制度，改革学校治理结构，创新教育培训服务供给，强化行业协调指导，优化市场中介服务，打造共享信息平台，实施产教融合发展工程，开展试点示范，加大政策扶持力度，加强省际和国际交流合作，强化工作协调，营造良好氛围。

【江苏省印发《关于加快推进职业教育现代化的若干意见》】 5月14日，江苏省人民政府印发《江苏省政府关于加快推进职业教育现代化的若干意见》。该《意见》从完善职业教育和培训体系、推进产教深度融合、建设高水平教师队伍、激发职业教育办学活力、提高技术技能人才培养质量、增强职业教育服务发展的能力、健全职业教育经费保障机制、营造全社会关心重视职业教育的氛围等8个方面提出26条意见。具体意见包括：优化职业教育和培训布局，建设一批领军型职业院校，统筹实施学历教育与非学历教育，搭建技术技能人才成长立交桥，建立产教融合基本制度，深化校企协同育人，健全校企合作激励机制，落实职业院校教师配置标准，改革职业院校教师管理体制，强化教师职业发展保障，推进职业教育供给侧改革，探索混合所有制办学改革试点，提升职业院校治理能力，完善立德树人系统化落实机制，构建职业院校教学质量保障体系，加快智慧职业教育步伐，开展职业教育国际交流合作，助推经济转型升级，促进民生改善，服务企业“走出去”，提高职业教育生均经费标准，加大对市县综合奖补的力度，拓宽经费筹措渠道，明确政府责任，重视职业启蒙教育，形成鲜明导向。

【辽宁省印发《关于深化产教融合的实施意见》】 7月27日，辽宁省人民政府办公厅印发《辽宁省人民政府办公厅关于深化产教融合的实施意见》。该《意见》提出的工作目标是：深化产教融合，凝聚发展合力，校企协同育人，激发创新活力。以振兴发展为导向，以产业需求为牵引，力争用10年左右时间，全省教育资源、人才培养和科技成果与辽宁产业有机融合的发展格局总体形成，校企合作人才培养模式全面推广，人才供给和产业需求总体平衡，全省中高等学校服务区域经济社会发展的能力显著提高。该意见提出构建教育和产业融合发展格局、强化企业重要主体作用、推进产教协同育人、产教供需双向对接、完善政策支持体系等5项主要任务，并细化为27项具体任务，充分发挥企业重要主体作用，促进教育链、人才链与产业链、创新链有机衔接，推进人才培养供给侧和产业需求侧结构要素主动融入全省产业转型升级和创新驱动发展，为培育经济增长新动能提供智力支持和人才支撑。

【甘肃省印发《甘肃省中长期职业技能培训规划（2018—2025年）》】 8月14日，甘肃省人民政府办公厅印发《甘肃省中长期职业技能培训规划（2018—2025年）》。该《规划》提出，到2020年，高技能人才总量达到40万人，其中技师、高级技师达到4万人；到2025年，高技能人才总量达到45万人。该规划提出14项重点任务：着眼劳动者终身职业需求，着力健全职业技能培训政策和组织实施体系；聚焦脱贫攻坚任务，着力推进精准扶贫劳动力培训；围绕就业创业重点群体，着力开展就业技能培训；发挥行业企业主体作用，着力做好企业职工岗位技能提升培训；适应产业转型升级需要，着力加强高技能人才培训；提升创业创新人员能力水平，着力推进创业创新培训；大力弘扬工匠精神，着力加强职业素质培育；以推进职业培训供给侧改革为重点，建立职业技能培训市场化社会化发展机制；以拓展评价选拔渠道为重点，建立技能人才多元评价机制；以加强职业培训质量管理为重点，建立职业技能培训评估监管机制；以提高技能人才待遇为重点，建立技能提升多渠道激励机制；加强职业技能培训服务能力建设；加强职业技能培训教学资源建设；加强职业技能培训基础平台建设。该《规划》还从强化组织领导、多渠道筹集经费、加大公共财政投入、营造良好社会环境等方面提出保障措施。

【广东省印发《关于深化产教融合的实施意见》】 8月23日，广东省人民政府办公厅印发《广东省人民政府办公厅关于深化产教融合的实施意见》。该《意见》明确提出，深化产教融合是推进人力资源供给侧结构性改革的重要举措，对新形势下全面提高教育质量、扩大就业创业、推进经济转型升级、培育经济发展新动能具有重要意义。提出：构建教育和产业统筹融合发展格局，推动学科专业与产业需求精准对接，推进产教协同育人，加强产教融合师资队伍建设，完善招生考试配套改革，推进教育“放管服”改革，发挥企业的重要主体作用，推进产教协同创新，加强平台载体建设，推动粤港澳大湾区产教融合发展，开展产教融合建设试点，完善政策支持体系。

【河南省印发《关于深化产教融合的实施意见》】 8月30日，河南省人民政府办公厅印发《河南省人民政府办公厅关于深化产教融合的实施意见》。该意见提出：一是构建教育和产业深度融合发展格局，二是强化企业重要主体作用。如同步规划产教融合与经济社会发展，统筹职业教育与区域发展布局，促进高等教育融入国家和区域创新体系，推动建立与产业转型升级相适应的学科专业体系，以需求为导向调整人才培养结构，拓宽企业参与途径，深化“引企入教”改革，开展生产性实习实训，以企业为主体推进协同创新和成果转化，强化企业职工在岗教育培训，发挥骨干企业引领作用；三是推进产教融合人才培养改革。如将工匠精神培育融入基础教育，推进产教协同育人，加强产教融合师资队伍建设，完善考试招生、就业等配套改革；四是促进产教供需双向对接。如加快学校治理结构改革，强化行业协调指导，建立健全职业教育集团运行机制，规范发展市场服务组织，创新教育培训服务，健全社会第三方评价；五是完善双策支持体系。如实施产教融合发展工程，落实财税用地等政策，强化金融支持，开展产教融合建设试点，加强国际交流合作。该《意见》还同时明确每条意见落实实施的责任单位。

【四川省印发《“天府工匠”培养工程实施方案》】 9月12日，四川省人民政府办公厅印发《“天府工匠”培养工程实施方案》。该《方案》明确了实施“天府工匠”培养工程的总体思路、发展目标、主要内容和组织实施。该方案提出，到2020年，全省技能人才总量达到1000万人，高技能人才占比达到25%，高端技能人才形成“雁阵效应”，技能人才总量、结构和对经济发展贡献率居于中西部领先地位，有效支撑四川高质量发展。该《方案》主要内容包括：实施高技能人才培养开发工程，实施全民职业培训提能工程，实施工匠培养平台提升工程，实施天府传统技艺振兴工程，实施天府技能大赛品牌工程，实施天府匠心筑梦激励工程。“天府工匠”培养工程在省委省政府统一领导下，由人力资源和社会保障厅会同省人才办、省委宣传部、省发展改革委、省经济和信息化委、教育厅、科技厅、民政厅、财政厅、住房城乡建设厅、交通运输厅、商务厅、文化厅、省卫生计生委、省国资委、省扶贫移民局、省总工会、团省委、省妇联、省残联等有关部门（单位）组织实施。各相关单位要按照方案要求，明确任务，落实责任，有效整合资源、资金和政策，加强协商，形成合力，确保各项工作任务落到实处。

【青海省印发《关于进一步优化调整中等职业学校布局及专业结构的实施意见》】 9月15日，青海省人民政府办公厅印发《关于进一步优化调整中等职业学校布局及专业结构的实施意见》。该《意见》明确了进一步优化调整中等职业学校布局及专业结构的指导思想、基本原则、主要目标、重点任务和保障措施。其重点任务包括：调整省属中等职业学校数量，整合西宁、海东职业教育资源，六州重点各建好一所中等职业学校，优化中等职业学校专业结构，增强中等职业教育服务功能，加强办学资质管理。该《意见》提出，到2020年，中职学校整合到30所以内，重点建成30个专业群，特色专业达到40%，形成以省属职业院校为龙头、市（州）职业院校为骨干、县办职业学校为支撑的青海特色职业教育体系，全面提升本省职业教育办学质量和水平。该《意见》从加强组织领导、强化激励引导、积极稳妥推进等3个方面细化并明确保障措施。

【新疆维吾尔自治区印发《关于全面深化新时代教师队伍建设改革的实施意见》】 10月8日，新疆维吾尔自治区人民政府印发《新疆维吾尔自治区人民政府关于全面深化新时代教师队伍建设改革的实施意见》。该《意见》从深刻认识新时代教师队伍建设的重大意义；加强思想政治建设，着力提升师德修养；加强教师教育培养，不断提升教师专业化水平；深化教师管理制度改革，切实理顺体制机制；不断提高地位待遇，真正让教师成为令人羡慕的职业；切实加强党的领导，确保政策措施落到实处等6个方面提出25条意见。具体意见包括：加强教师队伍思想政治建设，加强教师党支部和党员队伍建设，健全师德建设长效机制，加大对师范院校和教师教育支持力度，全面提高中小学教师队伍质量，全面提高幼儿园教师队伍质量，全面提高职业院校教师队伍质量，全面提高高等学校教师队伍质量，创新和规范中小学教师编制配备，完善中小学教师准入和招聘制度，优化义务教育教师资源配置，深化中小学教师职称和考核评价制度改革，健全职业院校教师管理制度，深化高等学校教师人事制度改革，明确教师的特别重要地位，完善中小学教师待遇保障机制，大力提升乡村教师待遇。维护民办学校教师权益，推进高等学校教师薪酬制度改革，提升教师社会地位。

【湖南省印发《关于加强技能人才培养建设技工大省的意见》】 10月26日，湖南省人民政府办公厅印发《湖南省人民政府办公厅关于加强技能人才培养建设技工大省的意见》。该《意见》共11条：加快发展现代职业教育，加强企业高技能人才培训，完善职业培训补贴政策，加大职业教育培训师资队伍建设力度，夯实技能人才培养载体建设，加大对高技能人才的表彰激励力度，加大对高技能人才的引进交流力度，贯通技能人才职业发展通道，健全技能人才的保障措施，健全技能人才评价机制，大力开展职业技能竞赛活动。该《意见》提出，各级各部门要提高思想认识，加强宏观指导、政策协调和组织推动，定期研究解决加强高技能人才培养工作中存在的主要问题，建立健全由人力资源社会保障部门统筹协调，发展改革、财政、教育、国有资产监管、工业和信息化、扶贫等政府部门各司其职，总工会、妇联、残联、共青团等有关人民团体积极参与的工作机制。要加大资金投入，将高技能人才队伍建设经费纳入各级政府预算。企业要充分发挥培养高技能人才主体作用，落实相关责任。要加强宣传引导，树立职业楷模，弘扬工匠精神，营造尊重劳动、崇尚技能、鼓励创造的舆论氛围。

【吉林省印发《关于推行终身职业技能培训制度的实施意见》】 12月14日，吉林省人民政府印发《吉林省人民政府关于推行终身职业技能培训制度的实施意见》。该《意见》明确推行终身职业技能培训制度的总体要求、主要措施和保障措施。其主要措施是：突出思想政治引领，强化法制宣传和教育，完善终身职业技能培训政策和组织实施体系，围绕就业创业重点群体，广泛开展就业技能培训，充分发挥企业主体作用，全面加强企业职工岗位技能提升培训，适应产业转型升级需要，着力加强高技能人才培训，大力推进创业创新培训。组织有创业意愿和培训需求的人员参加创业创新培训，强化工匠精神和职业素质培育，建立职业技能培训市场化社会化发展机制，建立技能人才多元评价机制，建立职业技能培训质量评估监管机制，建立技能提升多渠道激励机制，加强职业技能培训服务能力建设，加强职业技能培训教学资源建设，加强职业技能培训基础平台建设。该《意见》从加强组织领导、做好公共财政保障、多渠道筹集经费、优化社会环境等4个方面提出保障措施。

【湖北省印发《关于建立湖北省职业教育工作厅际联席会议制度的通知》】 12月18日，湖北省人民政府办公厅印发《省人民政府办公厅关于建立湖北省职业教育工作厅际联席会议制度的通知》。该《通知》共四个部分。第一部分为主要职能，明确贯彻落实党中央、国务院和省委、省政府关于职业教育工作的重大决策部署；统筹协调全省职业教育工作，研究解决职业教育重大问题；研究审议拟出台的职业教育地方性法规和重大政策，部署实施职业教育改革创新重大事项；督促检查职业教育有关政策措施的落实情况；完成省委、省政府交办的其他事项。第二部分为成员单位，联席会议由省教育厅、省发展改革委、省经信厅、省财政厅、省人社厅、省农业农村厅、省国资委、省税务局、省扶贫办9个部门组成，省教育厅为牵头单位。第三部分为工作规则，联席会议原则上每年召开两次会议，也可根据工作需要临时召开专题会议，由召集人或召集人委托的副召集人主持。第四部分为工作要求，明确各成员单位要按照职责分工，积极研究新时代职业教育发展有关问题，制定相关配套政策措施或提出政策建议；及时向联席会议办公室提出需联席会议讨论的议题，按要求参加联席会议，认真落实联席会议确定的工作任务和议定事项；互通信息、相互支持、密切配合、形成合力，充分发挥联席会议作用。

【黑龙江省印发《关于深化产教融合的实施意见》】 12月19日，黑龙江省人民政府办公厅印发《黑龙江省人民政府办公厅关于深化产教融合的实施意见》。该《意见》明确提出，逐步提高行业企业参与办学程度，健全多元化办学体制，构建校企合作长效机制。促进职业教育、高等教育特色化发展，加快“双一流”高校和学科、省级职业教育示范“专业＋实训基地”、紧缺人才培训基地和产学研合作联盟建设。通过10年左右时间的努力，基本实现教育和产业统筹融合，校企协同育人机制全面推行，需求导向的人才培养模式健全完善，职业教育、高等教育对经济发展和产业升级的贡献显著增强。其提出的实施意见是：构建教育和产业统筹融合发展格局，强化企业人才培养培训和科技成果转化的主体作用，推进产教融合人才培养改革，促进产教供需双向对接，美化优化校园育人环境，完善政策支持体系并依法落实地方教育附加用于职业教育的政策。

【海南省印发《关于推行终身职业技能培训制度的实施意见》】 12月30日，海南省人民政府印发《海南省人民政府关于推行终身职业技能培训制度的实施意见》。该《意见》明确推行终身职业技能培训制度的总体要求、目标任务、制度体系、综合能力、成长通道和保障措施。

其主要措施是：加强新增劳动力职业技能培训，完善岗前职业技能培训，推动开展职工岗位技能提升培训，大力做好再就业培训，加强创业培训工作，促进职业技能培训工作全面发展，加强职业院校建设，推进公共实训基地和高技能人才培训基地建设，建立职业技能培训市场化社会化发展机制，建立技能人才多元化评价机制，完善职业技能竞赛活动，构建高技能人才引进机制，建立职业技能培训评估监管机制。该意见从加强组织领导、做好经费保障、优化社会环境等3个方面落实组织保障措施，同时还明确每条意见落实实施的责任单位。

部　门

【上海市印发《上海市中等职业学校学生学籍管理实施办法》】 2月13日，上海市教育委员会印发《上海市中等职业学校学生学籍管理实施办法》。该办法共分7章47条，明确了上海市中等职业学校学生学籍管理的入学与注册、学籍变动与信息变更、成绩考核、奖励与处分和毕业与结业等实施办法。该办法提出，中等职业教育基本学制以3年为主；招收普通高中毕业生或同等学力者，基本学制以1年为主；特殊中等职业教育基本学制以4年为主。若学生无法在基本学制内完成学业，可申请推迟毕业，最长不超过3年。实行学分制管理的学校，允许学生在基本学制的基础上提前或推迟毕业。对于已注册学生（含注册毕业学生）各项信息修改属于信息变更，主要包括学生姓名、性别、出生日期、家庭住址、身份证号码、户口性质等。对信息变更，应由学生本人或监护人提供合法身份证明等相关资料，学校通过上海和全国中等职业学校学生管理信息系统进行信息变更操作。

【江西省印发《2018年全省职业教育与继续教育工作要点》】 2月23日，江西省教育厅印发《2018年全省职业教育与继续教育工作要点》。该《工作要点》从"不断夯实体系基础，切实做强中职教育""启动实施'双高计划'，努力做优高职教育""切实增强市场意识，逐步做大职业培训""推进学习型社会建设，进一步办好继续教育""围绕服务重大战略，大力提升职业教育服务能力""完善规章制度，提高职业院校规范管理水平"等6个方面提出27条具体举措。具体包括：进一步加强县级中职学校建设，进一步推进达标中职学校建设，深入推进中职教育资源整合计划，大力推进高中阶段教育普及攻坚计划，继续推进中职教育质量提升"123"工程，进一步加强中高职对接培养工作，进一步加强中职学校学籍管理工作，启动实施高等职业院校"双高"建设计划，着力推进"放管服"改革，深入推进高职院校创新发展行动计划，提升高职教育国际化水平，鼓励职业院校积极承担政策性培训任务，积极拓展培训市场，积极培育培训品牌，大力加强社区教育，进一步加强老年教育，规范学历继续教育管理，积极服务国家和本省重大发展战略，持续深化产教融合和校企合作，积极提升职业教育信息化水平，努力提升教育教学质量，不断提高中职德育工作水平，着力加强职业院校"双师"型教师队伍建设，继续办好职业院校技能竞赛，不断扩大职业教育影响力，深入推进职业院校管理水平提升行动计划，进一步加强职业院校实习管理和招生秩序管理。

【贵州省印发《关于进一步全面深化"校农结合"助推脱贫攻坚的意见》】 2月27日，贵州省教育厅印发《关于进一步全面深化"校农结合"助推脱贫攻坚的意见》。该《意见》从"提高思想认识，充分理解'校农结合'新意义""认真总结提炼，及时推广'校农结合'新经验”“注重统筹兼顾，准确把握‘校农结合’新特点”“开展创新试点，积极探索‘校农结合’新模式”“严格责任担当，合力保障‘校农结合’新发展”等5个方面提出深化意见。在探索“校农结合”新模式中，确立了由黔南州政府牵头，成立黔南州高校“校农结合”集团；由省教育厅牵头，成立在筑职业院校“校农结合”联盟；由贵阳市、黔西南州、铜仁市教育局牵头，分别探索普通高中“校农结合”集中实施模式、义务教育“校农结合”集中实施模式、学前教育“校农结合”集中实施模式，全方位探索“校农结合”的有效方法；由各高校自主创新开展“校农结合”工作，结合“省属院校帮百村活动”，借鉴先进经验，充分发挥高校科技、人才、购买农产品量大等优势，积极探索帮扶贫困地区贫困户发展产业、增加收入、加快脱贫步伐的新路子。该《意见》从强化责任落实、统筹协调、督查考核、舆论宣传等4个方面提出保障措施。

【江苏省印发《关于做好2018年江苏省现代职业教育体系建设试点工作的通知》】 3月19日，江苏省教育厅印发《关于做好2018年江苏省现代职业教育体系建设试点工作的通知》。该《通知》提出的试点范围是：应用型本科院校，高等职业院校，中等职业学校。经批准部分参与试点的技工学校学生须在“江苏省中等职业教育综合管理系统”进行电子学籍备案。该《通知》从专业要求、招生规模、入学条件、校企合作、课程衔接、转段要求等6个方面提出试点条件。工作要求：各市教育行政部门、省级职业教育集团负责现代职业教育体系建设项目的统筹协调，严格审核申报项目，对招生不稳定、高校参与度不高、校企合作不紧密、中高职衔接课程体系不健全的不予推荐申报。牵头高校具体负责组织及实施，中职学校根据分工做好相关工作。要建立领导小组和工作小组，落实工作经费，开展调查研究和交流讨论，及时解决建设工作遇到的问题，加强对招生录取、教学考核、转段升学等环节的管理，保证试点工作顺利实施。

【山西省印发《关于持续深化职业院校精准扶贫对口帮扶工作的通知》】 3月24日，山西省教育厅印发《关于持续深化职业院校精准扶贫对口帮扶工作的通知》。该《通知》提出的帮扶工作目标是：力争使所有建档立卡的适龄贫困人口都能接受相应的职业教育和培训，切实提高新成长劳动力的就业创业能力，增强成年贫困人口增收致富能力，发挥职业教育在扶贫攻坚中的独特作用。该《通知》提出3项主要任务：围绕产业发展开展重点专业和课程建设，提高贫困县职业学校办学水平；开展多种形式的联合办学，增强职业教育吸引力；帮助县级职教中心广泛开展各类职业培训，提高贫困人口就业创业能力。

【山西省印发《山西省中等职业教育改革发展示范校建设遴选办法（试行）》】 3月26日，山西省教育厅、山西省人力资源和社会保障厅、山西省财政厅印发《山西省中等职业教育改革发展示范校建设遴选办法（试行）》。该《办法》规定，省级中职示范校申报单位应具备如下申报条件：学校管理规范，基础条件达标，校企合作深入，教育教学优秀，办学效益突出。该《办法》提出，省级中职示范校重视遴选突出加强产教融合和校企合作、深化内涵建设的核心要素的建设，突出发挥骨干示范引领作用，以“山西省中等职业教育改革发展示范校遴选评分标准”作为遴选条件的主要内容，择优遴选要求符合办学特色鲜明，重点建设专业与区域经济发展需求结合紧密，地方政府和学校举办者经费配套力度大，重大工作推进有力的遴选条件，确保质量。申报省级中职示范校遴选的中等职业学校和推荐主管部门应对材料的真实性负责，对弄虚作假的申报学校，一经发现，将取消遴选资格，并给予相应处罚。

【四川省印发《浙江省—四川省职业教育东西协作行动计划实施方案（2016—2020年）》】 4月4日，四川省教育厅印发《浙江省—四川省职业教育东西协作行动计划实施方案（2016—2020年）》。该《方案》明确了“浙江省—四川省”职业教育东西协作行动计划的指导思想、总体目标、协作关系、协作内容、保障措施。该《方案》提出，按照中央确定的东西部扶贫协作关系，浙江省与四川省开展职业教育对口协作。按照两省政府确定的对口关系，结合学校专业对口等因素，全面落实《教育部国务院扶贫办关于印发〈职业教育东西协作行动计划（2016—2020年）〉的通知》，实施好东西职业院校协作全覆盖行动、东西协作中职招生兜底行动、职业院校参与东西劳务协作等各项工作任务。在协作内容中，该《方案》从建立协作关系、互派挂职干部、帮扶专业建设、强化师资培训、深化校企合作和实习合作、创新协作形式6个方面实施职业院校协作行动；从招生对象、招生模式2个方面实施东西协作中职招生兜底行动；从发挥教育信息化和办学组织体系等优势，设计实施公益性职业培训项目支持职业院校全面参与东西劳务协作。该《方案》还从加强组织领导、健全工作制度、落实经费保障、鼓励社会参与、加强宣传引导等5个方面提出保障措施。

【北京市印发《北京职业教育改革发展行动计划（2018—2020年）》】 5月8日，北京市教育委员会、北京市发展和改革委员会、北京市财政局、北京市人力资源和社会保障局、北京市人民政府教育督导室联合印发《北京职业教育改革发展行动计划（2018—2020年）》。该《计划》包括指导思想、基本原则、主要目标、重点任务、保障措施5个部分。该《计划》明确北京职业教育改革发展行动计划的主要目标是：调整结构，打造精品；对接产业，服务北京；产教融合，校企合作；面向人人，提高素质。重点任务是：立德树人，培育工匠；优化布局，促进提升；构建体系，畅通渠道；强化内涵，提高质量；产教融合，校企合作；提升能力，增强师资；国际合作，开放发展。保障措施是：强化统筹协调，完善保障制度，加强督导评价，凝聚社会合力。

【陕西省印发《关于大力开展职业教育和实用技能培训助力全省教育脱贫攻坚工作的通知》】 6月4日，陕西省教育厅、陕西省人力资源和社会保障厅、陕西省文化厅联合印发《关于大力开展职业教育和实用技能培训助力全省教育脱贫攻坚工作的通知》。《通知》指出，一是加强县级职教中心基础能力建设。要强化市级统筹功能，夯实县级发展责任，重点加强县级职教中心建设，努力改善办学条件。二是积极扩大招生规模。按照倾斜支持深度贫困地区的政策要求，对深度贫困地区贫困家庭学生在中职学校期间给予重点关注，优先招生，优先选择专业，优先安排在校企合作程度较深的定向培训班或企业冠名班，优先落实助学政策，优先安排实习，优先推荐就业，努力落实中职学生选择一个好专业、找到一份好工作、获得一个好发展的“三个好”目标。对符合条件的按规定享受免学费和助学金政策。三是大力开展职业教育培训。教育部门要立足当地主体产业培育需求，积极做好当地初高中未升学毕业生的组织培训工作，同时要积极组织贫困人口参加实用技术、职业技能、就业创业等各种培训。人社部门要大力实施就业扶贫六项工程，重点做好技工教育赋能工程和职业培训提升工程。通过优选技工院校与贫困县（区）划区结对帮扶，组织贫困县（区）贫困家庭子女上技校、学技能，使每个有就读技工院校意愿的贫困家庭应往届未升学初、高中毕业生都能免费接受技工教育。文化部门要充分利用当地非物质文化遗产资源，组织开展非遗培训。培训要坚持尊重优秀传统文化、突出当地特色、激发创造活力、促进就业增收的原则，扩大当地非遗传承人群，推进本地具有影响力的非遗项目保护与传承，营造本地文化特色。四是做好总结统计工作。各市要提高认识，加强重视，切实提高各类培训效果，抓好过程监管和成果梳理的同时，加大宣传力度，挖掘典型，广泛宣传。

【河南省印发《关于实施2018年河南省中等职业教育“双项提升工程”的通知》】 7月12日，河南省教育厅、河南省人力资源和社会保障厅、河南省财政厅印发《关于实施2018年河南省中等职业教育“双项提升工程”的通知》。该《通知》就切实加快推进中等职业教育信息化和实训基地建设，明确了实施信息化提升工程和实训基地建设工程（以下简称“双项提升工程”）的总体目标、支持范围、建设任务，以及确立了中等职业教育“双项提升工程”的资金管理、实施内容、工作要求。在总体目标中，信息化提升工程按照“补短板、强基础”原则，重点推进中职学校和技工院校普遍薄弱的信息化建设，力争通过1—2年的集中建设，整体提升全省中等职业学校信息化建设水平；实训基地建设工程按照“整体规划、分步实施、择优遴选、整体提升”的工作思路，重点支持全省中等职业教育品牌示范学校和特色学校建设一批对接当地产业集聚区建设、对接职业岗位、对接企业生产，管理科学、运行高效，集教学、培训、鉴定和生产等多种功能于一体的职业教育实训基地。工作要求：项目学校应健全工作机制，明确专人负责项目建设，加强校内统筹和协调，积极借助社会力量，协同建设院校基础设施，结合校外数字化资源与校本资源，经济高效地为师生和管理人员提供服务。

【湖北省印发《湖北省技工教育和职业培训科研课题管理暂行办法》】 7月24日，湖北省人力资源和社会保障厅印发《湖北省技工教育和职业培训科研课题管理暂行办法》。该《办法》共分6章21条。6章分别为总则、组织管理、申报立项、过程管理、结题鉴定和附则。该《办法》规定，省级技工教育和职业培训科研课题（以下简称省级课题）研究，要紧密围绕本省实施人才强省战略、就业优先战略和创新驱动发展战略，坚持以提高质量、促进就业、服务发展为导向，以立德树人和培养职业精神为根本，以提高职业技能为核心，以适应市场需求为目标，着力研究专业结构适应产业发展、校企融合贯穿培养过程、课程教学体现工学结合、技能人才培养层次和规模与经济社会发展匹配等现实问题。该《办法》提出，省级课题分为重点课题和一般课题，并分别补助一定的科研经费。每年省级课题不超过30个，其中重点课题不超过5个，每个课题补助科研经费3万元；一般课题不超过25个，每个课题补助科研经费1万元。

【江苏省印发《关于进一步完善中等职业学校学生学业水平考试制度的意见》】 8月10日，江苏省教育厅印发《江苏省教育厅关于进一步完善中等职业学校学生学业水平考试制度的意见》。该《意见》确立了完善江苏省中等职业学校学生学业水平考试制度的基本原则、对象及时间安排、考试科目及形式内容、组织机构、成绩评定与应用、组织保障。在基本原则中，明确学业水平考试重点考查中等职业学校学生的公共基础知识、专业基础理论和专业基本技能；遵循技术技能人才成长规律，体现职业教育特点，依据人才培养方案，制定学业水平考试大纲，科学、真实、准确地检测学生掌握知识和技能的水平；坚持中等职业学校学生学业水平考试制度建设与高校招生考试制度改革协同推进，促进中高职人才培养有效衔接；建立健全监督机制，加强过程管理和监控，确保考试工作公平、公正、公开，保证学业水平考试的权威性、公信力。该《意见》还从加强组织领导、严格过程管理、落实考试经费和人员、健全考试分析制度等4个方面提出完善中等职业学校学生学业水平考试制度的组织保障。

【辽宁省印发《关于建立辽宁省中等职业教育管理协调机制的意见》】 8月30日，辽宁省教育厅、辽宁省人力资源和社会保障厅印发《关于建立辽宁省中等职业教育管理协调机制的意见》。该《意见》就如何建立中等职业教育管理协调机制提出如下意见：一是充分认识建立中等职业教育管理协调机制的意义。建立教育和人社部门协同合作、融合互通的管理协调机制，对推进职业教育供给侧结构性改革，切实落实立德树人根本任务，深化产教融合、校企合作，创新发展模式，提高办学水平和人才培养质量，为地区老工业基地新一轮振兴发展提供坚实的人才和智力支撑，具有重要的意义。二是明确建立中等职业教育管理协调机制的工作目标。到2020年，形成适应辽宁老工业基地振兴发展需要的部门协同合作、融合互通的中等职业学校管理协调机制，保障制度更加完善并有效落实，资源整合取得明显进展，布局结构更加合理，产教融合、校企合作全面深化，办学实力与活力明显增强，育人质量和服务能力显著提升。三是中等职业教育管理协调机制的主要任务。在具体任务中，协同建立融合互通的管理协调机制，协同推进资源整合与布局结构调整，协同推进产教融合、校企合作，协同推进现代化教师队伍建设，协同推进“双证融通”与职业培训。四是加强组织领导。省、市两级教育和人社部门成立中等职业教育管理协调机制工作小组，负责中等职业教育管理、协调等工作。将各市中等职业教育深化体制机制改革工作列入政府教育督导及绩效考核内容。

【安徽省印发《安徽省职业教育校企合作促进办法》】 10月31日，安徽省教育厅、安徽省发展和改革委员会、安徽省经济和信息化委员会、安徽省财政厅、安徽省人力资源和社会保障厅、国家税务总局安徽省税务局等六部门联合印发《安徽省职业教育校企合作促进办法》。该《办法》共5章27条。5章分别为总则、实施与管理、促进与保障、监督与评价和附则。该《办法》规定，职业教育校企合作实行校企主导、政府推动、行业指导、学校企业双主体实施的合作机制，遵循“平等自愿、资源共享、优势互补、过程共管、依法实施、互利共赢”的原则，实现育人、生产、科研相结合，促进人才培养供给侧和产业需求侧结构要素全方位融合。该《办法》提出，各级人民政府有关部门在制定产业发展规划、产业激励政策、脱贫攻坚规划时，应当将促进企业参与校企合作、培养技术技能人才作为重要内容，加强指导、支持和服务。支持教育行政部门会同各有关部门定期举办职业教育校企合作对接活动，完善职业教育产教融合、校企合作的对话协作机制。

【吉林省印发《吉林省中等职业教育质量提升工程实施方案》】 11月26日，吉林省教育厅印发《吉林省中等职业教育质量提升工程实施方案》，确立中等职业教育质量提升工程的指导思想、基本原则、主要目标、重点任务和实施步骤。该《方案》提出的主要目标是：调整结构，打造精品；强化管理，提升素质；产教融合，校企合作；资源共享，校校合作；对接产业，校村合作。该《方案》明确4项重点任务，并细化为13项具体任务：优化学校布局，统筹高中阶段招生，加强基础能力建设，加强中等职业教育德育工作，完善校企合作机制，改革人才培养模式，共建校企育人平台，对口支持学校管理工作，对口支持学校专业建设，对口支持教师队伍建设，开展“校村合作项目”，推动校村合作办学模式，提高青年农民文化素质。该《方案》从强化统筹协调、加强督导评价、营造良好环境等 3 个方面提出保障措施。

【山东省印发《关于办好新时代职业教育的十条意见》】 12 月 25 日，山东省教育厅发布《关于办好新时代职业教育的十条意见》。该《意见》共 10 条：创建山东省国家职业教育创新发展试验区，优化改进职业教育考试招生制度，系统构建从中职、专科、职业教育本科、应用型本科到专业学位研究生的培养体系，健全德技并修、工学结合的高素质技术技能人才育人机制，建设全国一流的职业院校和专业（群）、构建产教深度融合、校企合作办学长效机制、建设高水平“双师型”师资队伍，建立与办学规模和培养要求相适应的财政投入制度，进一步提升职业教育对外开放水平，营造有利于职业教育改革发展的良好环境氛围。该《意见》还同时明确每条意见落实实施的责任单位。

【福建省印发《关于进一步推进职业教育信息化发展的通知》】 12 月 27 日，福建省教育厅印发《福建省教育厅关于进一步推进职业教育信息化发展的通知》。该《通知》提出的职业教育信息化发展的主要目标是：到 2020 年，90% 以上的职业院校建成不低于《职业院校数字校园建设规范》要求的数字校园，数字教育基本覆盖职业院校公共基础课程和各专业领域，虚拟仿真系统大量应用于实训教学，大数据、云计算、人工智能等现代信息技术在职业院校决策、管理与服务中的应用水平普遍增强，网络和信息安全保障有力，基本建成能够支撑福建省现代职业教育发展的信息化教学、管理、应用和服务体系。该《通知》从持续推进数字校园建设、加强信息化教学条件建设、加快优质数字教育资源共建共享、应用信息技术创新教学模式、提升管理平台服务能力、提升师生和管理者信息素养、增强网络与信息安全管控能力、建立健全工作机制、建立多元投入机制、加强理论研究和宣传等 10 个方面提出加快本省职业教育信息化发展的主要任务。

会　议

工作会议

【山西省现代学徒制试点院校座谈会召开】 1 月 19 日，山西省教育厅召开现代学徒制试点院校座谈会，入选全国现代学徒制试点的省内 9 个单位主要负责人和入选教育部现代学徒制的专家参加了座谈会。会议的目的是进一步推进山西省现代学徒制人才培养模式的改革实践，创新技术技能人才培养模式，总结成绩、交流经验，分析存在的主要问题，讨论研究 2018 年开展省级试点工作。与会试点院校就学校开展现代学徒制试点的情况、成效、困难和问题进行了充分交流。教育部现代学徒制工作专家指导委员会（2017—2020 年）副主任委员、山西工程职业技术学院副院长陈清胜就《山西省现代学徒制试点方案（讨论稿）》进行解读说明，提交会议讨论。教育部现代学徒制专家库（2017—2020 年）入库专家、山西交通职业技术学院院长张文才对现代学徒制的内涵、要素、评价标准等进行了系统性指导。

【2018 年广西壮族自治区职业教育工作会议召开】 5 月 4 日，2018 年全区职业教育工作会议

在钦州召开。自治区高校工委书记、教育厅厅长唐咸仅，自治区教育厅副厅长黄雄彪，自治区农业厅总农艺师李如平，钦州市委常委、宣传部部长、副市长韩流出席会议。会上，电子商务职业教育教学指导委员会、钦州市教育局、广西工业职业技术学院、柳州职业技术学院、柳州市教育局、北部湾职业技术学校、容县职业中等专业学校、广西机械高级技工学校（广西机电技师学院）等8个单位先后就各自工作领域作经验交流发言。主会场全体参会人员分组考察了北部湾职业技术学校、广西钦州农业学校、广西钦州高新技术产业开发区。自治区教育厅、人力资源社会保障厅有关处室负责人，各区市教育局分管副局长、职成科负责人，各高等职业院校院长，区直各中等职业技术学校校长，各成人高校校长，各举办职教师资本科院校职教师资基地负责人等140多人在主会场参加会议。各区市教育局、各县（市、区）教育局、各举办职教师资本科院校、各高等职业院校设分会场。

【四川省职业院校深化产教融合校企合作现场推进会召开】 6月22日，四川省职业院校深化产教融合校企合作现场推进会在成都召开。副省长杨兴平出席会议并讲话。会议指出，围绕全省“双七双五”产业发展需求，全省将实施四川省中等职业学校示范（特色）专业建设计划，建设100个服务经济社会发展能力强、特色鲜明、引领发展的示范专业；适时启动四川省高职院校产教融合特色专业（群）建设计划；大力推进本科应用型示范专业项目建设，到2020年建成200个应用型示范专业。会议强调，全省将启动实施中等职业教育质量提升工程，组织实施四川省示范中等职业学校建设计划；大力实施高等职业教育创新发展行动计划，全力推进优质高职院校项目建设，适时启动中国特色高水平高职院校建设计划；推进职业学校管理水平提升行动计划，完善职业教育年度质量报告制度，实现质量报告制度职业院校全覆盖。

【广东省职业教育集团化办学工作推进会召开】 7月17日，广东省教育厅在广州召开了全省职业教育集团化办学工作推进会。会议邀请全国职业教育集团化办学工作专家组副组长、辽宁教育研究院副院长高鸿作了《深化产教融合校企合作推动集团化办学可持续发展》的辅导报告；中国水利职业教育集团、佛山市教育局、深圳第一职业教育集团有关负责人做了交流发言。全省21个市级以上教育局职业教育集团化办学工作牵头科（处）室负责人，首批24个省级示范职业教育集团立项建设单位的牵头院校分管校领导及相关部门负责人等共70多人参加会议。

【2018年山西省职业教育精准扶贫对口帮扶工作推进会召开】 7月27日，山西省教育厅召开2018年职业教育精准扶贫对口帮扶工作推进会。各相关市、县教育局领导、61所帮扶院校、59所受帮扶单位负责人170余人参加会议。晋中职业技术学院、山西药科职业学院、太原铁路机械学校、临县白文职业技术学校、沁水县职教中心等单位负责人分别就对口帮扶工作进行会议交流。省教育厅党组成员、副厅长马骏出席会议并讲话。会议安排了下一阶段职业教育精准扶贫对口帮扶的具体工作。会后，各对口帮扶院校进行了工作对接，进一步落实本次会议精神，总结经验、查找不足，采取有力措施，圆满完成全年帮扶工作任务。

【黑龙江省省部共建国家现代农村职业教育改革试验区试点市、试点县建设项目现场会举行】 10月10日，省部共建国家现代农村职业教育改革试验区试点市、试点县建设项目现场会在齐齐哈尔市举行。试点市县建设经验为黑龙江省农村职教完成攻坚任务提供了重要启示：必须加强党的领导和政府支持，必须坚定服务“三农”的办学方向，坚持政、行、企、校四方联动，突出职教中心在县域人才与技术支撑的龙头作用，必须融入县域经济社会发展。截至2017年底，试点市县职业教育在校生规模达到12.02万人（其中，学历教育在校生7.53万人），比建设前增加3.48万人，涉农专业在校生6.02万人，增加2.93万人；增强了农村职教发展的基础能力。学校占地面积增加了39.95%；校舍建筑面积增加了58.38%；专任教师达到4237人，比建设前增加了419人，兼职教师1409人，比建设前增加了364人，双师素质教师达2365人，比建设前提高了35.22%；校内生产性实训基地增加到121个，仪器设备总值增加1.76亿元；建设省级重点专业43个，较好地服务了当地产业发展；建成了覆盖县、乡、村三级职业教育网络。试点县以职教中心为龙头，建设了乡镇成人文化技术学校310个、村级成人文化技术学校3012个，比建设前增加了825所，网络覆盖率由建设前的40.22%提高到100%。依托信息化平台，发挥开放与共享的职成教育远程网络体系优势，将服务的触角延伸到了乡村一线；提升了服务区域发展和产业需求的能力。试点市县共建设了41个特色项目，培养技术技能人才31.82万人，培养新型职业农民8.84万人，培训各级各类人员138.57万人次，促进了当地产业升级和脱贫攻坚。

【北京市职成教育系统产教融合工作推进会召开】 10月18日—19日，北京市职成教育系统产教融合工作推进会在北京交通运输职业学院召开。市委教育工委委员、市教委副主任黄侃同志参加会议并讲话，全市各区教委、教科院、开放大学，各中、高等职业院校、社区学院负责人，及教师代表350多人参加会议。市教委职业教育与成人教育处从十个方面总结了近年来职成教育系统的改革发展的亮点和经验，十个方面存在的困难和问题，对学习和领会全国教育大会精神和全市教育大会精神提出了十个方面的要求，同时从十个方面对职成教育下一步工作和任务进行了布置，特别是开展北京市特色高水平职业院校和骨干专业（群）建设与遴选工作、职业院校工程师学院及技术技能大师工作室建设工作进行了文件解读。

【福建省职业教育工作推进会召开】 10月31日，福建省职业教育工作推进会在福建水利电力职业技术学院召开。会上，福州市教育局、漳州市教育局、晋江市教育局、福建水利电力职业技术学院等8个单位介绍了各自地区和学校在职业教育发展方面的经验和做法。省职教学会对全省职业院校教学诊断与改进工作进行了部署安排。

【河南省职业教育助力脱贫攻坚工作推进会召开】 11月16日，河南省职业教育助力脱贫攻坚工作推进会在郑州召开。会上，卢氏县教体局、新县教体局、睢县教体局、新蔡县教体局等4家单位围绕职业教育助力脱贫攻坚工作在会上做经验交流，布置、安排了2018年职业教育精准脱贫技能培训和2017—2018学年扶贫开发工作重点县中等职业学校兼职教师特聘岗计划实施情况调研工作。职业教育精准脱贫技能培训和兼职教师特聘岗调研组专家成员，有关省辖市、省直管县（市）教育局主管职成教工作的副局长、职成教科科长，有关中等职业学校校长共110余人参加会议。

【宁夏打赢脱贫攻坚战三年行动职业技能培训工作电视电话会议召开】 12月14日，宁夏打赢脱贫攻坚战三年行动职业技能培训工作电视电话会议在银川召开。会议对《打赢脱贫攻坚战三年行动职业技能培训工作计划》进行了解读。自治区扶贫办、固原市、同心县有关负责人就贯彻落实三年行动计划、做好职业技能培训工作作了交流发言。会议强调，组织好脱贫攻坚职业技能培训工作是一项长期而艰巨的政治任务，必须突出重点，精准施策，真抓实干，攻坚克难，确保实效。一要在数据精准上下功夫、见实效。全面摸排掌握建档立卡贫困劳动力和非贫困劳动力人数、“两后生”人数和基础信息，如实记载好每一位贫困劳动力参加培训的时间、参加培训的项目，以及取得资格证书等情况，充分利用就业大数据统计分析平台，加强统计分析和工作调度，有针对性地组织开展好脱贫攻坚职业技能培训。二要在项目精准上下功夫、见实效。切实发挥全区各级人社部门作用，紧紧围绕本地区经济产业发展需要、群众培训意愿、市场发展需求，有针对性地做好培训政策的配套衔接，有针对性地开发和培育一些供需两旺的培训项目，大力实施订单式、定岗式、定向式培训，确保培训项目上接天线、下接地气，努力让贫困群众由“让我学”变成“我要学”。三要在质量精准上下功夫、见实效。把好培训机构入口关，建立和落实培训机构动态管理机制，一年一选、有进有退，确保定点培训机构资质优、声誉好。把好培训过程监督关，加大对培训实施过程日常监管力度，督促培训机构做到培训计划、师资、设施、实训、教材、考勤落实“六个到位”，确保培训机构施训标准不降低。把好考核验收关，对培训质量进行审核验收，切实做到培训人数统计精准、身份认定精准、质量考核精准、资金拨付精准。

【2018 年江苏省职业学校现代学徒制试点工作经验交流会召开】 12 月 24—25 日，江苏省职业学校现代学徒制试点工作经验交流会在太仓召开。会议围绕现代学徒制体制机制创新与人才培养模式改革、现代学徒制课程开发与实施两个主题进行了分析研讨，来自浙江湖州、山东青岛的专家与常熟中专、通州中专、苏州旅游财经高职校、盐城机电高职校等学校的校长们同台交流互动。

交流及论坛

【第二届京津冀晋甘蒙职业教育与新能源汽车产业对话高峰论坛在天津举行】 1 月 28 日，由京津冀职业教育协同发展研究中心、京津冀职业教育教学协同发展联盟、天津市教育委员会职业技术教育中心联合主办的第二届京津冀晋甘蒙职业教育与新能源汽车产业对话高峰论坛在天津举行。论坛以“推动产教融合创新 促进新能源汽车产业升级”为主题，紧扣新能源汽车产业和职业教育发展的特点，促进京津冀晋甘蒙地区产学研的全面融合，为“中国制造 2025”和产业转型升级提供人才支撑。论坛期间，还举行了中国北方科教科普仪器产业创新联盟接纳晋甘蒙职教成员仪式、产教对接签约仪式。

【全国中等职业学校“文明风采”活动总结交流暨德育工作座谈会在湖南召开】 5 月 9 日，全国中等职业学校“文明风采”活动总结交流暨德育工作座谈会在湖南株洲召开。座谈会上，湖南省教育厅作了经验介绍。2017 年，省教育厅在 310 多所中职学校开展“文明风采”活动，共收到各类作品 5400 件，对 1700 多件作品进行表彰宣传。同时湖南省广泛开展了中职生朗读者大赛、成建制班集体合唱比赛等活动，培育学生的团队合作精神，探索实施“互联网 + 德育”新手段，有效推动德育工作走向深入。来自全国 100 余所中等职业学校的代表参加活动并观看了主题展演，其中由长沙财经学校学生主演的全国首部大型原创职教素质教育校园音乐剧《永不放弃》，“逆袭”的中职学生故事打动人心，展示了职业教育改变命运的力量。

【首届中德职业教育与产业发展高峰论坛在重庆举行】 5月25日，首届重庆市中德职业教育与产业发展高峰论坛暨中德职业教育联盟西部中职示范基地启动仪式在重庆举行。本次活动的举办，旨在引入德国教育先进理念，推动落实“中国制造2025”与“德国工业4.0”战略举措的相互借鉴、研讨，构建创新模式，引导一批技术领先的智能研发机构和中国制造企业，满足重庆市乃至西部地区区域经济产业结构优化和转型升级的需要。市教委、市经济信息委、市科委以及南岸区委、区政府等有关领导，中德两国知名专家学者，全市各高职院校、市级及以上示范中职学校、行业企业等代表近300人参加本次活动。

【山西省装备制造职业教育集团第三届产教融合校企合作高峰论坛在长治市举办】 5月26日—27日，由山西省机械电子工业联合会、山西省装备制造职教集团主办，山西省机电职业技术学院与襄垣县人民政府承办的山西省装备制造职业教育集团第三届产教融合校企合作高峰论坛暨山西省机械电子工业联合会职教分会2018年工作会议在长治市召开。政、行、企、校、研五类多方的理事单位与会并探讨了提升装备制造职业教育集团化办学，促进教育链、人才链与产业链、创新链有机衔接的新路径。会上，来自中国机械工业联合会、中国机械教育发展中心、教育部职业技术教育中心研究所和华中科技大学的专家学者就如何推进职业教育与现代产业体系同频共振、开创产教融合协同育人新局面做了深入阐述。与会的校方代表还分享了产教融合、校企合作、教育教学改革中的典型经验。会议期间，与会的政校企各方代表共同签署了《区域产业产教联盟协议》《军工产教联盟协议》等6项合作协议。根据协议，政、校、企将携手共进，在山西省装备制造职教集团和山西省机械电子工业联合会搭建的服务平台上紧密合作，努力促进人才培养供给侧和产业需求侧结构要素全方位融合，为实现全省装备制造业转型发展作出更大贡献。

【第十届海峡论坛·海峡两岸职业教育论坛在厦门开幕】 6月5日，以“职业教育中的全人教育”为主题的第十届海峡论坛·海峡两岸职业教育论坛在厦门开幕。海峡两岸职业教育论坛自创办以来，注重时代性、专业性、实效性，在促进两岸职业教育交流合作、推动两岸职业教育融合发展等方面发挥了积极作用，已成为两岸职业教育界常态化、机制化的交流平台。两岸近150名代表参加论坛。论坛期间举办两岸职业院校校长对话会。

【2018年冀台职业教育交流与合作论坛在石家庄开幕】 7月3日—8日，2018年冀台职业教育交流与合作论坛在石家庄开幕。论坛由河北省人民政府台湾事务办公室和河北省教育厅联合主办，由河北省教育文化国际交流与合作协会职教分会与河北工业职业技术学院联合承办，以“创业创新 共享共育”为主题。包括来自台湾职业教育界的20名代表在内的120余名职业院校领导及代表参加了论坛。论坛活动中，围绕“创业创新 共享共育”主题，台湾静宜大学、台湾金门大学、台北教育大学等四所台湾院校及七所河北院校分享了典型经验和最新研究成果。

【第十一届鲁台职业教育交流与合作大会在青州市举办】 9月17日—18日，第十一届鲁台职业教育交流与合作大会及相关活动在青州市举办。本次交流大会邀请了台湾职业院校的学者，以“积极探索医养结合模式，培养医养结合优秀人才，推进医养健康产业深入发展”为目标，通过交流探讨，加强校企合作探索医养专业人才能力与素质提升，促进医养人才队伍建设。通过探索两岸校企合作的途径与机制，潍坊护理职业学院发起成立了由从事医学和养老服务工作的相关院校、研究院所、医疗机构、养老机构、企事业单位、行业协会等社会团体组成“鲁台医养结合协作育人共同体”，充分发挥鲁台两地医学专家为养老健康服务的作用，为推动两地医养健康业发展提供智力支持和人才支撑。本次大会上，来自鲁台两地的医学教育界专家学者共聚一堂，分享经验、洽谈交流，共同推动两岸医养健康产业发展。

【2018VETnet 中德职业教育合作论坛在武汉举办】 9 月 18 日，由德国联邦教育与科研部支持，德国工商大会上海代表处主办，武汉船舶职业技术学院承办的“2018VETnet 中德职业教育合作论坛”在武汉举办。湖北省教育厅副厅长黄国斌出席论坛并致开幕词。德国工商大会总部瓦莱纳、德国驻华使馆科技处处长金甫源、中国工信部人才交流中心副书记陈新、德国工商大会大中华区职业教育总监白丽塔、德国 GBB 职业技术培训中心总裁施尼克、德国工商大会上海代表处总监狄威海、中国教育部职业技术教育研究中心教授唐以志，湖北省教育厅职业教育与成人教育处处长邓世民，以及来自德国工商大会上海代表处、中德相关企事业单位和职业院校代表等参加论坛。论坛期间，德国工商大会上海代表处与武汉船舶职业技术学院进行了揭牌仪式，双方共同为武汉船舶职业技术学院“AHK 中德（武汉）职业教育培训中心”“AHK 德国双元制职业教育联盟单位”“AHK 德国职业资格考试认证考点”进行了揭牌。会上武汉德匠教育投资有限公司还与 AHK 开展了签约揭牌活动。此次论坛，中德两国的职教专家、行业协会代表及企业界代表，交流和研讨了两国职业教育的改革与发展。

【2018 年广东职业教育科研工作交流活动在广州举办】 9 月 20 日，以“聚焦产教融合，提升科研能力”为主题的 2018 年广东职业教育科研工作交流活动在广东轻工职业技术学院举办。各地级以上市教育局教研室（教科院、教研中心）职业教育科研负责人、高职院校职业教育研究部门负责人共 123 人参加活动。活动中，中国教育科学研究院职业与继续教育研究所孙诚研究员、浙江工业大学职业教育研究院陈衍教授、华南师范大学职业教育学院陈伟教授、暨南大学产业经济研究院顾乃华教授、李海东教授，分别就“未来职业教育研究的热点、难点问题”“职业教育研究的基本逻辑与方法”“职业教育研究方法”“产业发展新趋势及对产教融合的影响”“产教融合视域下的产业学院发展”等主题与参会人员分享研究与实践成果。

【2018 年四川职业教育发展论坛在成都举行】 9 月 20 日，2018 年四川职业教育发展论坛在成都举行。来自省内外的职教专家、职业院校负责人围绕“新时代四川职业教育的发展及未来走向”，共同研讨职业教育发展的新动能，探索新时代职业教育的突破口，聚焦职业教育国际化的新思维，开拓优质职业院校建设的新思路，共同推动四川职业教育在新时代前进的步伐。在主题演讲环节，针对“新职教：职业教育的新旧动能转换”这一前沿课题，中国职业技术教育学会副会长兼民办职业技术教育分会会长俞仲文进行了分享；重庆市教育科学院研究员谭绍华作了题为“办好新时代职业教育：占领制高点、找准突破口、打好破冰战、练好吐纳功”的演讲；四川交通职业技术学院院长、四川高等职业教育研究中心主任蒋永林分享了“产教融合助推高职院校迈向新时代”的经验和做法；英国卡迪夫威尔学院国际项目部主任 IanThomas 讲述了“创新中英职业教育合作模

式，助力中国高技能人才培养”的做法和愿景。论坛还进行了圆桌讨论环节，在俞仲文教授的主持下，中英贸易协会教育行业总监冯若水与四川工商职业技术学院院长李春明、四川工程职业技术学院院长李登万、四川交通职业技术学院院长蒋永林就“优质高职院校的建设”进行了深入探讨。

【全国深化卫生职业教育改革发展高峰论坛在白城召开】 9月26日—27日，全国深化卫生职业教育改革发展高峰论坛在白城医学高等专科学校召开。此次全国深化卫生职业教育改革发展高峰论坛由国家卫生职业教育教学指导委员会主办，白城医学高等专科学校承办，来自全国26个省（市）、72家单位、170多人参加论坛。此次高峰论坛以推进卫生职业教育改革与发展为主旨，通过对办学理念、专业学术、职业教育产教对话活动等多个维度和层面的深入交流，加强各卫生职业教育院校之间的广泛联系与合作，共同为我国卫生职业教育的改革与发展出谋划策、探索实践。

【2018年全国县级职教中心联盟年会暨聚焦人才培养助力乡村振兴研讨会在齐齐哈尔举办】 9月27日—28日，2018年全国县级职教中心联盟年会暨聚焦人才培养助力乡村振兴研讨会在黑龙江省齐齐哈尔市举办。来自联盟成员单位及相关企业的代表270余人参加了会议。在校企合作交流论坛上，与会代表进行了深入交流，7所县级职教中心和5家企业代表做了大会发言。会议期间，与会代表听取了甘南县职教中心新型农民代表创业经验汇报，见证了甘南县职教中心新型职业农民获证仪式及甘南县职教中心学校与新道科技股份有限公司、赢信亚卓教育科技有限公司校企合作签约仪式，实地考察了甘南县新型职业农民培养实训基地霁朗米业和双河农场万亩水稻示范区、甘南职教中心果蔬实验基地、兴十四村万亩智能温室和农业示范园区等。

【第五届国际航空职教论坛在西安阎良召开】 9月28日，第五届国际航空职业教育论坛在西安航空职业技术学院召开。本次论坛以“创新、开发、融合——升级发展的航空职业教育”为主题，共分为两个单元，第一单元为主旨报告，中国工程院院士向巧以《振兴航空动力 实现民族梦想》为题作报告。第二单元为主题报告，由国内外6位专家作报告。此次论坛的召开，为航空产业单位、航空职业院校和国外职业教育机构搭建起了协同发展、互惠共赢的合作平台，共同为航空职业教育的融合发展注入了新的活力。

【“共建产业学院　服务产业升级”主题研讨活动在郑州举办】 10月13日，“共建产业学院　服务产业升级”主题研讨活动在郑州举办。来自全国各地教育主管部门、高等院校、知名企业的领导、专家学者等1000余人参加了研讨活动。此次活动旨在促进教育资源与产业资源对接，深化产教融合、校企合作，优化人才培养体系，提高人才培养质量，为区域经济发展及产业升级提供智力支持。开幕式结束后，与会代表分别围绕“新商科”“云财务”“新工科”“新艺术”“新中职”五方面进行了交流和探讨。

【2018全国高等职业教育发展论坛暨先进制造及高端服务人才培养就业峰会在上海举办】 10月18日，由上海市政府临港地区管理委员会指导，上海市制造业创新中心、北京商鲲教育控股集团联合主办，中国文化管理协会互联网文体推广委员会协办的2018全国高等职业教育发展论坛暨先进制造及高端服务人才培养就业峰会在上海举办。3D打印、无人机、新能源

汽车、大数据作为新型产业的四大“主角”亮相峰会。在会议中，专家们分别就新型产业的现状、未来发展及行业人才需求以及针对中国高铁现状及发展等方面做出深度分析与交流。会上还揭牌成立了上海市增材制造业创新中心智能制造人才培训就业分中心和北京商鲲教育控股集团上海办事处。

【2018 年桂台职业教育交流暨青年就业创业研讨会在南宁举行】 10 月 23 日，2018 年桂台职业教育交流暨青年就业创业研讨会在南宁举行。研讨会由自治区台办主办，两岸 80 多名教育专家学者、企业家代表参加会议。研讨会上，两岸的专家学者围绕“产教融合育工匠，桂台携手促发展”的主题，针对职业教育发展和台湾青年到邕创业的新趋势，从产教融合、校企和校校合作、青年创新创业等方面进行了主题发言。南宁职业技术学院分别与台湾醒吾科技大学、东方设计大学、南宁市台湾同胞投资企业协会签订了相关合作备忘录。

【“一带一路”国际职业教育论坛在威海举办】 10 月 30 日，作为山东省第十届海洽会期间的重要论坛之一，由威海人力资源和社会保障局主办，威海职业学院承办的“一带一路”国际职业教育论坛在威海举行。来自俄罗斯、乌克兰、韩国、缅甸、尼泊尔、匈牙利等国家及国内二十多省（区、市）近百所高校、科研机构与企业的嘉宾，共计 200 余人参加了论坛。本次论坛在“一带一路”倡议提出 5 周年的背景下，以“国际融通 产教融合 技能发展”为主题，汇聚海内外专家学者、政府机关首脑和企事业单位精英，深入探讨职业教育应用领域的最新发展趋势，分享职业教育产教融合、校企合作、技能生成与国际合作的成功经验和最佳实践。论坛上，有 7 位来自中国、缅甸、乌克兰、韩国、俄罗斯等“一带一路”沿线国家的专家教授先后作主旨发言。与会代表普遍认为，在新的时代背景下，职业技术教育作为培养知识型、技能型、创新性高素质劳动者大军的主阵地，担负着越来越重要的责任和使命，具有广阔的发展前景。在论坛举办期间，还举行了“一带一路”国际产学研合作联盟揭牌成立仪式。山东省人力资源和社会保障厅副厅长周春艳，威海市委常委、统战部部长戴龙成共同为“一带一路”国际产学研合作联盟揭牌。

【中国·云贵川渝 2018 职业教育发展论坛在贵阳举行】 11 月 3 日，由贵州省、云南省、四川省和重庆市的职教学会联合主办的云贵川渝 2018 职业教育发展论坛在贵阳市召开。本次论坛特邀中国职业技术教育杂志社社长、主编唐以志和中国教育科学研究院职继所所长孙诚专题介绍了国家对职业教育高质量发展的政策解读，部分职业院校和教育行政部门负责人进行了交流发言，与会代表共同达成了《贵阳共识》。四川兴合田职业教育研究院作为协办单位全程参与会议策划和服务，为“脱贫攻坚，同步小康”提供职教第三方智力支撑。贵州建设职业技术学院、重庆市巫山县教育委员会、四川省宜宾职业技术学院、四川省南江县小河职业中学等 9 个单位代表就当地职业教育情况作了主题报告。

【第六届海峡两岸高职教育校长联席会议学术年会在扬州召开】 11 月 9 日，由中国高等教育学会职业技术教育分会、扬州工业职业技术学院主办，江苏省人民政府台湾事务办公室、江苏省教育厅、江苏省高等教育学会高职教育研究委员会、台湾私立科技大学校院协进会支持的第六届海峡两岸高等职业教育校长联席会议学术年会在扬州举行。本届年会主题为“创新两岸职业教育发展、搭建合作共赢平台”。共有来自大陆 63 所院校、台湾 16 所院校机构代表以及两岸企业代表共计160余人参加。与会嘉宾聚焦两岸高职教育产教融合、校企合作、科技创新、创新创业等核心议题开展多角度、多层次的研讨交流。

【中国职业教育国际化与区域发展论坛在东阳市举行】 11月10日—12日，由中国教育发展战略学会国际教育专业委员会主办，浙江广厦建设职业技术学院承办，北京外国语大学国际教育研究院北京文冠教育投资有限公司协办的中国职业教育国际化与区域发展论坛在浙江省东阳市举办。来自全国各地的300余名职教界专家学者与会，就新时期职业教育的对外开放与现代化等话题进行探讨。与会代表围绕新时代我国职业教育深化改革创新发展的主要任务、职业教育服务区域经济发展之路、国际化视野下职业教育服务“一带一路”倡议的路径选择、职业教育服务“一带一路”的政策与路径、职业技术教育的中外比较研究以及新形势下我国职业技术教育面临的时代与国际挑战、国情逻辑和地方机制：粤港澳大湾区的教育融合发展、国际视野下我国建设技能强国的战略选择、“一带一路”视角下职业院校之国际合作等主要议题进行了深度探讨。会议期间，刚果（布）林业部与广厦学院签署长期战略合作协议，并正式成立“广厦学院刚果（布）研究院”。

【首届南京—西宁职业教育现代化发展论坛在西宁举行】 11月23日，由南京市教育局和西宁市教育局联合举办的首届南京—西宁职业教育现代化发展论坛在西宁市世纪职业技术学校举行。两市教育局有关领导、职业院校领导和师生代表共200余人参加本次论坛活动。论坛活动中，南京金陵高等职业技术学校、南京中华中等专业学校与西宁市世纪职业技术学校分别签订了合作共建协议书。

【安徽职教论坛校企合作研讨会在合肥举行】 11月30日，由安徽省职业与成人教育学会主办，安徽卫蓝时代教育投资公司等协办的安徽职教论坛校企合作研讨会在合肥举行。来自全省300多家职业院校和相关企业的代表共同出席会议。专家强调，要把“校企共定专业规划、课程体系、师资队伍、实习基地”践行贯穿到技能人才培养全过程，校企双方就可从产业和人才需求、专业设置、课程开发、教学组织、质量评估、就业服务等环节入手，形成人才培养的全方位、全一体化校企合作长效机制。数字化、信息化、智能化早已深入影响到大众生活的各个方面，职业教育与互联网的融合不可回避。各界职教资源要有共享意识，N个企业、N个学校、N个专业尽量融合为一张区域网，甚至最后发展成为全国一张网。

【2018年“第五届全国养老产业与职业教育高端对话活动暨第三届京津冀养老高峰论坛”在北京举办】 12月6日—8日，以“培养高素质专业人才、推动养老服务业发展”为目标，以“对接·合作·共赢·发展”为主题的第五届全国养老产业与职业教育高端对话活动暨第三届京津冀养老高峰论坛在北京举办。此次高峰论坛经教育部批准，由全国民政职业教育教学指导委员会、民政部职业技能鉴定指导中心主办，北京社会管理职业学院（民政部培训中心）、中国健康养老职业教育集团承办。来自全国30个省市的46家职业院校、49家养老服务机构、16家媒体、15家双选会机构、老年福祉学院全体教师及老年专业学生代表共450余人参加会议。

【全国产教对话论坛在武汉举行】 12月14日—17日，教育部2018年职业教育与产业对话活动——全国药品流通行业与高技能人才培养产教对话论坛在武汉长江职业学院举行。全国知名企业、行业协会、本科及中高职院校的90多名专家学者参加论坛活动，围绕食品药品专业如何面对新技术、新业态、新政策深化产教融合充分研讨，把脉食品药品职业教育发展。

活 动

技能竞赛

【2018年贵州省职业院校技能大赛暨全国职业院校技能大赛选拔赛（土木水利类）】 3月30日，由贵州省教育厅、贵州省住房和城乡建设厅主办，贵州建设职业技术学院、贵州水利水电职业技术学院承办的2018年贵州省职业院校技能大赛暨全国职业院校技能大赛选拔赛（土木水利类）在贵州建设职业技术学院落下帷幕。在为期三天的比赛中，共有来自全省57所高校、104支代表队的近300名选手参与比赛。

【黑龙江省职业院校学生技能大赛】 4月21日—22日，由黑龙江省教育厅主办、黑龙江省林业卫生学校承办的2018年黑龙江省职业院校学生技能大赛暨全国职业院校技能大赛（中职组）护理技能赛项选拔赛在黑龙江省林业卫生学校举行。大赛共评出2名一等奖、4名二等奖、7名三等奖。此次比赛包括临床案例分析和技能赛项，参照全国职业院校中职组护理技能大赛的标准和流程进行，全程进行实时录播、监督员监督、仲裁巡视评判，全面考核参赛选手的职业素养、临床护理基本技能与操作水平，引领全省中职学校适应行业现状及技能发展趋势，推进护理专业的教学改革，搭建校企合作、培养高素质护理人才的平台，推动社会对职业教育的认可度进一步提升。

【2018湖南省职业学校创新创效创业大赛】 6月9日，由团省委、省教育厅、省人社厅、省科协、省学联主办的2018年“挑战杯——彩虹人生”湖南省职业学校创新创效创业大赛在长沙民政职业技术学院开幕。本届大赛共有来自省直及全省14个市州65所职业院校177个项目入围省赛，签约总金额1041.19万元。为确保赛制科学，本次大赛设中职组、高职组两个参赛组别，设有创意设计大赛、生产工艺革新与工作流程优化竞赛两类竞赛项目。

【2018全国职业院校技能大赛暨第六届全国煤炭职业院校技能大赛山西赛区比赛】 6月21日—23日，由教育部、中国煤炭工业协会等35个部委、协会主办，中国煤炭教育协会、山西省教育厅、煤炭工业职业技能鉴定指导中心和大同煤炭职业技术学院承办的2018年全国职业院校技能大赛（行业特色赛）暨第六届全国煤炭职业院校技能大赛山西赛区比赛落下帷幕。本次比赛共设立矿井灾害应急救援技术（高职组国赛）、煤矿综采电气维修（中高职组行业赛）和智能工业机器人技术（试点赛）三个赛项。来自全国13个省、市、自治区31所院校的210名选手参加了比赛。经过三天的激烈角逐，共产生10个一等奖，19个二等奖，26个三等奖。

【首届湖南省技校教师职业能力大赛】 7月25日，湖南省第一届技工院校教师职业能力大赛落下帷幕。此次大赛由湖南省人力资源和社会保障厅主办，衡阳技师学院等9所技师学院承办，于7月14日—24日举行。大赛共设机械类、电工电子类、信息类、交通类、服务类、财经商贸类、工业综合与农业类、文化艺术与综合类、公共类9大类赛项。大赛具有规模大、项目多、质量高等特征。本次大赛共有来自14市州选拔赛胜出的230名教师参赛，并参加省赛的各类赛项。经过教学设计评比、现场说课与答辩等环节的激烈比拼，有36名教师获得了一等奖，72名教师获得了二等奖，82名教师获得了三等奖；湖南工贸技师学院、湖南潇湘技师学院和衡阳技师学院获得了参赛单位团体一等奖。

【2018年河北省职业院校技能大赛教学能力比赛】 8月23日，由河北省教育厅主办，河北省职业技术教育研究所、唐山市教育局、唐山市第一职业中等专业学校联合承办的2018年河北省职业院校技能大赛教学能力比赛在唐山市第一职业中等专业学校拉开帷幕，共有200多组来自河北各地区的职业院校教师展示现代化教学的风采。

【2018年宁夏农业职业技能大赛】 8月31日，由自治区农牧厅主办的2018年宁夏农业行业职业技能大赛农机驾驶员和农机修理工职业技能竞赛暨全国农业行业职业技能大赛宁夏选拔赛在银川举行。经过全区各地的初赛和复赛，30多名长期工作在基层一线的农机驾驶员和农机修理工参加了拖拉机技术维护及常见故障诊断排除等三项技能的比拼。这次竞赛选拔出来的前三名选手，将代表宁夏参加2018年在山东日照举行的全国农业行业职业技能大赛。

【首届广西中华职业教育创新创业大赛】 9月8日—9日，由自治区党委统战部、自治区教育厅、自治区人力资源与社会保障厅、广西中华职业教育社共同主办，广西外国语学院承办的首届广西中华职业教育创新创业大赛暨第二届中华职业教育创新创业大赛广西区赛决赛在广西外国语学院举行，全区31所职业学校的700多名选手参加比赛，190个项目进入决赛。

【2018年河南省中等职业教育技能大赛教师教学能力比赛】 9月17日，2018年河南省中等职业教育技能大赛教师教学能力比赛顺利闭幕，2018年河南省中等职业教育技能大赛教师教学能力比赛由河南省教育厅主办，河南省职业技术教育教学研究室承办，郑州市教育局、郑州市财贸学校和高等教育出版社共同协办，大赛共分教学能力比赛和“创新杯”教师信息化教学说课交流活动两个类别。其中，教师教学能力比赛包含教学设计、课堂教学和实训教学三个比赛内容，共有来自全省中等职业学校的近500名选手参与了两个类别的比赛，200余名教师现场观摩学习。两项比赛立足“以赛促教、以赛促学，以赛促改、以赛促建”的大赛精神，对促进大数据、人工智能等技术应用于教育教学工作中，促进职业院校的教师了解学生，构建以学习者为中心的教育生态起到了积极的引领和示范作用。

【2018年吉林省家庭服务职业技能大赛】 9月25日—27日，由吉林省人力资源和社会保障厅主办，东北师范大学人文学院、长春市妇女儿童活动中心承办的吉林省家庭服务职业技能大赛举行。来自省内12个地（市）、行业内选拔推荐的90余名优秀选手参赛。此次大赛设有育婴师、家政服务员、高级管家三个竞赛项目，育婴师赛场设在东北师范大学，比赛内容包括婴幼儿新式抚触、婴儿母乳喂养宣讲、绘本阅读、律动舞四个内容；高级管家和家政服务员赛场设在长春市妇女儿童活动中心，高级管家比赛内容设有形象设计、收纳管理、园艺整理、薪资表制作四个内容，家政服务员比赛内容设有家庭除螨、情景剧挑错、空气炸锅制作牙签肉、水果奶昔及水果拼盘制作四个内容，以相应职业国家职业标准三级（高级技能）的要求为基础，适当增加了“新知识、新技术（设备）、新技能”及职业道德等相关内容，从理论知识、实际操作等方面进行考核。经过紧张角逐，三个项目评出一等奖、二等奖、三等奖各

1名。同时，设优秀组织奖和优秀企业团体奖。

【第八届江苏省职业教育创新大赛】 10月13日，由江苏省教育厅、江苏省科学技术厅、江苏省知识产权局、江苏省精神文明建设指导委员会办公室、江苏省科学技术协会、共青团江苏省委员会、江苏省妇女联合会、江苏省中华职业教育社等部门联合主办，江苏省青少年科技中心、常州市教育局、常州市科学技术协会联合承办，江苏联合职业技术学院武进分院、武进区科学技术协会协办的第八届江苏省职业教育创新大赛在常州开幕。本届大赛为期两天，来自全省职教领域的近1000名师生参赛，展示近两年来江苏省职业教育的创新成果。本届大赛共收到来自全省近百所职业院校的创新项目470个，经过初评，遴选出263个作品参加展评，其中中职组145个，高职组118个。本届大赛邀请了部分已转化成果的创新作品进行展示，设立了知识产权专利咨询服务台，增加了风投企业专家评分，并通过增设机器人竞赛项目，模拟工业设计应用中人工智能相关解决方案，提高学生对工程学科的综合实践能力。

【山西省第十二届职业院校（中职组）“天堰杯”护理技能大赛】 10月26日，由山西省教育厅、山西省人力资源和社会保障厅、山西省总工会、山西省卫生和计划生育委员会、大同市人民政府共同主办的山西省第十二届职业院校（中职组）“天堰杯”护理技能大赛在大同市卫生学校举行，来自全省39所中职学校的117名学生和26名教师报名参赛。本届大赛分学生组、教师组两组，设全能技术操作、静脉输液、口腔护理、静脉留置针输液4个项目。竞赛分别设置理论考核和技能操作考核两部分。通过竞赛，全面考核参赛选手的职业素养、评判性思维能力及临床护理基本技能与操作水平；引领中等职业学校适应行业现状及技术发展趋势，推进护理专业的教育教学改革；搭建校企合作培养高素质护理人才的平台；提升社会对职业教育的认可度，培养能够顺利进入护理岗位胜任临床工作的护理人才。

【重庆市第二届“渝创渝新”中华职业教育创新创业大赛】 10月30日，由重庆市中华职业教育社、重庆市人力资源和社会保障局、重庆市教育委员会联合主办的重庆市第二届“渝创渝新”中华职业教育创新创业大赛决赛在重庆工程职院举行。大赛分中职组、高职组和应用技术型本科组，以项目团队形式参赛。本次比赛决赛现场答辩包含现场路演和答辩两个环节，大赛组委会组织专家对进入决赛现场答辩的参赛项目进行现场评审打分。全市有100余所高校近1000个项目报名参赛，最终选拔出42支队伍参加决赛现场答辩环节。

【第二届吉林省中华职业教育创新创业大赛举办】 10月27日，由吉林省中华职业教育社、省教育厅、省人社厅、省工信厅、省农业农村厅、省文旅厅、省总工会和团省委共同主办，长春职业技术学院承办的第二届吉林省中华职业教育创新创业大赛决赛在长春举办。全省共有39所院校的125个项目分别参加了中职组、高职组、本科组比赛。经校赛、网评初赛、现场路演决赛，评出一等奖25个，二等奖38个，三等奖37个。

【青海职业教育“双创”大赛举办】 11月5日，青海省2018年中华职业教育创新创业大赛决赛在西宁举行。本届大赛决赛分高职组和中职组，最终共有32个项目入围，涉及节能环保、非物质文化遗产保护、现代农业、电子信息、公益服务等众多领域。

【2018 年宁夏家庭服务业职业技能竞赛】11 月 8 日—9 日，由自治区人力资源和社会保障厅、自治区总工会主办，自治区职业技能鉴定指导中心承办，宁夏工商职业技术学院协办的 2018 年中国技能大赛——宁夏家庭服务业职业技能竞赛在宁夏工商职业技术学院举行。来自宁夏五市组成的代表队共 78 名选手参加了比赛。竞赛设有家政服务员、养老护理员两个竞赛项目。比赛内容以高级工考核标准为基础，适当增加相关新知识、新技术、新技能等内容。从理论知识、实际操作两个方面进行考核。每个职业（工种）设一等奖 1 名、二等奖 2 名、三等奖 3 名、优胜奖 6 名。经过激烈角逐，最终固原市代表队包揽了本次竞赛家政服务员技能考核的一、二、三等奖，养老护理员优胜奖分别由来自固原和中卫的选手获得。

【2018 年天津市职业院校技能大赛】 11 月 10 日—12 日，2018 年天津市职业院校“圣纳·新道杯”技能大赛暨 2019 年全国职业院校技能大赛选拔赛举行。天津市 27 所中、高职院校共承办 81 个比赛项目，其中中职组 38 项、高职组 43 项。来自全市 60 余所职业院校师生代表及京津冀三地部分高校、中学学生代表近 3000 人报名参赛。20 余家企业参与大赛各项环节，多方位立体化支撑大赛的举办，充分体现该市产教深度融合，校企深度合作的办赛特色。

【2018 年西安市中等职业学校技能大赛举办】11 月 15 日，由西安市教育局主办，西安教育电视台承办的 2018 年西安市中等职业学校技能大赛开赛。经过选拔，共有 676 名选手参加分别在 10 个赛点进行的幼儿园教育活动技能、艺术专业技能、计算机应用技术、数控技术、电工电子、汽车运用与维修、高任、服装设计与模特表演、饭店服务与管理、旅游服务与管理、护理、财会、职业英语技能等 29 个项目的技能比赛。大赛按参赛人数 15%、25%、30% 设置 29 个赛项的一、二、三等奖。优秀选手将被推荐参加省赛或国赛。

【2018 年湖南黄炎培职业教育奖创业规划大赛】11 月 21 日，由湖南省教育厅主办，湖南中华职业教育社承办，湖南教育电视台、湖南省温暖工程基金会、长沙商贸旅游职业技术学院、杭州贝腾科技有限公司共同协办的 2018 年“湖南黄炎培职业教育奖创业规划大赛”决赛落下帷幕。2018 年湖南黄炎培职业教育奖创业规划大赛分为初赛、网评、培训辅导和决赛，历时七个月，参赛人数突破 2000 人，为历年之最。来自湖南各地职业院校的 83 个项目从 355 个参赛总项目（项目涵盖节能环保、文化创意、现代农业、电子信息等多个行业领域）中脱颖而出，激烈角逐主体赛决赛高职组和中职组的冠亚季军。本届大赛首次新增创业综合模拟专项赛，和主体赛事同步进行。报名学生可以通过专项赛中模拟的创业项目，学习创业知识、掌握创业方法。高职组 128 支、中职组 188 支队伍参加了专项赛初赛，两组分别有 40 支队伍进入决赛，最后每组有 24 支队伍角逐专项赛决赛高职组和中职组的冠亚季军。湖南黄炎培职业教育奖创业规划大赛是一项面向湖南职业院校学生创业团队的高规格创业竞赛。自 2010 年以来，已经连续举办九届，充分展示了湖南中高职院校学生的创新激情、创业梦想和实践能力，是“大众创业万众创新”战略的生动实践。通过九年的探索和发展，大赛的影响力和辐射力日益提升，成为深化全省职业院校创新创业教育改革重要载体和知名品牌。

【第四届河南省中等职业学校学生素质能力大赛】11 月 22 日—24 日，由河南省教育厅主办，河南省职业教育教学研究室承办的第四届河南省中等职业学校学生素质能力大赛在全省

13个赛点举办。本次大赛设置基础类、实用英语类、计算机基础类、快乐校园类、走向职场类等5个比赛大类，包括校园课本剧表演、数学知识应用、英语情景剧、校园生活小话剧、健美操、职业礼仪等27个比赛项目，共有来自全省中等职业学校的2524名选手参加了比赛。

【2018年内蒙古自治区中等职业学校技能大赛】 11月27日，内蒙古自治区中等职业学校技能大赛在通辽工业职业学校拉开帷幕。本届大赛为期3天，包括开幕式、技能大赛、师生技能成果展等内容，来自全区12个盟市职业院校师生共1335人报名参赛，共设5个赛点，包括15个专业大类46个赛项。

【天津市第一届“百匠杯”工业产品创新设计与3D打印技术技能大赛】 12月3日—5日，由中国机械工业教育发展中心、全国机械职业教育教学指导委员会主办，天津职业大学等单位承办的第一届“百匠杯”工业产品创新设计与3D打印技术技能大赛在天津职业大学举行。大赛分为中职、高职和职工组三个组别，来自全国19个省市的51所学校、4家企业共计86支队伍参加比赛。本届大赛首次使用了光固化快速成型机，与以往的桌面机不同，所生产的产品精度更高，可以实现批量化生产。

【2018年山东省职业院校技能大赛（教师组）】 12月12日，由山东省教育厅、省经济和信息化委、省财政厅、省人力资源社会保障厅、省农业厅联合举办的2018年全省职业院校技能大赛（教师组）开赛。本次比赛历时12天，共设置“工业机器人技术应用、软件测试、电子商务技能、工业分析检验、制造单元智能化改造与集成技术”5个高职项目，以及“机器人技术应用、工业分析检验、电子商务运营技能、智能家居安装与维护、3D打印技术综合应用”5个中职项目；涉及信息技术、财经商贸、石油化工、加工制造等专业类别，分别由5所高职和5所中职学校承办。全省120名中职教师、140名高职教师参加了比赛。

【第二届中华职业教育创新创业大赛】 12月22日，第二届中华职业教育创新创业大赛全国现场总决赛在平潭落下帷幕。此次赛事历时6个月，共有120个项目进入现场总决赛，覆盖医药卫生、生物工程、智能应用等领域。大赛期间同时举办产教融合研讨会、项目落地签约推介会。26个省级中华职业教育社组团参加，香港福建社团联会主席吴焕炎等港澳台代表人士及内地企业家代表参加了颁奖仪式等相关活动。

职业教育活动周

【广西职业教育活动周启动】 5月4日，广西2018年职业教育活动周启动仪式在钦州市北部湾职业技术学校举行。来自全区的师生代表、家长代表、企业代表和社区群众等1万余人参加活动。主题展示区分为政策宣传区、人才培养区、科技创新区、产教融合区、文化传承区、继续教育区、服务居民区、人才招聘区共8个展区，设置了170多个展位，有来自全区的113所职业院校参展。舞台展演则通过15个文艺节目展示职业教育学生才艺，宣传职教故事。

【浙江省职业教育活动周启动】 5月5日，2018年浙江省暨杭州市职业教育活动周启动仪式在浙江杭州启动。本次活动周以“深化产教融合，推进校企合作——喜迎改革开放40周年”为主题，由省教育厅、省发改委、省委宣传部、省人社厅、省经信委、省农业厅、省国资委、省总工会、团省委、杭州市政府、省中华职教社联合主办，浙江省职业教育集团杭州市教育局承办。启动仪式上，浙江省第一批省示范性职业教育集团与第二批中职名校建设单位参与了授牌仪式。同时，浙江省职业教育集团在启动仪式上发出了职业教育服务“一带一路”国家和地区的倡议。本次活动周全程采用网络直播形式，现场同步播报启动仪式，推介各地、各职业院校职业教育工作，并持续报道活动周期间各地活动开展情况。同时，还推出“我为浙江职业教育代言”线上线下活动、“360行，行行出状元”职业小测验线上活动，让全体师生参与到活动周的宣传工作中来。

【江苏省职业教育活动周启动】 5月6日，2018年江苏省暨连云港市职业教育活动周启动仪式在连云港中等专业学校举行。此次活动周由省教育厅等9部门联合主办，以“职教改革四十年，产教融合育工匠”为主题，开展40年成果展示、职业项目体验、走进城乡志愿服务等系列活动。来自全省各地的400余名代表与会。启动仪式后，与会代表参观了校企合作示范组合图片展和学生体验项目，并实地考察了连云港中等专业学校和连云港中医药高等职业学校。

【西藏自治区职业教育活动周启动】 5月6日，由西藏自治区教育厅、区党委宣传部、区网信办、区人社厅、区工信厅、区农牧厅、团区委、区总工会、西藏中华职教社9家单位共同举办，西藏职业技术学院和拉萨市教育局共同承办的西藏自治区2018年职业教育活动周启动仪式在西藏职业技术学院举行。西藏职业技术学院、西藏自治区体育运动技术学校、拉萨市第一中等职业技术学校、拉萨市第二中等职业技术学校的师生代表600余人参加了启动仪式。

【黑龙江省职业教育活动周启动】 5月6日，2018年黑龙江省职业教育活动周启动仪式在牡丹江举行。本次活动周的主题是“四十年改革开放，龙江职教匠心育人；新时代决胜小康，产教融合再铸辉煌”。活动周由省教育厅、省委宣传部、省委网信办、省人社厅、省工信委、省农委、省总工会、团省委、省中华职业教育社主办，由牡丹江市教育局承办。主办单位相关部门负责人，牡丹江市委、市政府相关部门以及市属各中高等职业院校、社会团体和群众近4000人参加了启动仪式。企业代表、中高职学校代表、职业院校毕业生代表在启动仪式上分别发言。在技能展演中，牡丹江11所中高职学校的400多名师生联袂演出，充分展示了汽车维修、航模、房模、机器人、护理、插花、烹饪等丰富多彩的才艺和技能。与会嘉宾还观摩了牡丹江职业教育成果展。启动仪式通过黑龙江省教育厅微信公众平台、东北网微信公众平台进行了直播，在线浏览超过123万。中国教育电视台、东北网、黑龙江电视台、黑龙江广播电台、黑龙江网络电视台、凤凰网等近20家新闻媒体采访报道。

【湖北省职业教育活动周启动】 5月6日，湖北省暨武汉市职业教育活动周在武汉市交通学校启动。启动仪式上，行业大师代表黄汉华、职教名师代表熊培芳、特教名师代表杨小玲、职校学生代表黄江尧分享了各自职业教育生涯的感悟和体会。2018年的活动周将通过职业院校校园开放、校企合作企业开放、行业组织部分开放、技能展示大赛开放，充分展示现代职业教育的特色。同时，职业院校师生将走进基层，进村入户为群众提供专业技术技能服务。

【山东省职业教育活动周启动】 5月6日—12日，以“职教改革四十年，产教融合育工匠”为主题，由山东省教育厅、省委宣传部、省委网信办、省经济和信息化委、省人力资源社会保障厅、省农业厅、省总工会、团省委、省中华职业教育社等9部门主办，大众网协办的山东省暨潍坊市职业教育活动周启动仪式在潍坊市举行。启动仪式现场进行了职教学子风采与职业教育成果展示，省直有关部门和潍坊市政府及市直相关部门负责人，潍坊市中职学校、技工院校及在潍高职院校等40所职业院校的师生代表、部分职业院校合作企业代表，共1500余人参加活动。

【山西省职业教育活动周启动】 5月6日，2018年山西省职业教育活动周启动仪式在山西交通职业技术学院举行。省委宣传部、省委网信办、省教育厅、省人社厅、省经信委、省交通运输厅、省农业厅、省总工会、团省委、山西省中华职教社等部门负责人出席启动仪式，各职业院校代表、行业企业代表、山西交通职业技术学院及部分职业院校师生代表以及新闻媒体记者参加启动仪式。启动仪式后，与会领导和来宾参观了改革开放40年山西职业教育成就展和第十届中职学校“文明风采”竞赛获奖作品展，参观了交通职业学院汽车、路桥等实训基地。改革开放40年山西职业教育成就展集中展示了46所职业院校的办学成果，20余所职业院校的师生现场进行了技能表演和教学成果展示，40余家企业展示了与职业院校开展校企合作的成果；“文明风采”竞赛获奖作品展集中展示中职学校学生60余件剪纸、书法、手卷、绘画等作品。

【江西省职业教育活动周启动】 5月6日，由江西省教育厅、省委宣传部、省委网信办、省人社厅、省工信委、省农业厅、省总工会、共青团江西省委、省中华职教社联合主办，江西旅游商贸职业学院、江西教育电视台承办的2018年江西省职业教育活动周启动仪式在江西旅游商贸职业学院举行，本届活动周的主题为“职教改革四十年，产教融合育工匠”。各设区市教育局分管局长、南昌地区和赣江新区职业院校的校长和分管校长，部分职业院校的教师和学生，部分行业、企业代表共计200余人参加了启动仪式。启动仪式后，相关领导和代表一同观看了职业教育技能才艺表演，参观了全省职业院校改革发展成果展览和江西旅游商贸职业学院实训基地。

【内蒙古自治区职业教育活动周启动】 5月6日，2018年内蒙古自治区职业教育活动周启动仪式在呼和浩特市机械工程职业技术学校举行。本届职业教育活动周主题为“职教改革四十年，产教融合育工匠”。启动仪式现场，呼和浩特市各职业学校设立了职教成果宣传展板、文艺汇演、各类书画手工艺品、发明创造、食物艺术雕刻、专业技能展示等展览活动，对呼和浩特市职业教育发展成果进行了宣传展演，吸引了大批学生和家长参观。

【宁夏职业教育活动周启动】 5月6日，以“职教改革四十年，产教融合育工匠”为主题的2018年宁夏职业教育活动周启动仪式在银川举行。启动仪式现场，宁夏职业院校、技工院校、企业代表等，通过现场技能表演、实物作品展览等，鲜活地展示改革开放40周年本区职业教育改革成果，展示职教师生积极向上、奋发进取的精神风貌和熟练的专业技能。活动周期间，各职业院校、技工院校开放校园，开展职业教育体验观摩、职业教育成就展、技能大赛作品展、能工巧匠进校园等活动。组织龙头骨干企业开辟技能展示观摩区和职业体验场所，介绍产业进展和工作流程，展示大师技艺和技能人才成长等。组织开展健康护理、营养饮食咨询等志愿服务活动，送技能知识到县乡村。

【福建省职业教育活动周启动】 5月7日，由福建省教育厅、省委宣传部、省委网信办、省人社厅、省经信委、省农业厅、省总工会、团省委、省中华职教社共同举办，泉州市教育局、黎明职业大学承办的福建省职业教育活动周启动仪式在泉州黎明职业大学举行。省市有关部门领导，各设区市及平潭综合实验区教育局，各高职院校，各省属中职学校有关负责人等共850余人参加活动。此次活动周以“职教改革四十年，产教融合育工匠”为主题，举行了寻找“校园走出的工匠”主题宣传活动启动仪式、产教融合专题讲座、职业教育成果展、学生技能才艺展示、职业教育实训基地参观等活动。活动周期间，福建省各级各类职业院校通过对公众开放所有实验实训室，开展技能体验观摩等活动，全面展示职业院校的办学特色、专业育人过程、校园文化和办学成就。

【云南省职业教育活动周启动】 5月7日，2018年云南省职业教育活动周启动仪式暨职业院校技能大赛闭幕式在云南大剧院举行。此次活动周以“职教改革四十年，产教融合育工匠”为主题，旨在弘扬“劳动光荣、技能宝贵、创造伟大”的时代风尚和工匠精神。活动周期间，通过邀请学生、家长和社区群众进学校、进社区、进街道、进工厂、进乡村，开展观摩教学、观摩实训室、专业教室，亲身体验和感受职业院校办学特色及教学特点；邀请优秀中、高职毕业生回校传授求学、就业、创业之路，激励和引导学生打牢文化基础，掌握专业技能，正确择业和创业等形式，大力宣传改革开放40年来特别是党的十八大以来职业教育改革成果，展现职业教育为经济社会发展和人的全面发展作出的重要贡献，加快推动完善职业教育和培训体系，深化产教融合、校企合作，营造人人皆可成才、人人尽展其才的良好氛围，增强职业教育吸引力、认同感和贡献力，大力弘扬劳模精神和工匠精神，培养大国工匠和能工巧匠，推动职业教育发展。

【海南省职业教育活动周启动】 5月8日，以“职教改革四十年，产教融合育工匠”为主题，由省教育厅、省委宣传部、省网信办、省人社厅、省工信厅、省农业厅、省总工会、团省委、中华职业教育社办公室联合主办的2018年海南省职业教育活动周启动仪式在海口旅游职业学校举行。活动周主要有技能展示、作品展示、办学特色展示、风采展演、开放校园、服务社区、联合企业等7大方面内容。启动仪式现场布置了107个展位，来自23所职业院校的师生通过现场演示、技艺比拼等方式，展示了55项专业技术技能。活动周期间，海南省各职业院校将面向中小学生、学生家长和社区群众开放校园，开展职业体验观摩、校企合作成果展示、校园文化展示等活动；还将组织师生积极走进社区（街道、乡镇），开展便民服务，展示职业教育成果等。

【河南省暨郑州市职业教育活动周启动】 5月9日，由省教育厅、省委宣传部、省网信办、省人力资源社会保障厅、省工信委、省农业厅、省总工会、团省委、河南中华职教社与郑州市政府主办的“2018年河南省暨郑州市职业教育活动周”启动仪式在郑州举行。省、市有关职业院校校（院）长、学生和企业代表，中央、省、市有关新闻媒体等2200余人参加了活动。参会领导向参加“2018年全国职业院校中职组技能大赛”的郑州市职业院校14支代表队授旗。启动仪式结束后，参会领导和嘉宾观看了“2018年河南省暨郑州市职业教育活动周”成果展示和技能展演。来自全省70多所职业院校的学生结合自身专业特色，通过展板、现场体验、技能展演等形式，展示了210余项各自学校的品牌特色项目。

【湖南省职业教育活动周启动】 5月9日，“青春的名义”2018年湖南省职业教育活动周启动仪式暨第14届全省中等职业学校“文明风采”德育主题活动展演在株洲市举行。教育部、中央文明办、团中央、全国关工委等国家部委领导参加活动。2018年职业教育活动周的主题为“深化产教融合 培育芙蓉工匠”。启动仪式后，进行了全省中等职业学校“文明风采”德育主题活动展演及表彰。株洲市幼儿师范学校、桃源县职业中等专业学校、湘西州民族文化艺术职业学校等学校师生带来《职业教育歌》《请君听我唱丝弦》《十八洞村我的家》等文艺节目。最后，长沙财经学校师生带来的大型原创职校生素质教育音乐剧《永不放弃》举行首演。全国中等职业学校“文明风采”德育主题活动总结交流暨德育工作座谈会与会代表，省教育厅有关处室负责人参加活动。

【四川省职业教育活动周启动】 5月10日，主题为“职教改革四十年，产教融合育工匠”的2018年四川省“职业教育活动周”暨泸州市职业教育活动宣传周在泸州职业技术学院启动。参会领导、代表与泸州市职业院校及中小学校师生、家长、社区居民参观了泸州各中、高级职业学校的现场展示。百余名师生结合自身专业，通过展板、现场体验、技能展演等，展示了各自学校的特色项目；部分学校负责人介绍了本校在教学改革中的经验探索。活动从5月6日持续至19日。活动周期间还举办四川职业教育改革发展论坛等主题活动，全省职业院校分别开展形式多样的开放校园、开放赛场、走进社区等活动。

【贵州省职业教育活动周启动】 5月15日，由省教育厅主办，相关职业院校及各市（州）教育局协办的2018年贵州省“职业教育活动周”开幕式在清镇职教城举行。此次活动周以“产教融合育工匠，贵州职教助脱贫”为主题，旨在全面贯彻党的十九大精神，宣传改革开放40年职业教育取得的丰硕成果，推动职业教育改革发展和脱贫攻坚，营造全社会关心支持职业教育的良好氛围。活动周期间，全省各市、县将陆续举办各种职业教育宣传活动，200余所各类职业院校将开放校园，面向学生、家长和社区居民演示职业教育教学实训活动，提供现场咨询、召开讲座、举办论坛等，集中展示职业院校校园文化、师生风采和各专业育人过程。进一步扩大职业教育的影响力。

【新疆维吾尔自治区职业教育活动周启动】 5月15日，2018年新疆维吾尔自治区职业教育活动周在乌鲁木齐职业大学启动。本次活动周以“职教改革四十年，产教融合育工匠”为主题。活动周期间，全区各地、各职业院校结合实际和地域特点，重点开展内容丰富、形式多样的职业体验活动，以及产教融合、校企合作等主题推介活动，同时还开展走进城乡、贴近群众的志愿服务活动。自治区各级各类职业学校累计为社会输送75万名毕业生，中职毕业生就业率保持在84%以上，高职毕业生就业率保持在90%以上。职业学校毕业生已经成为自治区现代农业、制造业、服务业和战略性新兴产业等领域一线新增从业人员的主要来源。有力地促进了适龄青年就业与创业，为全区社会稳定和长治久安作出了应有的贡献。

【青海省职业教育活动周启动】 5月19日，由省教育厅、省委宣传部、省网信办、省人力资源社会保障厅、省经济和信息化委、省农牧厅、省总工会、团省委、省中华职教社主办的2018年青海省职业教育活动周启动仪式在西宁市举行。本次活动周的主题是：“职教改革四十年产教融合育工匠”。启动仪式现场，来自全省各大中专职业院校学生，通过展板、现场体验、技能展演等方式现场进行了技能展示。启动仪式后，相关领导和参加启动仪式的代表参观了青海省职业教育发展四十年成就展。

【西安市职业教育活动月启动】 5月30日—31日，2018年西安市职业教育活动月系列活动举办。此次系列活动由西安市教育局、市委宣传部、市人社局、市工信委、市农林委、市总工会、团市委、西安报业传媒集团等九个单位共同主办，西安日报社、西安旅游职业中等专业学校承办，是在全市、区（县）、校三级广泛参与的职教活动月中，由市级部门直接组织的系列活动，共包含西安市职业教育发展论坛、“青春之我”西安市职业院校文艺汇演暨颁奖典礼、“奋斗的青春最美丽”大国工匠进校园、“传承工匠精神”西安市中等职业学校学生技能展示四部分内容。按照国家和陕西省九部委联合开展2018年职业教育活动周工作的相关要求，结合西安市实际情况，西安市教育局联合市委宣传部、市人社局、市工信委、市农林委、市总工会、团市委等部委于5月6日至6月6日在全市开展市区校三级参加的“职教改革40年，产教融合育工匠——职业教育活动月”。西安市全市各区县、各职业学校均开展了企业进校园、家长进校园、工匠进校园、技能进社区、师生进企业、技能大比拼、工匠精神传承等丰富多彩、形式活泼的活动，有效地提升了社会对职业教育的了解和理解，促进了校企合作、校地合作。

【四川省首届中华传统美德天府职教行活动周启动】 11月26日—27日，主题为“传承中华传统美德，弘扬职教新风尚”的四川省第一届“奋进新时代，中华传统美德天府职教行活动周”开幕式在四川交通职业技术学院举行。启动仪式上，四川大学教授舒大刚作了题为《亲近经典 涵养德性》的专题报告。9所职业院校负责人介绍了传统美德教育的经验。

联盟、集团等平台成立

【湘西现代职业教育集团成立】 1月10日，湘西现代职业教育集团在湘西民族职业技术学院正式挂牌成立。该教育集团以湘西民族职业技术学院为牵头院校，自治州8个县市的职校参与，与湘西职院实行中高职对接，推动自治州职业教育资源共享、优势互补、共赢发展，为自治州脱贫攻坚与区域发展提供更加有力的人才保障和智力支持。湘西现代职业教育集团实行州委、州政府统一领导，各县市党委、政府与湘西民族职业技术学院共建共管的管理体制，广泛吸纳行业部门、企业、科研院所、社会组织参与，实现自治州职业院校招生就业、教育教学、教师队伍建设、人才培养模式的创新优化和办学效益最大化。

【新疆洛浦职业教育集团成立】 4月12日，新疆洛浦县职业教育集团成立大会在新疆洛浦县职业（技工）学校举行。来自新疆农业职业技术学院、重庆城市管理职业学院等20余家疆内外职业院校负责人代表，100余家企业代表，和田地区教育局和洛浦县县委、政府负责人及相关单位代表等共200余人参加了成立大会。成立当日，洛浦县教育集团共有成员104个，包括10个职教学校，86个企业。成立大会上，新疆精河县维郎工业有限责任公司、新疆二道桥文化旅游集团公司等四家企业为洛浦县职业（技工）学校捐赠23000元用作该校贫困生爱心基金。

【京津冀信息安全职业教育产教融合联盟成立】 4月22日，在北京市教委、天津市教委、河北省教育厅指导下，由北京信息职业技术学院牵头组建的京津冀信息安全职业教育产教融合联盟正式（以下简称联盟）成立。联盟汇集了多个领域40余家具有代表性并有一定知名度的信息安全技术企业和京津冀三地近100所职业院校。联盟特聘专家沈昌祥在联盟成立大会上发表了关于“信息安全技术发展与人才培养”的主旨演讲，随后多家知名信息安全企业对人才培养，合作育人阐述自己的观点，通过联盟，京津冀多家职业院校和企业达成了“引企入教”人才联合培养、生产性实习实训、协同创新与成果转化等方面的战略合作协议。联盟大会现场为联盟副理事长单位14家，院校常务理事11家，企业常务理事13家进行授牌，并开通了联盟网站；经过前期酝酿京津冀校企合作7个项目进行了现场签约；北京信息职业技术学院与神州泰岳股份有限公司深度合作，挂牌成立信息安全工程师学院。

【黄冈市职业教育集团成立】 7月3日，黄冈市职业教育集团正式成立，由黄冈职业技术学院牵头，19所黄冈职业院校、40家企业（含行业协会）及教育、人社等政府部门组建而成。这是湖北省继襄阳之后的第二家区域性职业教育集团，是黄冈市职教办学体制和人才培养模式改革的又一举措。黄冈职教集团是松散型教育团体，不改变各单位原有行政隶属关系、经费拨付渠道、人事关系，采取“政府指导、企业参与、以校为主、合作经营”模式。职教集团平台的搭建，有利于拉近技能人才供需两端的距离，职业院校毕业生可通过该平台定向输送到一流企业就业。

【山西“1+11”旅游职教共同体联盟成立】 7月9日，山西“1+11”旅游职教共同体联盟成立大会在太原举行。来自全省11个地市的21所中等职业学校、职业高中的校领导代表出席大会。山西“1+11”旅游职教共同体联盟（简称“旅游职教联盟”），是在省教育厅、省旅游发展委员会指导下，由太原旅游职业学院及全省11市的多所中等职业学校、职业高中联合发起成立的职业教育合作机构。该联盟致力于促进中职高职深入融通、良好衔接、资源共享、共同发展，不断创新职业教育合作新模式。

【四川化工职业教育集团正式成立】 7月10日，由四川化工职业技术学院牵头组建的“四川化工职业教育集团”成立大会暨第一届理事会召开。40余家成员单位的负责人和嘉宾参加了大会。省经信委相关部门负责人宣读了《四川省经济和信息化委员会关于同意成立四川化工职业教育集团的批复》并颁发了“四川化工职业教育集团”牌匾，标志着四川化工职业教育集团正式成立。四川化工职业教育集团的成立，标志着四川化工职业技术学院校企合作、人才培养模式创新又迈上了一个崭新的台阶。在集团理事会领导下，将加强资源共享、产学研结合、中高职协调发展、校企联合和校校合作等，为全省乃至西南地区培养更多高素质技术技能型人才，为服务地方经济做出积极贡献。

【福建海洋职业教育集团成立】 7月10日，由厦门海洋职业技术学院牵头成立福建海洋职业教育集团。集团经省教育厅批准，在福建省海洋行业职业教育指导委员会的指导下，联合省内海洋类院校、协会、学会、海洋类企业等十余家单位共同组建。该职教集团将主动对接海洋强省、21世纪海上丝绸之路核心区建设，深化产教融合、校企合作，加快培养海洋产业高素质技术技能人才，增强服务海洋经济发展能力。继续做好创新产教融合、校企合作体制机制建设，推进产教协同育人制度建设，拓宽企业参与学院办学途径，深化“引企入教”改革实践，深入开展生产性实习实训，建立以企业为主体推进协同创新和成果转化机制，加强产教融合师资队伍建设，推进培训和继续教育创新等多项工作。

【山东省海洋与渔业职业教育集团成立】 7月13日，山东省海洋与渔业职业教育集团成立大会在日照职业技术学院召开。省、市级相关领导，及省内外有关院校代表、海洋和渔业行业企业代表等160余人出席本次活动。会议讨论并通过了《山东省海洋与渔业职教集团章程》及集团第一届理事会成员名单，共有142家理事会成员单位。日照职业技术学院被推选为集团理事长单位，日照职业技术学院党委书记何子安被推选为首届集团理事长。会议指出，山东省海洋与渔业职业教育集团的成立适应了国家现代海洋渔业产业发展需要，将发挥职业院校与行业、企业的规模优势和组合效益，实现校际之间、校企之间优势互补、资源共享，加快推进新旧动能转换重大工程，更好地服务山东经济建设和社会发展需求。会上，山东省海洋与渔业职教集团揭牌。会后举行了“新旧动能转换现代海洋渔业发展动态”专题报告会。

【河南省休闲保健服务职业教育集团成立】 7月26日，河南省休闲保健服务职业教育集团成立大会在郑州举行。河南省休闲保健服务职业教育集团46家会员单位，以及来自省内外相关中高职院校的负责人和行业企业代表80余人参加会议。组建河南省休闲保健服务职业教育集团，一是休闲保健服务职教集团明确定位、发挥作用。通过创新管理与运作模式，充分运用集团平台，促进资源的最大化利用，加快促进教育链与产业链融合，促进校企合作、产教融合，努力提升我省职业院校休闲保健服务类专业的办学水平和服务经济社会发展的能力。二是职业院校发挥主体作用。通过校企深度合作，全面实施“工学结合、校企合作、顶岗实习”的技术技能人才培养新模式，努力形成“专业共建、人才共育、过程共管、资源共享、责任共担”的校企合作新局面。三是企业发挥重要主体作用。企业要以职教集团为依托，积极与职业院校开展多种形式的合作，努力成为推动休闲保健服务产业发展，提升地区产业核心竞争力的主力军。

【上海—云南职业教育联盟成立】 7月31日，上海—云南职业教育联盟成立大会在昆明举行。上海—云南职业教育联盟由上海市教育委员会、云南省教育厅共同发起组建，成员包括沪滇两地的相关政府部门、职业院校、职教研究机构、企事业单位、行业协会等。该联盟旨在完善上海、云南职业教育东西协作模式和长效机制，提升两地职业教育办学质量和交流协作水平，进一步发挥职业教育在脱贫攻坚中的重要作用。

【陕西省职业农民协会成立】 8月5日，陕西省职业农民协会在杨凌示范区正式成立。新型职业农民马新世当选为协会首届会长。该协会是全国首个省级新型职业农民协会。陕西省职业农民协会是由新型职业农民和农业企业自愿共同发起的全省性、联合性、非营利性的社会团体。协会的成立，将在整合会员内部技术、资金、人力等要素，提升新型职业农民发展能力，推进农业供给侧结构性改革，促进农业农村经济发展方面发挥积极作用，将组织引领陕西省新型职业农民更好更快发展。

【黑龙江省建设职业教育集团成立】 9月9日，黑龙江省建设职业教育集团成立大会在黑龙江建筑职业技术学院举行。黑龙江建筑职业技术学院和省建工集团等30余家建设行业企业相关负责人共1200余人出席会议。黑龙江省建设职业教育集团成立共有82家单位参与，黑龙江建筑职业技术学院为理事长单位。82家单位中有佳木斯大学、东北林业大学土木学院、哈尔滨工程大学继续教育学院等院校，省规划设计研究院等科研院所，以及省建工集团、中建总公司二局等建设企业。会上，黑龙江省建设职业教育集团企业代表与龙建院签署校企合作协议。

【国际农牧业高等职业教育联盟成立】 9月17日，来自中国、加拿大、美国、澳大利亚、比利时、柬埔寨、南非、埃及等40个国家和地区的139所职业院校、农牧企业、研究机构组成的国际农牧业高等职业教育联盟在江苏泰州正式成立。联盟授权江苏农牧科技职业学院为理事长和秘书长单位。该联盟将每两年召开一次理事会，会议由理事单位轮流承办，会议主要听取并审议工作报告。此外，联盟将每两年举办一次农牧类学生技能大赛，每两年评选一次农牧类高等职业教育名人和名师若干，每年举办学生交流交换活动，每年组织专业教师开展跨国界、跨区域的教师培训活动。农业与农村部、江苏省政府、中牧集团，以及来自各国和地区成员单位的代表500余人参加了成立大会。

【通化市职业教育集团成立】 9月20日，通化市教育局助力“五转”暨职业教育集团成立、校企合作签约仪式在市职教中心举行。市教育局、市卫生学校、市职业教育中心、通化农校分别与通化师范学院、通化振国药业有限公司、通化石油化工机械制造有限责任公司、通化凯元汽车贸易有限公司等14个企事业单位签署校企合作协议。

【河北省现代畜牧业职教集团成立】 10月20日，河北省现代畜牧业职教集团成立大会暨畜牧兽医类专业课程资源建设启动大会在沧州职业技术学院召开。本次大会共有9所专业高职院校、十余所中职院校、数十家行业企业共计60余家单位共同参与了大会的成立。该职教集团下设8个工作委员会，此外还邀请河北省畜牧兽医学会作为名誉理事长单位，邀请中国现代畜牧业职教集团、北京都市农业职教集团、河北农业大学动科院、河北农大动物医学院、河北工程大学、河北科技师范学院、北京农业职业学院等单位作为集团顾问单位参与该集团的各项工作。通过组建区域性职业教育集团，加强政府、企业、学校、科研院所之间的全方位合作，促进资源的集成与共享，有效推进职业院校依托产业办专业、办好专业促产业。

【重庆水利水电职教集团成立】 10月25日，由重庆水利电力职业技术学院牵头，重庆水利水电职业教育集团成立大会暨第一次理事会举行。重庆水利水电职教集团以重庆水利电力职业技术学院为依托，包括科研院所、行业企事业单位、中高职院校等60家成员单位，集团以满足水利水电行业人才需求为服务宗旨，以资源共享、互惠共赢、共同发展为基本原则，以教学科研和社会服务为主要任务，通过成员单位间的全方位合作，推动职业院校围绕产业办专业，办好专业促产业，以合作共赢推动职业院校和行业企业等成员单位共同发展。会上，市教委高教处处长蒋后强宣读市教委《关于同意重庆水利水电职业教育集团备案的通知》。

【北京学前教育职业教育集团成立】 11月10日，由80家学前教育单位组成的北京学前教育职业教育集团在北京青年政治学院成立。该学前教育职教集团在北京市教委、共青团北京市委员会等单位的指导下，由北京青年政治学院牵头，联合北京师范大学、首都师范大学、北京联合大学等80家单位共同组建，成立后将按照“平等互利、资源共享、合作共赢、共谋发展”的原则，开展人才培养、专业建设、产教融合、成果孵化、国际交流与合作等五项工作，助力提升职业院校学前教育专业水平。

【朝阳市成立现代服务业职教集团】 11月13日，朝阳市现代服务业职业教育集团成立。新成立的职教集团将整合职业教育资源，深化产教融合、校企合作，打造行业性、多元化、立体化、多层次的职业教育联合发展共同体，培养更适应朝阳产业发展的“大工匠”。朝阳市现代服务业职业教育集团由朝阳市财经学校牵头组建，首批成员单位有38家，由朝阳承担三产服务类专业人才培养任务的院校组成集团内供给方，由朝阳知名三产类企业、个体劳动者协会、教育机构及联合办学等企事业单位组成集团内需求方，根据集团章程积极运作开展活动。集团组织各成员单位开展多种形式的技能型人才培养、人才交流、技能培训、对口考察等活动，为成员单位创造合作、发展的机会，使成员单位之间在产业发展、人才培养、实习实训等方面开展多形式的实质性合作。

【山东现代酒店业职业教育集团成立】 11月16日，山东现代酒店业职业教育集团在青岛酒店管理职业技术学院成立，同时签约成立了银座文旅学院，举办首届山东省酒店业未来人才高峰论坛。山东现代酒店业职业教育集团由青岛酒店管理技术学院牵头，联合68家省内与现代酒店业相关的职业院校、行业协会、科研院所和企事业单位共同成立。山东现代酒店业职业教育集团坚持“政校行企四方联动、产学研用立体推进”的合作原则，创新“合作办学、合作育人、合作就业、合作发展”的紧密型集团化办学体制与机制，探索集团成员深度融合办学模式，实现集团成员人才共享、设备共享、技术共享、文化互补、管理互通的深度合作关系，促进职业教育高质量发展，为经济社会提供更多的技术技能型人才。职教集团发布《山东现代酒店业职业教育集团五年发展规划》，计划到2022年将山东现代酒店业职业教育集团建成山东省骨干职教集团，积极争创国家级骨干职业教育集团。同时制定《资源共享实施办法》《企业职工培训办法》《校企专业技术人员“双向兼职、双岗互聘”管理规定》《校企合作先进单位、校企合作优秀项目评比奖励办法》，为开展务实有效的合作打下基础。

【山东省文化创意产业职业教育集团成立】 11月30日，山东省文化创意产业职教集团成立大会在日照举行。来自全省文化创意产业相关院校、行业协会、企事业单位等185个机构的200余名代表参加了会议。山东省文化创意产业职教集团由山东省艺术职业教育专业建设指导委员会发起，日照职业技术学院牵头省内与创意设计相关的科研机构、高等职业院校、中等职业学校及骨干企业组建，旨在为服务地方经济与社会发展培养和造就高素质技术技能型人才。该集团的成立将优化整合各方资源，为加快推进新旧动能转换重大工程，更好地服务地方创新优质发展，提供强有力的人才支撑。

【浙江省职业教育集团“一带一路”国际应用型人才培养协作联盟成立】 12月7日，浙江省职业教育集团“一带一路”国际应用型人才培养协作联盟成立大会在联盟秘书处单位浙江经济职业技术学院举行。联盟由浙江省职业教育集团发起，浙江省万里教育集团、浙江机电职业技术学院、浙江经济职业技术学院、杭州职业技术学院、浙江建设技师学院、浙江省机电技师学院、金华广播电视大学（浙江商贸学校）、杭州技师学院、海宁市职业高级中学、杭州市富阳区职业高级中学、上海景格职业培训学校等12家单位共同作为联盟首批单位，联合成立“一带一路”国际应用型人才培养协作联盟。成立大会上，浙江省职教集团副理事长、浙江省机电集团总经理谢平宣读《关于成立“一带一路”国际应用型人才培养协作联盟的通知》。

【贵州酿酒产业职教集团成立】 12月7日，贵州酿酒产业职业教育集团成立暨贵州轻工职业技术学院酿酒专业群办学35周年回顾展开幕式在贵州轻工职业技术学院举行，贵州酿酒产业职教集团正式揭牌成立。贵州省教育厅、贵安新区、大学城管委会和贵州轻工职业技术学院领导、全体中层干部、轻工化工系部分优秀校友及行业企业嘉宾参加会议。

【安徽池州职业教育集团成立】 12月19日，安徽池州职业教育集团成立大会暨揭牌仪式在池州职业技术学院举行。池州职业教育集团实行会员理事会制，总部设在池州职业技术学院，首批共有池州职业技术学院、安徽九华山旅游发展股份有限公司等45家校企单位会员。集团将加强校企、校际之间的全方位合作，搭建产教结合的平台，促进资源的集成和共享，通过"工学结合""订单式培养"等多种合作方式，促进职业教育人才培养模式的改革，实现院校培养与行业需求、学生所学与岗位需求的零距离对接，形成校企良性互动、互惠双赢。

【全国传媒职业教育联盟成立】 12月24日，由湖南大众传媒职业技术学院牵头组建的全国传媒职业教育联盟在长沙成立。来自全国17个省、市、自治区的29所传媒类高职学院的代表和文化传媒行业代表100余人共同见证了全国传媒职业教育联盟的成立。联盟下设广播影视、动漫游戏、出版、传媒管理、艺术设计、影视表演、传媒技术（含新媒体技术）、新闻采编、播音与主持、VR等十大类专业产教融合协作委员会。在此前召开的全国传媒职业教育联盟成立大会预备会上，湖南大众传媒职业技术学院当选为联盟理事长单位，该校党委书记袁维坤当选为第一届理事长；山东传媒职业学院、湖南工艺美术职业学院等8所院校当选为副理事长单位。全国传媒职业教育联盟搭建职业院校与传媒事业单位、行业企业、科研院所之间的沟通平台，推动传媒职业教育内涵发展、特色发展和创新驱动发展。

其 他

【云南省现代职业教育扶贫工程开工】 1月9日，云南省现代职业教育扶贫工程——云南冶金高级技工学校公共实训基地临安建设项目在建水县开工建设。该项目是省委、省政府支持发展职业教育事业的一项重大举措，项目总投资2.5亿元，主要建设内容包括紫陶文化创意展示综合体、理实一体化教学区、生产性教学工厂、学生生活及运动配套用房等。云南冶金集团负责人表示，将高起点规划、高标准设计、高质量建设云南冶金高级技工学校公共实训基地临安建设项目，围绕建水紫陶产业发展规划，以技能人才培养为主线，加强紫陶文化技艺传承保护与创新，促进建水紫陶专业化、规模化发展，积极推动建水紫陶成为云南省继普洱茶之后的又一张亮丽名片，为建水紫陶走出国门，为推动建水县乃至红河州地方经济发展作出更大贡献。

【黑龙江省与广东省职业院校结对合作签约仪式在哈尔滨举行】 1月26日，黑龙江省与广东省职业院校结对合作签约仪式在黑龙江省教育厅举行。广东省教育厅有关处室领导携9所职业院校相关领导到会签约。黑龙江职业学院，广东科学技术职业学院分别代表签约学校发言。签约仪式上，两省职业院校根据各校实际分别签署了个性化协议，合作院校将在高水平职业院校、专业、课程、实习实训、双师型教师队伍、信息化建设等方面开展深度合作，取长补短、互利共赢，共同推动龙粤职业教育创新发展。此次活动标志着黑龙江省与广东省职业教育对口合作全面展开，进入实质性推进阶段。

【河南省与京东集团举行职业教育产教融合项目说明会暨签约仪式】 4月27日，河南省教育厅、省财政厅与京东集团在郑州举行职业教育电子商务产教融合项目说明会暨签约仪式。本次会议是落实《职业教育产教融合战略合作框架协议》推动项目落地的重要举措。签约仪式上，项目学校代表分别与京东集团签署了项目建设协议。下一步，将依托100所项目职业院校重点打造一批电子商务专业实训基地，并在专业课程建设、“双师型”教师培训、校企协同育人等领域开展多种形式的合作，为全省培养更多高素质的电商人才。

【天津市教委与雄安新区签署职业教育战略合作协议】 5月8日，天津市教委与雄安新区管委会正式签署合作协议。双方将开展终身职业技能培训深度合作，创建区域社会培训新机制。围绕雄安新区高起点布局高端高新产业，加快改造传统产业，建设实体经济、科技创新、现代金融、人力资源协同发展的现代产业体系需求，由天津职业大学牵头组团在雄安新区开展社会培训，助力新区建立终身职业技能培训体系，重点对“入岗、在岗、转岗、下岗、无岗”人员进行系统性、针对性培训，并考取相应的职业资格证书。同时，由天津市产教融合紧密的职业教育集团配合，在电子信息、智能制造、交通运输、食品餐饮、园林园艺、养老护理、酒店服务、公共基础服务等方面开展专项“订单”培训，推进形成产业、行业、企业、职业、专业“五业联动”新机制。

【十堰与京东签约 携手打造南水北调新经济示范中心】 6月11日，京东与十堰“互联网+新经济发展”项目签约。京东以其技术、品牌优势，十堰市依托汽车汽配、绿松石、旅游等产业资源优势和生态资源，共同打造“南水北调新经济示范中心”，共建“一基地三中心”，即云计算大数据产业基地、电商产业生态中心、产业孵化创新中心和“互联网+旅游”应用示范中心。京东将助力十堰市产业转型升级与创新要素聚集，打造电商产业生态圈，帮助该市实现传统产业与电子商务深度融合，提升全市电子商务发展水平，培育大众创业、万众创新的新动能；京东云将承接该市辖区内政务云、企业云和大数据业务，为城市公共服务、智慧城市建设、企业转型升级等方面提供安全、便捷的云计算和大数据服务；充分发挥京东大学的教育资源优势，在精准扶贫中积极作为，通过开设职业教育、农技推广、电商物流等相关课程，面向贫困区域群众开展教育培训，培养一批有科技素质、有职业技能、有经营意识与能力的新型农民。

【河南省高职高专院校首家海外学院在赞比亚挂牌】 7月27日，由黄河水利职业技术学院与中水十一局共建的黄河水利职业技术学院赞比亚大禹学院在赞比亚下凯富峡水电站揭牌。双方共同为赞比亚大禹学院揭牌，并就学院的未来发展和校企深度合作等事宜进行友好洽谈，一致同意通过制定中长期合作规划、完善学院专业和课程设置、选派优秀本土学员来华留学、资源共享等举措，进一步扩大大禹学院办学规模，将其打造成校企海外合作的新典范。大禹学院将以服务中国电建集团下属企业为立足点，面向赞比亚，辐射南部非洲，为“走出去”中资企业海外工程技术技能人才本地化培养与应用提供可靠的人才保障，必将大大节约企业人才使用成本。将为国际化水利技术技能人才培养贡献中国智慧，输出中国方案，为世界职业教育作出中国贡献。

【东北亚职工教育集团职业教育创业园落实合隆镇】 8月28日，东北亚职工教育集团教育创业园落户合隆镇并举行开工奠基仪式。该项目由吉林省东北亚教育集团投资，计划总投资5亿元。园区规划建设教学区、电商交流区、影音艺术文化区、创业孵化区、就业实践综合区、生活服务区等功能分区，将形成以职业教育为主，职业培训、优质教育资源输出、师生自主创业的集团化经营模式，打造集产、学、创为一体的高标准、高配置、高输出的东北首家以职业教育为特色的创业园。包括长春国际经济贸易职业学校、长春育才女子职业学校和委托管理吉林省广播电视大学附属中专等将入驻园区。合隆镇将此项目列入全镇重点项目之一，要求各相关单位全力支持服务好项目建设，营造良好施工环境，确保项目早日竣工，实现社会效益与经济效益最大化，以此升级教育资源，为镇域经济发展注入新活力。

【德州与哥斯达黎加签署合作框架协议】 10月28日—29日，哥斯达黎加国家技术研究中心董事长阿科斯塔一行抵达德州考察，并分别与德州职业技术学院和山东华宇工学院签署合作框架协议，推进职业教育发展。在市发改委相关负责人的带领下，阿科斯塔一行先后到德建集团、景津集团及部分高职院校进行深入调研，并对德州市职业教育发展情况给予肯定。根据协议，双方在职业院校能力培养、人才培训、专业技能提升、资质和认证等方面对接合作。同时，双方将鼓励技术和技能研究项目的开发、咨询及共同磋商，促进人才交流，并为现有技术技能培训及咨询项目提供必要资源。另外，双方还将在研究课题、出版物、设备等方面加强信息交流。

【德国“双元制”师资培训中心落户深圳】 11月7日，中德职业教育论坛暨首届德国客尼中国培训师交流日在深圳技师学院举行。德国客尼职教集团、中德职业教育院校、行业和企业代表参会，探索推动德国职业教育理念、“双元制”职教模式在国内落地生根。深圳技师学院和德国客尼职业技术教育集团签署合作协议，并成立“德国客尼职业教育能力发展中心”。双方将共同开展工业机器人、机电一体化和新能源汽车等专业的教师培训等业务。深圳技师学院与德国客尼职业技术教育集团签订《共建德国客尼学院（华南区）职业教育能力发展中心合作协议》。双方将通过整合优化职教资源，共同搭建职教平台，按照德国职业技能鉴定标准，为中国职业院校、制造企业培养高素质“双元制”师资人才。

【天水市与德国职教机构签订联合办学意向书】 11月14日，天水市教育局、天水市职业技术学校与德国爱科特教育集团、德中科技与教育交流协会举行联合办学签约仪式。签约仪式上，四方代表签订了联合办学意向书。意向书主要内容包括加强中德国际教育合作，促进职业教育共同发展；德国爱科特教育集团、德中科技与教育交流协会对天水市职教园区规划设计及建设提供指导和建议，协调中德在职业教育方面的交流与合作，协助天水市职教园区引入德国职业教育的优势资源，统筹谋划和系统推进天水职业教育发展，构建现代职业教育体系等多个方面。

【职业教育大学园项目正式签约落户共青城市】 11月17日，总投资30亿元的职业教育大学园项目正式签约落户共青城市。会议强调，作为项目建设所在地和受惠地，将牢固树立“项目为王”的意识，全力推进职业教育大学园的建设，努力打造全省领先、全国一流的职教园，为九江职业教育、产业发展作出新的更大贡献。一是提供精心服务，主动协调、积极配合，帮助解决项目建设中遇到的困难和问题，为项目建设创造良好条件；二是强化精细保障，提升用地、用水、用电等要素保障能力，为职业教育大学园建设创造良好的施工环境；三是严把设计规划关、建设质量关、安全管理关，与建设单位一道把职业教育大学园建成精品工程，建成青年人向往的求学圣地。

【中国—新西兰职业教育示范项目教师培训基地落户青岛】 11月26日，中国—新西兰职业教育示范项目教师培训基地在青岛职业技术学院正式成立。揭牌仪式结束后，召开中新示范项目成果经验介绍会，中新双方对合作项目的开展情况进行了重点推介。与会人员还参观了学院校园。

【全国职业院校乡村振兴协作联盟在长沙成立】 12月15日，由湖南商务职业技术学院牵头发起的“全国职业院校乡村振兴协作联盟”（以下简称联盟）在长沙成立。来自全国各地的62所职业院校成为联盟成员单位，湖南商务职业技术学院书记周忠新当选为联盟理事长。联盟旨在充分发挥职业院校人才优势和专业优势，打造全国职业院校乡村振兴协作平台，积极推动校际联动、校企联动、校政联动，为广大乡村产业发展提供有效的技术技能人才供给和技术支撑，为职业院校拓展自身发展空间。联盟的主要工作任务是，加强农村实用技术人才、经营人才、管理人才的培养，为乡村振兴提供人才支撑，开展乡村振兴情况调查与对策研究，为政府决策提供参考；加强职业院校乡村振兴交流与协作，推动职业院校协同开展乡村振兴工作；承担政府相关部门委托工作，为乡村振兴提供咨询与服务；组织开展职业教育乡村振兴模式创新，不断拓展职业教育乡村振兴途径；总结推广职业教育乡村振兴经验与案例，为职业院校深入推进乡村振兴工作提供借鉴；宣传职业院校乡村振兴工作成果，扩大职业教育乡村振兴社会影响。活动期间，还举办了职业教育服务乡村振兴研讨会，来自全国的专家、学者作了12场主题报告。

【“全国职教医检技术资源库”标准化课程在智慧职教平台上线】 12月19日，全国职业教育医学检验技术专业教学资源库标准化课程在智慧职教平台上线，已有近3万人免费注册学习。该资源库由沧州医学高等专科学校与湖南永州、湖北襄阳职业技术学院主持，联合全国20余家院校及企业承担建设，覆盖了医学检验技术专业大部分课程。职业教育医学检验技术专业教学资源库建设是教育部立项的国家级教学资源库，是顺应“互联网+”发展趋势，推动信息技术在职业教育专业教学改革与教学实施领域综合应用的重要手段。通过优质教学资源共建共享，将提升教学信息化水平，带动教育理念、教学方法和学习方式变革，提高人才培养质量。同时免费为社会学习者提供资源和服务，增强职业教育社会服务能力，促进学习型社会建设。

行业企业

Industry Enterprises

综　述

【概述】 行业企业是现代职业教育的重要主体，在高素质技术技能人才供给侧结构性改革中发挥着不可替代的作用。产教融合、校企合作是现代职业教育的基本办学模式，是职业教育现代化的必由之路。《中华人民共和国职业教育法》明确规定“行业组织和企业事业组织应当依法履行实施职业教育的义务”。鼓励和支持行业企业参与职业教育，对深化职业教育改革具有重要作用。

【推动职业教育专业人才培养】 全国报关职业教育教学指导委员会召开2017年年会暨国际关务人才培养论坛，共同探讨关务人才的培养和发展之路。中国煤炭教育协会召开全国煤炭行业新工科建设工作会议，为煤炭院校“新工科”建设发展搭建平台，推动煤炭行业新工科人才的培养。全国交通运输职业教育教学指导委员会举办“交通强国”建设与技术技能人才培养研讨会，围绕“交通强国建设与技术技能人才培养”，从技术技能人才培养的策略、思考和实践角度做交流分享。中国纺织服装教育学会召开2018纺织行业专业技术人才培训工作会，对《中国纺织工业联合会关于实施纺织专业技术人才知识更新工程的意见（草案）》进行了解释说明。全国邮政职业教育教学指导委员会召开2018工作会议暨全国邮政行业人才培养基地经验交流会，围绕校企合作、科研建设、“互联网+”快递大学生创新创业大赛等议题进行研讨。全国食品药品职业教育教学指导委员会举办全国药品流通行业与高技能人才培养产教对话会，就药品流通行业面对新技术、新业态、新模式，如何与药品经营与管理专业人才培养工作实现深度产教融合和与会代表交流互动。华为技术有限公司启动“智慧一代2018”项目，与印尼12所职高院校签署培训合作协议，在年内为1000名印尼职高学生免费提供信息与通信技能培训。阿里巴巴集团举办阿里云河北省教育脱贫云计算初级认证工程师培训，通过“企业前沿技术+校园优质资源+政府重点扶持”的模式，为河北省建档立卡的贫困大学生提供免费的云计算培训及初级工程师认证考试。

【开展职业教育专业建设】 中国水利教育协会召开水利高等职业院校负责人工作座谈会，对做好专业标准建设、专业教学质量评价、师资队伍建设、教材建设、数字教学资源建设、产教融合、创建示范性职教集团等工作达成共识。全国食品药品职业教育教学指导委员会举办全国高职药品生产类新专业招生暨专业建设研讨会，就专业教学标准、技能证书、职业标准和技能竞赛、现代学徒制等具体问题进行研究和论证。全国机械职业教育教学指导委员会举办2018年度全国职业院校装备制造类专业教学资源建设研讨会，搭建机械行业职业院校优质教学资源建设交流平台。全国物流职业教育教学指导委员会和中国物流与采购联合会举办第十届全国职业院校物流专业教学研讨会，以“新时代、新发展、高质量”为主题，促进技术技能人才培养质量的提升。

【搭建职业教育合作交流平台】 机械行业i5智能制造职业教育集团成立，以i5智能制造为纽带，服务装备制造业发展。河北省现代服务业职业教育集团成立，旨在为京津冀地区经济和社会发展培养高素质、高技能应用型人才。全国检测检验认证职业教育集团成立，推动全国检验检测认证行业职业教育走规模化、集约化、连锁化的发展道路。全国机械行业技工院校高水平专业建设联盟成立大会召开，重点聚焦“智能制造”“高端装备制造”“数字化制造”“绿色制造”等领域，发挥行业指导的作用，推动机械行业技工院校高水平专业建设。河北省运动健康职教集团挂牌成立，将加强院校、企业、科研院所、行业协会之间的全方位合作，促进优质资源的集成与共享。山东省农林职业教育集团成立，积极探索区域内职业院校“集群发展”的办学模式，不断提升农林职业教育综合实力。池州职业教育集团成立，搭建产教结合的平台，促进职业教育人才培养模式的改革。全国跨境电商综合试验区职业教育集团成立，搭建全国性跨境电子商务职业教育合作交流平台，政、行、企、校协同育人。西南轨道交通职业教育集团成立，将着力整合联盟单位的人才、技术、资源和平台优势，服务“一带一路”建设。

【积极开展行业论坛和表彰活动】“纺织之光”2018年度中国纺织工业联合会科技教育奖励大会在人民大会堂举行，2018年度中国纺织工业联合会科学技术奖共评选出113个项目。中国烹饪协会举办中国烹饪大师名人堂师徒传承工作交流研讨会，就名人堂组织机构建设、成立中国烹饪大师名人堂师徒传承工作指导委员会、完善名人堂师徒传承体系等提出要求。“技能中国行2018——走进兵器工业集团”活动举行，开展世界技能大赛技术交流、技能大师讲坛、技能宣传月等活动。全国交通运输职业教育教学指导委员会举办全国交通运输职业院校“劳模工匠进校园”活动。中国有色金属工业协会举办首届有色金属行业国际产能合作境外人才培养论坛，讨论校企合作、协商境外企业技术人才培养。2018年中国纺织服装人才大会召开，对2018年中国纺织行业人才建设先进单位及个人进行了表彰。中国水利教育协会2018年职业教育德育工作会议召开，会议评选了第四届全国水利职业院校优秀德育工作者。中国煤炭教育协会和全国煤炭职业教育教学指导委员会开展全国煤炭教学名师遴选工作，60余所院校进行申报，评选30名首届全国煤炭教学名师。

【深入开展产教融合、校企合作】全国制冷空调行业产教融合研讨会召开，探讨新形势下制冷空调产业领域和职业教育融合、全面提高教育质量、推进经济转型升级、培育经济发展的经验和想法。2018年度先进装备制造业产教融合发展论坛暨全国机械职业教育教学指导委员会工作会议召开，成立“机械行业产教融合发展研究院”“机械行业汽车大数据产教合作技术中心”。林肯（中国）与天津职业大学成立国内首家林肯校企合作基地——林肯（中国）天津技术培训中心。华为技术有限公司与深圳职业技术学院举行战略合作协议签约仪式，成立“深职院—华为合作项目领导小组”；与天津职业大学举行校企合作协议签订仪式，推进华为信息与网络技术学院人才培养、专业群建设、师资提升和学生认证培训考核。广东格兰仕集团有限公司与广西东兰县中等职业技术学校举行冠名班开班仪式，双方通过校企合作的形式，以“冠名班”为合作模式，将格兰仕的资源引入学校，促进职业教育发展。

【组织开展高质量赛事活动】华为技术有限公司举办华为大学生ICT大赛2018全球总决赛，中国、英国、西班牙、意大利、俄罗斯、澳大利亚、墨西哥、南非、埃及、沙特阿拉伯、阿联酋、巴基斯坦和印度在内的五大洲32个国家800余所高校的40000余名大学生参赛，最终23支队伍共69名选手进入全球总决赛。全国交通运输职业教育教学指导委员会举办“百蝶杯”全国高等职业学校集装箱港口运营职业能力竞赛，来自全国38所高职院校的114名选手参赛，全面考察学生的作业管理决策能力和动手操作能力。全国交通运输职业教育教学指导委员会举办2018年“互联网+交通”全国交通运输职业院校创新创业大赛，全国185个项目进入网络复赛；大赛专委会组织专家网络评审，全国28所交通运输职业院校55个项目入围现场总决赛。全国航空工业职业教育教学指导委员会举办2018年职业院校无人机应用创新技能大赛，以“创新技能，成就未来”为主题，全国89所职业院校的189支代表队参赛。“精诚杯”2018比亚迪汽车新能源服务技能大赛全国总决赛举办，院校以比赛实践的形式，改善专业人才培养模式，促进校企合作。全国食品药品类职业教育教学指导委员会举办首届全国食品药品类职业院校药品检测技术专业技能大赛，全国44所职业院校的132名学生参加比赛，16所高职院校现场观摩比赛。全国石油和化工职业教育教学指导委员会和中国化工教育协会举办2018年全国石油和化工职业院校技能大赛（化工仪表自动化赛项）、全国高职院校生物制药技术技能大赛。

机　构

【中国煤炭教育协会】 中国煤炭教育协会（China Coal Education Association）成立于1991年，是经民政部登记注册的全国性社会团体，业务主管单位为教育部。由煤炭院校、社会有关高等院校、煤炭企业、煤炭工业和煤矿安全管理部门等单位自愿组成，为实现共同意愿，按照章程开展活动的非营利性社团组织，协会下设高等教育、职工教育、职业技术教育、基础教育四个分会，分别承担相应类别的人才培养与培训工作。协会的宗旨是推动煤炭专业人才培养与教育事业的发展，实施科教兴煤战略，坚持为煤炭工业建设与发展服务，遵循教育事业发展规律，组织煤炭教育工作者进行教育理论和实践的研究与交流，促进煤炭教育改革与发展，提高煤炭行业人力资源整体水平，实现煤炭工业可持续发展。协会现有普通高等学校会员单位17个，高职高专会员单位30多个，中等职业学校会员单位100多个，煤炭企业会员单位70多个。

【水利人才与教育】 中国水利教育协会（China Association of Hydraulic Engineering Education）于1994年在原全国水利职工教育学会、中国水利高等教育学会、全国水利职业技术教育学会基础上组合建立，登记管理机关为民政部，业务主管单位为水利部。由从事水利人才与教育工作的相关单位和个人自愿结成的全国性、专业性、非营利社会组织，下设秘书处和职工教育分会、高等教育分会、职业技术教育分会。协会的宗旨是凝聚全国水利人才与教育各方力量，深入贯彻习近平总书记关于治水、人才、教育重要讲话指示批示精神，贯彻落实党和国家重大决策部署，促进水利人才与教育事业发展，推进产教融合、校企合作，助力一流水利人才队伍建设，为新阶段水利高质量发展提供人才支撑与智力保障。协会共有会员单位222个，其中水利主管部门及行业企事业单位94个，高等学校85所，职业院校43所。

【深职院—华为合作授权培训中心】 2008年，深职院—华为合作授权培训中心成立，华为与深圳职业技术学院在课程体系建设、实训室共建、教师队伍培训、教材编写、职业资格认证、学生实习就业等方面展开了全方位、深层次的校企合作，共同开发了行业企业认证和专业课程相结合的“课证共生共长”模式。华为面向全球公众提供培训与认证服务，已与全球50多个国家的500多所高校开展华为ICT学院校企合作。

【中车唐山机车车辆有限公司】 中车唐山机车车辆有限公司是中国中车股份有限公司核心子企业，总部位于河北省唐山市，前身唐山机车车辆厂，始建于清光绪七年（1881年）。主要从事轨道交通装备的研发、制造、服务和检修以及工程总包、污水处理等多元化产业，是国际科技合作基地、国家首批创新型企业、国家高新技术企业、国家技术创新示范企业、轨道车辆绿色智能与安全国家地方联合工程研究中心。公司与唐山工业职业技术学院共建国家高水平高职院校专业群、国家职业教育动车组检修技术专业教学资源库、国家公共实训基地。

【山东铝业职业学院】 山东铝业有限公司1958年创建“501业余工学院”，实行“半工半读、工学交替”的人才培养模式。2004年，创建了中国铝行业系统内唯一的一所全日制高职院校——山东铝业职业学院。

【马钢（集团）控股有限公司】 马钢（集团）控股有限公司的前身是成立于1953年的马鞍山铁厂，1958年马鞍山钢铁公司成立，1998年马钢总公司依法改制为马钢（集团）控股有限公司，由安徽省人民政府国有资产监督管理委员会直接监管。1978年，安徽马钢技师学院创办，是培养中高级技工、技师、高级技师的综合类职业学校。1983年创办马钢职工大学，2003年6月，经安徽省人民政府批准成立安徽冶金科技职业学院，为安徽省属全日制高等专科院校。2009年8月，成立马钢教育培训中心，以安徽冶金科技职业学院、安徽马钢技师学院为基础，主要任务是：员工培训，高、中职学历教育，管理研究和科研开发。

【四川航天工业集团有限公司】 四川航天工业集团有限公司由四川航天工业总公司改制设立，是中国航天科技集团公司的全资子公司和院级实体公司，总部位于成都经济技术开发区。公司创办了重庆航天职业技术学院、四川航天职业技术学院两所学校，其中重庆航天职业技术学院是重庆市教委主管的公办全日制普通高等职业院校，是教育部确立的“全国首批现代学徒制试点院校”“中国特色高水平高职学校和专业建设计划建设单位”；四川航天职业技术学院是经四川省人民政府批准，教育部备案，面向全国招生的公办全日制普通高等院校，被列为国家高技能人才培训基地、国家高技能人才培养示范基地、国防科技工业职业教育实训基地等。公司办学秉承“校企一体，共育人才”，组建了由分管领导任主任、所属企业领导和学校领导共同参与的“校企结合委员会”；对接现代经济体系和企业需求，“将专业链建在产业链上”。

【阿里巴巴集团】 2008年10月31日，阿里巴巴集团与杭州师范大学共建阿里巴巴商学院，主要培养数字经济时代创新型优秀管理人才和创业者，以在互联网新经济领域的人才培养、研究、社会服务和创新创业教育为特色。2017年12月1日，启动“阿里巴巴脱贫基金”，将脱贫工作列为集团战略业务，计划5年投入100亿元参与脱贫攻坚，从电商脱贫、生态脱贫、教育脱贫、女性脱贫、健康脱贫五大方向设计和探索，探索“互联网+脱贫”的新思路、新方法。在职业培训方面，围绕培养乡村建设所需职业人才，推出职业技能培训计划、职校人才培养计划两种模式。

【济南二机床集团有限公司】 2015年被教育部确定为全国首批现代学徒制试点单位，与国内多家重点高等院校及高职院校，在机械、电气、数控、焊接等专业领域展开深层次合作。

【宝鸡机床集团有限公司】 宝鸡机床集团有限公司在基层广泛开展“一帮一结对子”“导师带徒”

捆绑式教学活动，同时，发挥“高技能人才培训基地”作用，与省内外10多家职业技术院校建立合作关系，建立现代学徒制“宝鸡机床班”。

【广东格兰仕集团有限公司】 广东格兰仕集团有限公司与职业院校展开教育精准扶贫合作，通过“产教合一”的教育教学方式培养高素质技工人才。支持贫困地区职业院校建设“技工人才培育孵化基地”，为中国制造产业转型升级输送技工人才。

【中国兵器工业集团公司】 中国兵器工业集团公司通过提高技术工人的经济待遇，提高技术工人的培训水平，对各类世界级、国家级职业竞赛成绩优秀的技能人才直接晋级技师、高级技师等措施持续推进知识型、技能型、创新型人才队伍建设。

【陕西龙门钢铁（集团）有限责任公司】 陕钢集团陕西龙门钢铁有限责任公司依托多个以实际操作为主的培训基地常态化开展员工技能提升活动，每年组织300余人次参加专业技能培训，举办并积极参加行业技能大赛，实行“传、帮、带”现代学徒机制。

【江南造船（集团）有限责任公司】 江南造船（集团）有限责任公司与江南造船职业技术学校建立基于“厂中校”的现代学徒制模式，校企合作常态化，建立适应江南造船转型发展环境的技能人才培养体系。

【比亚迪股份有限公司】 比亚迪股份有限公司成立于1995年2月，连续几年举办新能源汽车技能服务大赛，推进工匠型维修人才的培养。

【昊阳国际控股集团（香港）有限公司】 昊阳国际控股集团（香港）有限公司筹建大专以上高等学历教育院校4所，总产值超20亿元；目前正在筹建四川城建职业学院、四川医疗器械应用技术学院，预计2020年正式建成并开始招生。

会　议

【全国报关职业教育教学指导委员会2017年年会暨国际关务人才培养论坛召开】 1月11日，全国报关职业教育教学指导委员会（以下简称报关行指委）2017年年会暨国际关务人才培养论坛在福建厦门召开。报关行指委委员及各专委会成员、各地方报关协会代表90余人出席了本次会议和论坛。会议传达了教育部行指委2018年的工作重点，听取了报关行指委2017年工作总结和2018年工作规划报告。本届年会还举办了“不忘初心，牢记使命，培养合格国际关务人才”论坛，论坛由报关行指委、高职院校、生产型企业、报关企业、咨询公司的代表进行了演讲和交流，共同探讨关务人才的培养和发展之路。

【中国水利教育协会召开水利高等职业院校负责人工作座谈会】 3月8日，中国水利教育协会在北京组织召开水利高等职业院校负责人工作座谈会。18所水利高等职业院校分管教学的院校负责人、教务部门负责人等近40人参加会议。会议就水利职业院校技能大赛、水利行业优质高职院校与优质水利专业建设、院校扶贫等重点工作进行交流讨论。会议明确了2018年水利职业教育的重点工作，对做好专业标准建设、专业教学质量评价、师资队伍建设、教材建设、数字教学资源建设、产教融合、创建示范性职教集团等工作达成共识。

【2018 全国餐饮职业教育教学指导委员会暨中国烹饪协会餐饮教育委员会年度工作会议召开】 3 月 31 日，2018 全国餐饮职业教育教学指导委员会暨中国烹饪协会餐饮教育委员会（以下简称两委会）年度工作会议在广东顺德举行，来自全国近 80 所餐饮职业院校领导、教师、企业负责人共计 120 余人参加本次会议。会议听取 2017 年工作报告，部署 2018 年重点工作。各项目牵头单位分别对《高等职业院校专业教学标准》修订、全国高等职业教育西餐工艺专业系列教材编写、中法高级别人文交流等工作进行了汇报，部分院校分享了产教融合、国际化发展、海外留学等典型案例经验。全体委员审议并通过了 17 位餐饮教育委员会委员的调整与增补。

【中国水利教育协会出席“C19 职教联盟”成立大会暨优质校建设经验交流会】 4 月 21 日，“C19 职教联盟”成立大会暨优质校建设经验交流会在黄河水利职业技术学院举行。会议审议通过了《“C19 职教联盟”章程》，选举产生了联盟理事会领导成员，四川水利职业技术学院等 7 所院校围绕优质校建设、校企合作、产教融合等主题进行典型经验交流。“C19 职教联盟”是由黄河水利职业技术学院牵头，19 所高职院校共同发起，并自愿参加组成的具有联合性、协作性、互惠性、非营利性的高等职业教育联合体。

【中国煤炭教育协会召开全国煤炭行业新工科建设工作会议】 4 月 24 日—27 日，由中国煤炭教育协会举办的全国煤炭行业新工科建设工作会议在广东深圳召开。会议共有近 60 所院校的 300 余名代表参加。中国煤炭教育协会代表行业院校与腾讯等企业签署合作备忘录，为煤炭院校“新工科”建设发展搭建平台，推动煤炭行业新工科人才的培养。

【全国食品药品职业教育教学指导委员会举办全国高职药品生产类新专业招生暨专业建设研讨会】 4 月 25 日—26 日，由全国食品药品职业教育教学指导委员会主办，国家食品药品监督管理总局高级研修学院、广东食品药品职业学院承办的全国高职药品生产类新专业招生暨专业建设研讨会在广州召开。来自全国各地 45 所高职院校的药品生产类专业相关专家和代表 116 人参加会议。全国各地的专家们对药品生产类专业教学指导机制与专委会建设分组讨论，就专业教学标准、技能证书、职业标准和技能竞赛、现代学徒制等具体问题进行研究和论证。

【全国交通运输职业教育教学指导委员会举办“交通强国”建设与技术技能人才培养研讨会】 5 月 17 日，由全国交通运输职业教育教学指导委员会主办，浙江交通职业技术学院承办的“交通强国”建设与技术技能人才培养研讨会在浙江杭州举行。企业代表出席会议。会上举行了“2018 年交通运输职业教育教学成果奖”颁奖仪式。来自全国交通运输职业教育领域的学校、企业代表围绕“交通强国建设与技术技能人才培养”，就技术技能人才培养的策略、思考和实践做交流分享。

【全国机械职业教育教学指导委员会举办 2018 年度全国职业院校装备制造类专业教学资源建设研讨会】 5 月 24 日—26 日，由全国机械职业教育教学指导委员会（以下简称“机械行指委”）、机械工业教育发展中心主办，高等教育出版社、安徽机电职业技术学院联合承办，厦门优芽网络科技有限公司、机械工业出版社、电子工业出版社协办的 2018 年度全国职业院校装备制造类专业教学资源建设研讨会在安徽芜湖举行。会议以“第二届全国机械行业职业院校微课大赛”为基础，融合在线开放课程、专业教学资源建设、院校信息化教学改革等内容，旨在搭建机械行业职业院校优质教学资源建设交流平台，促进信息技术与专业教学融合及优质教学资源共建共享，提高职业院校装备制造类专业教师信息化教学水平。来自全国中高职院校的250余名代表参加了会议。

【中国纺织服装教育学会召开2018纺织行业专业技术人才培训工作会】 5月25日，由中国纺织服装教育学会、纺织人才交流培训中心主办，西安工程大学承办的2018纺织服装行业专业技术人才培训工作会在陕西西安召开。与会纺织高校代表就各自院校在纺织行业开展继续教育和职业培训方面的工作进行了经验交流。会上，姜川对《中国纺织工业联合会关于实施纺织专业技术人才知识更新工程的意见（草案）》进行解释说明。

【全国邮政职业教育教学指导委员会召开2018工作会议暨全国邮政行业人才培养基地经验交流会】 5月29日，全国邮政职业教育教学指导委员会（以下简称“邮政行指委”）2018工作会议暨全国邮政行业人才培养基地经验交流会在北京召开。国家邮政局副局长杨春光出席会议，并为第二批全国邮政行业人才培养基地授牌。会议交流了全国邮政行业人才培养经验，总结2017年相关工作，安排部署2018年重点任务，原则通过邮政行指委章程，集体学习国家邮政局及教育部会议精神。与会代表围绕校企合作、科研建设、“互联网+”快递大学生创新创业大赛等议题进行研讨。国家邮政局人事司、国家邮政局职业技能鉴定指导中心有关同志，邮政行指委委员，相关院校和企业代表等70余人参加会议。

【中国煤炭教育协会职业技术教育分会第七次会员代表大会召开】 6月26日，中国煤炭教育协会职业技术教育分会第七次会员代表大会于在重庆召开，大会原则通过《中国煤炭教育协会职业技术教育分会工作条例》，选举产生了职业技术教育分会第七届委员会及其领导机构。

【中国纺织服装教育学会召开2018年全国职业院校技能大赛中职组服装设计与工艺赛项总结会】 8月1日，由中国纺织服装教育学会主办的2018年全国职业院校技能大赛中职组服装设计与工艺赛项总结会在海南省儋州市中等职业技术学校召开，来自大赛各参赛地区教育主管单位的负责人、参赛队领队和指导教师共93人参加会议。大赛裁判长北京服装学院刘娟教授对本赛项各模块中参赛队伍所表现出来的优势和存在的技术问题进行了详细的剖析，并给出了解决方案和指导意见。青岛市城阳区职业教育中心学校等7所中职学校代表作大会交流主题报告。

【全国物流职业教育教学指导委员会和中国物流与采购联合会举办第十届全国职业院校物流专业教学研讨会】 10月27日—28日，由全国物流职业教育教学指导委员会和中国物流与采购联合会共同主办的第十届全国职业院校物流专业教学研讨会在浙江宁波召开。来自全国各地的高校（职业院校）、企业、教育培训机构、大众媒体代表等500余人参加。此次研讨会以“新时代、新发展、高质量”为主题，围绕物流行业发展呈现的新特点，在组织建设、大赛、专业标准编制、课题研究、学徒制、师资建设等几个方面进行了回顾总结，提出下一步工作重点是：要紧紧围绕全国教育大会的精神，以开放创新为主线，深化产教融合，推广职业教育的新思想、新理念和新成果，促进技术技能人才培养质量的提升。

【2018年中国纺织服装人才大会召开】 10月24日，由中国纺织工业联合会主办，纺织人

才交流培训中心、中国纺织服装教育学会、河南省服装行业协会、新密市人民政府、锦荣衣天下承办，中原工学院、河南工程学院、郑州市科技工业学校、河南千顺实业有限公司协办的2018年中国纺织服装人才大会在河南新密召开。来自全国纺织行业企业、院校、集群园区等代表共计350余人参加了本次大会。会上，院校、企业等代表围绕如何提高校企合作质量、加快产教融合深度、扩大职业教育等人才建设进行经验交流，对2018年中国纺织行业人才建设先进单位及个人进行了表彰。

【全国制冷空调行业产教融合研讨会召开】 8月17日，中国制冷空调工业协会与全国机械职业教育教学指导委员会制冷空调类专业教学指导委员会联合在甘肃省山丹培黎学校举办全国制冷空调行业产教融合研讨会，来自全国制冷空调类专业教师、企业专家共计40多名代表出席了本次会议。会上，中国职业技术教育杂志社社长、主编唐以志作《职业教育与产业关系演进路径与政策调适》专题报告。广东申菱环境系统股份有限公司副总经理欧阳惕分享了现代学徒制试点经验。与会嘉宾深入交流了在新形势下关于制冷空调产业领域和职业教育融合、全面提高教育质量、推进经济转型升级、培育经济发展的经验和想法。

【中国建设教育协会中等职业教育专业委员会四届一次全体会员大会暨中职委首届书记校长论坛召开】 11月6日—9日，中国建设教育协会中等职业教育专业委员会（以下简称“中职委”）四届一次全体会员大会暨中职委首届书记校长论坛在广西桂林召开，来自全国各地40余家学校及企业代表、教育专家90余人参加。会议听取了第三届中职委工作报告，通过了《中职委员会工作条例》，选举产生了第四届中职委常委会。大会期间举办了中职委首届书记、校长论坛。

【中国水利教育协会2018年职业教育德育工作会议召开】 11月8日—10日，中国水利教育协会2018年职业教育德育工作会议在浙江杭州召开。来自全国各地26所院校50余名代表参加会议。会上，黄河水利职业技术学院、广西水利电力职业技术学院、浙江同济科技职业学院等7所院校围绕贯彻落实全国高校思想政治工作会议精神等方面作交流发言，会议评选出第四届全国水利职业院校优秀德育工作者。

【2018年度先进装备制造业产教融合发展论坛暨全国机械职业教育教学指导委员会工作会议召开】 11月23日，由全国机械职业教育教学指导委员会（以下简称“机械行指委”）、机械工业教育发展中心、青岛市教育局联合举办的2018年度先进装备制造业产教融合发展论坛暨机械行职业教育教学指导委员会工作会议在山东青岛举行。来自全国机械行业有关院校、企业的领导和专家，机械行指委委员、各专指委委员等300余人参加本次会议。会议听取了2017年以来机械行指委工作报告。会议组织五项产教协同育人专项活动：一是“机械行业产教融合发展研究院”正式揭牌成立，二是机械工业教育发展中心与中国汽车技术研究中心共同发起成立了“机械行业汽车大数据产教合作技术中心”，三是举行第二届“全国机械行业职业教育卓越贡献人物”表彰仪式，四是授予华北机电学校等27所中职、高职和本科院校首批“全国机械行业服务先进制造高水平骨干职业院校”称号，五是授予北京精雕科技集团有限公司等13家企业“全国机械行业先进制造领域产教融合骨干企业”。机械工业仪器仪表综合技术经济研究所所长、国家智能制造标准化专家咨询组成员欧阳劲松教授，机械行指委副主任委员、全国高职高专校长联席会议主席董刚教授

分别作《从数字化工厂到智能制造》《从“面临挑战”的视角看高教育内涵建设》专题报告。12 所机械行业中职、高职、本科院校和 5 家企业的领导和专家，分别围绕“加快新工科建设，培养装备制造业高端应用技术人才”“深化中职教育改革，打造融合育人新优势”“发展先进制造业，聚力高水平技术技能人才培养”等主题展开对话交流。

【“纺织之光”2018 年度中国纺织工业联合会科技教育奖励大会在人民大会堂举行】 12 月 5 日，由中国纺织工业联合会主办，纺织之光科技教育基金会协办的“纺织之光”2018 年度中国纺织工业联合会科技教育奖励大会在北京人民大会堂召开。中纺联各部门、各专业协会领导，地方行业协会领导，纺织之光科技教育基金会理事以及本次会议表彰的科技工作者、企业家、院校教师与学生获奖代表及媒体嘉宾 600 余人出席了大会。2018 年度中国纺织工业联合会科学技术奖共评选出 113 个项目，其中一等奖 16 项、二等奖 45 项、三等奖 52 项；纺织职业教育教学成果奖面向纺织服装职业院校共授奖 114 项，其中一等奖 16 项、二等奖 32 项、三等奖 66 项；教师奖和学生奖在 14 所本科院校和 2 所高职院校展开，共评出教师特别奖 1 人，教师奖 22 人；学生特别奖 2 人，学生奖 152 人；针织内衣创新贡献奖共授予 10 个项目。获奖项目、人员奖金由纺织之光科技教育基金会资助。

【全国食品药品职业教育教学指导委员会举办全国药品流通行业与高技能人才培养产教对话会】 12 月 14 日—16 日，由全国食品药品职业教育教学指导委员会主办，长江职业学院（食药行指委校企合作工作委员会主任单位）、湖北技能型人才培养研究中心承办，九州通医药集团、葵花（隆中）药业股份有限公司协办的全国药品流通行业与高技能人才培养产教对话论坛在湖北武汉召开。来自全国食品药品职业教育教学指导委员会、湖北省教育厅、全国本科及中高职院校的 90 余名医药产业及教育界专家代表参与研讨活动。会上，长江职业学院与九州通医药集团、葵花药业集团有限公司签订了校企合作协议。论坛上，学子们围绕我国药品流通行业发展趋势及人才需求、《中华人民共和国药品管理法》修订、“互联网 + 药品流通”行业的新业态、医药连锁经营发展趋势、医药企业经营与管理模式的变革、医药类高素质技能型人才核心素养培养路径等作专题报告。对话嘉宾就药品流通行业面对新技术、新业态、新模式，如何与药品经营与管理专业人才培养工作实现深度产教融合和与会代表交流互动。

【全国水利职业教育教学指导委员会全体委员会议召开】 12 月 17 日，全国水利职业教育教学指导委员会（以下简称水利行指委）全体委员会议在北京召开。来自水利院校、企事业单位的 38 位水利行指委委员及代表共 60 余人出席会议。会议宣读了教育部职成司关于调整王新跃副司长兼任水利行指委主任委员的函。王新跃主任宣布了水利部人事司关于调整黄河、张文彪、许琰、周银平、王周锁、江洧、于纪玉、陈军武 8 位副主任委员及王韶华担任秘书长的通知，为副主任委员和秘书长颁发聘书。王韶华秘书长作水利行指委工作报告和章程制订说明，委员审议通过章程。水利高职院校、中职学校、企业代表在会上做了交流发言。

活　动

【全国现代服务业职业教育集团京津冀分部成立】 1 月 6 日，全国现代服务业职业教育集团京津冀分部成立大会在天津职业大学举行。京津冀三地职业院校负责人及有关行业协会、企业共计140个单位参加了成立大会。全国现代服务业职教集团京津冀分部由天津职业大学牵头成立，会同行业、企业、职业院校构建协同参与体系，致力于提升区域现代服务业职业院校产教融合、校企合作的水平。大会审议通过了《全国现代服务业职教集团京津冀分部章程》，提名并选举产生全国现代服务业职教集团京津冀分部第一届理事会成员，进行了全国现代服务业职业教育集团京津冀分部授牌及校企合作签字等重要仪式。

【林肯（中国）与天津职业大学成立国内首家林肯校企合作基地】 1月12日，林肯（中国）与天津职业大学签订校企战略合作协议，共同组建成立国内首家林肯校企合作基地——林肯（中国）天津技术培训中心。该中心既是林肯（中国）新车型、新技术、新工艺的推广中心，又是天津职业大学汽车专业技术技能人才的校内学训中心，可以用于汽车营销和汽车维修专业的实训。该中心位于天津职业大学，共有2个区域，共计2056平方米。林肯（中国）为培训中心提供教学、培训车辆、专用工具等，将最新的企业标准、技术资料引进学校，由校企共同组建的教师团队将林肯（中国）的最新技术、产品标准引入教学，共同对林肯（中国）经销商员工和在校学生进行教学和技能培训。林肯（中国）全程参与课程教学及考核，确保学员熟悉林肯产品及相关技术标准。

【全国食品药品职业教育教学指导委员会举办2017年全国食品药品类职业院校“楚天科技杯”药物制剂技术专业技能大赛】 1月12日—14日，由全国食品药品职业教育教学指导委员会主办、全国食药行指委技能竞赛工委会组织、南京市莫愁中等专业学校和中国药科大学高等职业技术学院承办的2017年全国食品药品类职业院校“楚天科技杯”药物制剂技术专业技能大赛在南京举办。全国40所职业院校的80名选手参加竞赛。

【深圳职业技术学院与深职院—华为合作授权培训中心在深职院举行战略合作协议签约仪式】 4月27日，深圳职业技术学院与深职院—华为合作授权培训中心举行了战略合作协议签约仪式。根据协议，双方将在信息通信领域就专业建设、人才培养、实训基地和实训室建设、实习就业、智慧校园建设、信息化教学和数字化教学资源库建设等方面进行合作，共同培养ICT（信息、通信和技术）高技能人才。双方将成立“深职院—华为合作项目领导小组”，高层建立不定期互访制度，促进信息资源互联互通。

【深职院—华为合作授权培训中心举办华为大学生ICT大赛2018全球总决赛】 5月16日，由华为主办的华为大学生ICT大赛2018全球总决赛在华为深圳总部闭幕。大赛设置网络（IP）和新增的云（IT）两条赛道，共吸引中国、英国、西班牙、意大利、俄罗斯、澳大利亚、墨西哥、南非、埃及、沙特阿拉伯、阿联酋、巴基斯坦和印度在内的五大洲32个国家800余所高校的40000余名大学生积极参与，最终23支队伍共69名选手通过初赛、国家赛、复赛选拔进入全球总决赛。大赛产生一等奖2名，二等奖4名，三等奖6名，其中深圳信息职业技术学院和深圳职业技术学院代表队分获网络和云赛道一等奖。

【全国交通运输职业教育教学指导委员会举办“百蝶杯”全国高等职业学校集装箱港口运营职业能力竞赛】 6月9日—11日，由全国交通运输职业教育教学指导委员会主办，中国交通教育研究会职教分会交通运输专委会、交通行指委交通运输管理类专指委和浙江国际海运职业技术学院承办，上海百蝶计算机信息有限公司提供技术支持的“百蝶杯”全国高等职业学校集装箱港口运营职业能力竞赛在浙江舟山举办。来自全国38所高职院校114名选手参赛。比赛通过作业方案设计和作业实施两个阶段的比拼，全面考察学生的作业管理决策能力和动手操作能力。来自浙江国际海运职业技术学院、山东交通职业学院、东莞职业技术学院和辽宁省交通高等专科学校的代表队荣获一等奖；江西制造职业技术学院、江苏航运职业技术学院等8个学校的代表队荣获二等奖；宁波城市职业技术学院、浙江交通职业技术学院等11个学校的代表队荣获三等奖。

【第九届全国院校民政职业技能大赛（婚庆类赛项）举办】 6月12日，由全国民政职业教育教学指导委员会、民政部职业技能鉴定指导中心主办，四川省民政厅、四川省民政干部学校（省志翔职业技术学校）承办的“第九届全国职业院校民政职业技能大赛”（婚庆类赛项）在四川成都举办。全国21所职业院校的145名选手参赛。大赛分为理论网考、实操技能竞赛部分。经过角逐，16名选手获得一等奖，30名选手获得二等奖，44名选手获得三等奖，16名指导教师获得优秀指导教师奖。

【全国交通运输职业教育教学指导委员会举办“中船杯”全国职业院校轮机专业焊接大赛】 6月14日—16日，由全国交通运输职业教育教学指导委员会主办，全国交通行指委航海类专业指导委员会、全国航海职业教育集团和南通航运职业技术学院承办的“中船杯”全国首届职业院校轮机专业焊接技能大赛在江苏南通举行。全国22所院校的66名选手参赛，进行了理论和实操比赛。大赛评出一等奖7名，二等奖13名，三等奖20名。同时产生优秀指导教师、团体奖、优秀组织奖。

【2018年全国院校职业技能大赛（行业特色赛项）暨第六届全国煤炭院校职业技能大赛举办】 6月20日—30日，由教育部、国家发展和改革委员会、中国煤炭工业协会联合主办，中国煤炭教育协会、煤炭工业职业技能鉴定指导中心、山西省教育厅、重庆市教育委员会承办，同煤集团大同煤炭职业技术学院、重庆工程职业技术学院协办的2018年全国院校职业技能大赛（行业特色赛项）暨第六届全国煤炭院校职业技能大赛分别在山西大同市和重庆市举行。来自全国17个省、市、自治区的41所煤炭院校的432名选手参赛。大赛共设置82个大项（84个小项），其中常规赛项74个大项（76个小项）、高职行业特色赛项8个。

【深职院—华为合作授权培训中心启动“智慧一代2018”项目】 3月22日，深职院—华为合作授权培训中心在印度尼西亚首都雅加达正式启动“智慧一代2018”项目，与印尼12所职高院校签署培训合作协议，将在年内为1000名印尼职高学生免费提供信息与通信技能培训。“智慧一代2018”项目提供5天的信息与通信技术培训，帮助学员获得站点工程师上岗所需的实用技能。自2000年以来，华为已向印尼12000多名工程师与3000多名学生提供各类技能培训。

【第九届全国职业院校民政职业技能大赛暨第六届全国高职高专社会工作职业能力竞赛举办】 6月1日—4日，由全国民政职业教育教学指导委员会、民政部职业技能鉴定指导中心主办，上海城建职业学院承办的第九届全国职业院校民政职业技能大赛暨第六届全国高职高专社会工作职业能力竞赛在上海举办。来自19个省、自治区和直辖市的41所院校的164名选手，经过网络考试、实操笔答、现场实际操作考核和职业能力展示视频，产生17个（高职15个、中职2个）一等奖、34个（高职30个、中职4个）二等奖和50个（高职45个、中职5个）三等奖。

【中国报关协会和全国报关职业教育教学指导委员会举办2018年全国职业院校关务技能大赛】 6月23日，由中国报关协会、全国报关职业教育教学指导委员会主办，辽宁经济职业技术学院、沈阳报关协会、大连报关协会承办的2018年全国职业院校关务技能大赛在辽宁沈阳举办。竞赛为团体赛形式，分为高职专业组（报关与国际货运专业学生参赛）、高职非专业组（除报关与国际货运专业外的其他专业学生参赛）和中职组三个组别。来自全国21个省，52支代表队的156名选手参赛。

【2018年全国职业院校技能大赛“养老服务技能赛项”举办】 6月23日—25日，由教育部、国家发展和改革委员会、科学技术部等部门联合主办，北京市教育委员会承办，北京社会管理职业学院、全国民政职业教育教学指导委员会、民政部职业技能鉴定指导中心协办的2018全国职业院校技能大赛“养老服务技能”赛项在北京举行。来自全国21个省市自治区、直辖市和计划单列市的39个代表队、64名选手参加比赛。养老服务技能赛项分为实操笔答和现场操作两个部分。大赛产生一等奖6名、二等奖12名、三等奖18名，6名教师获得优秀指导教师荣誉称号。

【中国烹饪协会举办中国烹饪大师名人堂师徒传承工作交流研讨会】 7月18日，由中国烹饪协会主办的中国烹饪大师名人堂师徒传承工作交流研讨会在沈阳中国烹饪协会华夏饮食文化博物馆举行。会议就名人堂组织机构建设、成立中国烹饪大师名人堂师徒传承工作指导委员会、完善名人堂师徒传承体系、建设名人堂师徒传承工作示范基地、建立全国餐饮业厨师电子数据档案库、建设名人堂心连心工程等方面提出了要求。

【全国交通运输职业教育教学指导委员会举办2018年“互联网+交通”全国交通运输职业院校创新创业大赛】 7月27日，由全国交通运输职业教育教学指导委员会主办，全国交通运输职业教育教学指导委员会交通运输职业教育改革创新指导委员会、广东交通职业技术学院承办的2018年“互联网+交通”全国交通运输职业院校创新创业大赛决赛在广州举办。本次大赛历时两个多月，设置校内选拔赛、网络复赛、现场总决赛三个赛段。全国185个项目进入网络复赛；大赛专委会组织专家网络评审，全国28所交通运输职业院校55个项目入围现场总决赛。决赛设置金奖9名（创意组7名、成长组2名），银奖18名（创意组14名、成长组4名），铜奖26名。

【深职院—华为合作授权培训中心与天津职业大学举行校企合作协议签订仪式】 8月5日—7日，深职院—华为合作授权培训中心与天津职业大学在华为深圳总部举行了《校企战略合作框架协议》和《华为信息与网络技术学院校企合作协议》签订仪式按照协议要求，双方将推进华为信息与网络技术学院（以下简称“ICT学院”）人才培养、专业群建设、师资提升和学生认证培训考核，促进学生到华为就业和服务华为全球战略，提供人力和智力支持。

【2018年中国煤炭教育协会第十四届职业教育校长论坛举办】 8月15日，由中国煤炭教育协会主办，大同煤炭职业技术学院承办，中国煤炭教育协会职业技术教育分会协办的2018年

中国煤炭教育协会第十四届职业教育校长论坛在山西大同举办，来自全国30余所煤炭职业院校领导和相关部门负责人参加论坛。

【中国建设教育协会举办第十届全国建设类高职院校书记、院长论坛】 8月20日—21日，由中国建设教育协会主办，山东城市建设职业学院承办的第十届全国建设类高职院校书记、院长论坛在山东济南举办，来自56个会员单位的114位代表参加本届论坛。本届论坛的主题是“融合 转型 创新 发展”，下设“推进校企合作、产教深度融合”等7个分议题。论坛邀请山东省教育厅职教处处长梁斌言、中国建设教育协会副理事长兼秘书长王凤君教授作专题学术报告。

【机械行业i5智能制造职业教育集团成立】 8月22日，由全国机械职业教育教学指导委员会、机械工业教育发展中心主办，莱芜职业技术学院与沈阳机床—上海优尼斯工业服务有限公司承办的机械行业i5智能制造职业教育集团成立大会暨机械行业职业教育高水平专业群建设研讨会在山东莱芜举行。大会原则通过了《机械行业i5智能制造职业教育集团章程》，选举产生了集团机构，并举办了机械行业职业教育高水平专业群建设研讨会，以及i5智能制造领域相关校企合作信息发布及签约仪式。机械行业i5智能制造职业教育集团由全国机械职业教育教学指导委员会、机械工业教育发展中心领导，莱芜职业技术学院和沈阳机床股份有限公司牵头，联合相关行业企业、院校、科研院所，按照“自愿、平等、合作”的原则，以服务装备制造业发展为宗旨，以i5智能制造为纽带，自愿组成的职业教育联合体与利益共同体。

【全国纺织服装行业职业教育优秀校长和先进工作者评选结果公布】 8月27日，由中国纺织服装教育学会组织评审的全国纺织服装行业职业教育优秀校长和先进工作者评选结果公布。成都纺织高等专科学校校长夏平等4人获得全国纺织服装行业职业教育优秀校长，成都纺织高等专科学校教师杨浩等30人获得全国纺织服装行业职业教育先进工作者称号。

【中国煤炭教育协会和全国煤炭职业教育教学指导委员会开展全国煤炭教学名师遴选工作】 9月—12月，中国煤炭教育协会和全国煤炭职业教育教学指导委员会组织开展首次全国煤炭教学名师遴选工作。遴选工作面向全国煤炭普通高等院校、中高等职业院校、煤炭企业培训机构承担煤炭相关专业教学任务的在职在岗一线专任教师，来自全国20个省、自治区、直辖市的60余所院校进行申报。经初审、评审、答辩、公示，共评选出30名首届全国煤炭教学名师。

【中国烹饪协会举办全国餐饮职业技能竞赛注册裁判员培训班】 9月2日—3日，中国烹饪协会全国餐饮职业技能竞赛注册裁判员培训班在北京举行，300余名符合注册条件的裁判员申请人参加了本次培训。

【蔡崇信公益基金会举行成立仪式】 9月5日，蔡崇信公益基金会在湖州南浔举行成立仪式。该基金会由阿里巴巴集团董事局执行副主席蔡崇信出资设立，注册资金200万元。蔡崇信公益基金会将专注于教育、体育、脱贫等公益领域。在教育上，主要专注于职业教育和“双非”大学生就业与创业，提升学生的职业技能，拓展学生的就业能力；在体育上，大力推动竞技体育、学校体育和群众体育相结合，致力于让体育运动成为教育的一部分；在脱贫项目上，将与阿里巴巴脱贫基金战略合作，重点关注国家级贫困县的教育脱贫，尤其是职业教育方面，包括职业学校学科建设、教师能力提升、学生能力成长激励、就业与实习等。

【“技能中国行 2018——走进兵器工业集团”活动举行】 9月18日，由人力资源和社会保障部和兵器工业集团主办，中国就业培训技术指导中心和兵器工业集团人力资源部承办，中国兵器人才学院、兵器204所、兵器205所、兵器206所协办的“技能中国行2018——走进兵器工业集团”活动在陕西西安举行，活动主题为“世赛激励技能报国，匠心助推国防创新”。活动期间开展世界技能大赛技术交流、技能大师讲坛、技能宣传月等，弘扬“把一切献给党”的人民兵工精神，介绍世界技能大赛赛事流程、技术要领和参赛情况等。

【河北省现代服务业职业教育集团成立】 9月20日，河北省现代服务业职业教育集团成立大会在河北廊坊举行，来自京津冀三地的110余家高职、中职、行业和企业单位180人参会。该集团是经河北省教育厅批准，由廊坊职业技术学院牵头组建的，以专业群为纽带，由企业法人、行业组织和科研院所等单位组成。集团在平等协商、互惠互利、交流合作、共同发展的基础上，加强产学结合、校企合作、校校联合，实现职教资源的优化配置和共享，提高职业教育的市场竞争力，发挥集团化办学优势，打造现代服务业职业教育品牌，为京津冀地区经济和社会发展培养高素质、高技能应用型人才。

【全国交通运输职业教育教学指导委员会举办全国交通运输职业院校“劳模工匠进校园”活动】 9月26日，由交通运输部人事教育司指导，全国交通运输职业教育教学指导委员会（简称交通行指委）主办的全国交通运输职业院校“劳模工匠进校园”活动启动仪式暨首场报告会在浙江交通职业技术学院举行。活动主题为“弘扬劳模工匠精神，争做交通技术能手”。报告会上，2017年全国交通运输行业汽车维修工职业技能竞赛第一名获得者江海荣、第44届世界技能大赛金奖获得者蒋应成、2018年全国职业院校技能大赛一等奖获得者陈志强分享了求学求艺、技能锤炼和拼搏奉献的经历，用自我成长的亲身体会诠释了劳模精神和工匠精神。“劳模工匠进校园”活动在全国交通运输职业院校开展劳模工匠宣讲报告会巡讲，邀请劳动模范、道德模范、工匠大师等走进校园，与学生面对面交流，激励学生坚定理想信念。

【全国机械行业职业院校技能大赛举办】 9月28日，由机械工业教育发展中心、全国机械职业教育教学指导委员会主办的2018年全国机械行业职业院校智能制造领域教育教学创新及创新创业大赛总决赛在山东青岛举行。全国16个省、直辖市的51所中、高职院校和应用型本科院校的95支参赛队的393名选手，分别从“教学创新”和“创新创业”两个赛项入手进行比赛。最终产生教学创新赛项高职组一等奖6名、二等奖15名、三等奖7名，中职组一、二等奖各2名；创新创业赛项高职组一等奖6名、二等奖15名、三等奖10名，中职组一等奖4名、二等奖8名、三等奖7名。大赛组委会还评选出“机械职业教育教学创新创业优秀团队”及“创新成果转化奖”。

【全国检测检验认证职业教育集团成立】 9月28日，全国检测检验认证职业教育集团在常州工程职业技术学院成立。该职业教育集团由中国检验检疫学会、中国检验检疫科学研究院、常州工程职业技术学院、SGS通标标准技术服务有限公司等国内检验检测领域的科研院所、全国代表性职业院校、行业企业单位组建而成。该集团旨在主动策应质量强国战略、深化现代职业职业教育改革，以提高人才培养质量、促进职业教育可持续发展为目标，致力于检验检测认证行业职业教育体系的建立，推动全国检验检测认证行业职业教育走规模化、集约化、连锁化的发展道路，开展特色研究，形成具有鲜明特色的检验检测认证行业职业教育发展模式和校企合作联盟为载体的集团化办学模式。

【全国交通运输职业教育教学指导委员会举办首届全国交通运输中等职业学校水运类专业技能大赛】 10月19日，由全国交通运输职业教育教学指导委员会主办，航海类专业指导委员会、中职水路运输专业教育联盟、舟山航海学校承办的首届全国交通运输中等职业学校水运类专业技能大赛在浙江舟山举行。来自广东、广西、云南、四川、江苏、上海、浙江、黑龙江等省市自治区的10支参赛队87名选手，参加撇缆、绳结、消防服穿戴、离心泵拆装、电焊操作5个竞赛项目。舟山航海学校获团体一等奖，宁波海洋职业技术学校、普洱市职业教育中心获团体二等奖，广东省交通运输高级技工学校、广西交通运输学校、哈尔滨航运学校获团体三等奖。

【广东格兰仕集团有限公司与广西东兰县中等职业技术学校举行冠名班开班仪式】 10月12日，广东格兰仕集团有限公司与广西东兰县中等职业技术学校举行冠名班开班仪式，双方将通过校企合作的形式，以“冠名班”为合作模式，将格兰仕的资源引入学校，促进职业教育发展。东兰县中等职业技术学校是广西“温暖工程”百万农民工培训基地，东兰县贫困村劳动力转移就业培训基地，广西大石山区贫困村屯贫困家庭子女职业培训中心。

【全国航空工业职业教育教学指导委员会举办2018年职业院校无人机应用创新技能大赛】 10月15日—16日，由全国航空工业职业教育教学指导委员会主办，山东理工职业学院、中航出版传媒有限责任公司承办，北京航空航天大学，北京行学启源科技有限公司、天津安卡尔精密机械科技有限公司、北京习和科技有限公司、南京宝岩自动化有限公司、北京慧科天成科技有限公司、北京中科浩电科技有限公司、上海拓攻机器人有限公司协办的2018年“行学启源”杯全国职业院校无人机应用创新技能大赛在山东济宁举办。大赛以“创新技能，成就未来”为主题，有来自全国89所职业院校的189支代表队参赛。来自19所院校的30支参赛队进入了决赛，51支代表队参加了挑战赛。大赛评出一等奖6个、二等奖9个、三等奖15个。

【2018年中国技能大赛——第八届全国数控技能大赛决赛举行】 10月11日—14日，由人力资源和社会保障部、教育部、科学技术部、中华全国总工会、中国机械工业联合会联合主办的2018年中国技能大赛——第八届全国数控技能大赛决赛在北京举办。人力资源和社会保障部、教育部、中华全国总工会、中国机械工业联合会、北京市人民政府、北京市人力资源和社会保障局等有关负责人，大赛专家、裁判员、选手、企业代表以及师生代表参加开幕式。本届大赛共设有数控车工、数控铣工、加工中心操作工、数控机床装调维修工、计算机程序设计员5个赛项14个竞赛组别。全国29个省级代表队的687名选手进入决赛，160余名监督仲裁、专家和裁判承担了大赛决赛相关技术工作，参与大赛相关人员达2000人。本次大赛共有70支队、95名选手荣获大赛一等奖；有210支队、285名选手荣获大赛二等奖；有110支队、122名选手荣获三等奖；有48支队、56名选手荣获优胜奖。为表彰在本次大赛中取得的优异成绩的选手，按照人力资源和社会保障部有关规定和举办本次大赛的通知中具体奖励

办法，大赛产生60名“全国技术能手”，各赛项全国决赛第1名且符合条件的选手，共计5人，可在次年度由所在地按程序优先推荐“全国五一劳动奖章”评选，380名选手将晋升职业资格。

【第十二届全国水利职业院校技能大赛举办】 10月19日—20日，由水利部人事司、中国水利教育协会主办，全国水利职业教育教学指导委员会、山东省水利厅协办，山东水利技师学院承办的第十二届全国水利职业院校技能大赛在山东淄博举办。来自全国33所高职院校的420位选手参加河道修防工、工程测量、水利工程成图技术、水利工程造价、混凝土设计与检测五个项目的比赛。

【山东铝业职业学院举行产教融合、校企合作高峰论坛】 10月20日，由山东铝业职业学院、山东铝业有限公司、有色金属工业人才中心共同举办的六十年转型发展，产教融合、校企合作高峰论坛在山东威海启动。国家教育行政学院职教中心主任邢晖教授作《新时代产教融合校企合作政策与实践》的专题报告。此次论坛设了“校企合作共谋发展”“产教相融、校企合作共育装备制造业人才”“人才培养精准对接、高效服务企业发展”“互联网+市场人才需求”四个分论坛。会上，山铝职业学院与有色金属工业人才中心签订了战略合作框架协议，与威海市南海管委签订了人才供给框架协议，与11家合作单位签订了校企合作协议书。学校为校企合作示范单位25家“实习就业基地”与“实践教学基地”授牌；为校企合作育人作出突出贡献的33位企业方人员颁发客座教授、职场导师和技能导师聘书，同时举行了拜师仪式。威海市中小企业局以及中铝集团43家成员企业、中铝山东企业各二级单位、学校合作单位、兄弟院校等150个单位嘉宾，部分优秀校友以及学院教师代表240余人参加。

【2018年中国技能大赛——第十一届全国电力行业职业技能竞赛（集控值班员）决赛举办】 10月23日—26日，由中国电力企业联合会、中国就业培训技术指导中心、中国能源化学地质工会全国委员会联合主办，由中国华电集团有限公司承办，华电山东公司、华电潍坊发电有限公司协办的2018年中国技能大赛——第十一届全国电力行业职业技能竞赛（集控值班员）决赛在山东潍坊举办。45支代表队90名选手进入决赛。大赛设团体奖和个人奖，个人奖前三名被授予“电力行业技术能手”称号。

【中国烹饪协会、中国饮食类非遗传承与保护课题组举办全国饮食类非遗传承保护专家研修班】 10月24日，由文化和旅游部非物质文化遗产司支持，中国烹饪协会、中国饮食类非遗传承与保护课题组主办，苏州东山宾馆承办的“中国饮食类非遗传承与保护课题组高级研修班”在江苏苏州开班。研究班围绕《保护非物质文化遗产公约》，邀请联合国教科文组织非物质文化遗产领域专家巴莫曲布嫫组作专题讲座，由哈尔滨商业大学博士后导师杨铭铎教授主持与会专家研讨。

【广西轨道交通行业职业教育教学指导委员会成立】 10月26日，广西轨道交通行业职业教育教学指导委员会成立大会在柳州举行。该委员会由柳州铁道职业技术学院（以下简称“柳铁职院”）牵头成立。广西轨道交通行指委的成立，对促进轨道交通行业职业教育教学领域的教学改革和教学建设，进一步密切职业教育与行业企业的联系，推进教育资源整合，推动校企合作，促进职业教育教学创新，全面提高教学质量和办学效益，更好地服务广西区域经济社会发展具有重要意义。

【“精诚杯”2018 比亚迪汽车新能源服务技能大赛全国总决赛举办】 10 月 27 日—28 日，“精诚杯”2018 比亚迪汽车新能源服务技能大赛全国总决赛在云南昆明举办。大赛推行校企合作方式，来自全国 9 所职业院校及比亚迪全国各大区分站赛脱颖而出的 25 支企业代表队进入总决赛。本次全国总决赛分现场答题、理论考试及实车排故 3 个项目。院校以比赛实践的形式，改善专业人才培养模式，促进校企合作。

【“纺织之光”2018 年度中国纺织工业联合会纺织职业教育教学成果评审结果公布】 11 月 2 日，由中国纺织工业联合会主办，中国纺织服装教育学会组织申报评审工作的“纺织之光”2018 年度中国纺织工业联合会纺织职业教育教学成果评审结果公布。经初评、网络评审和会议评审，共产生一等奖 16 名、二等奖 32 名、三等奖 66 名。

【阿里巴巴集团举办阿里云河北省教育脱贫云计算初级认证工程师培训】 6 月 23 日—11 月 18 日，河北省教育厅、阿里巴巴集团联合举办的云计算初级认证培训项目在河北省 7 个城市 12 所高校开展，共完成对 1079 名建档立卡贫困大学生的阿里云云计算技术课程培训。阿里云河北省教育脱贫云计算初级认证工程师培训是阿里云基于与河北教育厅签署的关于河北省贫困大学生云计算人才培养合作协议，通过“企业前沿技术 + 校园优质资源 + 政府重点扶持”的模式，为河北省建档立卡的贫困大学生提供免费的云计算培训及初级工程师认证考试。

【全国机械行业技工院校高水平专业建设联盟成立大会召开】 11 月 13 日，全国机械行业技工院校高水平专业建设联盟成立大会在山东济南召开。会议审议通过了《全国机械行业技工院校高水平专业建设联盟首届理事会成员名单》和《全国机械行业技工院校高水平专业建设联盟议程》。来自全国各地 80 余家的技工院校、企业、专业技术组织和科研院所的代表 220 余人参加会议。该专业建设联盟在人力资源和社会保障部、中国机械工业联合会指导下成立，重点聚焦“智能制造”“高端装备制造”“数字化制造”“绿色制造”等领域，发挥行业指导的作用，推动机械行业技工院校高水平专业建设。

【河北省运动健康职教集团挂牌成立】 11 月 16 日，河北省运动健康职业教育集团在邯郸职业技术学院正式挂牌成立。该集团为运动健康行业企（事）业单位、高等院校、中职学校、行业协会、培训机构等为主体组成的产教联合体，目前自愿加入成员单位达 85 家。河北省运动健康职业教育集团是受河北省教育厅的管理、监督和业务指导，以邯郸职业技术学院作为牵头单位，为非营利、行业性和区域性的非独立法人组织。集团实行理事会制度，成员单位原有的管理体制不变，隶属关系不变。通过组建职业教育集团，将加强院校、企业、科研院所、行业协会之间的全方位合作，促进优质资源的集成与共享，深入开展产教融合、校企合作，提高技能型人才培养水平，提升专业社会服务能力，最终实现“校、企、生、师、民”共赢的目标。

【全国石油和化工职业教育教学指导委员会和中国化工教育协会举办 2018 年全国石油和化工职业院校技能大赛（化工仪表自动化赛项）】 10 月 16 日—17 日，由全国石油和化工职业教育教学指导委员会（以下简称石化行指委）、中国化工教育协会联合主办，河北化工医药职业技术学院与石化行指委仪电类专业委员会承办，浙江中控科教仪器设备有限公司、北京航威硕杰电子有限公司协办的 2018 年全国石油和化工职业院校技能大赛化工仪表自动化赛项在河北石家庄举行。来自河北、重庆、广东、江苏、天津、山东等15个省市、25所中高职院校的40支参赛队参加。大赛分为理论考核与实操考核两部分，实操考核包括变送器组态与校验、DCS组态及运行调试、气动薄膜控制阀组装与调校等项目。

【全国食品药品类职业教育教学指导委员会举办2018年全国食品药品类职业院校药品检测技术专业技能大赛】 11月16日—18日，由全国食品药品类职业教育教学指导委员会主办，山东药品食品职业学院承办的2018年全国食品药品类职业院校药品检测技术专业技能大赛在山东威海举行。来自全国44所职业院校的132名学生参加了比赛，16所高职院校现场观摩比赛。本次大赛由理论（仿真操作、理论笔试）和操作（容量分析、色谱、光谱）两部分组成。

【中国有色金属工业协会举办首届有色金属行业国际产能合作境外人才培养论坛】 11月21日，由中国有色金属工业协会主办，中国有色金属国际产能合作企业联盟、有色金属工业人才中心协办，广东工贸职业技术学院承办的首届有色金属行业国际产能合作境外人才培训论坛在广州举行。来自五矿、中国黄金集团等有色联盟企业、高校、职业院校等百余位嘉宾参加会议。本次论坛邀请了中国五矿、中国有色集团、华钢矿业、魏桥创业、锦江集团等“走出去”的有色行业联盟企业交流境外人才培养的经验和实践探索，同时邀请哈尔滨职业技术学院、广东建设职业技术学院、北京工业职业技术学院3家试点院校及有色金属工业人才中心交流校企合作、协商境外企业技术人才培养等。

【山东省农林职业教育集团成立】 11月22日，山东省农林职业教育集团成立大会在山东潍坊举行。山东省农林职业教育集团是由潍坊职业学院牵头，联合相关学校、企事业、行业、科研院所、协会、社团等组建的非营利性产教联合体，首批会员单位71家。集团将以合作项目为依托，以专业发展为纽带，以产教融合、校企合作和校校合作为主要形式，积极探索区域内职业院校“集群发展”的办学模式，不断提升农林职业教育综合实力。会议通过了《山东省农林职业教育集团章程》，表决通过了山东省农林职教集团理事长单位、副理事长单位、理事单位以及理事长、秘书长、副秘书长名单和集团内设工作委员会名单，报告了山东省农林职教集团2019年度工作要点。其间举办了学术报告和集团内设工作委员会会议。

【中国职业安全健康协会职业安全健康教育专业委员会和中国化工教育协会举办2018年全国职业院校应急救护技能竞赛和安全健康环保（HSE）科普知识竞赛】 11月24日—25日，由中国职业安全健康协会职业安全健康教育专业委员会、中国化工教育协会主办，全国石油和化工职业教育教学指导委员会、江苏省职业教育教科研中心组学生发展组、江苏省南京工程高等职业院校承办的2018年全国职业院校应急救护技能竞赛和安全健康与环保（HSE）科普知识竞赛在江苏南京举行。全国在籍的全日制职业院校1—3年级非护理专业近500名学生参加大赛。大赛设置职业院校“应急救护技能竞赛”和“安全健康与环保（HSE）科普知识竞赛”2个赛项。江苏省红十字会对2018年职业院校应急救护技能大赛特等奖、一等奖的6支队伍18名选手颁发“红十字会救护员证”。

【中国有色金属工业协会举办2018年“中铜杯”全国有色金属行业班组长综合管理技能竞赛】 11月28日—30日，由中国有色金属工业协会主办，有色金属工业人才中心协办，中国铜业有限公司承办的2018年“中铜杯”全国有色金属行业班组长综合管理技能竞赛在云南易门举行。来自全国有色金属行业的24家单位、30支参赛代表队的150名选手参赛。

【全国石油和化工职业教育教学指导委员会和中国化工教育协会共同举办2018年全国高职院校生物制药技术技能大赛】 12月9日—11日，由全国石油和化工职业教育教学指导委员会（以下简称“石化行指委”）、中国化工教育协会共同主办，由河北化工医药职业技术学院与石化行指委生化技术与化工制药类专业委员会承办，秦皇岛博赫科技有限公司协办的“博赫杯2018年全国高职院校生物制药技术技能大赛”在河北石家庄举办。大赛旨在为高职院校生物制药技术专业的师生搭建一个交流和学习的平台，提高生物制药技术专业的建设水平。大赛由生物发酵岗位实操和提炼岗位仿真操作两个赛项组成，共有来自北京、天津、广东、山东等地的20支代表队60名选手参赛。

【池州职业教育集团成立】 12月19日，池州职业教育集团成立大会暨揭牌仪式在安徽池州举行。池州职业教育集团实行会员理事会制，总部设在池州职业技术学院，首批共有池州职业技术学院、安徽九华山旅游发展股份有限公司等45家校企单位会员。集团将加强校企、校际之间的全方位合作，搭建产教结合的平台，促进资源的集成和共享，通过“工学结合”“订单式培养”等多种合作方式，促进职业教育人才培养模式的改革，实现院校培养与行业需求、学生所学与岗位需求的零距离对接，形成校企良性互动、互惠双赢。

【全国跨境电商综合试验区职业教育集团成立】 12月20日，由全国电子商务职业教育教学指导委员会、中国（杭州）跨境电子商务综合试验区建设领导小组办公室等有关单位主办的全国跨境电商综合试验区职业教育集团在浙江杭州成立，是全国首个服务国家区域战略的职业教育集团，首批成员单位为全国24个跨境电商综合试验区所在城市的34所市属职业学校。该集团将发挥资源优势，搭建全国性跨境电子商务职业教育合作交流平台，政、行、企、校协同育人，加快提升跨境电子商务技术技能人才培养水平，更好服务于国家跨境电商综试区的建设。

【中国建设教育协会举办2018年全国职业院校建设教育杯职业技能竞赛】 12月23日，由住房和城乡建设部人事司指导，中国建设教育协会主办，江苏城乡建设职业学院承办的2018年全国职业院校建设教育杯职业技能竞赛闭赛式在江苏常州举行。本次比赛分设中、高职两个组别五个赛项，中职组包含建筑工程算量赛项、BIM建模技能赛项、建筑智能化工程技术与技能赛项。高职组包括装配式混凝土建筑虚拟施工操作赛项、建筑智能化工程技术创新应用赛项。来自全国108所院校的近800名代表参赛。

【西南轨道交通职业教育集团成立】 12月27日，西南轨道交通职业教育集团在重庆公共运输职业学院成立。该集团是在重庆城市交通开发投资（集团）有限公司指导下，由重庆公共运输职业学院联合铁道运输、城市轨道交通和道路运输相关行业企业、科研机构、职业院校成立的非独立法人公益性合作联盟；将着力整合联盟单位的人才、技术、资源和平台优势，促进西南地区轨道交通建设，带动辐射西部轨道交通优质人才培养、优质产业发展，服务“一带一路”建设。该集团首批47个成员包括21家行业企业和科研机构、26所院校。

群团社团

Mass & Social Organizations

综　述

【概述】2018 年，职业教育各有关团体全面贯彻党的十九大精神和全国教育大会精神，按照高质量发展根本要求，为实现新时代职业教育改革发展展现新作为，在推动职业教育高质量发展、师资队伍建设和人才培养、助力深化产教融合、服务乡村振兴等方面迈出新的步伐。

【推动新时代职业教育高质量发展】中国职业技术教育学会举办新时代新高职高质量发展研讨会，为新时代高职院校高水平建设、高质量发展提供了新理念、新思路和新方法。全国高职高专校长联席会议召开高职教育服务“一带一路”暨西部高职教育发展研讨会，会议倡议高等职业教育战线要用实际行动落实党的十九大精神和教育大会精神。全国高职高专校长联席会议举办以“新时代、新目标、新征程”为主题的粤港澳大湾区职业教育产教联盟校企合作揭牌与签约仪式。全国高职高专校长联席会议召开 2018 高职院校质量年报发布会，首次发布高等职业院校“教学资源 50 强”，同时发布“服务贡献 50 强”“国际影响力 50 强”。中国高等教育学会职业技术教育分会召开 2018 年学术年会暨全国高职高专教务处长研讨会，专家学者围绕“高等职业院校高质量发展与内涵建设”进行研讨。

【加强职业教育科研能力建设】中华职业教育社举办重点课题“互联网 + 职业教育的研究与实践”结题会，“新《中华人民共和国民办教育促进法》及配套政策实施背景下民办职业教育发展状况专题调研”课题结题评审会，召开《教育与职业》杂志、《中华职业教育年鉴》编委会会议，以及《社史》编委会第二次会议，大力推进职业教育理论研究。中华职业教育社召开黄炎培职业教育思想研究会 2018 学术年会，旨在挖掘黄炎培职教思想新时代内涵，推进现代职业教育理论与实践创新。中国教育技术协会信息技术教育专业委员会第十四届学术年会就“高阶思维发展研究进展”“人工智能与教育应用”“信息技术创新教学与 STEM 教育研究”等研究领域展开了交流和研讨。第四届全国职业教育和继续教育期刊改革与发展学术论坛在重庆召开，就当前期刊发展面临的形势与任务、教育学术期刊的评价、市政研究方向等问题进行了交流研讨。

【推动职业教育队伍建设和人才培养】中国职业技术教育学会举办 2018 年全国中等职业学校班主任专业能力研学提升活动。中国艺术职业教育学会召开 CEFA 艺术院校国际标准舞教材 2018 工作交流会议，举办首届 CEFA 艺术职业教育舞蹈教学研讨交流活动教学剧目群舞展演。中国教育国际交流协会举办高职院校国际化发展专业能力建设培训研讨班，来自“高端技能型、应用型人才联合培养百千万交流计划”中方项目院校的代表参加了培训。中华职业教育社举办 2018 年全国卫生职业院校口腔技能大赛暨第四届“黄炎培杯”全国口腔技能大赛。中国艺术职业教育学会全国高职高专校长联席会议举办 2018 年高等职业教育虚拟仿真实训中心应用案例评选活动，旨在促进虚拟仿真在职业教育教学中的应用，遴选优秀应用案例向全国职业院校推广。中国职业技术教育学会举办全国职业院校“奋进新时代中华传统美德职教行”活动，旨在促进职业院校构建和完善具有职业教育特色，有利于中华传统美德传承发展，德智体美劳全面培养的育人体系。中华职业教育社举办第六届黄炎培职业教育奖颁奖大会，评选出优秀学校奖 80 个，杰出校长奖 50 个，杰出教师奖200个，卓越推动奖1个，产教融合优秀企业奖4个，优秀理论研究奖4个。中国教育国际交流协会召开“中国—东盟高职院校双百旗舰特色合作项目”专家集中评议暨研讨会，首批20个项目入围本次双百特色项目。

【助力深化产教融合】 中国职业技术教育学会召开以“传承培育工匠精神，促进产业迈向世界中高端”为主题的“产教融合背景下工匠精神培育研讨会”。中华职业教育社举办中华设计奖“桌面优品”设计大赛颁奖仪式，旨在促进海峡两岸青年创新设计成果孵化，推动两岸设计产业融合发展。中华职业教育社举办第五届产教融合发展战略国际论坛，提出要加快发展现代职业教育，树立跨界思维，切实形成合力。中华职业教育社和中国机械工业联合会联合主办的全国装备制造业产教融合校企合作现场推进会召开，强调更好服务装备制造业发展，是职业教育面临的新任务、新使命。中华职业教育社举办第二届中华职业教育创新创业大赛，来自全国中职、高职和应用型本科院校的120支队伍参赛。中国成人教育协会联合关工委和李宁集团共创体育师资培训标准研究院，打造体教结合的特色、示范性项目。

【推进职业教育改革创新】 中华职业教育社召开“新时代 新起点——职业教育新发展纵横谈”，分析了当前中国职业教育面临的新形势、新任务，深入探讨了促进新时代职业教育新发展的新思路、新举措。全国高职高专校长联席会议召开高职创新发展行动计划实施工作暨骨干专业（群）建设研讨会，通报了《高等职业教育创新发展行动计划（2015—2018年）》2016—2017年执行绩效情况，分享了各地和高职院校落实《高等职业教育创新发展行动计划（2015—2018年）》的做法和经验。中国艺术职业教育学会2018年年会，审议通过了《关于修改中国艺术职业教育学会章程的议案》，举行了“新时代新起航——中国艺术职业教育学会教育创新论坛”。中国教育技术协会召开“互联网+教育”项目研究组第一次会议，提出要有效解决“互联网+教育”“最后一公里”瓶颈问题的研究目标。中华职业教育社和人民政协报教育周刊召开中国民办教育回顾与展望峰会，发布了《新时代改革开放再出发——中国民办教育发展南昌共识》。

【推动职业教育服务乡村振兴】 中华职业教育社举办“培育巧匠千千万 双手建设新雄安”职业教育助力新雄安建设·雄安新区农民就业创业技能培训项目、温暖工程农家女幼师培训项目，为农民、农村贫困妇女免费提供实用技能培训。中华职业教育社举办主题为“乡村振兴与人才培养”的2018职业教育与城市发展高层对话会，强调职业院校要发挥人才优势，突出职业教育特色，服务乡村振兴战略，要办“融合型”“服务型”“创新型”职业教育。中华职业教育社赴新疆、四川开展专题调研，检查温暖工程国家通用语言培训项目、“百企千村”推广计划项目，就温暖工程民族地区职教精准扶贫项目开展调研。

【促进国际及两岸职业教育交流合作】 中华职业教育社赴美国、巴西、爱尔兰、荷兰、德国进行访问，与各参访机构就下一步合作事宜进行洽谈。中华职业教育社、台湾海峡两岸教育交流促进协会等主办第十届海峡论坛·海峡两岸职业教育论坛。中华职业教育社举办“第十届台湾大学生研习营”“台湾教师大陆教学观摩团”，组织台湾职业院校师生到大陆学习交流，赴台对11所职业教育学校进行考察，推动两岸职业教育合作交流。中国民办教育协会召开2018中美STEAM教育研讨会，在理论与实践两个层面上，为STEAM教育如何进一步本土化提供新的启示和实施路径。中国教育国际交流协会与新西兰海外教育推广局、怀卡托理工学院共同举办第六届中新职业教育论坛。

机　构

【中国教育技术协会】 中国教育技术协会（China Association For Educational Technology，CAET）成立于1991年，原名中国电化教育协会，是经教育部批准，民政部备案的国家一级社团组织。业务主管单位是中华人民共和国教育部，登记机关为中华人民共和国民政部，该协会接受教育部、民政部的业务指导和监督管理。协会宗旨是：贯彻党和国家关于教育和教育信息化工作的方针、政策，为政府、企业、学校、研究机构搭建从事教育信息化和教育技术研究、应用和实践的平台，为企业开拓国内外市场，发展教育信息化产业，为会员服务。引领行业创新，实现教育公平，提高教育质量，促进教育均衡发展，为国家教育现代化做出贡献。协会成员覆盖了高等教育、基础教育、职业与成人教育四大领域的全国各级各类学校、相关管理机构和社会组织、企业等机构。现有省、部级团体会员102个，各级会员组织几千个。中国教育技术协会设立学术委员会和技术标准委员会，由国内教育技术专家、信息技术专家组成。协会下设高校远程、高等农业院校、外语、体育、金融、医学、中医药、虚拟仿真、职业教育、中小学、中学教育信息化、教育游戏、影视传媒、电影教育、教育康复、创新教育实践工作委员会、智慧教育工作委员会等35个分支机构，具体负责在本系统、本专业开展工作。

【中国艺术职业教育学会】 中国艺术职业教育学会是具备社会团体法人资格的全国性学术团体，前身为中等艺术教育学会，于1986年筹建，1994年正式在民政部登记注册，由文化和旅游部主管，文化和旅游部科技教育司负责业务指导，英文缩写CEFA。学会是由全国与艺术教育相关的院校、机构、团体，以及从事艺术教育相关工作的个人自愿组成，以艺术职业教育为主要研究对象。学会现任第六届理事会，会长李力，现有会员单位147家，个人会员651名。学会主要的业务范围包括：总结艺术职业教育教学经验，探索艺术教育的规律和特点，对艺术教育工作中提出的理论问题和实践问题进行研究，向有关主管部门、院校提供咨询和建议；组织开展教育教学研究和教学社会实践活动，组织开展各种艺术教育活动；对优秀学术科研成果进行推广，依照有关规定编辑出版会刊，依照有关规定组织专业技能比赛；积极协助政府有关部门开展与艺术教育相关的活动；开展符合本会性质和办会宗旨的其他有益社会活动。

会　议

【中华职业教育社举办黄炎培职业教育思想研究会2017学术年会】 1月9日—10日，由中华职业教育社和江苏省中华职业教育社共同主办，南京工业职业技术学院承办的“黄炎培职业教育思想研究会2017学术年会”在南京举办，本次年会的主题是“百年经典 传承创新”。全国30个省级组织负责人、部分团体社员学校负责人216人和南京工业职业技术学院500多名师生与会。

【中华职业教育社召开重点课题“互联网+职业教育的研究与实践”结题会】 1月10日，中华职业教育社重点课题“互联网+职业教育的研究与实践”结题会在南京举办共有近60位课题组负责人与会，南京工业职业技术学院40位骨干教师列席会议。该课题历经一年半的研究，形成理论报告和实践报告共计95篇，公开发表论文83篇，出版著作5部，校内论文和过程性材料若干，还建设了多个在线课程资源库、学习平台。专家组根据课题在科学性、创新性、规范性、难易度、成果价值等5个维度的表现进行了评审，在117项子分课题中共有88项子（分）课题达到结题要求，并从中评出了一、二、三等奖31个获奖课题。

【中国教育国际交流协会应用型高校国际交流分会第一届理事会第二次会议】 1月20日，中国教育国际交流协会应用型高校国际交流分会第一届理事会第二次会议在成都大学召开。会议审议通过了分会会员发展工作办法、2018年工作计划及费用预算等工作文件。成都大学、上海应用技术大学、天津中德应用技术大学、吉林华桥外国语学院、合肥学院等5所院校交流分享了国际化发展经验。会议由应用型高校分会秘书处秘书长、合肥学院国际交流合作处处长贾峰主持。

【中华职业教育社召开《教育与职业》杂志、《中华职业教育年鉴》编委会会议】 2月2日，中华职业教育社在北京召开《教育与职业》杂志、《中华职业教育年鉴》编委会会议。十二届全国人大常委会副委员长、中华职业教育社理事长陈昌智为各编委颁发聘书，并就《教育与职业》和《中华职业教育年鉴》工作提出三点要求，一是进一步擦亮百年老店的金字招牌，办好《教育与职业》杂志。二是谋好篇布好局，高标准完成《中华职业教育年鉴》的编纂出版工作。三是发挥好编委会作用，进一步提升《教育与职业》和《中华职业教育年鉴》的学术含量。

【中国民办教育协会召开全国民办学校党建工作推进会】 2月3日，中国民办教育协会“全国民办学校党建工作推进会”在无锡太湖学院召开会议根据中国民办教育协会第二届理事会第七次理事会决议，宣布成立中国民办教育协会民办学校党建工作委员会，并为“全国民办学校党建研究中心”揭牌，宣读“中国民办教育行业党建工作倡议书”。教育部相关司局、江苏省教育厅、无锡市等有关负责人，中国民办教育协会副会长，监事会主席、副主席，协会分支机构负责人，各省级民办教育协会代表参加会议。中国民办教育协会高等教育专业委员会等7家单位在会上作交流发言。

【中国民办教育协会召开促进民办培训教育规范有序发展座谈会】 2月26日，中国民办教育协会培训教育专业委员会在北京召开“促进民办培训教育规范有序发展座谈会”。会议主题为“深入学习贯彻党的十九大精神和习近平新时代中国特色社会主义思想，全面落实民办教育新法新政，落实教育部2018年工作要点，促进民办培训教育规范有序发展”。15家民办培训教育机构负责人作交流发言。

【中华职业教育社召开《中华职业教育年鉴》编纂工作会议】 3月5日，中华职业教育社在吉林长春召开《中华职业教育年鉴》编纂工作会议。会上，方志出版社编辑部主任助理陈菁就年鉴编撰的规范进行了讲解；北京市艺术研究所研究员、《北京文化艺术年鉴》副主编张燕鹰介绍了年鉴编纂的实务经验；《教育与职业》杂志社年鉴办公室裴亚南讲述了年鉴学派的发展历史及主要理论。

【中华职业教育社召开《中华职业教育社改革方案》贯彻落实推进及理事会换届筹备工作会议】 3月7日，中华职业教育社在北京召开改革方案贯彻落实推进及理事会换届筹备工作会议。会议对贯彻落实改革方案进行了部署，听取了各地对理事会及地方组织换届、《中华职业教育社章程》修改、起草制定《关于加强和改进新形势下中华职业教育社工作的意见》（文件名暂定）必要性等问题的意见建议，并对举办“中华职业教育创新创业大赛”、对外联络等工作进行了探讨。

【中华职业教育社专家委员会会议】 3月30日—31日，2018中华职业教育社专家委员会会议在沪举办。来自院校、研究机构、行业企业、地方组织、媒体的70多位代表与会。陈昌智在讲话中指出，要通过深入学习领会、跨界研讨，不断推动教育界与产业界对话交流合作，切实把协同育人落到实处。24位专家委员、行业企业代表、职业院校代表进行了交流。

【中华职业教育社召开《社史》编委会第二次会议】 3月30日—31日，由上海中华职业教育社支持举办，中华职业学校承办的中华职业教育社《社史》编委会第二次会议在沪召开。会上，十二届全国人大常委会副委员长、中华职业教育社理事长、《社史》编委会主任陈昌智为《社史》编委们颁发了聘书并讲话。他指出，做好社史工作，意义十分重大，对系统梳理职教社发展脉络，总结经验，推动职教社实现更大发展，对研究和探索我国现代职业教育发展规律，推动我国职业教育改革创新发展等都具有重大意义和重要作用。他强调，要坚持学术充分、史料翔实、详略得体、实事求是的编纂原则，充分占有和认真分析史料，通过扎实的努力，争取让中华职教社百年史早日面世。

【第八届世界大学女校长论坛】 4月8日，第八届世界大学女校长论坛在武汉大学开幕。中国民办教育协会监事会主席、河南省民办教育协会会长、黄河科技学院董事长胡大白荣膺“大学女校长终身荣誉奖”，并在“我的教育人生”圆桌会议上作主旨演讲。来自51个国家和地区的60余位国外大学女校长、80余位国内大学女校长（书记）、专家学者共150余人参加会议。会上，教育部原副部长、世界大学女校长论坛组委会顾问吴启迪宣布颁发“大学女校长终身荣誉奖”的决定。原国务委员、第十一届全国人大常委会副委员长、第十届全国妇联主席、现代女性领导力研究院理事会名誉理事长陈至立等为胡大白董事长等12名“大学女校长终身荣誉奖”获得者颁奖。

【中国民办教育协会举办第七届中国培训教育发展大会】 4月9日—10日，由中国民办教育协会培训教育专业委员会、河南省民办教育协会共同主办的第七届中国培训教育发展大会在郑州召开。本次大会主题为：“质量、诚信、责任——规范管理下的培训教育”。在开幕式上，举行了《校外培训机构自律公约》签约仪式，新东方、学而思等160家培训机构，成为首批《校外培训机构自律公约》签约机构。新东方教育集团董事长俞敏洪发表了“新时代下培训教育机构的使命与责任”主题演讲。本次大会同时还围绕政府规范管理下培训教育机构发展的机遇与挑战、培训教育机构的发展定位与社会责任、培训教育机构教师的高素质专业化发展、培训教育机构的内涵发展与质量提升等专题进行了交流研讨。各地教育行政部门有关负责人，全国各级民办教育协会代表，中国民办教育协会培训教育专业委员会会员单位代表和全国部分民办培训教育机构代表共计1000余人出席。

【中国教育国际交流协会职业技术教育国际交流分会一届六次主席团会议】 4月9日—10日，中国教育国际交流协会职业技术教育国际交流分会一届六次主席团会议在北京召开。中国教育国际交流协会副秘书长宗瓦、沈雪松，职教分会 11 家主席团单位代表参加会议。会议通报了职教分会 2017 年工作情况和 2018 年工作安排，介绍了分支机构换届工作流程及方案，并研讨了“中国—东盟双百职校强强合作旗舰计划”遴选标准。

【中国民办教育协会召开“个性化教育”创新与实践研讨会】 4 月 24 日—25 日，由中国民办教育协会中小学专业委员会主办的“个性化教育”创新与实践专题研讨会在山东聊城召开，此次会议由聊城市教育学会协办、聊城市第三中学、聊城市东昌完全中学承办。来自全国各地的 1600 余名代表参加了本次现场会。

【中国职工教育和职业培训协会技校委员会第 29 届年会】 5 月 10 日，中国职协技校委员会第 29 届年会在昆明召开。来自全国技工院校的近 300 名代表参加了会议。会上，中国职协还组织了深化产教融合发展等分论坛。

【中国民办教育协会召开《中华人民共和国民办教育促进法实施条例（修订草案征求意见稿）》征求意见座谈会】 5 月 11 日，《中华人民共和国民办教育促进法实施条例（修订草案征求意见稿）》征求意见座谈会召开。西安外事学院董事长黄藤等 13 名单位代表进行交流发言。

【中国成人教育协会成人教育科研机构工作委员会第六届会员大会暨 2018 年学术年会】 5 月 17 日—18 日，中国成人教育协会成人教育科研机构工作委员会第六届会员大会暨以“加快学习型社会建设：新时代教育转型与学习变革”为主题的 2018 年学术年会在江苏开放大学召开。来自高校、科研院所、开放大学及社区学院、期刊杂志社等 30 余家单位，130 余位专家、学者、科研人员以及研究生参加了会议。会议选举产生了新一届理事会。中国成人教育协会常务副会长、秘书长张昭文等 8 位专家学者做了演讲和学术报告。

【中华职业教育社召开换届工作座谈会】 5 月 18 日，中华职业教育社在北京召开换届工作座谈会。全国 29 个省级组织专职副主任和秘书长参加会议。会上，传达了中央统战部于 5 月 14 日召开的中华职业教育社换届工作会议精神以及换届工作的具体要求：一是提高政治站位，做好相关工作；二是严明换届纪律，确保风清气正；三是强调了本次换届的时间安排、领导机构构成、人选的年龄限制和任期、各地理事候选人和代表大会代表分配、地方社务委员会的规模和要求以及人选提名条件等重要事项。

【中华职业教育社召开“新时代 新起点——职业教育新发展纵横谈”】 5 月 25 日，由中华职业教育社主办，《教育与职业》杂志社承办的“新时代 新起点——职业教育新发展纵横谈”在北京召开。会议紧密围绕党的十九大精神和习近平总书记对职业教育提出的新要求，分析了当前中国职业教育面临的新形势、新任务，聚焦职业教育发展中的一些热点难点问题，深入探讨了促进新时代职业教育新发展的新思路、新举措。

【全国高职高专校长联席会议召开高职创新发展行动计划实施工作暨骨干专业（群）建设研讨会】 5 月 31 日—6 月 2 日，全国高职高专校长联席会议在广东深圳召开“高职创新发展行动计划实施工作暨骨干专业（群）建设研讨会”。会议以“深化专业（群）内涵建设 推进高等职业教育高质量发展”为主题，通报了《行动计划》2016—2017 年执行绩效情况，分享了各地和高职院校落实《行动计划》的做法和经验。宁波职业技术学院化学工程学院副院长彭振博作题为“政产学研共建协同创新中心 推进高水平化工专业建设”的报告。全国12个省级教育行政部门，340余所高职院校，《光明日报》、《人民政协报》、《中国青年报》、《中国教育报》、中国职业技术教育杂志社、《南方都市报》、深圳卫视等中央和地方媒体，共计1200余人参加会议。

【中国艺术职业教育学会召开CEFA艺术院校国际标准舞教材2018工作交流会议】 6月6日，CEFA艺术院校国际标准舞教材2018工作交流会议在深圳艺术学校南山校区召开。来自上海戏剧学院、河北艺术职业学院、安徽师范大学、四川师范大学、北京戏曲艺术职业学院、南京艺术学院、广东海洋大学、四川音乐学院、深圳艺术学校、青少年舞蹈艺术基金会、艺术教育线上平台DANCEA的专家和教师参加会议。

【中国职业技术教育学会召开产教融合背景下工匠精神培育研讨会】 6月9日，由中国职业技术教育学会主办，吉林省职业技术教育学会、吉林省中华职业教育社、长春职业技术学院承办，《中国高等教育》杂志协办，以“传承培育工匠精神，促进产业迈向世界中高端”为主题的“产教融合背景下工匠精神培育研讨会”在长春召开。来自全国职业院校、研究机构、行业企业、媒体等领导、专家和与会代表近700人参加会议。中国职业技术教育学会常务副会长刘占山、江苏理工学院职业教育研究院院长庄西真作专题报告。西安航空职业技术学院院长赵居礼、长春职业技术学院院长张湘富等7位职业院校代表和企业界代表在会上进行交流发言。

【中国艺术职业教育学会召开CEFA等级考试委员会工作会议】 6月14日，中国艺术职业教育学会等级考试委员会工作会议在京举行，会议传达学习了文化和旅游部“全国社会艺术水平考级管理培训班”有关精神，研讨学会考级发展方向，部署学会考级管理工作。会议决定，要完善学会考级委员会组织建设和责任分工，落实到位，进一步加强制度管理，高度重视流程规范和考试安全，积极有效地把中国艺术职业教育学会考级建设成为高水平、高质量的艺术素质教育品牌。

【中国民办教育协会举办全国民办学校党建工作交流座谈会】 6月14日—15日，由中国民办教育协会主办、金网国际教育管理集团承办的全国民办学校党建工作交流座谈会在珠海召开。交流座谈会后，与会代表参观金网国际教育管理集团党建展示厅及集团设在珠海市的社会组织党群服务中心、参观考察港珠澳大桥及中国（广东）自由贸易区珠海横琴新区片区。出席此次交流座谈会的还有全国各省市民办教育协会领导、全国民办学校代表百余人。

【中国教育技术协会召开教育游戏发展现状研究研讨会】 6月20日，中国教育技术协会教育游戏专业委员会在北京召开了“教育游戏发展现状研究”课题研讨会，中国教育技术协会丁新副会长兼秘书长、专委会理事长、课题组成员、理事代表、特邀企业和媒体参加会议。会上，专委会理事长、北京大学教育学院尚俊杰副院长介绍了与会嘉宾以及课题研究背景，课题组成员、西华师范大学贺宝勋分享了国外教育游戏供给及典型案例，课题组对国内教育游戏研发提出建议，会上就“教育游戏研究与发展趋势”“教育游戏产品研发与推广”两个主题进行了讨论。

【中国教育技术协会信息技术教育专业委员会第十四届学术年会】 7月13日—15日，由中国教育技术协会信息技术教育专业委员会主办、江南大学承办的中国教育技术协会信息技术教育专业委员会第十四届学术年会在太湖明珠无锡江南大学召开。会议的主题为“教育信息化2.0：愿景与路径”，包括2场特邀报告、22场大会报告、15个专题研究和301篇论文发表等学术活动，来自全国各地的80余位专家学者就“高阶思维发展研究进展”“人工智能与教育应用”“信息技术创新教学与STEM教育研究”等研究领域展开了交流和研讨。来自全国各地的500余名专家学者及代表出席会议。

【中国职业技术教育学会举办新时代新高职高质量发展研讨会】 8月21日—23日，由中国职业技术教育学会高职分会主办，郑州财税金融职业学院承办的新时代新高职高质量发展研讨会在郑州举办。此次研讨会是中国职业技术教育学会高等职业技术教育分会成立以来举办的第一次全国性会议。会议以“新时代新高职——目标、内涵、路径”为主题。研讨会同期还举行了专题学术报告会。共有140余家单位参加本次研讨会，涵盖全国26个省、自治区、直辖市。

【中国民办教育协会学前教育专业委员会理事长工作会议】 9月21日，中国民办教育协会学前教育专业委员会第三届理事长工作会议在成都召开。中国民办教育协会中国民办教育协会学前教育专业委员会副理事长及各省、自治区民办教育协会学前专委会负责人100余人与会。会长王佐书作题为《提高学前教育办学质量的路径与思考》的讲话。孙霄兵作《读懂新〈民促法〉打造高品质幼儿园》主题报告。红黄蓝教育机构创始人、总裁史燕来以《独行快，众行远——中国民办学前教育一路前行》为题作报告。北京师范大学继续教育与教师培训学院院长王文静在会上介绍了与中国民办教育协会学前教育专业委员会共同发起的《中国民办幼儿园名园长“种大树”计划》。受访的17位嘉宾分别为省级民办教育协会学前专委会负责人、民办幼教集团董事长和幼儿园名园园长。

【全国高职高专校长联席会议召开高职教育服务“一带一路”暨西部高职教育发展研讨会】 9月25日—28日，全国高职高专校长联席会议在甘肃酒泉召开“高职教育服务‘一带一路’暨西部高职教育发展研讨会”。会议倡议高等职业教育战线要用实际行动落实党的十九大精神和教育大会精神，一是提高质量意识，从量的扩展转型为对质的提升，以供给侧结构性改革为主线，扩大优质职业教育供给；二是促进教育公平，深入推进均衡发展与高质量发展相结合、教育扶贫和产业发展相结合、精准脱贫与职教发展相结合；三是扩大开放办学，树立更加开放的理念，研发更加开放的标准，建设更加开放的资源，完善更加开放的机制。北京理工大学教育研究院刘进博士、中国高等教育学会产学研合作教育分会副秘书长张炼作专题报告，天津职业大学、长沙民政职业技术学院、黎明职业大学3所东中部院校分享了积极助力西部院校发展的经验；酒泉职业技术学院、兰州石化职业技术学院、青海柴达木职业技术学院、新疆农业职业技术学院4所西部院校介绍了通过东西协助和对口支援机制促进学校发展的典型做法。会议期间，宁波职业技术学院、南京工业职业技术学院等12所东部院校与酒泉职业技术学院、和田职业技术学院等10所西部院校签订了对口支援协议；掌淘网络科技（上海）有限公司、同方知网（北京）技术有限公司2家企业与武威职业学院等3所西部院校签订设备与软件捐赠协议。全国172所高职院校代表，高等教育出版社等企业代表，《中国教育报》、甘肃电视台、酒泉电视台、《酒泉日报》等中央和地方媒体，近500人参加会议。

【中华职业教育社召开纪念黄炎培先生诞辰 140 周年座谈会】 9 月 25 日，中华职业教育社在北京人民大会堂召开纪念黄炎培先生诞辰 140 周年座谈会。北京市委统战部、民建、民盟、职业院校、企业、黄炎培先生后人代表及各地方社负责人以及专兼职干部和相关社员代表等 100 余人参加了会议。

【中华职业教育社召开黄炎培职业教育思想研究会 2018 学术年会】 9 月 26 日，由中华职业教育社主办的“黄炎培职业教育思想研究会 2018 学术年会”在北京召开，本次年会的主题是“黄炎培与中国职业教育”。十二届全国人大常委会副委员长、中华职业教育社理事长、黄炎培职教思想研究会会长陈昌智在题为“挖掘黄炎培职教思想新时代内涵 推进现代职业教育理论与实践创新”的主旨讲话中高度评价了黄炎培先生对中国职业教育的历史贡献，并提出了三点意见：一是要深入学习贯彻全国教育大会精神和习近平总书记关于教育的重要论述，把思想和行动统一到党中央的教育决策部署上，实现新时代教育改革发展的新作为；二是要深入研究挖掘黄炎培职教思想的当代价值，努力沟通教育与职业，推动职业教育更好地服务区域经济社会；三是要加强研究会自身建设，增强研究会工作的针对性、前瞻性与有效性。会上，北京师范大学教育学部教授、博士生导师孙邦华等 6 位专家学者及院校负责人作了专题学术研讨。来自北京市委统战部、市教委的有关领导及中华职业教育社地方组织负责人、部分团体社员学校负责人等 100 余人与会。会议期间，与会代表参观了北京市昌平职业学校的联想工程师学院、京东大学产教融合学院、上汽大众 SCEP 北京培训基地、曹继桐烘焙文化艺术学院等实训基地。本次年会由北京昌平职业学校承办。

【中国民办教育协会召开全国民办中小学教育教学质量提升会】 10 月 20 日—21 日，由中国民办教育协会中小学专业委员会主办的全国民办中小学教育教学质量提升会在重庆召开。国内众多行业专家、全国各地知名民办教育负责人及大足区中小学校代表共计 500 余人参加。与会人员听取了民办教育教学相关的学术报告和城南教育集团的成果汇报，参观了城南教育集团各学校校园，并进入课堂听课评课。中国民办教育协会王佐书会长针对民办学校课堂教学改革、人才培养、评价体系、校园文化建设等方面作了引导性论述，他表示，民办教育学校要将责任心贯彻到办学始终；要提高评课的水平，集思广益培养教师能力，宣传教育思想；要进一步加强学习《中华人民共和国民办教育促进法》，为民办教育改革打下良好基础。他希望民办学校要坚定信念成为优质教育资源的创造者、提供者，推进学校实现跨越式发展，为增强国家教育实力而努力。

【中国职工教育和职业培训协会六届三次理事会】 11 月 22 日，中国职工教育和职业培训协会（以下简称“中国职协”）第六届三次理事会在广州市召开。会议同时举办深化产教融合发展论坛。人力资源和社会保障部相关部门领导、中国职协六届理事单位和理事单位的代表，各省（自治区、直辖市）职工教育和职业培训（职业技术培训）协会负责人以及部分特邀代表共 200 人参加了会议。

【中国民办教育协会召开第十届中国民办教育发展大会暨中国民办教育协会第二届第二次会员代表大会】 12 月 1 日—2 日，第十届中国民办教育发展大会暨中国民办教育协会第二届第二次会员代表大会在北京召开。教育部党组成员、副部长孙尧，民进中央副主席兼秘书长高友东，第十二届全国人大常委会委员、中国民办教育协会会长王佐书，中国民办教育协会理事会、监事会负责人，以及各省民办教育相关负责人和会员代表600余人出席大会。大会期间，召开了“学习贯彻全国教育大会精神，凝心聚力提高民办教育质量座谈会”王佐书代表第二届理事会作《认清形势、明确方向、不忘初心、牢记使命，为我国教育事业再立新功》的工作报告。温州市副市长郑朝阳、浙江树人大学校长徐绪卿、南昌工学院党委书记宋才火作交流发言。

【中国艺术职业教育学会2018年年会】 12月5日—7日，中国艺术职业教育学会2018年年会在深圳举行。此次年会，旨在进一步深入学习贯彻习近平新时代中国特色社会主义思想和党的十九大及十九届二中、三中全会精神，修改学会章程，做好行业引领，感悟改革开放四十周年来艺术职业教育领域取得的进步和成绩。来自全国的学会单位和个人会员代表，以及特邀嘉宾、列席观察、观摩教师等近300人参加了此次年会。在6日举行的学会第六届第二次会员代表大会上，中国艺术职业教育学会会长李力作年度工作报告，会议审议通过了《关于修改中国艺术职业教育学会章程的议案》。在7日举行的“新时代新起航——中国艺术职业教育学会教育创新论坛”上，与会代表围绕“文化和旅游融合发展背景下艺术职业教育的改革创新之路”的主题，就“艺术职业教育如何服务乡村文化振兴”“艺术职业院校文旅学科综合交叉、融合发展的趋势”等具体话题展开研讨，探索文旅融合背景下艺术职业教育发展的新路径。同时，学会各专项工作负责人对2018年度舞蹈教育教学交流、美术速写写生教学实践、课堂教学改革现场会、信息化教学设计评比、论文评比等教学实践和学术建设活动进行了点评和总结。7日还举行了学会2018年度考级工作会议，对各专业考级工作进行了总结。

【全国高职高专校长联席会议2018年年会】 12月8日—9日，由福州职业技术学院、高等教育出版社、中国职业技术教育学会装备委员会承办的全国高职高专校长联席会议2018年年会在福建福州召开。来自教育部等教育行政部门、中国职业技术教育学会等社会团体、有色金属等行业职业教育教学指导委员会、中国教育科学研究院等科研机构、高等教育出版社等企事业单位、高职院校、《中国教育报》、《职教论坛》杂志等媒体单位代表共计1500人参会。教育部职业教育与成人教育司司长王继平解读了这次会议召开的重要背景，回顾总结了40年我国职业教育改革发展的历程，分析了新时代职业教育改革发展面临的新形势，提出了中国特色高水平高等职业教育的发展目标和实施路径。会议设置“高水平专业建设”“社会服务与创新人才培养”“产教融合 校企合作”四个分论坛。会议表彰高等职业院校服务贡献50强、国际影响力50强、教学资源50强等，组织“新时代·新高职·新目标”成果展。

【中国民办教育协会工作会议】 12月25日，中国民办教育协会工作会议在北京召开，中国民办教育协会分支机构负责人及相关工作人员参加会议。会议期间，分支机构负责人对自己所负责的分支机构进行了2018年工作总结以及2019年工作计划。

【中国教育技术协会召开“互联网＋教育”项目研究组第一次会议】 12月26日，“互联网＋教育”项目研究组第一次会议在广州市召开。中国教育技术协会副会长兼秘书长丁新指出，希望研究在原有基础上有新突破，形成既交叉互补又各具特色，既有社会效应又有经济效益的新局面，达成汇聚教育应用、通过微信快速准确触达目标用户，有效解决“互联网＋教育”“最后一公里”瓶颈问题的研究目标。

活　动

【中国教育技术协会举办第一届“学创杯”全国智慧教室创新应用大赛】 1月5日，智慧教室项目教学研讨暨“学创杯”全国智慧教室应用创新大赛颁奖活动在温州市龙湾区第一小学举行。会上，钱冬明副教授作《智慧教育环境标准及应用》专题报告，广东松山湖实验中学校长万飞、瑞祥实验学校校长戴海平在会上进行经验交流。温州市教育局公安委员、副局长王剑波对温州智慧教室的情况做了介绍。下午，在龙湾区第一小学和温州市第二十五中学开设运用平板教学的智慧课堂展示课，来自全国各地及温州市各县（市、区）的300余位教师进行了观摩。本次“学创杯”全国智慧教室应用创新大赛共收集到录像课作品600余件，案例作品250余件，参赛老师分别来自全国15个省（市），涵盖小学、初中各个学科。会上还对获得特等奖和一等奖的获奖代表进行了表彰。

【全国县级职教中心联盟成立仪式暨全国县级职教中心新时代振兴发展研讨会】 1月6日—7日，全国县级职教中心联盟成立仪式暨全国县级职教中心新时代振兴发展研讨会在石家庄举行。来自全国20个省市的教育行政部门、县级职教中心、行业企业、教育研究机构、新闻媒体的330名代表参加会议。会议审议通过了联盟章程，选举出了领导机构，刘占山当选第一届国家县级职教中心联盟主席，张昭文当选常务副主席，陈嘉兴当选副主席兼秘书长。

【中国民办教育协会发起中国民办教育行业党建工作倡议书】 2月3日，中国民办教育协会民办学校党建工作委员会本着“应建必建”原则，实现党组织和党的工作全覆盖，向全行业的中国共产党党员及各地方民办教育协会、民办学校党的基层组织提出五点倡议。第一，民办学校党组织要以党的政治建设为统领，全面推进党的政治建设、思想建设、组织建设、作风建设、纪律建设，把制度建设贯穿其中，不断提高党的建设质量。第二，民办学校党组织要全面贯彻执行《关于加强民办学校党的建设工作的意见（试行）》（中办发〔2016〕78号），要充分发挥战斗堡垒和政治核心作用。要保证政治方向、凝聚师生员工、推动学校发展、引领校园文化、参与人事管理和服务、加强自身建设。第三，民办高校党组织要突出坚持以习近平新时代中国特色社会主义思想为指导，把握党对意识形态工作的领导权、管理权和话语权，加强对青年教师、党外知识分子和大学生的思想引导，坚定中国特色社会主义道路自信、理论自信、制度自信和文化自信。民办中小学校党组织要突出学生良好思想品德养成，推动学校把爱党、爱祖国、爱社会主义教育贯穿各项工作中。民办培训机构党组织要突出诚信守法，引导培训机构端正培训思想，严格内部管理。民办幼儿园党的建设，要根据学前教育特点和幼儿教师实际，落实党建工作的有关要求，确保党的组织和党的工作有效覆盖。第四，民办学校党组织要全面服务学校贯彻党的教育方针，落实立德树人根本任务，培育和践行社会主义核心价值观，培养学生德智体美全面发展。第五，民办学校党组织要切实维护学校安定团结的局面，为全面提高教育质量做好服务工作，为民办学校的分类改革做好服务工作，为加强师德师风建设做好服务工作。

【中国成人教育协会与中国舞蹈家协会签署战略合作协议】 2月9日，中国成人教育协会与中国舞蹈家协会战略合作协议在中国文联签署。罗斌和张昭文分别代表中国舞蹈家协会和中国成人教育协会战略合作协议上签字。

【中华职业教育社党组传达学习党的十九届三中全会精神】 3月1日，中华职业教育社党组扩大会议召开，党组成员、副总干事杨农，党组成员、副巡视员李英爱参加会议。机关各部室负责人列席会议。传达学习了党的十九届三中全会《公报》。会议强调，职教社全体党员干部，在思想上，要牢固树立“四个意识”，坚定“四个自信”，做到“四个服从”，进一步提高政治站位，从坚定维护习近平总书记在党中央和全党核心地位，坚定维护以习近平同志为核心的党中央权威和集中统一领导的高度，坚决拥护和服从党的十九届三中全会部署；在行动上，要以习近平新时代中国特色社会主义思想为指导，全面贯彻党的十九大精神和习近平总书记贺信精神，按照十九届三中全会部署，凝心聚力做好本职工作，认真完成职教社系统改革，以实际行动坚决把党中央各项决策部署落到实处。

【中华职业教育社党组传达学习全国两会精神】 3月16日，中华职业教育社党组书记、总干事方乃纯主持召开中华职业教育社党组扩大会议，传达学习十三届全国人大一次会议和全国政协十三届一次会议精神，重点学习了习近平总书记在十三届全国人大一次会议闭幕会上的重要讲话精神。会议强调，一是学习贯彻习近平总书记在两会期间系列重要讲话精神；二是努力做好职教社2018年工作；三是认真做好职教社系统改革。

【中国职业技术教育学会举办2018年全国中等职业学校班主任专业能力研学提升活动】 3月23日—25日，由中国职教学会德育工作委员会主办、河南省中职班主任工作研究与指导中心承办，高等教育出版社，河南省职业技术教育教学研究室、河南省成人教育教学研究室和河南省商务中等职业学校协办的2018年全国中等职业学校班主任专业能力研学提升活动在郑州举办。

【中华职业教育社赴云南、广东、深圳开展专题调研】 3月26日—29日，中华职业教育社党组书记、总干事方乃纯一行赴云南、广东、深圳调研。调研组一行分别听取了云南省中华职业教育社的工作汇报及针对换届、群团改革等工作提出的意见和建议。

【中华职业教育社赴陕、宁、豫开展专题调研】 3月26日—29日，中华职业教育社党组成员、副巡视员李英爱，组织宣传部部长马翠娥赴陕、宁、豫调研并就职教社换届工作听取意见。中央统战部一局三处姚辉参加宁、豫两省区的调研。调研中，调研组一行分别听取了陕西省中华职业教育社、宁夏回族自治区中华职业教育社、河南省中华职业教育社关于换届建议和工作情况汇报。

【中华职业教育社举办中华设计奖“桌面优品”设计大赛颁奖仪式】 3月31日，中华职业教育社、中国台湾网、宁波市镇海区人民政府、台湾设计联盟联合主办，由海峡两岸关系协会指导，知产中国承办的首届中华设计奖“桌面优品”设计大赛颁奖仪式在宁波市举行。评审委员会从参赛者提交的3537件作品中，分别评出概念类和产品类金奖各1项、银奖各2项、铜奖各3项、最佳创新奖1项、最佳组织奖1项。

【中国成人教育协会第三届年会暨中华优秀传统文化与教师继续教育论坛】 4月14日，中国成人教育协会教师继续教育专委会第三届年会暨中华优秀传统文化与教师继续教育论坛在山东省邹城市举行。全国近20个省、自治区、直辖市约50所高等院校、科研院所的120多位专家学者参加。邹城市教育系统领导干部共计140余人参加。年会围绕“中华优秀传统文化与教师继续教育”主题，开展报告讲座、平行论坛、文化浸润等活动。

【中华职业教育社举办“不忘初心、牢记使命”专题培训班】 4月23日，中华职业教育社“不忘初心　牢记使命”专题培训班在延安开班，中华职业教育社机关全体干部、各事业单位及基金会党员等33人，参加了为期3天的学习培训。培训期间进行《十九大精神解读》《延安精神及其时代价值》《延安时期的统战工作》3堂专题教学，在延安革命纪念馆、杨家岭革命旧址、梁家河、宝塔山、枣园革命旧址开展了现场教学，并赴延安职业技术学院进行考察座谈。

【中国成人教育协会举办医学继续教育专业委员会成立大会暨医学继续教育国际论坛】 4月28日，中国成人教育协会医学继续教育专业委员会成立大会暨医学继续教育国际论坛在北京召开。来自全国30个省市自治区的100余位医学和教育界专家学者出席活动。

【中国成人教育协会与中国灾害防御协会签署战略合作协议】 5月11日，第十个国家防灾减灾日前夕，中国成人教育协会与中国灾害防御协会在北京中国科技会堂签署战略合作协议，中国成人教育协会薛华领常务副秘书长受刘志鹏常务副会长委托，与中国灾害防御协会邹文卫副秘书长代表双方签署协议。

【第四届全国职业教育和继续教育期刊改革与发展学术论坛】 5月12日，第四届全国职业教育和继续教育期刊改革与发展学术论坛在重庆召开。论坛由中国人民大学书报资料中心、中国高教研究编辑部、中国职业技术教育杂志社、中国远程教育杂志社主办，教育与职业杂志社、职教论坛杂志社、中国成人教育杂志社、职教通讯杂志社协办，重庆工业职业技术学院承办。中国高等教育学会副秘书长、《中国高教研究》主编王小梅等相关单位领导出席会议，来自全国职业院校的专家学者、职教期刊杂志社的编辑记者300余人参会。教育部职成司副司长谢俐以“改革开放四十年中国职业教育发展回顾及展望”为题，教育部职教所所长王扬南以“服务职业教育科研，支撑职教事业科学发展”为题，教育部社科司出版处处长田敬诚以“当前期刊发展面临的形势与任务”为题分别作学术报告。

【中华职业教育社党组传达学习习近平总书记在纪念马克思诞辰200周年大会上的重要讲话精神】 5月14日，党组书记、总干事方乃纯主持召开中华职业教育社党组扩大会议，集体学习习近平总书记在纪念马克思诞辰200周年大会上的重要讲话精神，以及《关于学习贯彻习近平总书记在纪念马克思诞辰200周年大会重要讲话精神的通知》（统党通〔2018〕14号）、《关于切实做好统战口机构改革中保密工作的通知》等文件精神。

【中国教育国际交流协会举办高职院校国际化发展专业能力建设培训研讨班】 5月15日—18日，由中国教育国际交流协会主办的“高职院校国际化发展专业能力建设培训研讨班”在北京举行，来自“高端技能型、应用型人才联合培养百千万交流计划”中方项目院校的40余名代表参加培训。

【中国教育技术协会举办2018年全国游戏化教学优课展评活动暨校长论坛】 5月16日—19日，由中国教育技术协会教育游戏专业委员会主办，北京大学教育学院学习科学实验室、中国海洋大学青岛市教育评估与质量监测中心协办，重庆市大足区教委承办的“2018年全国游戏化教学优课展评活动暨校长论坛”在重庆市大足区昌州小学和昌州幼儿园举行。来自港台地区以及境内高校教育科研机构、教育部门、中小学校等单位300余位代表参加活动。论坛期间，多位专家作学术报告并进行经验交流。

【中华职业教育社举办第五届产教融合发展战略国际论坛】 5月17日—18日，由中华职业教育社、教育部学校规划建设发展中心、应用技术大学（学院）联盟联合主办，驻马店市人民政府、黄淮学院承办，以“扎根中国大地办大学——新时代产教融合新作为”为主题的第五届产教融合发展战略国际论坛（IFIE）在河南省驻马店市举办。论坛设1个主论坛、7个分论坛和1个圆桌会议；邀请36位业界知名专家作专题报告，开展7场对话会；22家单位和机构做创新案例分享。来自13个国家的20个政府机构、245所高校、120家知名企业、22家科研院所及24个社会组织机构的负责人、校长和代表等共780余人参会。

【民建中央爱国主义教育基地在上海中华职业教育社揭牌】 5月23日，民建中央“爱国主义教育基地”揭牌仪式在上海中华职业教育社举行。全国人大常委会副委员长、民建中央主席郝明金在讲话中指出，广大民建会员要沿着民建前辈的足迹，从新的历史起点出发，按照习近平总书记提出的“多党合作要有新气象、思想共识要有新提高、履职尽责要有新作为、参政党要有新面貌”的要求，坚定不移巩固和发展中国共产党领导的多党合作和政治协商制度，充分发挥这一新型政党制度的独特优势，不忘初心使命，广泛凝心聚力，为实现“两个一百年”奋斗目标、实现中华民族伟大复兴的中国梦而不懈努力。各直属基层组织负责人和民建先贤后人等50余人参加仪式。

【中国教育国际交流协会召开“中国—东盟高职院校双百旗舰特色合作项目”专家集中评议暨研讨会】 5月23日—24日，“中国—东盟高职院校双百旗舰特色合作项目”专家集中评议暨研讨会在南京科技职业学院举办。全国近30所高职院校相关部门负责人出席研讨会。经专家组评议，首批20个项目入围本次双百特色项目。

【中国民办教育协会高等教育专业委员会智库成立暨民办高校质量提升专题研讨会】 5月26日，中国民办教育协会高等教育专业委员会智库成立暨民办高校质量提升专题研讨会在四川成都召开。会上决定聘请中国民办教育协会高专委理事长、部分副理事长、部分省市民办教育协会会长或高专委理事长、部分特邀专家共25人为第一批智库专家。

【中国民办教育协会教育扶贫工作委员会成立】 5月27日，中国民办教育协会教育扶贫工作委员会成立会在北京召开。会议期间，中国民办教育协会与北京青爱教育基金会签署了“中国民办教育协会教育扶贫专项基金设立协议”，宣读了中国民办教育协会教育扶贫工作委员会工作规程和组成人员名单，并举行了现场捐赠仪式。河北精英教育集团等五家机构和协会有关人员以个人名义，向该专项基金捐助了67.2万元现金和价值1400万元的课程资源。出席本次会议的还有中国民办教育协会部分副会长、各部门负责人，各省级民办教育协会代表，经有关部门推荐的教育扶贫工作委员会组成人员，以及部分对民办教育扶贫工作高度关注的会员代表，共150余人。

【中华职业教育社举办“培育巧匠千千万 双手建设新雄安”职业教育助力新雄安建设·雄安新区农民就业创业技能培训项目】 5月28日，由中华职业教育社主办的职业教育助力新雄安建设·雄安新区农民就业创业技能培训项目在雄安新区启动。项目以民生就业为导向，根据新区建设转型过程中对职业技能人才的需求，有针对性地设计培训课程体系，采取送知识送技能到村部的方式，为村民免费提供实用技能培训。首期培训联合新华教育集团为40名学员提供西式中式面点制作技术培训，合格者颁发相应级别的“职业资格等级证书”，并为有就业意愿的学员搭建就业平台，为有创业意愿的学员提供相应的创业指导和后续服务。

【全国高职高专校长联席会议举办粤港澳大湾区职业教育产教联盟校企合作揭牌与签约仪式】 6月1日，以“新时代、新目标、新征程”为主题的粤港澳大湾区职业教育产教联盟校企合作揭牌与签约仪式在深圳举行。此次揭牌与签约仪式上，联盟与华为技术有限公司、深信服科技股份有限公司、360企业安全技术（北京）集团有限公司、北京永信至诚科技股份有限公司等8家企业，就网络安全、电子靶场等领域签署了战略合作协议，为高职教育课程研究中心和网络空间安全学院两家机构进行了揭牌。

【中华职业教育社赴泉州理工职业学院、闽南理工学院调研】 6月5日，中华职业教育社党组书记、总干事方乃纯一行赴泉州理工职业学院、闽南理工学院进行民办职业教育专题调研。方乃纯一行实地考察了泉州理工职业学院的校史馆、绿色建筑展厅、清洁能源协同创新中心、智能制造工程中心，闽南理工学院的实验教学中心和校园教学楼等地，并分别与两所院校的举办者、主要校领导及部分教师代表进行了座谈。

【中华职业教育社举办温暖工程农家女幼师培训项目】 6月13日，温暖工程农家女幼师培训项目在北京农家女实用技能培训学校举行第51—52班结业典礼。本次结业的2期幼师培训班为期三个月，开设计算机、绘画、舞蹈、成长教育等课程，共免费培训来自广西、江西、贵州、云南等地区的62名农村贫困妇女，使她们初步具备了幼儿教育方面的专业技能。

【中华职业教育社召开庆祝中华职业学校成立100周年大会】 6月15日，北京校友会庆祝中华职业学校成立100周年大会在北京城市学院召开。在京中职老校友100余人参加。

【中华职业教育社出席2018世界中小企业大会】 6月23日—24日，2018世界中小企业大会在北京召开。大会由中国中小商业企业协会发起，主题为“推动互联互通互鉴，实现合作交流共赢”，旨在向世界展现新时代中国中小企业应对激烈竞争和复杂形势取得的发展成果，探讨中小企业融入全球经济一体化中的路径与未来，为中小企业参与“一带一路”沿线国家和地区项目合作提供解决方案。

【中国艺术职业教育学会举办2018中国艺术教育博览会】 6月30日，由中国艺术职业教育学会和中国国际展览中心集团公司联合主办的“2018中国艺术教育博览会”在北京中国国际展览中心（静安庄馆）拉开帷幕。本次博览会以艺术教育为核心，展期从6月30日至7月2日持续三天，中央音乐学院、中央美术学院、北京电影学院、中国音乐学院、北京舞蹈学院等200多家艺术教育领域院校和艺术教育品牌参展。

【中华职业教育社举办2018年全国卫生职业院校口腔技能大赛暨第四届“黄炎培杯”全国口腔技能大赛】 6月30日—7月1日，由全国卫生职业教育教学指导委员会、中华职业教育社、中华口腔医学会口腔修复学专业委员会、中华口腔医学会口腔修复工艺学专业委员会、中华口腔医学会牙体牙髓病学专业委员会主办，开封大学承办，日进齿科材料（昆山）有限公司协办的2018年全国卫生职业院校口腔技能大赛、第四届“黄炎培杯”全国口腔技能大赛、第十六届“日进杯”全国口腔技能大赛暨全国口腔职业教育论坛，在开封举办。本次大赛共有来自全国24个省市区80所医学院校215名学生参赛，其中牙体制备组79人，雕牙和排牙组114人，CAD修复体设计组22人。

【中华职业教育社举办2018职业教育与城市发展高层对话会】 7月3日—4日，由中华职业教育社、陕西省中华职业教育社、陕西省教育厅、杨凌示范区管委会联合主办，杨凌职业技术学院承办的2018职业教育与城市发展高层对话会在杨凌农业高新技术产业示范区举办，本次对话会的主题为“乡村振兴与人才培养”。十二届全国人大常委会副委员长、中华职教社理事长陈昌智作题为《聚焦人才培养 助力乡村振兴》的主旨讲话。会上，陈昌智向杨凌示范区管委会授“职业教育促进经济社会发展示范区”铜牌，方乃纯向杨凌职业技术学院授“职业教育促进经济社会发展示范校”铜牌。中国社科院农村发展研究所首席研究员翁鸣等7位专家分作专题报告。中华职业教育社常务理事马树超、孙善学等专家与杨凌示范区管委会相关部门代表、行业企业及学校代表对话交流。来自院校、行业企业、地方组织、媒体的200多位代表与会。会议期间，代表们参观了杨凌示范区现代农业创新园和杨凌职业技术学院。

【中国成人教育协会赴上海开展专题调研】 7月6日—7日，中国成人教育协会会长郑树山赴沪进行老年和社区教育调研工作。郑树山一行实地考察了上海老年大学、上海汇文教育并分别听取了汇报，并对闵行区老年教育华漕非遗手工体验基地、虹桥镇万源四季源邻里中心进行现场调研。

【中华职业教育社赴四川开展专题调研】 6月26日—29日，中华职业教育社党组成员、副巡视员，中华同心温暖工程基金会副秘书长李英爱一行赴四川调研。李英爱一行先后实地考察了乐山市峨眉山旅游学校、西昌现代职业技术学校、四川省彝文学校·凉山州民干校3所学校；深入昭觉县三岔河乡和解放乡的贫困家庭和残疾人家庭；并分别与四川省委统战部、四川省民盟、凉山州委统战部、州扶贫移民局、州人社局、州教育局、州残联、美姑县委统战部及两所民办职业院校等单位就凉山州贫困情况、教育情况及办学情况进行座谈，听取凉山州脱贫攻坚工作、全覆盖培训工作的进展情况、民办职业院校办学的介绍及院校发展面临的困难、问题及政策期待。

【中华职业教育社举办“第十届台湾大学生研习营”】 7月7日—16日，由中华职业教育社、台湾贤德惜福文教基金会联合主办，贵州省中华职业教育社承办的“第十届台湾大学生研习营”在贵州举办。来自台北大学、台北科技大学、辅仁大学等台湾16所大学的82名大学生，和来自贵州商学院的8名志愿者参加了研习营。本届研习营共举办交流活动27场。在历时10天的研习活动中，营员们一起走访了贵阳、遵义、安顺、黔南、黔东南和贵安新区等地。

【中国成人教育协会举办第二届全国“美蕴秋歌——社区教育文艺成果展示”新闻发布会】 7月8日，第二届全国“美蕴秋歌——社区教育文艺成果展示”新闻发布会在上海举行。来自中国成人教育协会艺术教育专业委员会、社区教育专业委员会，上海市教委及上海16个区代表、市级老年大学、高校老年大学，江南影视职业艺术学院和北京师范大学师生代表，奥鹏远程教育中心和有关单位负责人80余人出席发布会。

【中华职业教育社赴新疆开展专题调研】 7月9日—13日，中华职业教育社党组书记、中华同心温暖工程基金会副理事长兼秘书长方乃纯及基金会行政法务部负责人尚旭、项目部负责人张颖肖一行赴新疆专题调研。调研组先后赴乌鲁木齐路上集团、喀什疏附县吾库萨克镇、托克扎克镇“百企千村”培训点、广州新城国家通用语言培训点以及新疆生产建设兵团一师“百企千村”培训点、三师草湖镇拟新建培训点调研。检查温暖工程国家通用语言培训项目、“百企千村”推广计划项目，考察拟新建培训点办学条件。调研期间，与自治区党委统战部、教育厅、人社厅、职业教育人社小组以及新疆银兔职业培训学校就“新疆千名职业院校教师赴西安能力提升项目”的可实施性、南疆四地州富余劳动力国家通用语言培训等进行座谈；与兵团党委统战部就共同研究建立新疆少数民族富余劳动力技能培训后到内地转移就业安置的对口输出机制等进行座谈。

【中国教育技术协会举办2018年信息时代教学模式创新高峰论坛】 7月14日—15日，由中国教育技术协会智慧学习工作委员会主办，好学智慧教育科技（北京）有限公司承办的“2018年信息时代教学模式创新高峰论坛”在郑州举行。

【全国高职高专校长联席会议召开2018高职院校质量年报发布会】 7月15日，《2018中国高等职业教育质量年度报告》发布会在北京召开。上海市教育科学研究院和麦可思研究院共同编制的高职质量年报已经连续发布七年。报告指出，高职院校新兴专业的培养目标、规格与资源面临挑战，传统专业的改造和融合同样面临挑战；高职院校重教书轻育人、重技能轻素质的现象仍然存在，教师队伍建设面临挑战；高职教育的政府和院校治理能力面临挑战，亟待提高。报告首次发布的高等职业院校“教学资源50强”，同时发布“服务贡献50强”“国际影响力50强”。全国100余所高职院校，近20家中央级新闻媒体，上海市教育科学研究院、麦可思研究院等教育研究机构，中国高等教育学会、中国机械工业联合会等组织代表共200余人参加发布会。

【中国艺术职业教育学会举办首届CEFA艺术职业教育舞蹈教学研讨交流活动教学剧目群舞展演】 7月20日—26日，首届CEFA艺术职业教育舞蹈教学研讨交流活动成果展演展示在四川艺术职业学院举行。来自北京、四川、上海、浙江、湖北、云南、广东、江苏、山东、宁夏、黑龙江、广西、山西、新疆、内蒙古等省市区的23所中高职艺术院校800余人参加此次活动。

【中国教育国际交流协会举办中国—东盟职业教育国际论坛暨特色合作项目成果展】 7月26日，中国—东盟职业教育国际论坛暨特色合作项目成果展在贵阳举行。本次活动由中国教育国际交流协会、中国—东盟中心、东南亚教育部长组织、浙江省教育厅共同主办，浙江省教育国际交流协会高职分会、贵州水利水电职业技术学院承办。来自中国—东盟政府、院校、行业、企业的代表近350人参加。

【中国成人教育协会联合关工委和李宁集团共创体育师资培训标准研究院】 7月30日，中国成人教育协会联合中国关心下一代工作委员会（以下简称关工委）和李宁集团在北京签署战略合作协议，共建中国成人教育协会（以下简称中国成协）李宁体育师资培训标准研究院，在国家体育场“鸟巢”举行了签约仪式。

【中国艺术职业教育学会举办首届CEFA美术与设计委员会速写写生学术研讨活动】 8月1日—11日，由中国艺术职业教育学会主办的首届CEFA美术与设计委员会速写写生学术研讨活动在四川举行，来自北京、四川等省市的12所中高职院校美术与设计类专业师生近百人参加活动。8月11日，“著美写生　汶川十年”——速写写生学术实践研讨会成果展在温江美术馆成功开幕，展览为期8天。

【中国高等教育学会职业技术教育分会2018年学术年会暨全国高职高专教务处长研讨会】 8月14日—17日，由中国高等教育学会职业技术教育分会、昆明冶金高等专科学校主办，高等教育出版社承办的中国高等教育学会职业技术教育分会2018年学术年会暨全国高职高专教务处长研讨会在昆明召开。本次会议以“高等职业院校高质量发展与内涵建设”为主题，来自全国各省（区、市）340余所高职院校及有关单位的近600名代表参加会议。会上，国家教育行政学院教育行政部主任、职业教育研究中心主任邢晖，上海市教科院高职发展研究中心主任马树超等多位专家学者围绕产教融合、质量发展、立德树人、精准扶贫等主题作专题报告。

【中国成人教育协会举办2018年全民终身学习活动周工作协调会】 8月15日，2018年全民终身学习活动周工作协调会在宁波召开。来自全国各省、自治区、直辖市教育厅（委）、各省级成人教育协会等有关负责人共90余人出席了协调会。

【中华职业教育社受邀出席十三届全国政协第八次双周协商座谈会】 8月17日，十三届全国政协第八次双周协商座谈会在北京召开，中共中央政治局常委、全国政协主席汪洋主持会议并讲话。全国政协委员，民建中央常委，中华职业教育社副理事长，四川国弘现代教育投资公司（省属国有企业）董事长苏华在会上作题为《大力发展面向农村的现代职业教育，培养服务本土“三农”人才》发言。

【中国民办教育协会举办学习会】 9月6日，中国民办教育协会在北京召开学习会，会长王佐书作题为《任何一个人的工作都是全人格参与的过程》的报告。中国民办教育协会办公室、学前教育专业委员会、培训教育专业委员会、高等教育专业委员会、教育扶贫工作委员会等在京负责人参加学习会。

【中华职业教育社参加全国教育大会】 9月10日，全国教育大会在北京召开。中共中央总书记、国家主席、中央军委主席习近平出席并发表重要讲话。第十二届全国人大常委会副委员长、中华职业教育社理事长陈昌智，中华职业教育社党组书记、总干事方乃纯作为代表参加了会议。

【全国高职高专校长联席会议举办2018年高等职业教育虚拟仿真实训中心应用案例评选活动】 9月11日，由全国高职高专校长联席会议发起并主办，中国职业技术教育学会职业教育装备专业委员会与高等教育出版社承办的“2018年高等职业教育虚拟仿真实训中心应用案例征集与汇展活动”启动，旨在促进虚拟仿真在职业教育教学中的应用，遴选优秀应用案例向全国职业院校推广。

【中国民办教育协会召开《坚持中国特色社会主义教育发展道路 培养德智体美劳全面发展的社会主义建设者和接班人》学习会】 9月12日，中国民办教育协会在北京召开《坚持中国特色社会主义教育发展道路 培养德智体美劳全面发展的社会主义建设者和接班人》学习会。

【中国教育技术协会举办藏粤两省区“互联网＋优课”教研展示活动】 9月20日，由中国教育技术协会、西藏自治区电化教育馆、广东省教育技术中心（广东省电化教育馆）主办，广州市教育信息中心（广州市电化教育馆）、佛山顺德区教育发展中心协办，林芝市教育体育局、广州市番禺区教育局、中山市教育体育局承办的藏粤两省区“互联网＋优课”教研展示活动在西藏自治区林芝市、广东省广州市、广东省中山市同时举行。

【天津中德应用技术大学到访中华职业教育社】 9月20日，中华职业教育社党组书记、总干事方乃纯会见到访的天津中德应用技术大学党委书记张兴会一行，双方就中华职业教育社与天津市政府共建天津中德应用技术大学，服务“中国制造2025”、“一带一路”倡议及“京津冀协同发展”战略，共同开展人才培养、实施职业教育精准扶贫等事宜进行了友好交流，并初步达成共识。

【中国职业技术教育学会举办全国职业院校“奋进新时代中华传统美德职教行”活动】 9月26日，由中国职业技术教育学会主办的“奋进新时代中华传统美德职教行”活动启动仪式在浙江交通职业技术学院举行。教育部职业教育与成人教育司副司长谢俐作题为“弘扬中华传统美德塑造职教时代新人”的讲话。中国职业教育与成人教育司新司长刘占山介绍了“职教行”活动的背景意义及实施方案。

【中华职业教育社和中国机械工业联合会联合主办的全国装备制造业产教融合校企合作现场推进会召开】 9月27日—28日，由中华职业教育社和中国机械工业联合会联合主办的全国装备制造业产教融合校企合作现场推进会在长沙召开。会上，中国机械工业联合会专家委员会副主任、国家制造强国建设战略咨询委员会委员蔡惟慈等4位专家作专家报告。湖南省教育厅就湖南省推进产教融合、校企合作政策实施作典型发言。湖南工业职业技术学院等四所职业学校、博世汽车部件（长沙）有限公司等四家企业和校企合作项目学生就产教融合、校企合作的经验做法和体会进行大会分享。来自全国各地的110所学校和30多家企业的近400名代表参会并到有关学校和企业进行实地观摩。

【中华职业教育社组织第六届黄炎培职业教育奖评审工作】 10月10日—12日，第六届黄炎培职业教育奖评审工作在京完成。本届黄炎培职业教育奖全面贯彻全国教育大会精神，在评选表彰工作领导小组领导下成立评审委员会、专家委员会和提名委员会。职业教育界专家和独立评审员组成专家委员会，对“优秀学校奖”“杰出校长奖”“杰出教师奖”候选人材料进行了分组评审。经省内初选、专家评分、集体投票、评审会议评议等环节产生获奖名单。西安航空职业技术学院等80所学校获“优秀学校奖”，杜宏伟等50人获“杰出校长奖”，尚华等200人获“杰出教师奖”，杨里平获“卓越推动奖”，浙江吉利控股集团有限公司等4家企业获“产教融合优秀企业奖”，石伟平等4人获“优秀理论研究奖”。中华职业教育社党组成员、副总干事杨农，党组成员、副巡视员李英爱参加了评审工作。

【中华职业教育社致贺中华职业学校建校100周年】 在中华职业学校建校100周年之际，中华职业教育社专门发出贺信。贺信要求，一要紧跟新时代的职业教育发展方向，坚持“立德树人、德技并重”，为经济社会发展不断输送良才巧匠；二要高扬黄炎培职业教育思想大旗，坚持“责在人先、利居众后”，继续发挥“举例示人”的作用；三要传承与时俱进的优良传统，坚持“理必求真、事必求是”，不断探索职业教育发展新理念。

【中华职业教育社赴四川开展调研】 10月17日，中华职业教育社党组成员、副巡视员，中华同心温暖工程基金会副秘书长李英爱赴四川开展专题调研。李英爱一行先后实地考察了四川爱华学院、天府新区航空旅游职业学院、成都信息工程大学银杏酒店管理学院3所职业院校，深入了解了各学院的基本情况、办学特色和精准扶贫方面开展的工作，重点围绕民族地区职教扶贫方面可以开展的相关合作进行了探讨。随后，与四川省委统战部、凉山州委统战部、峨眉山市旅游学校及川北幼儿师范高等专科学校等温暖工程精准扶贫项目相关单位进行了座谈，听取了当前凉山州脱贫攻坚工作情况、职业院校针对边疆民族地区的扶贫举措、存在困难及意见建议。四川省委统战部二级巡视员李明全参加座谈。

【中华职业教育社召开警示教育大会】 10月24日，中华职业教育社警示教育大会召开。会议学习传达了中央统战部警示教育大会精神，对职教社机关开展警示教育活动进行了部署。会议强调，要把政治建设摆在首位，坚定政治信仰，严肃党内政治生活，要从违纪违法案例中汲取教训。会议要求，各部门单位主要负责同志要切实担起第一责任人责任，精心组织开展好警示教育活动，真正汲取教训、自省自警，为职教社发展营造良好政治生态。党总支要组织全体党员干部，认真学习贯彻新修订的《中国共产党纪律处分条例》，不断增强纪律意识、廉政意识，严格遵守党章党规和宪法法律，习惯于在监督下工作和生活。党总支和办公室牵头，重新全面排查和防控廉政风险隐患，健全制度机制，切实解决“灯下黑”、疏于监管等突出问题。

【中华职业教育社致贺湖南科技职业学院建校60周年】 在湖南科技职业学院建校60周年之际，中华职业教育社专门发出贺信。贺信要求，湖南科技职业学院要在习近平新时代中国特色社会主义思想统领下，深入学习宣传贯彻全国教育大会和习近平总书记致中华职业教育社成立100周年贺信精神，坚持立德树人、德技并修的理念，认真践行黄炎培职业教育思想，实现新时代新发展、新时代大成就。

【全国高职高专校长联席会议举办2018年全民终身学习活动周总开幕式】 10月25日，2018年全民终身学习活动周全国总开幕式在浙江省宁波市举行。本届活动周以“服务国家重大战略，推动全民终身学习”为主题。来自中共中央组织部、民政部、农业农村部、全国老龄工作委员会办公室、国家体育总局、中国科学技术协会等部门相关司局（单位）、各地教育行政部门、成人教育协会和有关院校600余人参加了总开幕式。

【中国民办教育协会副会长杨文、秦和当选全国妇联十二届执行委员会委员】 11月1日，中国妇女第十二次全国代表大会在北京人民大会堂举行全体会议。大会选举产生了全国妇联第十二届执行委员会。有295人当选全国妇联第十二届执行委员会委员。中国民办教育协会副会长、山东英才学院董事长杨文，中国民办教育协会副会长、吉林华桥外国语学院院长秦和当选为全国妇联第十二届执行委员会委员。

【中国民办教育协会赴山东外事翻译职业学院开展专题调研】 11月1日，第十二届全国人大教科文卫委员会副主任、中国民办教育协会会长王佐书，省委教育工委委员、省教育厅副厅长白皓一行到山东外事翻译职业学院，调研指导本科层次职业学校改革试点工作。王佐书一行参观了学院，并召开本科层次职业学校改革试点工作调研指导工作汇报会。会上，山东外事翻译职业学院院长孙承武作工作汇报，白皓介绍山东省高等教育的实际情况，耿喜华作总结发言。

【全国高职高专校长联席会议举办第二届“美蕴秋歌——社区教育文艺成果展示”全国集中展示活动】 11月2日—4日，由中国成人教育协会主办，中国成协艺术教育专委会、江南影视艺术职业学院承办的第二届“美蕴秋歌——社区教育文艺成果展示”全国集中展示活动，以“爱生活、爱艺术、建设学习型社会”为主题，在江苏无锡江南影视艺术职业学院开幕。来自各省、市成人教育协会和各社区学院、社区指导中心专家学者100余人参加活动。

【中国民办教育协会赴西安汽车科技职业学院开展专题调研】 11月8日，第十二届全国人大常委会委员、全国人大教科文委员会副主任委员、中国民办教育协会会长王佐书，陕西省教育厅副厅长王紫贵等一行，受教育部委托就本科层次职业院校改革试点工作视察西安汽车科技职业学院。王佐书一行视察了西安汽车科技职业学院的实验实训基地、校企合作中心、汽车教育体验基地（F3赛道）、图书馆和教育教学等场地。参观结束后，西安汽车科技职业学院领导就本科层次职业院校改革试点工作进行专题汇报。

【中华职业教育社党组学习贯彻《关于深化中央纪委国家监委派驻机构改革的意见》】 11月12日，中华职业教育社党组会议召开，学习了《关于深化中央纪委国家监委派驻机构改革的意见》。会议要求，党组要认真落实主体责任，推动全面从严治党向纵深发展。要进一步加强政治建设，增强“四个意识”，坚决维护习近平总书记党中央的核心、全党的核心地位，维护党中央权威和集中统一领导。坚决贯彻落实党的路线方针政策和中央统战部重大决策部署，确保党中央政令畅通。坚持把纪律挺在前面，紧盯“关键少数”，深化运用监督执纪“四种形态”。要按照驻部纪检组要求，及时汇报职教社党风廉政建设工作情况。要着力强化日常监督，自觉把监督寓于日常工作，使咬耳扯袖、红脸出汗成为常态。

【中华职业教育社党组传达学习贯彻中办通报精神】 11月14日，中华职业教育社党组会议召开，传达学习贯彻《中共中央办公厅关于陕西省委、西安市委在秦岭北麓西安境内违建别墅问题上严重违反政治纪律以及开展违建别墅专项整治情况的通报》。会议要求，要把党的政治建设摆在首位，要切实把政治纪律严起来、把政治规矩立起来，要认真贯彻习近平总书记关于教育工作的重要论述，全面落实习近平总书记贺信精神，要认真落实主体责任，自觉把监督寓于日常工作，要狠抓工作作风建设，切实增强做好工作的政治责任、事业使命感和履职尽责能力，努力破解制约职教社发展的突出问题。

【中国民办教育协会赴海南科技职业学院开展专题调研】 11月16日，全国人大常委会原委员、全国人大教科文委员会原副主任委员、民进中央原副主席、中国民办教育协会会长王佐书一行，受教育部委托视察海南科技职业学院本科层次职业院校改革试点工作。王佐书一行参观了海南科技职业学院美兰校区图书馆和海南科技职业学院校园规划沙盘、化学与材料工程学院部分实训室、机电工程学院部分实训室和海事学院航海船舶模拟驾驶360° 实操实训室，并走访了校史馆，考察了在校生作品展。参观后，召开了座谈会，学校就设置本科层次职业院校试点改革工作进行专题汇报。

【第十一届全国政协副主席、中华职业教育原副理事长黄孟复考察北京市昌平职业学校】 11月23日，第十一届全国政协副主席、中华职业教育原副理事长黄孟复到北京市昌平职业学校考察，并出席了“纪念黄炎培先生诞辰140周年暨北京市昌平职业学校黄炎培职业教育思想研究院成立仪式”。仪式上，中华职业教育社党组书记、总干事方乃纯和北京市昌平职业学校校长段福生为黄炎培职业教育思想研究院揭牌。黄孟复、方乃纯、昌平区政协副主席靳增立、段福生为黄炎培雕像揭幕，并参观了设在北京市昌平职业学校的京东大学产教融合学院、京东电商昌职运营中心、联想工程师学院、烘焙学院等学生实践实习基地。

【山西省阳泉市委常委、统战部部长郭卫东一行到访中华职业教育社】 11月23日，山西省阳泉市委常委、统战部部长郭卫东到访中华职业教育社。中华职业教育社党组成员、副巡视员，中华同心温暖工程基金会副秘书长李英爱接待了郭卫东一行，并就实施“去产能 再就业”实用技能培训项目等工作进行了座谈。

【中国职工教育和职业培训协会会长孙宝树调研广东三向教学仪器股份有限公司】 11月23日，中国职工教育和职业培训协会会长，人力资源和社会保障部原副部长、党组副书记，第十二届全国人大常委会委员、全国人大宪法和法律委员会副主任委员孙宝树赴广东三向教学仪器股份有限公司考察调研校企合作、师资培训、一体化教学改革等工作开展情况。孙宝树听取了公司董事长伊洪良的工作汇报，实地考察了公司研发部门、院士工作站、生产车间、实训中心、培训教室等场地与设备情况，并与正在参加培训的技工院校教师进行交谈，了解他们参加培训的感受和需求。

【中华职业教育社和人民政协报教育周刊召开中国民办教育回顾与展望峰会】 11月29日，由中华职业教育社和人民政协报教育周刊联合主办，以“初心和使命”为主题的中国民办教育回顾与展望峰会在江西省南昌市召开。国家教育咨询委员会委员、联合国教科文组织协会世界联合会荣誉主席、中国民办教育协会首任会长陶西平为大会发来寄语。大会发布了《新时代改革开放再出发——中国民办教育发展南昌共识》。来自全国各地的200多位民办教育界人士和部分省（区、市）中华职教社负责人参加了大会。在赣期间，陈昌智还分别会见了江西省委书记、省人大常委会主任刘奇，江西省委副书记、省长易炼红，考察了江西应用科技学院。

【中华职业教育社召开民办职业教育专题调研结题评审会】 12月14日，中华职业教育社在北京召开“新《民办教育促进法》及配套政策实施背景下民办职业教育发展状况专题调研”课题结题评审会。课题调研报告起草人、社干部莫晓璐介绍了课题研究成果。专家组经讨论认为，成果可给予优秀评价。专家组一致同意通过课题结题评审。与会专家还就完善课题成果提出了意见建议。

【中国民办教育协会召开“全面贯彻党的教育方针　提高教师教育质量”论坛暨2018年中国民办教育协会高等教育专业委员会年会】 12月14日，由中国民办教育协会指导，中国民办教育协会高等教育专业委员会主办，浙江树人学院承办的"'全面贯彻党的教育方针，提高教师教育质量'论坛暨2018年中国民办教育协会高等教育专业委员会年会"在杭州举行。来自教育部、中国民办教育协会、浙江省教育厅及全国民办高校的董事长、党委书记、校长及民办教育组织负责人等250余名代表参会。第十二届全国人大常委会委员、中国民办教育协会会长王佐书，中国工程院院士、力学科学家、国家973项目首席科学家、国务院学位委员会委员谢和平，教育部高等教育司司长吴岩等相关部门负责人出席会议。教育部高等教育司司长吴岩以"把握大势，干好大事，提升质量"为主题作大会报告。大会设置了教师发展主论坛和分论坛。主论坛上，中国工程院院士、四川大学谢和平教授，北京师范大学高等教育研究所副所长周海涛教授分别作"以课堂教学改革为突破口的一流本科教育川大实践"和"民办高校教师队伍建设的思考"主题报告。分论坛设置了独立设置本科高校分论坛、独立学院分论坛、高职高专分论坛，9位专家对新时代民办高等教育质量与教师队伍建设作了报告并进行分组讨论。

【2018年云南省民办教育发展大会】 12月15日，由云南省民办教育协会主办、云南艺术学院文华学院协办的"2018年云南省民办教育发展大会"在云南昆明召开。中国民办教育协会会长王佐书，中国民办教育协会顾问、云南省民办教育协会原会长梁公卿，中国教育发展战略协会执行会长孙宵兵，云南省政协教科文卫体委员会主任张红苹，云南省教育厅副厅长曾继贤，云南省民办教育协会会长邹平等相关部门领导、专家300余人出席会议。会长邹平作报告，曾继贤副厅长发表讲话，孙宵兵作"《民办教育促进法》实施后的新形势"专题报告，浙江省发展民办教育研究院院长田光成、云南省民办教育协会法律事务部主任李春光分别从民办教育机构的营利性和非营利性选择、民办教育促进法新规新政两个专题为与会人员进行了解读。

【中华职业教育社举办第二届中华职业教育创新创业大赛】 12月21日—22日，由中华职业教育社主办，人力资源和社会保障部指导，福建省中华职业教育社、福建省教育厅和福建省平潭综合实验区管委会承办，福建信息职业技术学院、福建省汇众创新创业研究院和福建省平潭综合实验区教育局协办的第二届中华职业教育创新创业大赛在福建平潭举办。24个省（区、市）的106所职业院校的120个项目入围了全国现场总决赛，779名师生参与了现场总决赛。大赛分为中职组、高职组和应用本科组，每组分别决出金奖8个，银奖12个和铜奖20个，另设最佳创意奖、最佳人气奖、优秀组织奖、竞赛组织奖和突出贡献奖。围绕"职业教育创新创业"主题安排了中职创新创业教育座谈会、高职创新创业教育座谈会、产教融合与创新创业研讨会、平潭落地政策解读及投资洽谈会、创新创业教育成果暨优秀项目展等活动。来自树德科技大学和海峡两岸教育交流促进协会的5位台湾嘉宾观摩了现场总决赛并出席了颁奖仪式等活动，27个省、自治区、直辖市中华职业教育社的主要负责人也观摩了大赛并参加相关活动。

【中华职业教育社《社史》统稿会】 12月10日—11日，中华职业教育社《社史》统稿会在山西太原召开。社史学术顾问、国家职业教育研究院副院长、博导俞启定与会指导。编委会副主任：北京师范大学教授、博导孙邦华，重庆市教科院职成教研究所副所长、研究员谭绍华主持会议并进行指导。山西社专职副主任闫晓红、秘书长徐鸣皋及16位社史编委与会。各位编委分别汇报了各自负责章节初稿的编纂内容框架情况，并对具体文字内容、涉及的重点热点问题进行了充分讨论。

江西省民办教育协会会长黄小华及学校领导100余人参加讲座。

【中华职业教育社到大唐高鸿数据网络公司调研】 12月28日，中华职业教育社党组书记、总干事方乃纯一行到大唐高鸿数据网络技术股份有限公司调研，并与该公司领导班子就有关合作意向进行了座谈。在陪同方乃纯一行参观公司发展和数据网络技术发展情况展览后，大唐高鸿数据网络技术股份公司党委书记、董事长付景林介绍了公司主要业务板块和近年来所取得的发展成就。大唐高鸿公司相关负责人介绍近年来在教育领域开展服务的情况、公司在教育评估方面的技术基础和大唐大学办学情况。双方商定，就有关合作意向和具体合作事宜继续保持沟通协商。

【中华职业教育社举办第六届黄炎培职业教育奖颁奖大会】 12月28日，由中华职业教育社举办的第六届黄炎培职业教育奖颁奖大会在北京举行。本次共评选出优秀学校奖80个，杰出校长奖50个，杰出教师奖200个，卓越推动奖1个，产教融合优秀企业奖4个，优秀理论研究奖4个。

交　流

【中国民办教育协会召开2018中美STEAM教育研讨会】 4月22日，中国民办教育协会在北京大学附属中学主办召开了“2018中美STEAM教育研讨会”，本次会议由北京圣陶教育发展与创新研究院和北京大学附属中学承办。中国民办教育协会会长王佐书出席会议并讲话，美国国家教育与经济中心州政府督导办公室主任、美国驻OECD、APEC教育顾问、美国联邦教育部原副部长苏珊·斯科拉法妮博士发表主旨演讲，十三届全国人大代表、北京大学附属中学校长王铮，金陵中学校长孙夕礼，西安高新国际学校副校长洪霞，温州中学创客教育工作室负责人谢作如教授，美国著名华裔教育家、美国纽约军事学校校长张洁，北京圣陶教育发展与创新研究院STEAM教育研究中心执行主任尹利和分别作交流发言。

【中华职业教育社组织“台湾教师大陆教学观摩团”赴浙江、江苏参访】 5月20日—30日，台湾教师大陆教学观摩团对浙江、江苏二省的职业院校进行访问交流。观摩团先后与南京工业职业技术学院、江苏农林职业学院、浙江商业职业技术学院、杭州科技职业技术学院、杭州职业技术学院、浙江育英职业技术学院的同行进行座谈，并实地到访杭州职业技术学院、南京工业职业技术学院和江苏农林职业技术学院。

【美国成人继续教育代表团一行到访中国成人教育协会】 5月24日下午，中国成人教育协会郑树山会长会见了美国成人继续教育代表团雷切尔女士等一行，双方对两国成人继续教育等领域进行了深入的探讨。

【中华职业教育社举办第十届海峡论坛·海峡两岸职业教育论坛】 6月5日—6日，第十届海峡论坛·海峡两岸职业教育论坛在厦门举办。论坛由中华职业教育社、台湾私立科技大学校院协进会、台湾海峡两岸教育交流促进协会、台湾中华劳促会、台湾劳动人权协会主办，福建省中华职业教育社、厦门市中华职业教育社承办，《教育与职业》杂志社、厦门南洋职业学院协办。十一届福建省政协副主席、福建省中华职教社主任郭振家和来自台湾12所院校、教育机构的20余位嘉宾以及120多名大陆各省区市的职业教育专家、学者及职业院校校长与会，围绕“全人教育”的主题展开研讨。会上，台湾私立科技大学校院协进会理事长、台北海洋科技大学校长唐彦博，台湾元培医事科技大学校长林志城，福建省教育厅副厅长陈国龙，江苏师范大学副教授陈鹏，常州轻工职业技术学院人文社科处处长、高职教育研究所所长檀祝平等12位来自海峡两岸的专家学者围绕论坛主题作学术报告。

【特拉维夫大学代表团到访中国成人教育协会】 6月6日，中国成人教育协会会长郑树山在北京会见了以以色列特拉维夫大学校长约瑟夫·克拉夫特教授为团长的代表团一行13人。双方就医学继续教育、全科医生培养、成人继续教育标准建设等以及双方合作前景进行了广泛而深入的探讨。会见结束后，中国成协医学继续教育专业委员会理事长王国斌教授，以色列特拉维夫大学执行校长雅润·奥兹教授分别代表双方签署了《中国成人教育协会与特拉维夫大学战略合作备忘录》。

【中华职业教育社受邀参加澳大利亚职评局中国办公室开幕典礼】 6月11日，应澳大利亚职评局邀请，中华职业教育社党组成员、副巡视员李英爱出席澳大利亚职评局中国办公室开幕典礼并剪彩。开幕典礼由澳大利亚职评局负责人普拉斯希尔·辛格先生主持，班迪戈堪培门学院首席执行官特雷弗·施万奇先生致辞。教育部、人力资源和社会保障部等相关单位的负责人出席了开幕典礼。

【台湾促进中国现代化学术研究基金会一行到访中华职业教育社】 7月11日，台湾促进中国现代化学术研究基金会执行长刘广华博士等一行到访中华职业教育社。双方就两岸职业教育的异同点、未来可进一步加强交流合作的领域和方式等进行了深入探讨和交流。

【台湾贤德惜福文教基金会董事长周荃一行到访中华职业教育社】 8月22日，台湾贤德惜福文教基金会董事长周荃，台北大学政治经济研究中心主任、中央电视台《海峡两岸》特约评论员、贤德惜福文教基金会董事郑又平一行到访中华职业教育社。双方就未来在继续合作举办既有对台工作品牌项目，以及根据新的两岸关系和形势不断拓展新项目等事宜与客人交换了意见。

【博茨瓦纳中国友好协会一行参访北京昌平职业学校】 9月5日，博茨瓦纳酋长院主席、博茨瓦纳中国友好协会主席皮措·哈伯罗内，博中友协执行主席南庚戌，博中友协理事给黎嘎等一行到北京昌平职业学校参观访问，并考察了学校的中德汽车教育文化交流中心、烘焙文化艺术学院。

【日本国际职业能力育成协会一行到访中华职业教育社】 9月17日，日本国际职业能力育成协会执行理事张超、理事山川晓司、国际事业交流部部长塥·奈苗、协会北京办事处刘艳玲一行到访中华职业教育社。双方就签署合作备忘录初步达成共识，还就未来在中国职业院校学生赴日本带薪实习项目，中职医务护理专业、机械专业、厨师专业、日语专业毕业生赴日留学项目，以及职业院校师资培训、学生交换等方面的合作进行了探讨和交流。

【新西兰“中新职教示范项目”总监到访中华职业教育社】 9月17日，新西兰“中国—新西兰职业教育示范项目”总监、新西兰国立怀卡托理工学院国际中心主任托尼·奥布莱恩，项目经理杰西·刘一行到访中华职业教育社。双方就共同探索研究有关合作项目以及建立合作伙伴关系等达成初步意向。

【中华职业教育社赴美国、巴西交流】 9月19日—26日，应美国华盛顿州贝茨技术学院和巴西桑托斯SENAL职教中心邀请，由中华职业教育社党组成员李英爱任团长的代表团一行6人赴美国、巴西进行职业教育交流。在美、巴参访交流期间，代表团一行先后在华盛顿州西雅图市和塔科马市访问了航空制造业现代学徒委员会、西雅图南社区学院、贝茨技术学院，在巴西圣保罗州圣保罗市和桑托斯市分别访问了巴西中国和平统一促进总会和桑托斯SENAL职教中心。参访期间，代表团与美、巴各机构主要负责人和团队进行了深入交流，介绍了中国职业教育发展情况、中华职业教育社的历史和主要职能，并与各参访机构就下一步合作事宜进行了洽谈。

【中华职业教育社赴爱尔兰、荷兰和德国考察】 9月27日—10月6日，应都柏林理工学院、荷兰朗蒂丝教育集团、德国柏林自由大学国际学院等机构邀请，中华职业教育社组织职业教育考察团，由党组成员、副总干事杨农带队，重庆市中华职教社副主任徐家祥、陕西省中华职教社秘书长李明富等一行5人赴爱尔兰、荷兰、德国对职业教育情况进行考察。先后访问了都柏林理工学院、都柏林城市大学、荷兰朗蒂丝教育集团、柏林教育局、柏林AVT职业培训中心、柏林自由大学国际学院等6家机构，并与有关负责人举行座谈交流。

【中国教育国际交流协会与新西兰海外教育推广局、怀卡托理工学院共同举办第六届中新职业教育论坛】 10月12日，第六届中新职业教育论坛在新西兰奥克兰市举行，中新嘉宾近百名代表出席论坛。本届论坛由中国教育国际交流协会与新西兰海外教育推广局、怀卡托理工学院共同举办，由中新职业教育与培训示范项目承办。中国驻奥克兰总领事馆副总领事肖业文、新西兰教育推广局首席执行官格兰特·麦克弗森到会致辞，教育参赞刘万生出席论坛。中国教育国际交流协会职业教育与培训部主任余有根、中新职业教育与培训示范项目办主任托尼·布莱恩致辞。

【中华职业教育社组团赴台湾考察职业教育】 10月16日—22日，应台北海洋科技大学邀请，中华职业教育社党组书记、总干事方乃纯率职业教育考察团一行8人赴台湾进行考察交流。在台期间，考察团先后参访了致理科技大学、台北育达高级商业家事职业学校、台北海洋科技大学、龙华科技大学、台湾科技大学、元培医事科技大学、仁德医护管理专科学校、朝阳科技大学、树德高级家事商业职业学校、树德科技大学、世新大学等11所学校，实地考察了学校办学情况，并分别在上述学校召开座谈会听取学校办学经验介绍，与各院校负责人及相关人员就技职教育发展情况和技职院校的建教合作、校务管理、创意创新创业工作、两岸合作等主题进行了深入交流。除参访学校外，考察团一行还同台湾私立科技大学校院协进会、台湾贤德惜福文教基金会、台湾中华领袖菁英交流协会等相关方面负责人进行会谈，广泛联系接触台湾职业教育界人士，多角度多层面地了解台湾技职教育发展情况。

【加拿大国际教育发展协会主席董晗鹏一行到访中华职业教育社】 11月28日，加拿大安省内阁立法及法规委员会主席、加拿大国际教育发展协会主席董晗鹏，加拿大职教专家、安省国际学校教学总监山姆·伯顿，加拿大国立苏圣玛丽学院中国区负责人甄韵霏等一行到访。双方就建立合作伙伴关系及签署合作备忘录等事宜达成初步共识。

【荷兰朗蒂丝教育集团总监范康普到访中华职业教育社】 11月30日，荷兰朗蒂丝教育集团总监范康普先生及助理曾莉到访中华职业教育社。双方就共同致力于推动中荷职业教育发展，特别是现代农业技术及产业发展方面的交流与合作达成共识。

【台湾海峡两岸教育交流促进协会秘书长路蕙鸿到访中华职业教育社】 11月30日，台湾海峡两岸教育交流促进协会秘书长路蕙鸿到访中华职业教育社双方在两岸访学互派、学术研讨、台湾师生来陆实习和工作等相关项目。

【日本中央学院集团参访团到访中华职业教育社】 12月3日，日本中央学院集团理事长中岛利郎、日本国际职业能力育成协会执行理事张超等一行8人到访中华职业教育社。双方就未来在中国职业院校学生赴日本带薪实习项目，中职医疗护理专业、机械专业、厨师专业、日语专业毕业生赴日实习和留学项目，以及职业院校师资培训、学生交换等方面的合作进行了深入探讨。参访团一行还考察了华唐中科科技集团和济南工程职业技术学院。在华唐，日本客人参观了集团的大数据、物联网、移动互联网、虚拟现实（VR/AR）以及数字地理信息（GIS）等新型信息技术产品展厅，体验了集团设计研发的模拟实训系统（CCSS），并与客人进行座谈，双方围绕最新教学技术和设备的研发和推广等方面的合作可行性进行了沟通，对未来进一步的交流与合作高度期待。在济南工程职业学院，参访团在考察了学校的传统文化工匠坊、装配式建筑体验中心及动漫专业设计工作室等实训场所后，进行座谈交流，并签署《合作备忘录》，以期未来在专业交流、师资培训等方面开展合作。

院　　校

Educational Institution

综　述

【概述】 2018年，职业院校深入贯彻党的十九大和全国教育大会精神，以习近平新时代中国特色社会主义思想为指导，按照高质量发展根本要求，落实立德树人根本任务，深化产教融合校企合作，加快职业教育现代化发展，推动职业教育改革创新不断深入，呈现出新的特点。

【校企合作推动科技创新发展升级】 天津职业技术师范大学与中汽中心汽研院共建“国家地方联合工程研究中心”，共同开展智能车路协同与安全技术的研发、产业化、人才培养等工作。西门子德阳高端装备智能制造创新中心落户四川工程职业技术学院，是国内首个面向装备制造业的智能制造创新中心。长春汽车工业高等专科学校与中国一汽共建“一汽大学技能人才培训培养基地”。黑龙江农垦职业学院与北大荒通用航空有限公司共建“北大荒无人机学院”。上海工程技术大学与克拉玛依市签订《克拉玛依市人民政府与上海工程技术大学战略合作框架协议》《上海工程技术大学与克拉玛依先进科技联合研究院产学研战略联盟2018年行动计划》《上海市激光先进制造技术协同创新中心新疆分中心共建协议》，成立“上海市激光先进制造技术协同创新中心新疆分中心”。北汽新能源汽车技术培训中心落户天津职业大学。北京飞机维修工程有限公司、北京电子科技职业学院和成都航空职业技术学院共同成立“航空工程技术学院（ATEC）”。

【职业教育国际化发展走向深入】 天津中德应用技术大学和柬埔寨国立理工学院共建澜湄职业教育培训中心，开展工程实践创新项目技术技能培训。天津职业技术师范大学承办外交部“南亚职业教育官员研修班”，来自斯里兰卡、阿富汗、巴基斯坦等南亚5个国家的11位职业教育官员完成研修。中国—南非职业教育合作·技术技能人才培养磋商会在常州信息职业技术学院召开，成立中国—南非职业教育合作联盟，由常州信息职业技术学院与苏州博众等企业以及南非地方政府合作设立“常信院南非分院”。陕西工业职业技术学院与俄罗斯符拉迪沃斯托克国立经济与服务大学联合建立“中俄丝路青年服装设计师工作坊”。湖南工艺美术职业学院赴巴基斯坦开展国际合作交流，与信德省职业教育委员会、ZAS COLLEGE & ART & DESIGN等7家机构、院校签订了合作办学协议。2018“一带一路”职业教育国际研讨会在深圳职业技术学院召开，来自21个国家和地区的100位职业教育界专家和国内职业院校、企业、行业的200位专家学者及代表，为构建“一带一路”职业教育共同体出谋划策。浙江国际海运职业技术学院开办浙江—巴新国际海事学院。广东机电职业技术学院承办澳大利亚TAFE师资培训。黄河水利职业技术学院与中水十一局共建的黄河水利职业学院赞比亚大禹学院在赞比亚挂牌。浙江机电职业技术学院成立首批海外“智能制造培训中心”。陕西铁路工程职业技术学院与肯尼亚铁路培训学院联合共建“鲁班工坊”，向肯尼亚及非洲国家输出中国铁路技术，培养铁路运营及管理人才。

【技能竞赛为技能人才培养注入新动能】 陕西工业职业技术学院学生服装作品亮相波兰青年学生服装设计大赛。广东机电职业技术学院承办华为中国区大学生ICT大赛2018广东赛区比赛，30所高职院校的688名选手参加比赛。河北工业职业技术学院荣获2018金砖国家未来技能挑战赛一等奖。2018“一带一路”暨金砖国家首届模具数字化设计与智能制造技能大赛开幕仪式在杭州科技职业技术学院举行，来自14个国家的代表队、相关企业代表共300余人参加开幕式。唐山工业职业技术学院荣获2018第二届金砖国家技能发展与技术创新大赛俄罗斯赛区赛暨欧亚世界技能高科技公开赛逆向工程赛项银奖。中国山东第十届海内外高端人才交流会国际应用技术创新大赛、国际职业技术教育巧手大赛在威海职业学院举行。河南经贸职业学院荣获第五届中国零售新星大赛一等奖。陕西国防工业职业技术学院举办2023年陕西省国防科技工业职业技能大赛。北京财贸职业学院举办"中英'一带一路'国际青年创新创业技能大赛"中国区总决赛。

【聚力打造职教科研新高地】 东莞理工学院参研的科研成果"基于高能效纳晶薄膜电极的工业废水电催化深度处理技术及应用"获国家技术发明奖二等奖。"职业教育大数据应用研究中心"在重庆工商职业学院成立，旨在推动大数据在职业教育中的研究与应用。湖南首个高职校企合作博士后科研工作分站落户湖南工业职业技术学院，将重点研究3D打印在医疗材料领域的研发及应用，是湖南省首个高职校企合作博士后科研工作分站。四川水利创新发展研究院在四川水利职业技术学院成立，搭建有四川省水利学会、成都水生态文明建设研究重点基地、四川省水利技术科研实训基地、蜀水文化研究培训基地等四个实体科研平台，增设《四川水利》杂志社第二编辑部，下设河（湖）长制研究、现代水利研究、智慧电力新技术应用、数字化城市建设、测绘新技术应用等10个研究机构。扬州工业职业技术学院获江苏省2017年度高等教育科学研究优秀成果一等奖。淮安信息职业技术学院获批全国职业院校工业文化研究中心，开展职业院校工业文化发展研究、培育、咨询、指导、评估与服务等工作。平度市职业中等专业学校《助推县域三农转型升级的中等职业学校教学改革研究与实践》获国家级教学成果特等奖。

【聚焦职教类型特征提升人才培养质量】 淄博职业学院被国家邮政局确定为全国邮政行业人才培养基地，为实施人才强邮战略和行业人才素质提升工程提供人才支撑。国家技术创新方法与实施工具工程技术研究中心高职高专创新人才培训基地在河北工业职业技术学院成立。兰州石化职业技术学院承担的全国高职院校石油炼制技术专业教学标准通过教育部验收，确立了教育与产业、学校与企业、专业与职业、教学过程与石油炼制生产过程相对接的专业建设思路。青岛职业技术学院牵头成立青岛中高职一体化培养职教集团，服务山东省和青岛市新旧动能转换、满足青岛市及周边地区对高素质技术技能人才的需求。《深圳职业技术学院中国特色世界一流职业院校建设方案》获批通过。河南交通职业技术学院被确定为空军士官人才培养定点院校，与空军签订定向培养士官协议。金华职业技术学院正式启用波音737–300飞机开展实训教学。浙江纺织服装职业技术学院举办册亨绣娘技能提升培训班。滇西职业教育研究中心在滇西应用技术大学揭牌，建设对内服务学校应用型课程开发体系、对外服务滇西职业教育发展的职业教育研究平台。青岛酒店管理职业技术学院牵头成立山东现代酒店业职业教育集团，《山东现代酒店业职业教育集团五年发展规划》同时发布。兰州石化职业技术学院成立劳动教育研究中心。

【职业教育助力文化传承】 鄂东民间挑补绣传习基地在武汉纺织大学揭牌，将发挥教育、研究功能，在广大学生和社区居民中做好中华优秀传统文化的传播。中国淮扬菜大师邀请赛在江苏食品药品职业技术学院举办，淮安市宣布正式启动"世界美食之都"申创工作，并发布《淮扬菜传承与发展淮安宣言》。第六届国际（上海）“非遗”保护论坛在上海工业美术职业学院举行，论坛以“传统再造——非物质文化遗产保护的新趋势”为主题，探讨各国面临当今非物质文化遗产保护困境时探索的新方法与新途径。成都纺织高等专科学校承办中国非物质文化遗产传承人群研修研习培训计划——2018彝绣彝族服饰普及培训。第八届全国职业院校“文化育人”高端论坛在陕西铁路工程职业技术学院举办，宣溪成立工业文化研究院的通知和全国职业院校工业文化研究中心成员单位名单并授牌。成都纺织高等专科学校发起成立“一带一路”国际艺术教育联盟，吸引了国内外72个高等教育机构、行业协会、研究机构和博物馆加盟。湖南省首届传统工艺振兴发展论坛在湖南工艺美术职业学院召开。中华职业学校举行纪念黄炎培先生诞辰140周年暨建校100周年主题活动。

本科院校

【东莞理工学院参研项目获国家技术发明二等奖】1月8日，中共中央、国务院在北京隆重举行国家科学技术奖励大会。东莞理工学院参研的科研成果“基于高能效纳晶薄膜电极的工业废水电催化深度处理技术及应用”获国家技术发明奖二等奖。东莞理工学院是该项目第三完成单位，东莞理工学院教授吕斯濠是项目的主要完成人之一。此前，该项目成果获教育部技术发明一等奖，项目成果主要包括纳晶多孔薄膜电极制备技术，具有限域增强效应的超溶氧电催化反应装备，以电—光及零价金属耦合工业废水深度处理技术等三大核心技术，已获授权发明专利26项；发表SCI刊物162篇，被SCI他引4090次，牵头单位研发团队作为核心成员入选“国家创新研究群体”。

【中德职业教育年会在同济大学召开】 1月20日—21日，由同济大学与德国巴伐利亚州文教部共同主办的“第二届中德职业教育年会”在同济大学召开。来自中德两国的教育主管部门负责人、职业教育领域专家学者以及310所院校的相关负责人共600余人参加年会。与会专家学者分别通过主旨演讲、专题报告、圆桌论坛等形式，就“智能制造背景下应用型人才培养的思考与探索”“教学质量管理、质量保障体系建设”“优质校建设背景下院校管理、专业建设及师资提升”等主题分享了各自的经验，并展开讨论。

【靖江市“百优企业院校行”产学研洽谈会在上海应用技术大学召开】 3月30日，江苏省靖江市科技知识产权局、靖江市人力资源和社会保障局、靖江市委组织部、靖江市科技镇长团和三十多家企业代表到上海应用技术大学开展靖江市“百优企业院校行”产学研洽谈会。会上，上海应用技术大学科技处与靖江市科技知识产权局、校学生处与靖江市人力资源和社会保障局分别签署合作协议；材料学院与江苏煌恒通信设备制造有限公司、香料学院与江苏尚香食品有限公司、电气学院与江苏皓日汽车零部件有限公司也分别达成技术开发合作意向；江苏双江能源科技股份有限公司聘请韩生教授为技术顾问。

【滇西职业教育研究中心在滇西应用技术大学揭牌】 6月22日，滇西职业教育研究中心揭牌仪式暨职业教育论坛在滇西应用技术大学举行。会上，为来自华东师范大学、浙江农林大学、河北师范大学、天津职业技术师范大学等外聘专家颁发聘书。研究中心将努力建设成为具有区域性、引领性、先进性和国际视野的职业教育研究平台，对内服务学校应用型课程开发体系建设，对外服务滇西职业教育发展，为各级党委、政府加快职教改革提供决策依据。

【上海工程技术大学与克拉玛依市签订战略合作框架协议】 8月18日，上海工程技术大学校领导率科研团队赴新疆维吾尔自治区克拉玛依市开展政产学研用协同创新交流。双方签订了《克拉玛依市人民政府与上海工程技术大学战略合作框架协议》《上海工程技术大学与克拉玛依先进科技联合研究院产学研战略联盟2018年行动计划》《上海市激光先进制造技术协同创新中心新疆分中心共建协议》，“上海市激光先进制造技术协同创新中心新疆分中心”也在会上正式成立揭牌。根据协议，双方将以克拉玛依市的高端装备、先进制造、人工智能、绿色能源、新材料、创意产业等产业为重点，以上海工程技术大学的机械工程、计算机技术、通信技术、材料科学、纺织服装、设计学等学科为坚强依托，建设资源共享平台，深入推进产教结合，助力新疆经济转型。

【中国—东盟特殊教育发展交流与合作会议在贵州工程应用技术学院举行】 9月26日—27日，由中国—东盟教育交流周组委会秘书处主办，由贵州工程应用技术学院承办的第十一届中国—东盟教育交流周“中国—东盟特殊教育发展交流与合作会议”举行。来自缅甸、马来西亚、菲律宾、老挝、印度、美国、日本、韩国等国嘉宾、我国港台地区、国内特殊教育领域的代表及学校特殊教育专业师生370余人参加会议。会议期间，贵州工程应用技术学院与邯郸学院、菲律宾聋校、印度言语与听觉研究所、缅甸民事授权谈判组织等签订合作备忘录。参会嘉宾围绕特殊教育专业建设、人才培养、教育康复、融合教育、医教结合等方面主题内容，从政策层面、理论层面、技术层面和实践层面进行了广泛分享与交流，增进了亚洲各国（尤其是中国与东盟国家）在特殊教育领域的相互沟通与了解，为进一步促进亚洲各国在教育领域（尤其是特殊教育领域）的广泛交流与合作奠定了基础。

【天津职业技术师范大学与中汽中心汽研院共建“国家地方联合工程研究中心”】 9月27日，天津职业技术师范大学与中汽中心汽车工程研究院举行智能车路协同与安全技术国家地方联合工程研究中心共建签约仪式。签约仪式上，与会人员就高素质复合型人才培养、人员互派、产教融合等问题进行了沟通交流，参观了中汽中心党建展室工程研究院的汽车性能试验室，并就科研和人才工作、相关设备和系统的测试、应用情况进行交流。双方表示，将依托联合工程研究中心和中汽中心汽车工程研究院的技术平台，共同开展智能车路协同与安全技术的研发、产业化、人才培养等工作。

【鄂东民间挑补绣传习基地在武汉纺织大学揭牌】 10月17日，鄂东民间挑补绣传习基地揭牌仪式在武汉纺织大学举行。鄂东民间挑补绣传习基地占地面积3000多平方米，是一个集纺织类非遗保护传承、展览展示、教学研究、产品开发于一体的综合平台，馆内展示了20项荆楚地区纺织非遗项目展品300多件套，是湖北地区纺织类非遗的集中展示。传习基地将发挥教育、研究功能，在广大学生和社区居民中做好中华优秀传统文化的传播。

武汉纺织大学在纺织类非物质文化遗产研究和保护领域，取得一定成果，先后承担并完成教育部、文化和旅游部以及湖北省、武汉市社科基金等科研项目30项，出版专著和教材28本，发表学术论文180篇，承办了4期传承人群研培班，培训全国200多名非遗传承人和从业者。

【澜湄职业教育培训中心暨柬埔寨鲁班工坊揭幕】10月28日，由天津中德应用技术大学和柬埔寨国立理工学院共建的澜湄职业教育培训中心暨柬埔寨鲁班工坊揭幕仪式在柬埔寨首都金边举行。柬埔寨鲁班工坊总面积6814平方米，包括机械加工技术、机电一体化技术、通信技术3个实训中心，18间实训室，1600多台（套）设备，用于开展工程实践创新项目技术技能培训，为澜湄地区培养高素质技术技能人才。

【天津职业技术师范大学承办外交部“南亚职业教育官员研修班”】 11月14日，由外交部主办、天津市人民政府外事办公室和天津职业技术师范大学联合承办的“2018年南亚职业教育官员研修班”结业仪式在天津职业技术师范大学举行，来自斯里兰卡、阿富汗、巴基斯坦等南亚5个国家的11位职业教育官员完成研修。研修班学员通过专题讲座、交流座谈、实地考察等形式，对“一带一路”建设背景下职业教育合作、中国高等教育国际化转型升级、中国职业教育评价及课程设计等内容进行交流研讨。

本次研修班是学校承办的外交部第四期南亚职业教育官员研修班，截至2018年已累计为各发展中国家培训学员一千余人，学员遍及亚洲、非洲、欧洲、北美洲、南美洲、大洋洲的国家和地区。

【全国新建本科院校联席会议暨第十八次工作研讨会在西安航空学院召开】 11月23日—24日，由全国新建本科院校联盟理事会主办、西安航空学院承办的全国新建本科院校联席会议暨第十八次工作研讨会在西安举办。会议的主题是“全面贯彻全国教育大会及新时代全国高等学校本科教育工作会议精神，提高应用型本科人才培养质量”。全国百余所新建本科院校300余名代表参加。教育部高教司司长吴岩在会议开幕式上作题为《新时代 新使命 新道路——瞄准服务域 建好建强地方应用型大学》的主旨报告，明确了地方应用型大学发展的时代方位，提出了全力建设神形兼备的应用型大学的基本路径，介绍了教育部在政策、组织、机制、服务和项目等五方面的支持体系。

会议设立4个分论坛，分别围绕“遵循四个回归理念 落实教学中心地位”“完善协同育人机制 提升人才培养能力”“优化专业布局结构 推进一流专业建设”“重塑教育教学形态 推动课堂教学革命”等主题进行了32场交流发言。代表们围绕论坛大会主题探讨了新建本科院校的应用型发展之路。

【深圳技术大学获批正式设立】 11月30日，教育部印发《教育部关于同意建立深圳技术大学的函》，文件正式批复同意设立“深圳技术大学”。文件明确，深圳技术大学系本科层次普通高校，学校定位于应用型高等学校，主要培养区域经济社会发展所需要的应用型、技术技能型人才，由广东省领导和管理。学校本科专业设置按照国家有关规定办理，首批设置机械设计制造及其自动化、物联网工程、交通运输、汽车服务工程、光源与照明、工业设计6个本科专业。

【东莞理工学院与振河科技共建创新服务研究院】 12月27日，东莞理工学院与振河科技共建的“振河—东莞理工创新服务研究院”在松山湖大学创新城揭牌。东莞理工学院与振河集团签订合作协议。振河—东莞理工创新服务研究院由企业提供场地，对学校入驻基地人员长期免费提供办公和研究场地。学校组织经济与管理学院、法律与社会工作学院（知识产权学院）高层次人才入驻，为企业提供知识产权协同创新、质量与品牌发展、社会工作、金融投资、政策与法律咨询和产业生态系统体系研究等服务。

高职院校

【福建林业职业技术学院与索菲亚家居股份有限公司上海分公司举行共建就业创业实训基地签约仪式】 1月4日，福建林业职业技术学院与索菲亚家居股份有限公司上海分公司举行共建就业创业实训基地签约仪式。仪式上分别就“共建就业创业实训基地”“设立索菲亚奖学金”“销售型设计师培养合作”签订了校企合作协议，并为“大学生就业创业、大学生社会实践实训基地”授牌。校企双方将在人才培养方案、销售型设计师企业课程、企业文化、设计大赛、就业创业指导、毕业生顶岗实习等方面开展合作。

【长春职业技术学院被国家旅游局评为“全国旅游职业教育校企合作示范基地”】 1月5日，国家旅游局公布了全国旅游职业教育校企合作示范基地入选名单，长春职业技术学院被评为“全国旅游职业教育校企合作示范基地”，是吉林省获得该项成果的唯一高职院校。国家旅游局为推动我国旅游职业院校对接行业产业、强化校企合作、创新人才培养模式，于2017年10月下发《关于组织开展旅游职业教育校企合作示范基地遴选工作的通知》（旅办发〔2017〕266号），开展旅游职业教育校企合作示范基地遴选工作。经各省、直辖市旅游发展委员会（旅游局）推荐，国家旅游局组织专家评审，最终确定了50所职业院校为全国旅游职业教育校企合作示范基地。国家旅游局每年为每个示范基地提供6万元经费支持，持续四年，用于开展具体的示范性校企合作项目。

【兰州石化职业技术学院承担的全国高职院校石油炼制技术专业教学标准通过教育部验收】 1月5日，兰州石化职业技术学院石油化学工程学院石油炼制技术专业牵头的《高等职业学校石油炼制技术专业教学标准》在教育部高等职业学校专业教学标准专家评审会上通过验收。《标准》编制历时1年，面向20余家企业、5所高职院校、500多名毕业生开展了人才需求调研，对调研内容和结果进行多次分析研讨，从培养目标、培养规格、课程体系等方面研制了专业教学标准，确立了教育与产业、学校与企业、专业与职业、教学过程与石油炼制生产过程相对接的专业建设思路。

【全国现代服务业职业教育集团京津冀分部在天津职业大学成立】 1月6日，全国现代服务业职业教育集团京津冀分部成立大会在天津职业大学举行。全国现代服务业职教集团京津冀分部将会同行业、企业、职业院校一起，主要从加强京津冀分部的基础能力建设、进一步深化校企合作，提升院校人才培养质量、提升分部服务现代服务业的能力、加大国际交流和合作等方面开展具体工作。

【南通科技职业学院与泰国9所中学签订“一带一路”留学合作协议】 1月7日—8日，由泰国岱密中学、三塔中学、三圣中学、法塔拉雅中学、玛塔中学、孔颂中学、班罗中学、纳瓦明中学、邦利中学等9所中学组成的代表团访问南通科技职业学院，并分别与学校签署“一带一路”留学合作协议，访问期间就招生的各个环节进行了充分的探讨和交流，包括申请条件、招生时间节点、奖学金政策、汉语学习、学生管理、学历提升等。此次合作是学校赴泰国及柬埔寨开展教育推介活动取得的成果。

【中国—南非职业教育合作·技术技能人才培养磋商会在常州信息职业技术学院召开】 1月30日，由教育部中外人文交流中心、南非高等教育和培训部工业和制造业培训署主办，常州信息职业技术学院承办，江苏省教育厅、江苏省经信委、CCF常州分部支持的，中国—南非职业教育合作·技术技能人才培养磋商会（以下简称中南职教磋商会）召开。来自两国教育主管部门的政府官员、教育科研机构与高职院校专家、职业学校代表、企业代表、CCF会员代表等200多人参加会议。会议现场，中国—南非职业教育合作联盟正式成立，由常州信息职业技术学院与苏州博众等企业以及南非地方政府合作设立的“常信院南非分院”正式揭牌。在联盟框架内，双方将建立定期工作磋商机制，建立成员单位间信息与资源共享平台，促进院校成员单位和企业成员单位间的产教融合，鼓励和支持联盟成员院校间的学分互认，积极推动中国和南非间学位学历互认工作，并支持成员单位间互设对象国和地区研究中心，开展双方的产业发展政策研究，为企业投资、产业发展提供咨询，增进彼此间文化和社会的深入认识。

【淄博职业学院被国家邮政局确定为全国邮政行业人才培养基地】 1月30日，国家邮政局印发了《国家邮政局关于确定第二批全国邮政行业人才培养基地的通知》，淄博职业学院邮政人才培养基地正式获得批复。该基地的申报历经院校申报、省局审核推荐和国家局评审公示，目的是实施人才强邮战略和行业人才素质提升工程，加速培养结构合理、素质优良的现代邮政专业人才队伍。南京邮电大学、重庆邮电大学等12所院校同时获批。

【南京交通职业技术学院入选江苏省高水平高等职业院校建设单位】 1月30日，江苏省教育厅、江苏省财政厅发布《关于公布江苏省高水平高等职业院校建设单位名单的通知》（苏教高〔2018〕2号），公布22所高职院校为江苏省高水平高等职业院校建设单位，南京交通职业技术学院成功入选。江苏省高水平高等职业院校建设周期为五年（2018—2022年）。从2018年起，建设高校生均财政拨款按省属普通本科院校标准拨付，其中市属高校按现行财政管理体制由同级财政安排。

【乐山职业技术学院与沐川县人民政府签署院地合作协议】 2月28日，乐山职业技术学院与沐川县人民政府签署了院地合作协议，“托管帮扶”沐川县中等职业学校，乐山职业技术学院向该校推荐派出副校长，双方将依托乐山职业技术学院国家高技能人才培养基地，通过师资共享方式，整合资源，加强产教融合和校企合作，提升沐川县中等职业学校社会服务能力，开展康复、康养、旅游、休闲等应用型地方技能人才培养以及“现代学徒制”等人才培养模式。

【新疆交通职业技术学院获精准对口援助】 3月6日，全国交通运输行业职业教育对口援疆行动计划启动会在新疆乌鲁木齐召开。会上发布了《对口援助新疆交通职业技术学院行动计划（2018—2020年）》，明确2018后3年，将以全国交通运输职业教育教学指导委员会（简称交通行指委）为对口援助协调平台，充分发挥全国交通运输高职院校的示范辐射作用，精准援助新疆交通职业技术学院，全面提升办学水平和人才培养质量。根据《行动计划》，2018年至2020年，交通行指委将以学期为单位，分6个阶段开展对口援助工作，采取“走出去、请进来”的方式，安排全国交通运输高职院校对口援助新疆交通职业技术学院。通过高层次领军人才援助、专业教师（管理干部）互派交流、专业和课程建设援助等形式，实现资源共享、优势互补，形成精准对口援助机制。

【宁波卫生职业技术学院和宁波安丽文家庭服务有限公司共建宁波家政创业园】 3月18日，

由宁波卫生职业技术学院和宁波安丽文家庭服务有限公司共建的全国首个产学合一模式的家政创业园、全国首家纯家政性质的创业园——宁波家政创业园正式开园。宁波家政创业园以“至善、坚韧、团结、诚信、品质”为经营理念、以“为用户创造品质生活”为服务理念，将为有志于家庭服务事业的创业者、经营者、服务者提供全面系统的培养培训，以及创业指导服务。创业园约3400平方米，核心板块是约2000平方米的家政职业经理人培养、家政创业孵化场所。

【金华丰收乡村振兴学院在金华职业技术学院成立】 3月18日，金华丰收乡村振兴学院成立仪式在金华职业技术学院举行。会上，与会领导为“金华丰收乡村振兴学院”揭牌，并为金华丰收乡村振兴学院第一批兼职研究员颁发聘书，金华职业技术学院与市农业农村局签署校地战略合作协议。金华丰收乡村振兴学院由金华职业技术学院联合省农村信用联合社金华办事处、金华市农办和农业局等部门共建，定位为培养现代农业创业者的摇篮，将发挥培训、辅导、交流、服务等功能，开展农创客和农村金融人才培育，服务指导农创客科学进行农业生产，协助农创客解决种养殖实际问题，解决农业创业融资问题，为乡村振兴提供人才支撑。

【陕西工业职业技术学院学生服装作品亮相波兰青年学生服装设计大赛】 3月21日—26日，应第九届波兰服装设计师大奖赛组委会邀请，陕西工业职业技术学院服装设计专业2名学生携作品赴波兰华沙参加波兰国家级青年学生服装设计大奖赛。经过大赛评委会初选、成衣查看、提问答辩等环节，进入半决赛，作为唯一的国外院校代表在大赛T形台上进行公开展示，受到华沙市民的赞叹和好评。

【四川工程职业技术学院与泰国职教联盟院校签署国际教育合作协议】 3月25日，四川工程职业技术学院与泰国南邦职业学院、清莱职业学院、素可泰职业学院、斯里索隆工业社区教育学院、邦可法工业社区教育学院等五所职业院校签署合作备忘录和酒店管理专业泰国学生联合培养协议。此次合作是为贯彻落实《关于做好新时期教育对外开放工作的若干意见》《推进共建“一带一路”教育行动》和《留学中国计划》等文件精神，学校结合现有酒店管理专业优势和特色，积极实施来华留学生项目，计划在2018年招收泰国来华留学生30名，与泰国合作院校开展联合培养。

【国家技术创新方法与实施工具工程技术研究中心高职高专创新人才培训基地揭牌仪式在河北工业职业技术学院举行】 3月26日，国家技术创新方法与实施工具工程技术研究中心高职高专创新人才培训基地揭牌仪式在河北工业职业技术学院举行。国家技术创新方法与实施工具工程技术研究中心是在全国首家制造业创新方法省级工程技术研究中心——“河北省制造业创新方法工程技术研究中心”基础上，经科技部批准建设的全国唯一专门研究TRIZ的国家工程技术研究中心。

【“中俄丝路青年服装设计师工作坊”在陕西工业职业技术学院揭牌成立】 3月28日，由陕西工业职业技术学院与俄罗斯符拉迪沃斯托克国立经济与服务大学联合建立的“中俄丝路青年服装设计师工作坊”在陕西工业职业技术学院揭牌成立。中俄两校将以该“工作坊”为平台，开展国际时装设计大赛、师生双向交流、服装设计专业的合作办学和科研合作等项目。该“工作坊”是陕西工业职业技术学院与“一带一路”沿线国家高校联合设立的首个以合作共建实训室为基础，开展人文交流、联合办学、创新创业教育的综合性国际化交流合作平台。

【烟台职业学院获得全国教育绿色大奖】 3月31日，在厦门召开的中国教育后勤协会能源管理专业委员会一届四次全委会暨2017年年会上，烟台职业学院获得“2017年度中国教育节能GREEN奖”，烟台职业学院是山东省唯一获奖的高职院校。

【中国淮扬菜大师邀请赛在江苏食品药品职业技术学院举办】 4月18日，中国淮扬菜大师邀请赛在江苏食品药品职业技术学院开幕。本次邀请赛作为中国国际食品博览会三大组成板块之一，包括了淮扬菜大师技艺比赛、淮扬菜菜品（展示）、“世界美食之都”申创启动仪式暨淮扬菜产业发展高端研讨会等三个主题内容。来自华东六省一市的460名大师带着自己的拿手作品参加了比赛，其中中国烹饪大师14名，非遗传承人6名，享受国务院政府特殊津贴1名。大赛共分为淮扬菜传统名菜组、淮扬创新菜组、中国名菜名点名小吃组、精品淮扬菜非遗美食组等六大项。会上，淮安市宣布正式启动“世界美食之都”申创工作，并发布《淮扬菜传承与发展淮安宣言》。

【湖南商务职业技术学院与长沙、株洲、湘潭三地工商联合会共同签署城市群校企战略合作协议】4月20日，湖南商务职业技术学院与长沙、株洲、湘潭三地工商联合会共同签署了《长株潭城市群校企战略合作协议》。此次合作涉及人才培养与输出、科技研发与运用、教育培训与商务合作三方面。湖南商务职业技术学院将与三地商会企业共同致力于专业群建设，采取“订单式”“学徒制”培养模式，每年定向培养企业所需人才，还将为企业在平台软件开发、大数据运用、电商销售等方面提供技术支撑，与企业共同办厂，联合经营，还将在实习实训基地建设、人员挂职锻炼、专业培训等方面展开深度合作。

【西门子德阳高端装备智能制造创新中心落户四川工程职业技术学院】 4月20日，西门子德阳高端装备智能制造创新中心合作共建签约仪式举行。德阳高端装备智能制造创新中心是西门子公司在全国布点建设的四个行业性“智能制造创新中心”之一，是国内首个面向装备制造业的智能制造创新中心，致力于产业转型升级，发展培育高新技术企业，培养引进高端人才，在大规模个性化定制、智能化产品研发、增材制造和机器人等进行制造技术应用、智能化服务领域提供人才保障和智力支撑。

【广东机电职业技术学院承办华为中国区大学生ICT大赛2018广东赛区比赛】 4月21日，由华为ICT学院和泰克教育主办，广东机电职业技术学院承办的“华为中国区大学生ICT大赛2018广东赛区初赛”开赛。广东机电职业技术学院、广东轻工职业技术学院等30所高职院校的688名选手参加比赛。华为ICT大赛是面向全球高校及大学生的赛事，旨在挖掘和培养最优秀的ICT人才，优化人才输出质量，更好地满足行业数字化转型过程中的用人需求，促进ICT人才生态发展，提升地区ICT竞争力。大赛分为“企业网络赛道”和“云计算&大数据赛道”两个赛道。

【武汉电力职业技术学院泰国电力专业教师培训班开班】 4月23日，武汉电力职业技术学院泰国电力专业教师培训班开班。来自泰国的12名电力专业教师参加培训，培训内容包括新能源技术和电力系统相关知识培训，并在国网武汉供电公司、中南电力设计院、湖北能源集团股份有限公司等开展现场教学。

【湖南工艺美术职业学院赴巴基斯坦开展国际合作交流】 4月23日—27日，湖南工艺美术职业学院赴巴基斯坦卡拉奇市参加“2018巴基斯坦—中国职业教育国际合作论坛暨资源展览洽谈会”。洽谈会期间，湖南工艺美院与信德省职业教育委员会、ZAS COLLEGE & ART & DESIGN 等7家机构、院校签订了合作办学协议，学院的服装与服饰设计等4个专业标准、建筑设计等8个课程标准被 MIAN SOAAILSARWAR、MAGNIFIC IT COLLEGE RSFODESO 等12家院校采用。

【全国首个 EAL 认证中心落户宁波职业技术学院】 4月26日，英国 EAL 宁波认证中心授牌暨现代学徒制签约仪式在宁波职业技术学院举行，是中国首个 EAL 认证中心。英国的“现代学徒计划”将学徒培训与国家职业资格制度结合，EAL 是在英国工程及制造业，建筑服务及相关产业中受雇主认可的职业资格证书颁发机构，宁波职业技术学院将英国的 EAL 课程体系融入课程，探索国际化发展背景下的人才培养模式改革，把 EAL 认证中心建设与校企合作结合，培养学生的职业核心能力和可持续发展能力。

【中国高等教育学会职业技术教育分会理事长工作会议暨高水平高质量高职院校建设研讨会在河北工业职业技术学院举行】 4月26日，由中国高等教育学会职业技术教育分会、河北省高职院校书记校长联席会主办，河北工业职业技术学院承办的中国高等教育学会职业技术教育分会理事长工作会议暨高水平高质量高职院校建设研讨会，在河北工业职业技术学院举行。本次会议以“高水平高质量高等职业院校建设”为主题，对当前我国高职教育领域创新发展的热点问题进行了深入研讨。中国高等教育学会职业技术教育分会会长、副会长单位和全国81所高职院校，以及《光明日报》、人民大学《复印报刊资料》、《中国教育报》、《中国职业技术教育》、《齐齐哈尔大学学报》等单位，共计200余位代表参加了会议。

【宁夏职业技术学院设计作品入围红点设计大奖决赛】 5月，宁夏职业技术学院《多功能自行车座鞍防雨防晒装置》入围红点设计概念奖决赛，是宁夏高校首次入围红点设计概念奖决赛的作品。该设计针对自行车尤其是共享单车鞍座受到暴晒或雨淋后不方便骑行的问题，提出了可行的解决方案，兼具美观和实用性为一体，为绿色出行提供了便利。

【“生活技能开发”青少年教育合作项目在宜春职业技术学院启动】 5月7日，教育部、联合国儿童基金会“生活技能开发”青少年教育合作项目在宜春职业技术学院启动，并举行了青年学生生活技能开发项目展演。“生活技能开发”青少年教育合作项目是提升职业学校学生生活技能的青少年教育项目，由教育部与联合国儿童基金会共同执行，旨在进行创造性思维、自我认知、抗压能力、情绪管理、问题解决、换位思考、沟通能力等10种核心生活技能的培养。

【2018“一带一路”职业教育国际研讨会在深圳职业技术学院召开】 5月11—12日，“一带一路”职业教育国际研讨会在深圳职业技术学院召开，此次会议主题为“互学互鉴·合作共赢”。本次会议由教育部职业教育与成人教育司、中国联合国教科文组织全国委员会秘书处指导，中国职业技术教育学会、教育部职业技术教育中心研究所、广东省教育厅主办，深圳职业技术学院承办。来自21个国家和地区的100位职业教育界专家和国内职业院校、企业、行业的200位专家学者及代表，围绕“一带一路”建设与职业教育发展等话题展开深度对话，

为构建“一带一路”职业教育共同体，促进区域职业教育改革发展以及为“一带一路”提供更高水平的技术技能人才支撑出谋划策。会上同时举行了深职院与马六甲马来西亚技术大学、德国萨尔兰应用技术大学、香港职训局、柬埔寨国家智库合作协议签订仪式和联合国教科文组织职业教育计划亚非研究与培训中心、“一带一路”职业教育研究中心的揭牌仪式。此次会议在多项领域达成共识，形成《深圳共识》。

【长春汽车工业高等专科学校与中国一汽共建“一汽大学技能人才培训培养基地”】 5月21日，“一汽大学技能人才培训培养基地”揭牌仪式在长春汽车工业高等专科学校举行。校企代表签署了技能人才培训培养基地共建协议，根据协议，双方将在实训基地建设、紧缺人才培养、产学研合作等领域全面开展战略合作。其中，新能源、智能网联、移动出行等一系列战略新兴任务的发展将依靠基地发挥人才孵化功能，打造一支掌握高端制造技能、具备工匠精神的卓越技能人才队伍。

【湖北省第八届社会科学普及周启动仪式暨湖北省社会科学普及教育基地授牌仪式在湖北职业技术学院举行】 5月23日，由湖北省社会科学界联合会主办、孝感市社会科学界联合会和湖北职业技术学院承办的湖北省第八届社会科学普及周启动仪式暨湖北省社会科学普及教育基地授牌仪式在湖北职业技术学院举行。科普周采取省市联动、社会组织和公众参与的方式，通过开展社科普及活动，传播党的声音，普及社科知识，推动社会科学走出书本、走向大众。

【第六届国际（上海）非遗保护论坛在上海工艺美术职业学院举行】 6月7日—8日，由上海市文化广播影视管理局、上海市人民政府外事办公室、上海市教育委员会、长宁区人民政府指导，第六届国际（上海）非物质文化遗产保护论坛组委会主办，上海工艺美术职业学院和上海艺术品博物馆共同承办的第六届国际（上海）非遗保护论坛在上海工艺美术职业学院举行。本届论坛以“传统再造——非物质文化遗产保护的新趋势”为主题，探讨各国面临当今非物质文化遗产保护困境时探索的新方法与新途径，分享彼此的经验与做法，为携手推进非遗保护事业发展、促进各国文化交流带来新的启迪与契机。

6月7日，举行第八届国际传统艺术邀请展和第四届国际（上海）文化旅游项目推介会作为论坛配套活动。

【黑龙江农垦职业学院与北大荒通用航空有限公司共建“北大荒无人机学院”】 6月15日，黑龙江农垦职业学院与北大荒通用航空有限公司举行共建“北大荒无人机学院”签约仪式。根据协议，双方将以垦区、农垦职教集团为依托，以服务建设现代农业大基地、大企业、大产业，努力形成农业领域航母为目的，满足垦区无人机发展需求，培养无人机应用技术专业人才，培训新型职业农民开展无人机植保标准化作业，服务龙江经济，实现校企双赢。

【北京财贸职业学院举办职业教育国际化校长论坛】 6月23日，由北京财贸职业学院主办，中国教育国际交流协会、北京市国际教育交流中心指导，北京商贸职业教育集团、英国国家创新创业教育中心（中国）协办的“职业教育国际化校长论坛”召开。本次论坛以“职业教育国际化”为主题，来自国内外的大学校长、政府、企业、学界代表近百人，围绕职业教育国际化，聚焦产教融合发展、人才培养体系构建、创新创业教育规划，汇集国内外院校国际化发展经验和优秀做法。

【“职业教育大数据应用研究中心”在重庆工商职业学院成立】 6月25日，由重庆工商职业学院与重庆市高等教育学会共建的“职业教育大数据应用研究中心”挂牌成立。该中心旨在推动大数据在职业教育中的研究与应用，是重庆市首个针对职业教育进行大数据分析研究的中心。该中心将以学校“大数据应用研究院”“重庆市职业教育大数据应用研究院”“互联网＋职业教育博士后科研工作站”等平台为支撑，并联动重庆市高等教育学会的资源，开展职业教育大数据的专业诊断，以用大数据分析支撑决策、优化教学、提升服务，打造职业教育的大数据生态圈。

【浙江国际海运职业技术学院开办浙江—巴新国际海事学院】 7月4日，由浙江国际海运职业技术学院和巴布亚新几内亚太平洋海事学院合作开办的浙江—巴新国际海事学院在巴布亚新几内亚太平洋海事学院揭牌，是学校主动对接我国“一带一路”倡议和教育部创新行动计划的国际教育合作项目。

【江苏省第六届“农民用网推广活动”在南京信息职业技术学院启动】 7月4日，由江苏省经信委、团省委联合主办，中国电信江苏分公司协办，委属院校承办的江苏省“农民用网推广活动”启动仪式暨委属院校暑期三下乡社会实践活动出征仪式在南京信息职业技术学院举行。来自南京信息职业技术学院、常州信息职业技术学院、淮安信息职业技术学院的300余名师生前往农村开展暑期三下乡社会实践活动，教留守村民使用网络、操作智能手机，并进行农民用网方面的调研。

【湖南首个高职校企合作博士后科研工作分站落户湖南工业职业技术学院】 7月9日，湖南工业职业技术学院在3D打印学院建立了顶立科技全国博士后科研工作分站，将重点研究3D打印在医疗材料领域的研发及应用。这是湖南省首个高职校企合作博士后科研工作分站。湖南工业职院特聘荣誉教授、顶立科技有限公司董事长戴煜为博士后科研工作分站授牌。湖南工业职院汽车工程学院副院长龚艳丽成为首个进站博士。该工作分站主要研究3D打印在医疗材料领域的研发及应用，已经计划开展《新型口腔钛合金种植体的材料设计》《制备技术及其增材制造工艺研究》等科研项目。

【广东机电职业技术学院承办澳大利亚TAFE师资培训】 7月9日—27日，广东机电职业技术学院承办的澳大利亚TAFE师资培训班开班。本次培训由澳大利亚新南威尔士州（NSW）TAFE北悉尼组织，面向与NSW TAFE合作的中国院校TAFE任课教师。培训分为两期，来自北京政法职业学院、上海商学院、深圳职业技术学院、广东轻工职业技术学院、顺德职业技术学院、成都工业职业技术学院和广东机电职业技术学院共39位TAFE项目的中澳两国教师参加培训。完成培训并且考核合格的中澳教师将获得TAE培训与评估四级证书，该证书是澳大利亚TAFE教师任职资格的必要条件之一。

【2018“一带一路”暨金砖国家首届模具数字化设计与智能制造技能大赛开幕仪式在杭州科技职业技术学院举行】 7月11日，2018“一带一路”暨金砖国家技能发展与技术创新大赛之首届模具数字化设计与智能制造技能大赛中国赛区决赛在杭州科技职业技术学院开幕。来自14个国家的代表队、相关企业代表共300余人参加开幕式。比赛项目涵盖数字化、网络化、智能化中的关键技术，充分展示了智能制造技术与产业发展成果，引领智能制造紧缺人才培养方向和院校专业转型升级，推动赛事成果转化和产学研用国际合作。此次比赛分为操作技

能、技术答辩和个性作品设计三个竞赛环节，首次引入国际职业能力8项指标，以检验选手发挥应用基础理论判断、分析、解决专业技术和实际问题的综合能力。

【长春医学高等专科学校成立老年健康大学】 7月11日，长春医学高等专科学校老年健康大学揭牌暨开班仪式在长春医学高等专科学校举行。老年健康大学将坚持“三高”（高标准定位、高水平建设和高质量发展）理念，把老年健康大学办成老年朋友“求知、求健、有为、有乐”的精神家园。

【青岛职业技术学院牵头成立青岛中高职一体化培养职教集团】 7月13日，青岛中高职一体化培养职业教育集团在青岛职业技术学院成立。第一次理事会审议通过《青岛中高职一体化培养职业教育集团章程》，选举产生副理事长单位10个，涵盖中高职、企业行业代表，选举常务理事单位28个、理事单位68个。职教集团以积极服务山东省和青岛市新旧动能转换、满足青岛市及周边地区对高素质技术技能人才的需求为主旨，以高职引领、中高职衔接、校企合作、产教融合为路径，推动青岛市产业转型升级和职业教育集约式发展。

【广东科学技术职业学院开展“国际语言村项目”精准扶贫】 7月14日，广东科学技术职业学院首次将“国际语言村项目”引进地处粤东大山深处的大梧村，开展为期7天的爱心扶贫支教活动。来自美国、英国和澳大利亚的外教志愿者，重点帮扶贫困落后地区的乡村中小学英语教师，通过面授、情景教学、小组讨论、角色扮演、模拟演练、户外拓展等教学活动，强化当地英语教师的听力和口语教学培训，提高英语应用和教学技能。

【贵州水利水电职业技术学院承办中国—东盟职业教育国际论坛暨特色合作项目成果展】 7月26日，中国—东盟职业教育国际论坛暨特色合作项目成果展在贵阳举行。本次活动由中国教育国际交流协会、中国—东盟中心、东南亚教育部长组织、浙江省教育厅共同主办，浙江省教育国际交流协会高职分会、贵州水利水电职业技术学院承办。来自各地政府、院校、行业、企业的代表近350人参加。在论坛开幕式上，与会嘉宾为首批20个“中国—东盟高职院校特色合作项目”授牌，并共同启动特色合作项目成果展。中外代表围绕跨境办学、人才培养、产教融合及师生流动等专题进行深入研讨，分享了合作案例和成功经验。

在中国教育部、外交部亚洲区域合作专项资金的支持下，中国教育国际交流协会设立“中国—东盟双百职校强强合作旗舰计划”，遴选出首批20个中国—东盟高职院校特色合作项目。首批入围项目覆盖境外办学、来华留学、合作办学、师生交流等多个领域，包含校际合作、校企合作、校企政合作、一对一、一对多、多对多等多种合作模式，合作国涉及马来西亚、印度尼西亚、泰国、新加坡、文莱、老挝、缅甸和柬埔寨。

【黄河水利职业学院赞比亚大禹学院在赞比亚挂牌】 7月27日，黄河水利职业技术学院赞比亚大禹学院在赞比亚下凯富峡水电站揭牌。赞比亚大禹学院由黄河水利职业技术学院与中水十一局共建，学院将立足服务中国电建集团下属企业，面向赞比亚，辐射南部非洲，为“走出去”中资企业海外工程技术技能人才本地化培养与应用提供可靠的人才保障。目前，已开展焊接、机械维修、工程测量三个专业的教学工作，培养赞比亚急需的本土技术技能型人才。

【《深圳职业技术学院中国特色世界一流职业院校建设方案》获批通过】 8月，深圳市教育局会同深圳职业技术学院编制的《深圳职业技术学院中国特色世界一流职业院校建设方案》（以下简称《方案》）获深圳市人民政府正式批准通过。这是我国高等职业院校的首个世界一流建设方案。《方案》结合深圳率先建设社会主义现代化先行区和形成具有世界级竞争力的现代产业体系发展需要，按照“立足深圳，对标前沿，瞄准一流，突出特色，服务需求，产教融合，统筹谋划，循序渐进”的思路编制。在建设思路上，瞄准世界产业发展前沿，联合一批世界一流行业企业，引培一批一流师资队伍，创造一流办学条件，打造一批一流品牌专业（群），培养一流技术技能人才，提供一流应用技术研发和社会服务，形成一流办学机制和大学文化，为经济社会发展作出一流贡献，产生一流的国际影响力。在建设路径上，围绕技术技能人才培养、创新创业教育、应用技术研发、社会服务、院校治理、师资队伍建设、国际影响提升、基础设施建设、大学文化建设等主题，实施“九大一流行动计划”。

【南京信息职业技术学院承办第五期全国高职高专院校思想政治理论课骨干教师培训班】 8月1日—19日，由全国高职高专院校思想政治理论课建设联盟主办、南京信息职业技术学院承办的第五期全国高职高专院校思想政治理论课骨干教师培训班在南京举行，共有来自全国200余所院校的300多名思政课骨干教师参加。全国高职高专院校思政联盟成立以来，按照联盟《章程》规定，一直把为一线思政课教师搭建培训、交流的平台作为一项重要的工作，努力为广大教师提升理论修养、提高教学水平、交流教学经验服务。

【河南交通职业技术学院被确定为空军士官人才培养定点院校】 8月29日，空军部队在空军航空大学召开定向培养士官联席会议。空军部队、院校、训练机构和全国18所地方院校代表共70余人参加会议。会上，空军与18所地方院校签订定向培养士官协议，并颁授“空军士官人才培养定点院校”牌匾。河南交通职业技术学院、延安职业技术学院、武昌职业学院和长沙航空职业技术学院分别汇报交流定向培养士官工作情况。会议目的是深入研究培养工作的目标方位、标准要求、方法路径和制度机制，运用优势资源和先进成果，共同做好定向培养士官工作。

【浙江机电职业技术学院首批海外“智能制造培训中心”在南非挂牌】 9月，浙江机电职业技术学院访问南非期间，分别与南非诺斯林克继续与技术学院和戈特锡班德职业技术学院签订合作协议，共建首批“南非智能制造培训中心”，并举行挂牌仪式。在诺斯林克继续与技术学院期间，双方同时议定共同规划与建设包含2层4个实训中心和8间理实一体化教室的实训大楼用于发展智能制造培训中心。在戈特斯班德职业技术学院与当地企业的教师座谈，了解企业开发项目、企业捐助及学生考评等具体事宜，为后续合作扎下基础。

【中非教育合作论坛培训班在宁波职业技术学院举办】 9月3日，由世界银行、北京大学中国教育财政科学研究所、宁波职业技术学院共同主办的中非职业教育培训班在宁波职业技术学院开班，中非职业教育培训项目是世界银行中非教育合作论坛的重要组成部分。来自埃塞俄比亚、肯尼亚、坦桑尼亚等国的38名学员参加培训。他们将系统学习宁波高职院校的办学理念，以及产教融合、绩效评估等做法，并寻求彼此间的合作。

【金华职业技术学院空乘专业实训基地正式启用】 9月11日，金华职业技术学院正式启用波音 737–300 飞机开展实训教学。课程模拟演示客舱服务的全过程，包括迎接乘客登机、安全演示、客舱餐食饮料服务、欢送乘客下飞机等。作为实训的波音 737–300 飞机为上海凯洛斯公司捐赠，经过半年改造，满足实践教学的要求，成为该院空乘专业学生的主要实训教学场地。

【陕西铁路工程职业技术学院与肯尼亚铁路培训学院联合共建“鲁班工坊”】 9 月 12 日，“肯尼亚铁路培训学院实践教学基地”在陕西铁路工程职业技术学院挂牌成立。两校签署国际合作框架协议，共建“鲁班工坊”，协议约定，陕西铁路工程职业技术学院在肯尼亚铁路培训学院设立培训中心，向肯尼亚及非洲国家输出中国铁路技术，培养铁路运营及管理人才。陕西铁路工程职业技术学院将承担肯尼亚及非洲铁路建设所需的师资培训、人才培养任务，提供铁路类专业培训方案、培训标准以及培训教材等培训教学资源，接收肯方注册学生来华短期留学，开展延伸学历教育。从 2016 年 10 月至今，陕西铁路工程职业技术学院派出专业骨干教师 50 余人次，前往肯尼亚为当地培训技术人员近千人，培训内容涉及行车、运输、电力、信号等。

【南通航运职业技术学院联合境内外行业企业举办国际普通船员研讨会】 9 月 14 日，南通航运职业技术学院联合新加坡海员联合会、森海（新加坡）海事服务有限公司、中新（南通）国际海事培训中心在深圳共同举办了国际普通船员研讨会。来自中国、新加坡、菲律宾、印度尼西亚、马来西亚、缅甸、中国香港地区等境内外船东、企业、政府海事管理机构和船员教育与培训机构的近 200 名代表、专家和学者参加了研讨会。研讨会上，与会人员就各国海员工会对于普通船员发展所提供的支持举措、中国普通船员外派数量相对较少的深层次原因、中国航运企业所面临的普通船员供应短缺问题及对策、教育培训行业如何能培养出更多符合国际行业要求的普通船员等问题进行了专题探讨。

【河北工业职业技术学院荣获 2018 金砖国家未来技能挑战赛一等奖】 9 月 28 日至 10 月 6 日，2018 金砖国家未来技能挑战赛在南非约翰内斯堡加拉格尔会议中心举办，来自巴西、俄罗斯、印度、中国、南非五个金砖国家的 143 名参赛选手参加了 14 个竞赛项目。河北工业职业技术学院智能制造系团队代表中国参加了数控多轴加工赛项，获数控多轴加工项目一等奖。

2018 金砖国家未来技能挑战赛暨第二届金砖国家技能发展与技术创新大赛，是由金砖国家工商理事会和南非高等教育与培训部联合举办，中国赛区赴南非参赛单位共 14 家。此次比赛重点关注未来先进技能，旨在为金砖国家技能人才搭建交流经验和分享实践的国际化平台。

【四川水利创新发展研究院在四川水利职业技术学院成立】 9 月 30 日，四川水利创新发展研究院在四川水利职业技术学院挂牌成立。四川水利创新发展研究院以四川水利职业技术学院为依托，搭建有四川省水利学会、成都水生态文明建设研究重点基地、四川省水利技术科研实训基地、蜀水文化研究培训基地等四个实体科研平台，增设四川省一级学术刊物《四川水利》杂志社第二编辑部，下设河（湖）长制研究、现代水利研究、智慧电力新技术应用、数字化城市建设、测绘新技术应用等十个研究机构，对接“一带一路”建设、长江经济带发展、新一轮西部大开发、河湖长制、乡村振兴、精准扶贫等国家战略，开展创新发展研究，提供战略决策咨询和智库顾问服务。

【浙江机电职业技术学院获世界职业院校与技术大学联盟卓越奖金奖】 10 月 8 日—10 日，世界职业院校与技术大学联盟2020年世界大会在澳大利亚墨尔本举行。大会揭晓了2020年度卓越奖获奖院校名单，浙江机电职业技术学院获高等技术技能金奖。

【成都纺织高等专科学校承办2018彝绣彝族服饰普及培训】 10月9日，中国非物质文化遗产传承人群研修研习培训计划——2018彝绣彝族服饰普及培训在成都纺织高等专科学校开班。本期培训是成都纺织高等专科学校承办的第11个“非遗”培训班，参培学员45人，主要来自由中纪委和省纪委精准扶贫重点帮扶的凉山州昭觉县、雷波县和乐山市马边彝族自治县。学员们将在成都纺专接受为期1个月的集中培训，学习非物质文化遗产保护与彝族文化、彝绣刺绣技艺、服装设计、非遗衍生品开发、市场营销、参观交流等课程。

【山东商业职业技术学院与山东省商务厅签订战略合作协议】 10月11日，山东商业职业技术学院与山东省商务厅举行战略合作协议签字仪式。双方签订《山东省商务厅与山东商业职业技术学院战略合作协议》，山东省商务厅与山东商业职业技术学院以此为契机建立战略合作机制，在项目组织与实施、商贸流通标准体系起草制订、咨询规划及高层次人才智力支持、商贸人才培养培训以及成立山东商务发展智库联盟等方面全方位开展战略合作。

【浙江纺织服装职业技术学院举办册亨绣娘技能提升培训班】 10月12日，为期两周的贵州册亨绣娘技能提升培训班在浙江纺织服装职业技术学院开班。该技艺提升培训班采取理论教学、实践操作和参观考察相结合的方式进行。课程内容涉及色彩搭配、创意设计、植物染工艺与创新、刺绣、家纺产品设计等，在帮助册亨绣娘挖掘传统手工艺文化的同时，将贵州民族特色文化和时尚潮流相融合，以提升册亨传统手工艺的市场竞争力。

【北汽新能源汽车技术培训中心落户天津职业大学】 10月12日，天津职业大学与北汽新能源汽车有限公司、汇智慧众汽车技术研究院举行签约、揭牌仪式，全国首家北汽新能源技术培训中心落户天津职业大学。北汽新能源技术培训中心将与天津职大林肯、福特、江淮等企业技术服中心形成汽车产业链技术技能人才培养基地，校企双方充分利用各自领域中领先的优质资源，在人才培养、员工培训、社会服务等多方面合作。培训中心将承担京津冀新能源汽车产业的社会培训和技术服务，服务京津冀地区战略性新兴产业发展要求。

【广东农工商职业技术学院举办中泰职业教育交流研讨会】 10月16日，广东农工商职业技术学院举办中泰职业教育交流研讨会。23所泰国学校与协会的36名代表参加研讨。该论坛旨在为学院与泰国高校之间的合作交流搭建新的平台，进一步深化中泰职业教育教学改革发展。中泰双方分别介绍了自己学校的发展规模、师资建设、学生培养、专业开设、就业创业等情况，并就共同关心的问题展开探讨。此次学校分别与宗通工业职业学校、办轰工业职业学院、沙拉匹科技学院、南邦职业学院、佛统职业学院、习萨刹那莱工业职业学院、办奔职业学院、清莱腾职业学院、北榄府农业技术学院以及泰国职业教育中文教师协会、中国语言与文化培训合作协会等11所学校、协会签署了谅解备忘录（MOU）。

【扬州工业职业技术学院获江苏省2017年度高等教育科学研究优秀成果一等奖】 10月17日，江苏省高等教育学会公布了2017年度高等教育科学研究优秀成果奖，扬州工业职业技术学院电气与信息工程学院王斌的《创新能力提升的实践教学体系构建与探索》获得一等奖，黄兴海的《新时代高校思想政治教育研究》、徐华的《基于专业发展的高职教师荣誉体系建设比较研究》获得三等奖。此次评奖共评选出一等奖5项，二等奖16项，三等奖90项，合计奖项111项。扬州工业职业技术学院是唯一获得一等奖的高职院校。

【唐山工业职业技术学院荣获2018第二届金砖国家技能发展与技术创新大赛俄罗斯赛区赛暨欧亚世界技能高科技公开赛逆向工程赛项银奖】 10月24日—28日，2018第二届金砖国家技能发展与技术创新大赛俄罗斯赛区赛暨欧亚世界技能高科技公开赛在俄罗斯叶卡捷琳堡举行，共有来自俄罗斯、中国、印度、巴西四个金砖国家和英国、沙特阿拉伯、瑞士、白俄罗斯、蒙古、伊朗、哈萨克斯坦等欧亚国家的400多名选手，参加逆向工程、无人机操作、工业机器人技术等32个赛项的技能竞赛。唐山工业职业技术学院参赛学生获2018欧亚世界技能高科技公开赛逆向工程赛项银奖。

【第十一届欧亚交通高校国际会议暨第二届中俄未来科技创新创业论坛在郑州铁路职业技术学院举行】 10月27日，由河南省人民政府、中国人民对外友好协会主办，郑州铁路职业技术学院承办的第十一届欧亚交通高校国际会议暨第二届中俄未来科技创新创业论坛在郑州举办，6个国家和地区的80余个政府部门及交通类高校200余人参会。本次会议以“开放创新·合作普惠”为主题，研讨“一带一路”背景下，综合交通体系智能化国际科学研究与教育合作、交通高校深度融入“一带一路”建设、互联网与物流融合创新发展、深化校企合作共育国际化交通类人才等议题，汇聚欧亚高校智慧，促进交通教育发展。旨在落实“一带一路”倡议，推动中俄两国科技界、产业界、教育界的优势资源整合，打造全球领先的科技创新创业平台，进一步推动国际交通高校共建合作，深化校企专业人才共育合作，力争构建国际合作新格局。

【威海职业学院举办中国山东第十届海内外高端人才交流会两项赛事】 10月29日，中国山东第十届海内外高端人才交流会国际应用技术创新大赛、国际职业技术教育巧手大赛在威海职业学院举行。国际应用技术创新大赛共收到400余件国内参赛作品和300余件国外参赛作品，大赛组委会筛选了有推广价值和继续研究价值的300余件作品，向社会公开展示，其中“超快硬化混凝土”等一批优秀项目已签约，将在威海落地转化。国际职业技术教育巧手大赛是主要面向国内外高校、技工院校举办的专业技能竞赛活动，大赛设有作品评比和技能竞赛两大类别，包括工业产品设计、海洋航行器设计及制作等6个赛项。威海市政府与山东省科学院共建的中国—乌克兰科技创新研究院威海分院同时落户威海职业学院。

【河南经贸职业学院荣获第五届中国零售新星大赛一等奖】 11月1日—2日，由中国连锁经营协会和香港恒欣连锁教育基金联合举办的2018第五届中国零售新星大赛决赛在昆明举行，共有来自全国90多个院校的142支队伍参加。该比赛的赛项主要包含门店运营沙盘对抗和零售数据分析汇报两个环节。河南经贸职业学院参赛学生获全国一等奖。

【第八届全国职业院校“文化育人”高端论坛在陕西铁路工程职业技术学院举办】 11月6日，第八届全国职业院校“文化育人”高端论坛会议在陕西铁路工程职业技术学院召开。本次论坛有专家学者，教育部职业院校文化素质教育指导委员会及全国107所职业院校党委书记、院长和教师代表、媒体、企业代表近300人参加。本届论坛以“学习贯彻习近平文化育人重要论述推进职业院校文化育人创新发展”为主题，开展专家报告、学术交流、成果展示等活动。在论坛中，各校代表围绕“职业院校文化育人体系构建”“职业院校学生综合素质培养与提升”“职业院校校园文化建设”等内容进行研讨。会议宣布成立工业文化研究院的通知和全国职业院校工业文化研究中心成员单位名单并授牌，工业文化研究院的职责是统筹开展职业院校工业文化发展的研究、培育、咨询、指导、评估和服务等工作，推动工业文化的交流与传播。

【淮安信息职业技术学院获批全国职业院校工业文化研究中心】 11月6日，淮安信息职业技术学院成功获批全国职业院校工业文化研究中心。该中心由工业和信息化部工业文化发展中心与教育部职业院校文化素质教育指导委员会联合成立，旨在弘扬工业文化，培育工匠精神，大力培养高素质技术技能人才，开展职业院校工业文化发展研究、培育、咨询、指导、评估与服务等工作，推动工业文化的交流与传播。

【西安航空职业技术学院与菲律宾八达雁省签署战略合作备忘录】 11月7日，西安航空职业技术学院与菲律宾八达雁省签署战略合作备忘录。《战略合作备忘录》显示，菲律宾八达雁省计划通过开发机场、海港和其他基础设施，使八达雁省成为菲律宾面向国内外的门户，为此八达雁省有意建立一所航空技术学院，培养未来的飞行员，以及进行通用航空、航空设备维修、航空辅助设施等各个方面的航空职业教育。西安航空职业技术学院具有60多年的航空教育经验，同意与八达雁省政府合作，协助其建立八达雁航空职业技术学院。

【黑龙江农业经济职业学院举行首批孟加拉国留学生开学典礼】 11月7日，23名来自孟加拉国的留学生在黑龙江农业经济职业学院举行开学典礼，正式开启了为期3年的留学生活。黑龙江农业经济职业学院党委副书记、院长张继忠代表学院全体师生对留学生的到来表示热烈欢迎，祝贺他们作为孟加拉国最优秀的青年代表来到中国学习，并希望留学生能够尽快适应新的学习生活环境，要珍惜来中国留学的宝贵机会，认真学习汉语，打牢专业基础，提升技能水平，主动与师生交流，学习中国文化，积极参加各项活动，争做两国文化交流的友好使者。

【中国—东盟交通职业教育联盟成立大会暨发展论坛活动在浙江交通职业技术学院举行】 11月8日，中国－东盟交通职业教育联盟成立大会暨发展论坛活动在浙江交通职业技术学院举行。大会由全国交通运输职业教育教学指导委员会主办，浙江交通职业技术学院和贵州交通职业技术学院共同协办。本次会议以“教育合作新起点人文交流新未来”为主题，旨在为扎实推进交通教育服务“一带一路”建设力度，增进东盟国家对中国交通教育成就的了解，共同探研交通职业教育发展前景。来自中国和东盟7个国家（地区）的院校、研究机构、企业等各界代表150余人出席。会议审议通过了中国－东盟交通职业教育联盟的章程和理事机构，举行了中国－东盟交通职业教育联盟的揭牌仪式。会上，浙江大学、广西交通职业技术学院、贵州交通职业技术学院、马来西亚海事学院等院校的专家做了分享发言。

【兰州石化职业技术学院与加拿大荷兰学院签署国际合作办学协议】 11月9日，应加拿大大使馆邀请，兰州石化职业技术学院参加了“加拿大大西洋海洋四省发展战略”高等教育中国访问团合作伙伴洽谈签约会，以及中国国际进口博览会加拿大大西洋四省日活动。在加拿大驻华大使和爱德华王子岛省省长见证下，兰州石化职业技术学院和荷兰学院签署了国际合作办学协议。合作办学项目涉及会计、市场营销和工商管理三个专业，双方将在国际交流互访、学生招生与管理、专家招聘等方面开展合作办学。

【中央电视台到宁夏职业技术学院摄制我国与阿曼苏丹国建交40周年纪录片】 11月15日—16日，中央电视台摄制组到宁夏职业技术学院开展阿曼留学生项目拍摄工作。本次在宁夏职业技术学院完成的摄制工作是为庆祝我国与阿曼苏丹国建交40周年，中央电视台阿语频道制作的记录中阿之间深情厚谊的系列纪录片《永恒的友谊》的组成部分。该片主要讲述在“一带一路”背景下，两国政府和民间在经济、教育、文化等领域的合作与往来，反映新时代两国人民共建人类命运共同体的不懈努力。宁夏职业技术学院阿曼留学生项目自2017年招收第一批留学生至2018年，已成功完成对首届留学生的校内培训计划。目前第二批留学生已如期在校学习。

【陕西国防工业职业技术学院举办2018年陕西省国防科技工业职业技能大赛】 11月16日，2018年陕西省国防科技工业职业技能大赛在陕西国防工业职业技术学院举行。来自陕西省国防科技工业系统航空、航天、兵器、船舶和军工电子等企业的123名参赛选手参赛。大赛对各工种决赛获得前3名的选手，授予“陕西省技术能手”称号，并为其办理技师或高级技师职业资格证书；对取得各工种团体前3名的单位，分别授予团体金、银、铜奖。

【青岛酒店管理职业技术学院牵头成立山东现代酒店业职业教育集团】 11月16日，山东现代酒店业职业教育集团在青岛酒店管理职业技术学院成立，同时签约成立银座文旅学院，举办首届山东省酒店业未来人才高峰论坛。《山东现代酒店业职业教育集团五年发展规划》同时发布，《规划》提出：到2022年建成山东省骨干职教集团，积极争创国家级骨干职教集团。山东现代酒店业职业教育集团由青岛酒店管理技术学院牵头，联合68家省内与现代酒店业相关的职业院校、行业协会、科研院所和企事业单位共同成立。成立山东现代酒店业职业教育集团，旨在主动服务山东省新旧动能转换重大工程精品旅游产业发展，适应新时期住宿餐饮业多业态、精细化、品质化、特色化发展的需要，促进院校、行业、协会资源共享、优势互补，实现共建共赢，为院校发展、企业竞争力提高提供强有力的支持和保障。

【江苏省南京工程高等职业学校荣获2018年全国职业院校技能大赛教学能力比赛金牌】 11月24日—26日，由教育部主办的2018年全国职业院校技能大赛职业院校教学能力比赛在山东济南举行。江苏省南京工程高等职业学校荣获中职组教学设计赛项金牌。本次比赛分为中等职业教育组、高等职业教育组和军事职业组。每组均设立教学设计赛项、课堂教学赛项、实训教学赛项，覆盖了中高职全部基础课程和部分专业门类。经全国职业院校技能大赛组委会组织专家对参赛作品进行初评，筛选出362件作品入围决赛。

【“中英‘一带一路’国际青年创新创业技能大赛”中国区总决赛在北京财贸职业学院举办】 11月25日，第二届“中英‘一带一路’国际青年创新创业技能大赛”中国赛区总决赛在北京财贸职业学院落下帷幕。此次中国区总决赛由全国高等职业院校创新创业教育联盟（IEEAC-HVC）、英国国家创新创业教育中心 NCEE（China）主办，北京财贸职业学院承办。大赛旨在推动“以赛促教，以赛促学，以赛促改”的教学改革理念，推动职业院校创新创业教育在实践教学领域的深化，激发职业院校学生的创新创业热情，提高学生创新创业技能水平。全国五大分赛区选拔赛决出的 33 所院校 47 支队伍近 280 名选手参加了此次全国总决赛。最终来自北京经济管理学院等 8 支参赛队伍获得金奖。中国赛区优秀师生代表队将于 2019 年 4 月赴英国伦敦参加中英大赛总决赛。

【哈尔滨职业技术学院在俄罗斯远东地区国际职业技能大赛中获佳绩】 11 月 26—30 日，第六届俄罗斯远东地区国际职业技能大赛（WorldSkills Russia）总决赛在俄罗斯哈巴洛夫斯克举行。本届大赛共有 43 个国际竞技项目，分 21 个赛场竞赛，来自日本、白俄罗斯、俄罗斯远东地区各城市等不同国家职业技术学院的 400 多名选手参赛。哈尔滨职业技术学院派出 3 支参赛队伍获得 2 项冠军和 1 项三等奖。

【福州职业技术学院在 ISBAUK 学院设立马来西亚分校】 11 月 27 日，福州职业技术学院马来西亚分校签约和授牌仪式在马来西亚 ISBAUK 学院举行。在 ISBAUK 学院设立的马来西亚分校招收国际学生并采取国内外分阶段的“2+1”模式培养专业技术人才。

【成都纺织高等专科学校发起成立“一带一路”国际艺术教育联盟】 11 月 29 日，由四川省教育厅主办、成都纺织高等专科学校承办的四川省教育国际文化体验活动暨第四届“一带一路”国际文化艺术周拉开帷幕。活动中，成都纺织高等专科学校倡议、中外 20 余所高校联合发起成立“一带一路”国际艺术教育联盟，吸引了国内外 72 个高等教育机构、行业协会、研究机构和博物馆加盟。

本届国际文化艺术周活动吸引了来自乌兹别克斯坦、美国、英国、泰国、韩国、波兰、新西兰、尼泊尔、马来西亚、老挝、印度尼西亚、法国、埃塞俄比亚、加拿大、孟加拉等 16 个国家的 70 多所高校和 30 多个企业、行业协会的 200 余名领导、嘉宾参加。

【中德高等职业教育合作联盟（江苏—柏林）2018 年年会暨人工智能与大数据时代的职业教育国际化发展研讨会在江苏建筑职业技术学院召开】 11 月 30 日，中德高等职业教育合作联盟（江苏—柏林）2018 年年会暨人工智能与大数据时代的职业教育国际化发展研讨会在江苏建筑职业技术学院召开。此次年会旨在搭建中德职业教育交流融合平台，拓展专业国际化发展途径，提升学校办学国际化水平。来自德国 BSK 国际教育机构、德国代根多夫应用技术大学、浙江工业大学等省内外 30 余所高职院校的 50 多位专家代表参加会议。在主旨交流会上，德国代根多夫应用大学副校长戈尔彻姆巴博士专题介绍《在人工智能和大数据时代的应用型高等职业教育》；德国代根多夫应用大学前任校长霍普夫博士阐释剖析《教育国际化的决策与管理》；浙江工业大学职业技术教育学院陈衍教授作《我国高等职业教育境外办学的新时代审视》专题报告；江苏农牧科技职业学院原党委书记吉文林教授与会分享《聚焦开放融通 倾力推进职业教育国际化办学——以江苏农牧为例》。大会通过了江苏海事职业技术学院、锡林郭勒职业学院等 7 所省内外高职院校成为中德高等职业教育合作联盟新会员单位。

【成都工业职业技术学院与红原县人民政府签订战略合作框架协议】 12 月 3 日，成都工业职业技术学院与阿坝州红原县签订战略合作框架协议。根据协议约定，成都工业职业技术学院将以助力红原县经济社会全面发展为目标，通过有针对性的技能培训、学历提升等方式，开展多形式多层次合作，培养红原县经济社会发展急需的技术技能型人才，助推红原县产业发展、社会进步、创新改革。通过协议的践行落实，双方将在更大范围、更高层次、更宽领域优势互补、深度合作、共同发展，助推民族地区同胞脱贫奔小康，实现校地互利共赢，开创精准扶贫的新模式。

【浙江机电职业技术学院举行“浙江能源学院”揭牌仪式】 12 月 5 日，浙江机电职业技术学院举行双元制模式二级学院试点“浙江能源学院”的成立仪式。浙江能源学院是机电集团和能源集团在浙江机电职业技术学院联合举办的双元制模式的二级学院，将在学院相关专业二年级学生中招录第一届“浙江能源学院”学生，采取“双元制”教学模式，在原有教学计划基础上，增加能源专业课程及企业“学徒工”标准实训课程，将企业内训体系引入学校、将企业项目化教学资源引入学校、将企业工程师引入课堂、将企业考评体系引入教学评价、将企业管理制度引入课堂。

【安徽省财经商贸职业教育集团在安徽商贸职业技术学院揭牌】 12 月 7 日，安徽省财经商贸职业教育集团在安徽商贸职业技术学院揭牌。会议审议通过了安徽省财经商贸职业教育集团章程，选举产生了理事长单位、副理事长单位以及常务理事单位，安徽商贸职业技术学院当选理事长单位。

安徽省财经商贸职业教育集团是经安徽省教育厅批准，由安徽商贸职业技术学院牵头，联合安徽省会计、营销、物流等行业协会、财经类中高职院校以及省内外企业在平等、自愿、互利的基础上组建的跨地区、多功能、多层次职业教育联合体。

【兰州石化职业技术学院成立劳动教育研究中心】 12 月 11 日，兰州石化职业技术学院劳动教育研究中心成立，这是我国高职院校首家成立的劳动教育研究中心。该研究中心将针对高职学生职业精神和职业素养培养的特点，通过劳动教育，让学生懂得只有劳动才能创造美好生活的道理，养成尊重劳动、勤俭节约、自食其力的习惯，长大以后成为热爱劳动、会劳动、能为社会作出贡献的人。

【广东职业技术学院与广州市茂名商会、广东万讯网农业股份有限公司共建创新创业学院】 12 月 14 日，广东职业技术学院举行“广东职业技术学院、广州市茂名商会、广东万讯网农业股份有限公司校企共建广东职业技术学院 · 万讯创新创业学院”签约暨揭牌仪式。会上，三方代表签署《合作共建“广东职业技术学院 · 万讯创新创业学院”协议书》，并为企业家颁发了创新创业学院名誉院长聘书及创新创业导师聘书。

【全国职业院校劳动教育研究院成立暨劳动教育研讨会在重庆工业职业技术学院召开】 12 月 15 日，全国职业院校劳动教育研究院成立暨劳动教育研讨会在重庆召开。来自全国高职院校的校领导、职能部门负责人、教师代表、学生代表共 100 余人参会。本次会议由教育部职业院校文化素质教育指导委员会、工业和信息化部工业文化发展中心联合主办，教育部职业院校文化素质教育指导委员会校园文化建设专门委员会、重庆工业职业技术学院共同承办。围绕劳动教育的理论与实践、劳动教育研究院的建设，与会专家学者进行了交流研讨。会议讨论通过了《劳动教育研究院工作方案（2018–2023）（讨论稿）》以及劳动教育研究院 2019 年工作计划。会上，全国职业院校劳动教育研究院揭牌。全国共有 36 所职业院校被确定为全国首批“劳动教育研究中心”。

【北京农业职业学院与国家体育总局、山西省繁峙、代县两县签署扶贫合作框架协议】 12月15—16日，应国家体育总局邀请，北京农业职业学院赴山西省繁峙、代县两县调研精准扶贫工作，并与国家体育总局及山西省繁峙、代县两县签署了扶贫合作框架协议。根据三方协议，今后三年学院将在干部专题培训、农业带头人培训、职业教育提升服务、技术示范推广、品牌策划推广和消费扶贫等方面开展针对两县的扶贫合作工作。

【2018年中国—东盟边境职业教育论坛在广西职业技术学院召开】 12月18日，由广西职业技术学院主办的“2018年中国—东盟边境职业教育论坛”召开。来自泰国、越南等国家和中国的职业教育领域知名专家、学者、教师近200人围绕“服务‘一带一路’，创新发展国际化合作办学”这一主题展开交流探讨。论坛包括成果分享环节、国内外学者6场主题演讲及研讨交流活动，通过论坛这个互联互动平台，共谋中国—东盟边境职业教育改革发展，共同推动产业与教育的深度沟通融合，充分发挥职业教育在促进国家或地区经济社会发展、促进就业、普惠民生等方面的巨大推进作用，实现合作共赢。

【“航空工程技术学院（ATEC）”启动仪式在北京电子科技职业学院举行】 12月19日，由北京飞机维修工程有限公司、北京电子科技职业学院和成都航空职业技术学院共同成立的“航空工程技术学院（ATEC）”启动仪式在北京电子科技职业学院举行。校—企—校三方合作成立航空工程技术学院，是职业教育人才培养模式改革的一次新探索。合作三方将共同制定符合国际航空标准、满足企业生产岗位实际需求的人才培养方案；共同根据企业生产一线的实际要求建设课程，要运用信息技术手段，以项目教学、案例教学为载体，打造以学生为中心的课堂，对接企业用人标准、岗位工作标准进行教学评价体系改革。

【“湖南省首届传统工艺振兴发展论坛”在湖南工艺美术职业学院召开】 12月20日，由湖南省文化和旅游厅、湖南省教育厅指导，湖南省非物质文化遗产保护中心主办，湖南工艺美术职业学院承办的“湖南省首届传统工艺振兴发展论坛”在湖南工艺美术职业学院召开。来自中国工艺美术协会美术陶瓷艺委会、工业和信息化部工业文化发展中心、省文化和旅游厅非物质文化遗产处、湖南大学、湖南师范大学等15所高校和科研机构的专家学者，以及学校教师代表参加了论坛研讨。会议宣布湖南传统工艺研究院正式成立，“湖南传统工艺研究院”和“湖南省传统工艺传承发展研究基地”揭牌。湖南传统工艺研究院以增强文化自信、服务湖南文化强省建设为目标，以湖湘传统美术、传统技艺及民俗类中的民族服饰项目等非物质文化遗产进行传承、保护、研究与发展为根本，为政府部门提供湖南传统工艺振兴的决策咨询，为湖南传统工艺振兴提供理论支撑，为湖南文化事业和文化产业发展提供社会服务。

【山西机电职业技术学院海外员工培训班开班】 12月24日，金诚信矿业管理股份有限公司海外员工培训班开班仪式在山西机电职业技术学院举行，赞比亚和刚果（金）20名海外员工参加培训。本次培训结合学员情况和公司需求，既安排了系统的理论课程和技能实训课程，又安排了中国传统文化和户外体验课程，旨在提升技术技能的同时，能够体验中国传统文化、了解中国历史。

【贵州交通职业技术学院与贵州省交通科学研究院股份有限公司签订校企合作框架协议】 12月25日，贵州交通职业技术学院与贵州省交通科学研究院股份有限公司签署《校企合作投资“清镇机动车检测公司”框架协议》。根据协议，双方将以共同投资建设股份制生产型实训基地（三合一汽车检测站）为基础，打造一个集教学、培训、生产、科研和技术开发推广“五位一体”平台，推动产学研等相关工作，使平台成为贵州汽车检测行业的标杆、贵州“双创”示范基地、贵州汽车检测行业技术研发和推广的高地。

中职学校

【安徽省职业院校中职组技能大赛交通运输类比赛在安徽省汽车工业学校举行】 3月10日，由安徽省教育厅、省经信委、省人社厅联合主办的安徽省职业院校中职组技能大赛“博仕达杯”交通运输类比赛在安徽省汽车工业学校正式开赛。大赛共设汽车机电维修、车身修复（钣金）、车身涂装（涂漆）、汽车营销四个赛项，来自全省36所学校的169名选手在交通运输类4个项目上展开省级角逐，比赛优胜者将有机会代表安徽省参加国赛。大赛得到合肥博仕达汽车服务公司、深圳风向标教育资源公司、安徽松广汽车服务公司等6家企业的大力支持。

【重庆市中职生全程职业生涯教育改革成果会在重庆市女子职业高级中学举行】 3月22日，重庆市中职全程职业生涯教育改革成果推广会在重庆市女子职业高级中学举行。会上，围绕中职生全程职业生涯教育改革实践作了经验交流汇报，还举行了重庆市职业院校生涯教育研究中心授牌仪式。研究中心将把职业生涯教育与人才培养结合起来，加强职业生涯师资队伍建设，开展校企融合，推动中职学校职业生涯教育的研究与发展。会议最后，为在重庆市第二届职业生涯教育教学竞赛中取得优异成绩的选手颁发了证书。

【世界技能大赛先进事迹巡回报告会在广西交通技师学院举办】 3月26日，由人力资源和社会保障部主办，广西壮族自治区人力资源和社会保障厅承办的世界技能大赛先进事迹广西首场巡回报告会在广西交通技师学院举办。人力资源和社会保障部、广西壮族自治区交通运输厅领导，以及南宁地区18所技工院校师生代表、媒体记者及部分企业代表、中学生代表约5000人参加该活动。报告会上，第44届世界技能大赛工业机械装调项目金牌选手宋彪、塑料模具工程项目金牌选手张志斌、移动机器人项目铜牌选手梁灶容以及工业机械装调项目专家宋军民先后作主题演讲。本次活动旨在普及世界技能大赛知识，宣传世赛人物、展现世赛历程、传播世赛经验，弘扬世赛精神，在全社会大力营造关注世赛、了解世赛、研究世赛、参与世赛的氛围。

在第44届世界技能大赛上，我国取得了15枚金牌、7枚银牌、8枚铜牌和12个优胜奖的优异成绩，位居金牌榜、奖牌榜、团体总分榜首。其中，宋彪同学获得44届世界技能大赛最高奖——阿尔伯特大奖，成为中国第一个获此殊荣的参赛选手。

【连云港中等专业学校国家产教融合项目现代服务开放性公共技能实训基地正式开工】 4月10日，连云港中等专业学校产教融合实训基地建设项目开工仪式在学校西区举行。学校现代服务开放性公共技能实训基地建设是经国家发改委批准的“十三五”产教融合建设项目，项目土建工程总投资1733万元，其中中央资金

1000万元。该项目实训楼建筑面积为9600平方米，建筑为五层，项目预计于2019年3月主体竣工。

【石家庄市职业技术教育中心举办优秀青年教师跟岗访学国家级培训】 4月16日，优秀青年教师跟岗访学国家级培训（加工制造类）开班仪式在石家庄市职业技术教育中心举行。来自河北省中职学校的15名优秀青年教师参加培训。本次培训为期8周共计320学时，将围绕专业发展、备课说课、跟岗访学、教学科研、教学演练、评研磨课、验收过关7个方面，开展丰富的系列教学活动，全面提升青年骨干教师的教学能力和科研水平。

【福建经济学校与福州司法强制隔离戒毒所开展合作共建活动】 4月18日，福建经济学校与福州司法强制隔离戒毒所合作共建、签字授牌仪式暨禁毒教育宣讲活动在福州司法强制隔离戒毒所举行。在签字、授牌以及聘用“校外禁毒辅导员”仪式后，4名戒毒学员用亲身经历阐述了毒品的危害。双方将开展更多共建活动，让禁毒知识更要走进校园，保护未成年人的身心健康。

【上海市商贸旅游学校举行2018上海市学生职业体验日暨FAIR营销节开幕仪式】 4月21日，2018上海市学生职业体验日暨FAIR营销节开幕仪式在上海市商贸旅游学校举行。上海中外文化艺术交流协会、上海市教委、上海教育报刊总社、上海交通大学等单位领导、企业行业专家、新闻媒体和中小学老师、家长、同学代表参加活动。开幕式上同时举行了黄浦区中职创业指导站、上海曼帝思青少年AI实训基地、博物馆课程中心、黄浦区中小学生职业体验学习中心揭牌仪式。课程中心、实训基地的建立为学生提供了创业、创新、创意的体验平台，是职业教育与基础教育、与产业的融合，为中小学生提供职业体验，引导对学生职业素养的关注。此次活动为学校与院校企业合作搭建平台，吸引更多社会人士参与学校建设，形成多方互利共赢局面，更好地开展创新创业教育。

【河南省经济管理学校与上海大众签订校企合作协议】 4月27日，河南省经济管理学校与上海大众联合发展有限公司、上海联晟汽车配套服务有限公司在学校行政楼举行了校企合作和专业技能型人才培养基地的签约仪式。“上海大众”班学生采取在校学习与在联晟汽车配套服务中心实习相结合的方式，既接受学校的课堂教学又接受服务中心技师的培训，实现教学与工作岗位实际要求对接，为上海大众联合发展有限公司、上海联晟汽车配套服务有限公司培养和输送具有较高服务技能和专长的技术人才，达到了企业、学校、社会共赢的目的。

【陕西省建筑材料工业学校举行“吉利汽车人才培养基地”揭牌仪式暨“吉利定向班”奖学金发放仪式】 4月27日，“吉利汽车人才培养基地”揭牌仪式暨“吉利定向班”奖学金发放仪式在陕西省建筑材料工业学校举行。仪式上，吉利汽车集团向学校授牌“吉利汽车人才培养基地”，向定向班“吉利博越班”授班牌，并为获2017年度“吉利博越班”奖学金学生颁发奖学金。此次合作是教育教学与企业需求的对接，校企双方协同育人，推动学校建立“校企双元”育人机制，加强“理论实践一体化”教学模式和专业技能和职业综合素养培养。

【天津市红星职业中等专业学校承办2018年全国职业院校技能大赛中职组沙盘模拟企业经营赛项】5月25日，全国职业院校技能大赛中职组沙盘模拟企业经营赛项在天津市红星职业中等专业学校举办。此次比赛共有 70 支代表队共计 280 名选手参赛。竞赛内容围绕着考察参赛选手资金预算分析、掌握资金来源及用途等财经商贸类各专业的核心技能进行设置，评出一等奖 7 个，二等奖 14 个，三等奖 21 个。

【贵州省林业学校承办全省非林专业人员业务能力提升专题培训班】 5 月 28 日—6 月 3 日，贵州省非林专业技术人员业务能力提升专题培训班在贵州省林业学校举办。此次培训班由贵州省林业厅主办，贵州省林业学校承办，各市（州）、县（市、区）、厅直单位的 100 名非林专业人员参加培训。培训采用专题讲座、现场教学、视频教学等多种教学手段，培训内容主要涉及新形势下林业发展新任务、林业政策法规、林业有害生物防治技术、森林防火、贵州林下经济发展现状及发展路径等基本知识，森林调查技术、林木栽培技术、ArcGis 技术、（抚育间伐、采伐、造林）作业设计编制要点等实用技术。

【“网络搭建与空间安全”省级师资培训班在长沙高新技术工程学校举办】 7 月 16 日，“网络搭建与空间安全”省级师资培训开班仪式在长沙高新技术工程学校举行。此次培训旨在提高湖南省职业院校技能竞赛“网络搭建与应用”及“网络空间安全”赛项水平，加强师资培养和竞赛资源成果转化，将竞赛内容融入教学标准和课程体系，将竞赛设备转化为教学实训设备，促进计算机网络以及网络安全相关专业建设发展。

【长春职业技术学校通过吉林省现代职业教育示范学校验收】 9 月 3 日，吉林省教育厅、财政厅、人社厅组织专家组对第二批现代职业教育示范校进行建设验收。长春职业技术学校是吉林省现代职业教育示范学校建设项目第二批项目建设学校，建设期为 2016 年 6 月至 2018 年 6 月，建设项目由 4 个子项目组成，即数字媒体技术应用、机电技术应用、数控技术应用 3 个专业建设项目和学校文化 1 个特色建设项目。项目验收专家听取了长春职业技术学校项目建设汇报、观看了项目建设视频片、实地进行了考察、查阅了文本资料、召开座谈会，并进行了深入交流和讨论，最终同意通过验收。

【安徽省 2018 年度对口招生工作座谈会在合肥工业学校召开】 9 月 7 日，安徽省 2018 年度对口招生工作座谈会在合肥工业学校召开，会议由安徽省教育厅职成处主办、合肥市教育局承办、合肥工业学校协办。来自全省 15 所高等院校及 6 所中职学校代表参加了会议。会议总结交流 2013 年安徽省实施职业院校分类考试招生制度改革以来的对口招生及人才培养工作，研究谋划 2019 年对口招生工作，回顾了 2013 年以来对口招生工作取得的成绩和困惑，立足中高等职业教育发展、国家考试招生制度改革和学校对口招生现状等不同视角，分析了对口招生考试改革面临的新形势和新任务。

【北京铁路电气化学校承办中国铁路北京局集团公司供电青工轮训】 9 月 17 日—28 日，中国铁路北京局集团公司供电青工轮训第五期、第六期先后在北京铁路电气化学校开班。铁路北京局集团公司此次青工（新入路五年内的青年技工）轮训工作，旨在全面提高青工的专业素养。此次青工轮训涵盖铁路行业五大专业集群，轮训周期为三年，供电专业拟受训学员 1500 余人，每年预计 500 人。2018 年计划开展十期，每期 50 人左右。

【江西省商务学校被确定为江西省高水平中职学校建设计划立项单位】 9 月 21 日，江西省教育厅公布了 10 所江西省高水平中等职业学校建设计划立项单位，江西省商务学校被确定为江西省高水平中职学校建设计划立项单位。根据江西省教育事业发展“十三五”规划，省教育厅组织实施了江西省中职教育质量提升“123工程”。经全省中职学校自行申报、各地市教育行政部门和主管部门组织遴选推荐、省教育厅组织专家评审等程序评选出本次立项学校。

【山西省工业管理学校师生获全国智能制造教学创新大赛一等奖】 9月27日—28日，机械行业职业院校智能制造领域教育教学创新及创新创业大赛决赛在青岛举办。全国16个省、直辖市的51所中、高职和应用型本科院校的95支队伍参赛，山西省工业管理学校参赛队获得智能制造领域教育教学创新大赛决赛一等奖。本次大赛以“新”为特点，决赛通过“仿真实操+初赛方案答辩”方式展示参赛队伍对智能制造新领域的掌握水平。

【中华职业学校举行纪念黄炎培先生140周年诞辰暨建校100周年主题活动】 9月29日，中华职业学校在校园内隆重举行了纪念黄炎培先生诞辰140周年暨中华职业学校建校100周年主题活动。上海市及黄埔区相关部门领导以及兄弟院校、合作单位、各界朋友和历届校友出席了纪念大会。

中华职业教育社和上海中华职业教育社分别发来贺信，中华职业学校黄玉璟校长向大会致辞，53届石油机械科毕业生顾心怿院士作为校友代表发言，黄浦区政协副主席程霄玉为合作企业和高校颁发了“紧密合作伙伴”证书，黄方毅先生向学校赠送了《黄炎培与毛泽东周期率对话》《黄炎培诗集》《灵玚百札》三本书，大会播出《职教嚆矢，树蕙滋兰》专题片表彰“恩师”和“杰出校友”，学校师生演绎了《百年中华职教颂》等校园文化节目，学校为北京校友会和上海校友会颁发了“心系母校”奖。

当日，学校还举行了校史陈列馆揭牌仪式和专业展示等活动，召开了第七届黄炎培职教思想研讨会。会后，嘉宾和校友们参观了校史陈列馆及专业实训室。

【北京水利水电学校承办2018年京豫、京鄂对口协作项目培训班】 10月10日—26日，京豫南水北调对口协作“水质保护培训班”、京鄂对口协作“十堰市城镇供排水管理培训班”在北京水利水电学校举办。培训班由北京市支援合作办、市水务局及市南水北调办主办，北京水利水电学校承办，两期培训参训学员共70名。培训内容为协作（支援）新观念与新举措、水资源保护与管理，水生态保护与修复动态、黑臭水体治理、全面推行河长制、污水处理技术等专业知识与实用技术。

【中德合作（山东潍坊）“AHK”项目落户寿光市职业教育中心学校】 10月12日，“AHK”中德（山东潍坊）化工职业培训中心建设协议签约仪式在寿光市职业教育中心学校举行。寿光市职业教育中心学校联合山东默锐科技有限公司与德国AHK、上海石化工业学校、上海德衍教育科技有限公司签订合作协议，共建化工职业培训中心，引进德国“双元制”职业教育体系，借鉴德国职业教育先进经验，推进中德在职业教育领域的合作与交流，为潍坊乃至全省培养符合德国标准的高端人才，助推地方经济高质量发展。通过此次合作，学校将以化工专业为依托，按照AHK标准，建立由跨国专家组成的“化工国际专家工作室”；引进德国“双元制”教学模式，着力开发基于国际标准的本土化课程；借鉴AHK教师培训菜单，培养教师获得国际职业资格证；开展指导实训室建设。

【吉林省与西藏日喀则市职业教育东西协作行动计划结对学校帮扶协议签订仪式在长春市第二中等专业学校举行】 11月7日，吉林省与西藏日喀则市职业教育东西协作结对帮扶协议签订仪式在长春市第二中等专业学校举行。参加签约仪式的有西藏日喀则市职业教育代表团、吉林省教育厅、长春市教育局以及长春汽车工业高等专科学校、长春市第二中等专业学校、长春市机械工业学校、长春职业技术学校四所结对帮扶学校代表。帮扶学校将派文化课教师、对口专业的教师援藏，提高日喀则市职业技术学校办学水平。此次结对帮扶是为落实《职业教育东西协作行动计划》，加大职业教育东西协作工作力度，加强地区学校之间的沟通联系，充分学习、交流办学经验并研究确定援助事项及合作协议细则，更好发挥职业教育在脱贫攻坚中的重要作用。

【厦门市集美职业技术学校承办2019年厦门市中等职业学校技能大赛“服装设计与制作项目”选拔赛】 11月10日—11日，由厦门市集美职业技术学校承办的2019年厦门市中等职业学校技能大赛“服装设计与制作项目”选拔赛闭幕。此次选拔赛包括电脑款式拓展设计、纸样设计与立体造型、CAD板型制作与推板、成衣的样衣试制四个模块的工作任务，前两名优胜者将代表厦门市参加2019年全国中等职业学校学生技能大赛。

【2018年连云港市职业学校技能大赛在江苏省连云港工贸高等职业技术学校举行】 11月20日—21日，由连云港市教育局、连云港市发展和改革委员会等八家单位共同主办的2018年连云港市职业学校技能大赛中的沙盘模拟企业经营、车工技术、装配钳工、单片机安装与调试、网络组建与应用等5个工种比赛在江苏省连云港工贸高等职业技术学校举行，来自全市9所职业学校的106名选手参加了此次比赛。

【青岛市优秀青年教师跟岗访学项目基地授牌仪式在青岛旅游学校举行】 11月15日，青岛市优秀青年教师跟岗访学项目基地授牌仪式在青岛旅游学校举行。青岛旅游学校作为青岛职业技术学院国培项目培训基地成员单位之一，先后承接了来自广西、福建等地的优秀中职青年教师国培跟岗访学任务，共有12名教师被聘为中职优秀青年教师跟岗访学导师。

【宁波行知中等职业学校获“中国金钥匙教育创新奖”】 12月2日—5日，第二十三届中国金钥匙冬季年会暨第五届中国服务论坛在江苏省昆山市召开，宁波行知中等职业学校获“中国金钥匙教育创新奖”。本届年会以“创新发展的中国金钥匙”为主题，来自海外超过14个国家及地区，以及全国30多个省、自治区、直辖市、特别行政区，120多个城市540多家酒店、物业及服务企业和学院共计800名代表参会，旨在增加分享中国服务的发展机遇及经验的交流机会，引领中国服务走向全球化。

【成都市礼仪职业中学与西安市阎良区职教中心签订友好学校协议】 12月6日，西安市阎良区教育局到成都市礼仪职业中学考察调研，就中职教育区域间发展进行交流座谈。双方学校签署了《成都市礼仪职业中学·西安市阎良区职教中心“缔结友好学校”协议书》，进一步加强双方学校合作交流。此前，西安市教育局选派2名中职学校干部到成都市礼仪职业中学进行为期2个月的挂职培训。

【福建工业学校举办东南汽车现代学徒制班拜师仪式】 12月18日，福建工业学校与东南（福建）汽车工业有限公司举行东南汽车现代学徒制班拜师仪式。仪式上，2018级东南专班学生宣读《东南汽车专班宣言》，并向企业师傅行鞠躬礼，师父和学徒代表在拜师帖上签字。

【平度市职业中等专业学校获国家级教学成果特等奖】 12月21日，教育部发布《关于批准2018年国家级教学成果奖获奖项目的决定》（教师〔2018〕21号），公布了2018年国家级教学成果奖获奖项目名单。平度市职业中等专业学校申报的《助推县域三农转型升级的中等职业学校教学改革研究与实践》荣获特等奖。该项目由平度市职业中等专业学校联合德国汉斯·赛德尔基金会、平度市农业局、平度市畜牧兽医局等多家单位和涉农类企业联合完成。

科　研

Scientific Research

综 述

【概述】 2018年，职业教育科学研究汇聚教育界、产业界、科技界等社会多方力量，努力探索技术技能人才培养成长规律，破解教育教学创新实践难题，构建中国特色职业教育理论体系，在加快推进职业教育现代化中发挥重要的支撑和引领作用。

【职业教育科研工作情况】 2018年，根据全国教育科学规划领导小组办公室公布的全国教育科学“十三五”规划2018年度立项课题名单统计，全国教育科学规划职业教育类课题共有47项立项，33项申请结题。以当当网和京东商城的图书销售目录为主要数据源，以“职业教育”为关键词进行检索，共统计出当年出版的职业教育专著类图书（不含教材）50多种。以中国知网为数据来源，共统计出当年发表的职业教育类论文1万多篇。

【实践领域取得研究新成果】 江苏省锡山中等专业学校谢爱明主持的全国教育科学规划立项课题“中等职业学校‘五模块四星级’阶梯式德育评价体系的实践与研究”构建中等职业学校“五模块四星级”发展性德育评价指标体系。襄阳职业技术学院余荣宝主持的全国教育科学规划立项课题“适应‘中国制造2025’高职制造类人才培养要素优化模式研究”提出采用多种人才培养模式，制定高职制造类专业人才培养方案、构建课程体系、选择教学等内容。襄阳职业技术学院李菲主持的全国教育科学规划立项课题“基于创客空间平台的高职人才培养模式改革研究”将创客教育的“做中学”思想，以问题为导向的教学理念以及体验教育融入高职教育，打造创客导师团队的高职“融入式”人才培养模式。

【职业教育质量评价研究开展情况】 经济科学出版社出版的周志刚的专著《职业教育质量评价体系研究》从理论研究和实践研究两个部分构建了职业教育质量评价体系。姜泽许在《职教论坛》发表的《职业教育产教融合质量评价体系的构建》尝试构建了职业教育产教融合质量评价体系，为职业教育产教融合的质量评价提供了参考依据。高瑜、文春帆、张源媛在《教育科学论坛》发表的《21世纪以来我国职业教育质量评估指标体系比较分析》认为，终身学习框架下学生的可持续发展、大数据背景下以量化为主质性为辅、以学生发展为本注重学生学习结果将是我国职业教育质量评估的未来趋势。徐承萍、赵蒙成在《河北师范大学学报（教育科学版）》发表的《职业教育质量评价的人文意蕴》通过分析，得出职业教育质量评价从社会本位转向以人为本的结论。李鹏、朱德全在《西南大学学报（社会科学版）》发表的《职业教育质量监测评估：英、美、德、澳的经验与启示》基于对英、美、德、澳职业教育质量监测评估体系的比较分析与经验总结，提出我国职业教育质量监测评估体系建设的方向。

【工匠精神成为新的研究热点】 杨玉、高明在《职业技术教育》发表的《协同发展视角下工匠精神培育的策略》从协同发展视角，提出我国工匠精神的培育策略。匡瑛在《教育发展研究》发表的《智能化背景下“工匠精神”的时代意涵与培育路径》从时代背景出发，探讨了工匠精神的培育路径。尹慧在《教育学术月刊》发表的《工匠精神的哲学意蕴与现代表达》探讨了工匠精神的意蕴，将工匠精神的人性关怀、审美情操以及德性修养落实到职业教育中。王瑞荣在《实验技术与管理》发表的《将工匠精神融入高职院校技能人才培养路径研究》分析了工匠精神融入高职院校技能人才培养的当代价值和现实困境，提出工匠精神融入高职院校技能人才培养的现实路径。王妍、米靖在《中国职业技术教育》发表的《从日本“职业生涯教育”论其工匠精神的培育机制》立足“职业生涯教育”分析日本“职人精神”的培育，为我国“工匠精神”培育提供借鉴。

【产教融合校企合作研究持续深入】 和震等的专著《职业教育产教融合制度创新》从国家宏观产教融合制度创新、区域层面专业集群与产业集群协调发展、学徒制与校企合作制度创新、职业教育校企合作分类及其政策诉求等方面探讨了产教融合制度的创新。潘海生的专著《企业参与职业教育的内在机理研究》从企业参与职业教育的现状及行为差异化分析、技能偏好性技术进步与技能内生性分析、技能内生性下的企业参与职业教育的内在机制分析等角度进行了校企合作的理论探讨。王建的专著《职业教育促进产城人融合发展》聚焦了产城教融合与职业教育布局规划、产业集群发展与职业教育专业集群建设、校企合作工学结合与人才培养模式改革等问题。孙杰、周桂瑾在《中国职业技术教育》发表的《高职教育推进产教融合、校企合作机制改革的研究与实践——以无锡职业技术学院为例》从发挥政府主导作用、提高企业参与程度、提升高职院校自身竞争力等方面提出推进产教融合、校企合作机制改革的思路。姜大源在《中国职业技术教育》发表的《校企合作促进办法的教育学意蕴》一文从宏面、中观、微观等层面进行思考。曹晔在《教育与职业》发表的《关于新时代产教融合的几点思考》强调，产教融合的关键是发挥企业的主体作用，构建促进企业主体作用发挥的制度环境。李政在《中国高教研究》发表的《关于新时代产教融合的几点思考》提出解决职业教育产教融合体制机制问题的创新思路。徐畅、解旭东在《教育与职业》发表的《产教融合视角下职业教育政校行企协同育人机制构建》围绕职业教育产教融合的发展方向，搭建政校行企协同育人机制。马树超、郭文富在《中国高教研究》发表的《高职教育深化产教融合的经验、问题与对策》在总结产教融合经验的基础上，提出深化产教融合的对策。方绪军在《中国职业技术教育》发表的《政策语境下职业教育产教融合的逻辑及启示》剖析了产教融合政策设计的逻辑起点、逻辑路径以及逻辑结果，以此形成了职业教育产教融合政策文本执行的启示。

【改革开放40年职业教育专题研究情况】 匡瑛、石伟平在《教育与经济》发表的《走向现代化：改革开放40年我国职业教育发展之路》将我国职业教育的改革与发展划分为五个阶段，对其未来发展作出了四方面展望。田志磊、赵晓堃、张东辉在《教育经济评论》发表的《改革开放四十年职业教育财政回顾与展望》在梳理历史沿革的基础上，讨论了重塑阶段的一系列职业教育财政政策。平和光等在《职业技术教育》发表的《40年来我国高等职业教育发展回顾与展望》在回顾高等职业教育40年发展历程的基础上，展望高等职业教育未来的发展。陈友力在《教育学术月刊》发表的《改革开放四十年中国高等职业教育政策的变迁——历史、结构与动力》运用历史制度主义分析范式审视改革开放四十年高等职业教育政策变迁，为分析高等职业教育政策的制度逻辑提供了新的视角。李玉静等在《职业技术教育》发表的《夯实现代职业教育的发展基础——改革开放以来中职教育发展历程、贡献与展望》回顾了中职教育的发展历程及贡献，并对其未来发展进行展望。宾恩林在《职教论坛》发表的《改革开放40年来中职服务产业发展的路径与未来转向——基于政策变迁分析》从政策变迁的视角展望了中职教育的发展。张祺午等在《职业技术教育》发表的《扎根乡土办好让农民满意的职业教育——改革开放40年来我国农村职业教育的发展历程与奋斗方向》聚焦于农村职业教育发展，提出其未来奋斗方向。孟凡华等在《职业技术教育》发表的《由热眼向洋到走向世界——改革开放40年来职业教育国际交流与合作的历程、特征及展望》在总结职业教育国际交流的历程及特征基础上，提出未来职业教育国际交流与合作的方向。周晶在《职业技术教育》发表的《中国职业教育发展的根本方向——40年来职业教育产教融合发展的历程、规律与创新》提出未来职业教育产教融合应以促进人的全面发展为核心。祁占勇、王羽菲在《中国高教研究》发表的《改革开放40年来我国职业教育产教融合政策的变迁与展望》提出应从转变思维方式、建立联动工作机制、设立专门法律保障、创新现代化治理模式、改进经费投入模式等方面不断完善职业教育产教融合政策。刘娇等在《职业技术教育》发表的《铺设中国特色现代职业教育的跑道——改革开放40年职业教育课程改革与教材建设》提出职业教育课程和教材改革建设要实现思想、制度和技术的多重跨越。魏明在《中国职业技术教育》发表的《改革开放40年我国职业教育课程改革历程审视》回顾了不同地方、院校在职业教育课程改革方面的探索。陈鹏、王辉在《职业技术教育》发表的《改革开放40年我国职业技术教育学的嬗变与反思》提出，在“双一流”建设的大背景下，职业技术教育学在高校中的地位有被边缘化的风险，需要我们共同去研究探索职业技术教育学的发展出路。

课　题

【2018年1月全国教育科学规划立项课题鉴定情况公布】 1月，全国教育科学规划立项课题鉴定情况公布。职业教育类课题共有6项通过，其中免予鉴定1项，良好2项，合格3项。

【“中等职业学校‘五模块四星级’阶梯式德育评价体系的实践与研究”结题】 1月，江苏省锡山中等专业学校谢爱明主持的全国教育科学规划立项课题“中等职业学校‘五模块四星级’阶梯式德育评价体系的实践与研究”结题（课题批准号：EFA120355）。课题提出：学生德育评价体系的构建是学校德育工作的一项重要任务，以发展性德育理念为指导，基于主体性、发展性、平等性、职业性原则，构建中等职业学校“五模块四星级”发展性德育评价指标体系，即日常纪律模块、理论课堂学习模块、实习实训课模块、工学结合与顶岗实习模块和假期校外生活模块。通过具体实践介绍了操作细则及发展性德育评价体系的各考评主体，即教师、家长、团队成员、企业管理人员、社区人员在德育评价中的作用，阐释了该评价体系在实践中的价值和意义。

【2018年2月全国教育科学规划立项课题鉴定情况公布】 2月，全国教育科学规划立项课题鉴定情况公布。职业教育类课题共有17项通过，其中良好4项，合格13项。

【2018年5月全国教育科学规划立项课题鉴定情况公布】 5月，全国教育科学规划立项课题鉴定情况公布。职业教育类课题合格3项。

【全国教育科学“十三五”规划2018年度立项课题名单公布】 2018年7月，全国教育科学规划领导小组办公室公布了全国教育科学“十三五”规划2018年度立项课题名单，共511项获立项资助。具体包括：国家重大课题5项，其中职业教育类无立项；国家重点课题11项，其中职业教育类1项；国家一般课题220项，其中职业教育类12项；国家青年项目44项，其中职业教育类2项；西部项目16项，其中职业教育类1项；教育部重点项目151项，其中职业教育类22项；教育部青年项目64项，其中职业教育类9项。

【2018年9月全国教育科学规划立项课题鉴定情况公布】 9月，全国教育科学规划立项课题鉴定情况公布。职业教育类课题共有2项通过，其中免于鉴定1项，合格1项。

【2018年11月全国教育科学规划立项课题鉴定情况公布】 11月，全国教育科学规划立项课题鉴定情况公布。职业教育类课题共有5项通过，其中免于鉴定1项，良好2项，合格2项。

【“适应‘中国制造2025’高职制造类人才培养要素优化模式研究”结题】 11月，襄阳职业技术学院余荣宝主持的全国教育科学规划立项课题“适应‘中国制造2025’高职制造类人才培养要素优化模式研究”（课题批准号：BJA150058）结题。随着我国高职教育规模的不断壮大，教学改革逐年推进，襄阳职业技术学院为了适应“中国制造2025”的人才需求，在教学实践中采用了“稳压器”式、“三对接一贯穿”式、“三会”式人才培养模式，通过制定高职制造类专业人才培养方案、构建课程体系、选择教学内容等，培养了大批适合智能制造时代需要的专业人才。

【“基于创客空间平台的高职人才培养模式改革研究”结题】 9月，襄阳职业技术学院李菲主持的全国教育科学规划立项课题“基于创客空间平台的高职人才培养模式改革研究”（课题批准号：DJA150252）结题。在“大众创业、万众创新”时代，创客运动与教育的“碰撞”，正慢慢改变传统的教育理念、教育组织、教育模式、教育方法，创客教育应运而生。针对高职创新创业教育定位模糊、理论与实践脱节、创业教育与专业教育脱节、导师团队力量匮乏、创新创业教育认同度不高的问题，将创客教育的“做中学”思想、以问题为导向的教学理念以及体验教育融入高职教育，使其成为推动高职教育创新发展的新动力；并探索将创客教育融入专业教育、创客空间融入实践教学体系、创客文化融入校园文化、创客精神与工匠精神相融合、变革教学方式激发学生主体意识、校企互通打造创客导师团队的高职“融入式”人才培养模式。

著　作

【《高等职业教育教学评价体系发展性的探究》】 2月，中国纺织出版社出版赵培的专著《高等职业教育教学评价体系发展性的探究》。主要包括教育教学评价概述、教育教学评价的发展历史、发展性教育教学评价、高等职业教育教学评价工具、高等职业教育的课程评价、高等职业教育教学实践评价6章。

【《职业教育质量评价体系研究》】 3月，经济科学出版社出版了周志刚的专著《职业教育质量评价体系研究》。研究包括理论研究和实践研究两个部分。主要包括职业教育质量评价基本理论研究、国际职业教育质量评价实践研究、职业教育质量评价实践的整体结构和运行机制研究、职业教育质量评价的制度和政策体系研究、中等职业教育质量系列化评价方案开发与实验、高等职业院校系列化评价方案开发与实验、高等职业院校学生和行业企业满意度评价方案开发与实证、高等职业教育学生学习质量评估方案开发与实验、职业教育质量评估元评估方案开发研究 9 章。

【《职业教育产教融合制度创新》】 3 月，科学出版社出版和震等的专著《职业教育产教融合制度创新》。全书共 25 万字，分为技能形成体系概论、中国技能形成制度、国家宏观产教融合制度创新、区域层面专业集群与产业集群协调发展、服务产业集群的专业集群定位与发展框架、职业教育专业集群与产业集群协调发展的保障、DACUM 工作分析方法与工学结合制度创新、教学组织形式与工学结合制度创新、学徒制与校企合作制度创新、职业教育校企合作分类及其政策诉求 9 章。

【《企业参与职业教育的内在机理研究》】 3 月，中国社会科学出版社出版潘海生的专著《企业参与职业教育的内在机理研究》。全书分为绪论、企业参与职业教育的现状及行为差异化分析、技能偏好性技术进步与技能内生性分析、技能内生性下的企业参与职业教育的内在机制分析、企业参与职业教育差异化行为的影响因素实证分析、我国企业参与职业教育的动机偏好实证分析、风险状态下企业参与职业教育的行为决策分析、促进企业有效参与职业教育政策建议 8 章。

【《地方政府履行发展职业教育职责研究》】 3 月，浙江大学出版社出版翁伟斌的专著《地方政府履行发展职业教育职责研究》。全书分为发展职业教育：实现社会和谐的题中应有之义、地方政府履行发展职业教育职责的理论基础、不同地方政府发展职业教育的经验、地方政府履行发展职业教育职责的政策指导、地方政府履行发展职业教育职责分析、地方在发展职业教育中存在的问题、推进地方履行职业教育职责的实施策略 7 章。

【《现代学徒制的推进——上海市首批 11 所中等职业学校的探索》】 4 月，上海教育出版社出版陈嵩的编著《现代学徒制的推进——上海市首批 11 所中等职业学校的探索》。本书是上海市首批 11 所中等职业学校在开展现代学徒制试点的实践探索基础上形成的成果集，同时也融合了编者七年多来对现代学徒制的理解及如何有效开展现代学徒制的一些思考。分为 1 个总报告和 11 个分报告。

【《职业教育师资素养标准》】 6 月，社会科学文献出版社出版张鹏、董鹏中、王伟的专著《职业教育师资素养标准》。全书共分为职教师资素养标准研究、职教师资素养培养方案研究、职教师资素养培养课程开发研究、职教师资素养培养质量评价方案研究、职教师资素养标准、职教师资素养培养方案、职教师资素养培养课程标准、职教师资培养质量评价方案 8 章。

【《职业教育政策研究》】 6 月，教育科学出版社出版祁占勇的专著《职业教育政策研究》，全书 33 万字，分为职业教育政策的本质特性、职业教育政策研究的现状、职业教育政策的动态系统、职业教育政策的发展演变、职业教育政策的文本分析、职业教育政策的价值基础、职业教育政策的国际经验 7 章。

【《从分等到分类——职业教育改革发展之路》】 7 月，华东师范大学出版社出版了徐国庆、袁振国的专著《从分等到分类——职业教育改革发展之路》。全书共分为调整中等教育结构、树立科学的人才观、确立发展职业教育的战略地位、构建有中国特色的现代职业教育体系、依靠行业企业发展职业教育、职业教育要主动服务经济发展、建设以能力为本位的课程与教学模式、建设适应教师专业化要求的培养培训体系、发展现代学徒制培养大国工匠、构建使职业教育从分等走向分类的社会制度10章。

【《宁波高等职业教育国际化研究》】 7月，浙江大学出版社出版任君庆等人的专著《宁波高等职业教育国际化研究》。全书分为高等职业教育国际化的基本理论，高等职业教育国际化的国外实践与启示，宁波高等职业教育国际化动因、发展优势与存在的问题，宁波高职教育国际化政策与案例研究，宁波高职教育国际化发展的政策建议4章和1个结语。

【《技能战略的理论与实践研究》】 8月，东北师范大学出版社出版谷峪、李玉静、岑艺璇的专著《技能战略的理论与实践研究》。全书对技能及技能战略进行研究。研究指出，技能人才培养已经成为世界各国经济社会综合发展战略的重要部分，是应对社会、经济、人口、环境挑战，以及实现高水平、可持续发展以及促进就业和社会和谐的重要战略。研究认为，充分发挥技能人才在促进就业、经济振兴、实现社会和谐与包容中起到关键作用。书中提出建设技能强国的战略有四方面选择：在治理上，建立不同部门间的统筹协调机制，实现技能开发与就业和经济政策的协同；在体系上，建立灵活包容、终身化、面向全民的技能开发体系，形成全民参与技能开发的制度框架；在重心上，进一步重视职业教育改革创新，发挥其在技能人才培养中的主阵地作用；在制度上，重视技能人才的高效利用，建立支持技能人才培养发展的一系列制度。

【《职业教育促进产城人融合发展》】 8月，同济大学出版社出版王建的专著《职业教育促进产城人融合发展》。全书45万字，分为新型城镇化战略与职业教育发展需求、职业教育体系与发展模式、新型城镇化发展的多元路径与技能战略、产城教融合与职业教育布局规划、产业集群发展与职业教育专业集群建设、校企合作工学结合与人才培养模式改革、现代职业教育体系与学习型城市建设、职业教育服务供给与投融资体制改革、结语9章。

【《新型城镇化与职业教育供给侧改革蓝皮书》】 8月，同济大学出版社出版谈松华主编的《新型城镇化与职业教育供给侧改革蓝皮书》。上册分为研究背景、新型城镇化发展路径与劳动力技能需求变化、职业教育供给侧的结构性改革、推进职业教育结构性改革的政策制度保障几部分；下册分为专题篇与案例篇。

【《中国传统职业教育"断代工程"研究：基因谱系》】 10月，中国社会科学出版社出版路宝利的专著《中国传统职业教育"断代工程"研究：基因谱系》。全书共33万字，分为匠人、匠制、匠道三部分，共16章。匠人包括匠士、农人、百工、商贾4章；匠制包括治事之学、职官制度、修业学馆、劝课农桑、学徒制度、艺徒制度、箕裘相继7章；匠道包括通艺通道、德艺兼求、强勉拙诚、维新守庸、民生家国5章。

【《新型职业农民论——源于湖南省永州市的实践》】 10月，中国人民大学出版社出版王西琴、陈秋红的专著《新型职业农民论——源于湖南省永州市的实践》。全书分为永州市新型职业农民培育与发展、新型职业农民概述、新型职业农民评定指标体系、新型职业农民制度构建、新型职业农民培育体系、新型职业农民认定与管理制度体系、新型职业农民培育面临的机遇与挑战 7 章。

【《中国现代职业教育理论体系：概念、范畴与逻辑》】 11 月，人民出版社出版周明星的专著《中国现代职业教育理论体系：概念、范畴与逻辑》。全书共 35 万字，分为中国现代职业教育理论体系研究概述、中国现代职业教育理论体系源流、中国现代职业教育理论体系省思、中国现代职业教育理论体系法则、中国现代职业教育理论体系构建：概念体系、中国现代职业教育理论体系构建：范畴体系、中国现代职业教育理论体系构建：逻辑体系、中国现代职业教育理论体系实证、研究结论与展望 9 章。

【《现代职业教育心理学：积极范式的实证研究》】 11 月，知识产权出版社出版崔景贵的专著《现代职业教育心理学：积极范式的实证研究》。全书共 45 万字。分为积极心理学视域中的现代职业教育、中职生学习心理的研究、中职生学习习得性无助感的研究、中职生学习心理资本的研究、中职生幸福感的研究、中职生心理健康教育的研究、职校生学习力教育的研究、职校技能竞赛选手心理训练的研究、职校技能竞赛选手应激应对的研究、职校生网络成瘾现象的研究、职校生心理资本辅导的研究、职校生生涯心理辅导的研究、高职生职业人格特征的研究、高职生职业决策困难的研究、高职生职业适应性的研究、高职生职业心理困境的研究、高职院校教师职业心理危机的研究、高职院校创新技能型人才培养的研究、心理学视域中的职教行动导向教学范式、职业教育心理学课程的研究、职业教育心理学教学的研究 21 章。

【《中国中等职业教育质量年度报告 2018》】 12 月，高等教育出版社出版王扬南、刘宝民主编的《中国中等职业教育质量年度报告 2018》。从第三方评价的视角，通过大量的数据和案例，从多角度介绍了我国中等职业教育人才培养质量的相关内容，同时对中等职业教育近年来的成绩和不足也进行了客观分析。主要内容包括基本情况、学生发展、教育教学、校企合作、社会贡献、政府履责以及挑战与对策 7 个部分。

论 文

【《职业教育精准扶贫的逻辑框架——基于农民工城镇化的视角》】 朱德全、吴虑、朱成晨在《西南大学学报：社会科学版》第 1 期发表《职业教育精准扶贫的逻辑框架——基于农民工城镇化的视角》一文。文章指出：农民工由于经济资本薄弱、社会资本赤贫、文化资本欠缺，在城镇化进程中脱贫乏力，进而导致经济融合不力、身份融合困顿、心理融合受阻，无法真正融入城市并转型新市民。职业教育作为精准扶贫的有效方式，通过发挥补偿性和发展性功能，能帮助农民工改善就业、扩充社会关系网络和认同城市文明，在缩小物质贫困、消解能力贫困和消弭精神贫困方面有着巨大价值。为此，要充分发挥职业教育精准扶贫作用，必须精准“分析需求”，优化扶贫供给；精准“协同帮扶”，增强扶贫合力；精准“治理督评”，保障扶贫效能。

【《我国省际中等职业教育发展水平的测度与比较》】 林克松在《西南大学学报：社会科学版》第 1 期发表《我国省际中等职业教育发展水平的测度与比较》一文。文章指出：在借鉴国内外相关研究的基础上，结合我国中职发展现状以及数据的可获得性，设计了由 5 个二级指标和 12 个三级指标构成的中等职业教育发展指数。根据该指数对我国大陆31个省份2014年的中职发展水平进行了统计测算和比较分析。研究发现，近十年省域之间在中职发展水平上的差距趋于缩小，但区域差距仍然存在，并呈现出明显的“东高中西低”的态势；省域之间在中职经费供给上呈现“中部塌陷”的困局，中央财政应适度向中部倾斜；中职基本办学条件整体羸弱，且省域之间差距较大，中西部省份亟待实现“底线达标”；中职发展基础、经济发展水平与中职发展规模密切影响中职发展水平，但对各省的作用方式不一；要促进省域中职均衡发展，需要在精准认识的基础上精准治理。

【《协同发展视角下工匠精神培育的策略》】 杨玉、高明在《职业技术教育》第1期发表《协同发展视角下工匠精神培育的策略》一文。文章指出：受传统理念束缚、认识程度不足、知识体系缺失、教育发展失衡等因素影响，我国工匠精神的培育遭遇瓶颈。从协同发展视角看，我国工匠精神的培养主体亟须根据自身的角色定位与职能属性，共同承担培育使命，形成整体培育系统。政府层面要强化市场管理制度，发挥组织协调作用；社会层面需培育高品质消费市场；企业要不断完善技术技能人员薪酬体系，建设工匠精神激励机制；学校需构建三站互动机制，发挥主体性培育作用。

【《“中国制造2025”与职业教育人才培养的新使命》】 陈鹏、薛寒在《西南大学学报：社会科学版》第1期发表《“中国制造2025”与职业教育人才培养的新使命》一文。文章指出：在全球制造业革命性变革的背景下，“中国制造2025”不仅为我国制造业转型升级提供了行动指南，也对职业教育人才培养规模、规格、质量提出了新诉求。但目前我国职业教育人才培养结构性失调，培养模式与制造业发展实践脱节，培养体系缺乏开放性等，与“中国制造2025”发展战略存在不适应之处。因此，职业教育要不断变革人才培养策略，优化人才培养结构，构建“制造业+”融合式人才培养模式，建立开放性职业教育人才培养体系，从而承担起建设制造业强国赋予的新使命。

【《关于职业院校技能大赛的分析与思考》】 贾桂玲在《中国职业技术教育》第1期发表《关于职业院校技能大赛的分析与思考》一文。文章系统分析了我国职业院校技能大赛的类型、阶段性特征、存在的问题和改革创新等方面，并分别从职业院校教育教学、学生培养、教师管理和大赛的体制机制进行了富有现实性的思考，提出了建设性的意见和建议。

【《高等职业教育开展〈悉尼协议〉专业认证的思考》】 庄榕霞、周雨薇、赵志群在《中国职业技术教育》第1期发表《高等职业教育开展〈悉尼协议〉专业认证的思考》一文。文章指出：在我国成为《华盛顿协议》正式成员国后，我国高等职业教育界对国际工程联盟的另一个协议《悉尼协议》产生了很大兴趣并开展了相关研究。本文介绍《悉尼协议》的相关情况。分析发现，《悉尼协议》对高等工程教育和高等职业教育培养的人才没有结构性区分，并试图通过职业资格体系替代工程教育体系，由此如何促进我国高等职业院校的发展，还有待研究。

【《德国职业教育核心素养的探究及启示》】 楼飞燕、王曼、杜学文在《黑龙江高教研究》第1期发表《德国职业教育核心素养的探究及启示》一文。文章指出：德国实施以“核心素养”为中心的职业教育已有四十多年的历史，职业教育界很早就认识到学生核心素养发展的重要性和必要性。当今，德国职业教育针对学生核心素养的培养，不断丰富着职业教育的发展框架、法律法规、制度建设和教学师资，成果显著，值得尚处于萌芽状态的我国职业教育在培养学生核心素养领域学习和借鉴。

【《智能化背景下“工匠精神”的时代意涵与培育路径》】 匡瑛在《教育发展研究》第1期发表《智能化背景下“工匠精神”的时代意涵与培育路径》一文。文章指出：我国正在向智能化时代迈进，且呈现出三大核心特征，对教育领域提出了极大的挑战。在这一新背景下，强调工匠精神将有利于打破三大壁垒，发挥不同以往的重要作用。正是在此新的背景下，其意涵也随着时代要求发生流变，既有继承又有创新，涵盖了“守”“求”“创”“合”四个方面。为此，在培育路径上要转变功利取向，关注技术的人文向度和人的整体性育成；聚焦创新能力，推动习得性学习走向探究性学习；借助普职渗透和职业体验，搭建工匠精神的成长阶梯；构建社会支持体系，助力持之以恒、追求卓越品质之陶融。

【《产业转型升级视角下职业教育产教融合的症结与破解》】 周绍梅在《教育与职业》第1期发表《产业转型升级视角下职业教育产教融合的症结与破解》一文。文章指出：推动职业教育产教融合是实现产业转型升级的重要途径。当前职业教育产教融合中存在着政府推力不足、企业动力不足、行业指导职能弱化、缺乏完善的制度保障等问题。破解职业教育产教融合中的症结，服务产业转型升级，应加强立法建制，推动职业教育产教融合的法制化；强化产教融合的顶层制度设计，发挥政府的推动作用；寻求利益共同点，激发企业参与职业教育产教融合的积极性；提升行业指导能力，发挥其在职业教育产教融合中的协调作用；搭建多元化经费投入机制，为产教融合提供充裕的经费支持；构建政、校、行、企协作平台，打造互利共赢的产教融合生态圈。

【《职业教育国际化水平和国际竞争力提升：战略重点及具体方略》】 石伟平在《现代教育管理》第1期发表《职业教育国际化水平和国际竞争力提升：战略重点及具体方略》一文。文章指出：职业教育国际化水平和国际竞争力的提升是当前国际职教界聚焦的核心问题，是倒逼职业院校办学要素系统优化的重要契机，是服务国家对外战略的重要基础。提升职业教育国际化水平和国际竞争力，需要把握好“适应规则”与“制定规则”的关系，“引进来”与“走出去”的关系，“顶层设计”与“基层创新”的关系。在战略重点与具体方略上，要制定系统科学的战略发展规划，完善相关政策法规体系的建设，加大经费投入力度并完善投入机制，建立多元参与的质量评估体系，加强科研力量并完善平台建设。

【《我国职业教育课程模式的发展》】 赵志群在《职教论坛》第1期发表《我国职业教育课程模式的发展》一文。文章指出：回顾历史发现，我国职业教育课程改革的研究和实践始终围绕着优化理论与实践学习的关系展开，职教课程发展经历了三个阶段，一是理论与实践并行的课程（课程1.0），二是理论服务于实践的课程（课程2.0），三是理论实践一体化课程（课程3.0）。未来课程发展（课程4.0）需要关注信息化发展要求以及“基于工作学习”（Work-Based Learning）的特点和规律。建议加强课程开发方法特别是资格研究方法的研究，在实践中关注职业教育国际化项目的实际获得。

【《工匠精神的哲学意蕴与现代表达》】 尹慧在《教育学术月刊》第1期发表《工匠精神的哲学意蕴与现代表达》一文。文章指出：工匠精神的本质是一种内审，观照内心精神追求，然后外放，遵循内心向往而付诸实践的人性化敬业精神。劳动产品不仅展现了自身价值，同时也蕴含了匠人的内心意志，匠技之术本质上体现的是对人内心的关照。将工匠精神的人性关怀、审美情操以及德性修养落实到当今职业教育中去，有助于让学生认清职业劳动的本质，提升职业使命感和归属感。在学生未来的职业发展道路上，打破精神与物质的失衡状态，消除物我、心身之间的二元对立，以求在职业发展中，实现劳动之美与实用之德并存，将工匠精神的哲学意蕴浸润于学生职业生涯的方方面面。

【《我国职业教育政策的变迁逻辑与未来走向》】 祁占勇、王佳昕、安莹莹在《华东师范大学学报（教育科学版）》第1期发表《我国职业教育政策的变迁逻辑与未来走向》一文。文章指出：改革开放以来，我国职业教育政策发展经历了中等教育结构调整阶段（1978—1995年）、职业教育多样化探索阶段（1996—2010年）和建立现代职业教育体系阶段（2010年至今）三个阶段。在这一进程中，职业教育政策发展遵循着以管理体制调整为手段的职业教育政策形成的动力机制、以政策价值为导向的职业教育政策目标的价值取向、以人与财的规范为抓手的职业教育政策实施的过程保障、以经济学话语为主导的职业教育政策话语的文化规则的演进逻辑。中国特色、世界水平的现代职业教育体系的建立必将对职业教育政策的发展提出新的挑战，职业教育政策的未来走向需要实现动力形成机制由“权责不明”向“统一协调”转变、价值取向由“单一功利”向“多元取向”转变、过程保障由“监管与保障缺乏”向“强化监督与保障”转变、政策话语由“官方主导”向“民意参与”转变的转型与深化。

【《高职教育推进产教融合、校企合作机制改革的研究与实践——以无锡职业技术学院为例》】 孙杰、周桂瑾、徐安林、王振华在《中国职业技术教育》第3期发表《高职教育推进产教融合、校企合作机制改革的研究与实践——以无锡职业技术学院为例》一文。文章指出：产教融合、校企合作是发展现代职业教育的应有之义。在分析我国高职教育在推进产教融合、校企合作机制改革方面存在的政策困境以及合作能力不强、合作层次不高等现实问题的基础上，从发挥政府主导作用、提高企业参与程度、提升高职院校自身竞争力等方面提出推进产教融合、校企合作机制改革的思路，并着重分析介绍了所在学校探索推进产教融合、校企合作机制改革的具体举措和路径。

【《乡村振兴视野的新型职业农民培育：浙省个案》】 杨璐璐在《改革》第2期发表《乡村振兴视野的新型职业农民培育：浙省个案》一文。文章运用人力资本投资理论，构建影响农民教育行为决策的理论模型，研究影响农民培训满意度的因素。选择新型职业农民培育典型模式之一的湖州进行实证检验。研究结果显示，在理论设定的教育环境、角色定位、教育条件三大方面的14个因素中，只有农民对其他教育或培育的评价、农民受教育情况、农民对培训后自身能力提高的预期或者结果、对师资质量的满意度，对农民满意度产生显著影响。应以实施重大教育培训项目为抓手，加大职业农民培育力度；以农民需求为导向，着力提升农民职业教育精准性；以加强培训平台建设为抓手，着力提升农民职业教育质量，积极创建良好的培育环境。

【《企业参与现代学徒制的制度困境与纾解路径》】 张志平在《教育与职业》第4期发表《企业参与现代学徒制的制度困境与纾解路径》一文。文章指出：现代学徒制建设离不开企业的参与，推动校企双主体合作育人是开展现代学徒制人才培养工作的核心。然而，在当前的现代学徒制试点中，仍然面临着诸多的制度障碍，严重制约了企业的参与，如缺乏可信承诺制度，导致企业的培养产权难以保障、校企合作政策供给失衡、缺乏制度化的双赢机制等。为了纾解现代学徒制的制度淤积，打造良好的校企合作育人生态，应加快建立现代学徒培养的产权制度，推动校企合作的法规制度建设，构建校企合作的双赢机制，制定明晰的激励机制，激发企业师傅的积极性。

【《我国应用技术大学建设：挑战与推进策略》】 邵建东在《教育研究》第2期发表《我国应用技术大学建设：挑战与推进策略》一文。文章指出：建设应用技术大学是我国产业转型升级的迫切要求、调整高等教育结构的必然选择和完善现代职业教育体系的重大举措，也是欧洲发达国家高等教育改革发展的经验启示。当前，我国应用技术大学建设过程中存在目标定位模糊、发展道路窄化、管理体制封闭等突出问题。需要科学定位，服务区域经济社会转型发展；多元发展，拓展应用技术大学建设路径；加强制度保障，创设灵活优良的政策发展空间，加快推进应用技术大学建设进程。

【《基于模糊综合评价法的我国职业教育供求协调发展评价指标体系构建》】 王秦、赵玮在《现代教育管理》第2期发表《基于模糊综合评价法的我国职业教育供求协调发展评价指标体系构建》一文。文章指出：职业教育供求协调发展的评价指标体系既是我国职业教育供求协调发展的主要评价依据，也是我国职业教育供求协调发展的重要实现基础。基于模糊综合评价法，从职业教育供求协调的发展资源、发展结构、发展模式、发展能力和发展特色五个方面构建我国职业教育供求协调发展的评价指标体系，有助于客观、准确地评价我国职业教育供求协调发展过程与效果。

【《教育的职场价值与教育不平等——中专与普通高中之教育机会不平等变化的对比研究》】 刘精明、张丽在《清华大学教育研究》第1期发表《教育的职场价值与教育不平等——中专与普通高中之教育机会不平等变化的对比研究》一文。文章利用1990年、2000年两次人口普查数据，通过对照分析中专与普通高中两类教育机会获得过程中的家庭背景影响的变化，从教育的职场价值角度对教育不平等变化过程提出了新的理解。如果一种教育形式的职场价值出现变化，该教育场域中的机会不平等也将发生相应变化，教育的职场价值降低，机会竞争过程中的不平等程度也会降低。但是，教育机会的阶层不平等是阶层间社会领域不平等的一种持续性反映，阶层相对优势总会以种种形式体现出来，某些教育领域的教育竞争之所以下降或消失，就在于阶层间的主要争斗场域向其他更有价值的教育形式转移。实证分析结果表明，20世纪90年代中专教育在劳动力市场中的回报出现持续锐减的时候，该类教育的阶层不平等也相对趋于缓和，但与此同时普通高中教育领域的不平等却较大地增强了。

【《“多中心”理念下职业教育治理主体的角色定位——“中和位育”思想的启示》】 肖凤翔、邓小华在《高校教育管理》第2期发表《“多中心”理念下职业教育治理主体的角色定位——“中和位育”思想的启示》一文。文章指出：“中心—边缘”的职业教育治理是一种失序，既是政府越位、企业缺位和学校错位的根本原因，也是其必然结果。走向“多中心”治理是实现职业教育服务供给多元化的路径选择，是职业教育治理现代化的突破口。“中和位育”蕴含的“中和”和“位育”思想为职业教育治理主体的角色重塑提供了有益启示，“有效政府—有为学校—有责企业”的互动关系代表了政府、学校和企业各安其位、各司其职的角色定位，只有在这种多主体互相形塑的角色意识中，职业教育方能实现可持续发展，满足公共利益的诉求。

【《校企合作促进办法的教育学意蕴》】 姜大源在《中国职业技术教育》第7期发表《校企合作促进办法的教育学意蕴》一文。文章指出：从人力资源供给侧改革的维度去思考，《职业学校校企合作促进办法》的颁布，对教育学的发展同样具有深远的意义。这体现为：在宏观层面，校企合作的教育活动，要破解“两张皮”，应以产业需求导向；在中观层面，校企合作的教育实施，要实现“双主体”，应以协同育人为导向；在微观层面，校企合作的教育内容，要摒弃“二元论”，应以知识应用为导向。由此，跨界的职业教育，其产教融合的教育活动所体现的教育链与产业链的衔接，“校企合作”的教育实施所体现的育人共同体，“工学结合”的教育内容所体现的人文与工具的融合，正是“知行合一”这一教育原则的具体应用。跨界将扩展教育学研究的领域。

【《职业教育产教融合的内涵、本质与实践路径》】 陈志杰在《教育与职业》第5期发表《职业教育产教融合的内涵、本质与实践路径》一文。文章指出：职业教育产教融合是一种“产业”和“教育”“企业”和“学校”“生产”和“教学”相融合的人才培养模式，具有“跨界性”、“双主体”、动态适应等特征。在我国向制造强国转变过程中需要产教融合的协同支撑，推动职业教育产教融合是转变经济发展方式的现实要求，也是提升学生职业素质的内在需要。深刻理解职业教育产教融合的再社会化本质，必须把握好院校制度与企业制度、技术价值与产业价值、创业与就业以及校园文化与企业（工业）文化的深度融合。实现职业教育产教融合，需要强化“四大对接”，即专业建设对接产业行业人才需求、课程建设对接职业岗位能力需求、师资队伍建设对接行业企业专家能手、实践平台建设对接行业企业产研需求。

【《将工匠精神融入高职院校技能人才培养路径研究》】 王瑞荣在《实验技术与管理》第2期发表《将工匠精神融入高职院校技能人才培养路径研究》一文。文章指出：为满足我国由制造大国向制造强国迈进对技能型人才的需要，研究如何将工匠精神融入高职院校技能人才培养之中。分析了工匠精神融入高职院校技能人才培养的当代价值，在此基础上分析了工匠精神融入高职院校技能人才培养的现实困境，提出工匠精神融入高职院校技能人才培养的现实路径：重塑社会价值导向、企业主导现代师徒制、重拾工匠精神的学校培养、打造专兼结合的名师名匠团队、激发学生的主体意识，打造匠心品质。

【《基于核心素养的职业教育课程与教学变革探析》】 陈宏艳、徐国庆在《职教论坛》第3期发表《基于核心素养的职业教育课程与教学变革探析》一文。文章指出：核心素养是当前教育改革关注的核心概念，尽管对于核心素养的定义并未达成一致认同，但其回答了新时期社会需要什么样的人才这一问题。职业教育学生核心素养包括通用核心素养和职业核心素养，描绘了21世纪技术技能人才的基本形象。培育职业教育学生核心素养是应对后工业化时代人才需求变革的需要，是人的生涯发展和可持续发展的需要，是职业教育内涵发展的需要。职教学生核心素养落实的载体是课程与教学。因此要将核心素养融入课程标准中，基于核心素养进行课程内容的选择；在教学上，要以学生为中心，激发学生学习兴趣；以项目为载体，实施情境化教学。

【《“中国制造2025”背景下职业教育产教深度融合研究》】 高婷在《教育与职业》第6期发

表《"中国制造 2025"背景下职业教育产教深度融合研究》一文。文章指出：产教融合是职业教育的本质和特色，加强职业教育产教深度融合是中国实施制造业强国战略的现实要求。为了契合"中国制造 2025"的发展需要，应深化职业教育产教融合，为"中国制造 2025"战略的实施提供人才保障。关键出路在于加强校企协同，推动产业界参与职业教育人才培养；加强校企职责共担，建立起与产教融合相适应的教学管理与运行机制；完善"双师型"教师培养培训体系，全面促进职业院校教师与企业技术人才的双向流动；推行现代学徒制模式，实现产教融合质的提升。

【《职业教育协同治理的基础、框架和路径》】 邢晖、郭静在《国家教育行政学院学报》第 3 期发表《职业教育协同治理的基础、框架和路径》一文。文章指出：职业教育协同治理不仅是完善职业教育和培训体系、推动职业教育现代化的重要举措，更是贯彻落实国家治理体系和治理能力现代化的重要内容。以治理论和协同论为理论指导，在宏观层面上，建立政、行、企、校、社、研多元主体协同架构；在中观层面上，健全校企合作双制双赢体制机制；在微观层面，完善现代职业学校制度，以此形成政府依法管理、学校依法自主办学、社会各界积极参与和监督的多元参与、共建共享、良性互动的职业教育协同治理新格局。

【《中国省域高等职业教育财政支出的差异与收敛性分析——基于 2005—2015 年面板数据》】 蔡文伯、杨丽雪在《教育学术月刊》第 3 期发表《中国省域高等职业教育财政支出的差异与收敛性分析——基于 2005—2015 年面板数据》一文。文章指出：利用 2005—2015 年我国 31 个省（市、自治区）面板数据，对我国地区间高等职业教育财政支出进行 σ 收敛和 β 收敛检验，结果表明，我国区域高等职业教育财政支出的差异有所下降，逐渐趋于 σ 收敛；从全国范围来看，东、中、西部地区的高等职业教育财政支出存在绝对 β 收敛和条件 β 收敛现象，但高等职业教育发展仍存在较大的差距。因此，要加快推进中部崛起和西部大开发战略，实现区域经济协调发展；因地制宜提升东、中、西部地区城市化水平；提高高等职业教育资源配置效率，避免发展规模盲目扩大；优化财政支出结构，完善政府官员考核制度，缩小区域高等职业教育财政支出的差距，实现高等职业教育均衡发展。

【《混合所有制职业院校单一法定代表人模式的潜在风险与制度破冰》】 雷世平、张艳芳在《职教论坛》第 3 期发表《混合所有制职业院校单一法定代表人模式的潜在风险与制度破冰》一文。文章指出：法定代表人模式是指法定代表人产生、构成及对外其行使职权的方式。法定代表人可分为单一法定代表人和复合法定代表人两种模式。当前，我国混合所有制职业院校继续实行单一法定代表人模式存在一定的风险：即无法避免"大股东"控制现象，容易导致分权制约机制的虚设，导致委托代理的道德风险，难以快速适应产教深度融合的客观需要。混合所有制职业院校法定代表人模式的制度破冰不仅必要，而且可行，其破冰的实质，并不是要否定现行单一法定代表人模式，而是要从根本上突破现有法定代表人制度的局限，根据混合所有制职业院校的不同类型，选择适合其发展的法定代表人模式，即复合多元法定代表人模式，以弥补单一法定代表人模式存在的缺陷。复合多元法定代表人模式，包括两个方面含义：一是单一法定代表人模式和复合法定代表人模式并存，二是复合法定代表人模式的具体形式多样。

【《市场转型、劳动力市场分割与代际行业流动》】 许庆红在《青年研究》第2期发表《市场转型、劳动力市场分割与代际行业流动》一文。文章指出：考察转型时期中国劳动力市场分割对代际行业流动的影响，在改革开放中期，父亲在高收入行业工作对子代进入高收入行业具有显著的积极影响。在改革中期和深化期，父亲教育对子代目前从事高收入行业具有显著的积极影响。这表明在中国的市场转型过程中，尽管行业分割不断加强，但代际行业流动始终呈现以继承性为主的流动特征，而且这一继承性效应在增强。

【《深化产教融合 推动职业教育技术革命——高职院校新技术应用人才发展战略思考》】 谢志远、刘燕楠在《中国高教研究》第3期发表《深化产教融合 推动职业教育技术革命——高职院校新技术应用人才发展战略思考》一文。文章指出：高职院校新技术应用人才战略，是伴随着产业升级和技术进步对高等职业教育发展提出的新要求和新方向，更是利用新技术驱动高等职业教育改革、加大服务区域经济力度、改革人才培养模式的综合性创新实践。在新技术、新产业背景下对未来的技术人才实施培养，既是高职教育发展规律的必然趋势，也是高职院校在办学理念上进行理论与实践创新的必然选择。新技术应用、推广与创新，需要高素质技术人才的参与，高职院校要在以产业变革为背景的高等教育结构性改革中异军突起，必须在“新”字上下功夫，依靠“新技术”培养“新人”，构建以新技术应用职业人才为技术资源的现代高等职业教育体系。

【《中国职业教育距离“世界水平”还有多远——与OECD国家的比较》】 岳金凤等在《职业技术教育》第9期发表《中国职业教育距离“世界水平”还有多远——与OECD国家的比较》一文。文章指出，OECD国家现代化水平较高、教育水平居于世界前列，故将其作为我国职业教育与“世界水平”进行比较的参照系。依据OECD国家教育发展水平衡量指数，以规模、结构、质量、投入、保障、机会等为基本维度，建立指标体系进行比较。结果显示，当前我国职业教育发展水平总体处于OECD国家的中等层次，但呈现出快速成长性和追赶性，高等职业教育的增长空间较大，并且需要加快向终身教育转型。

【《德国资格框架实施背景下能力导向的职业教育条例设计》】 谢莉花、余小娟在《外国教育研究》第3期发表《德国资格框架实施背景下能力导向的职业教育条例设计》一文。文章指出：德国国家资格框架的具体实施对教育改革与发展，尤其是在有关教育标准的制定及实施方面有着直接指导作用。在职业教育与培训领域，双元制职业教育的纲领性文件《职业教育条例》在德国资格框架能力导向思想的影响下，在标准制定的侧重点、能力概念的理解、培养规格的结构化描述和能力分析等方面都呈现出新的发展态势，并直接反映在条例设计的流程与内容之中。我国未来的国家或地区资格框架及在此框架下职业教育专业教学标准中职业能力与课程体系的系统设计、开发与实施可以从中汲取有益的经验。

【《澳大利亚高等职业教育多元质量认证网络的研究及启示》】 徐坚在《中国职业技术教育》第9期发表《澳大利亚高等职业教育多元质量认证网络的研究及启示》一文。文章指出：在中国成为《华盛顿协议》正式成员国的影响下，我国高等职业教育院校对面向培养工程技术人员、学制为3到4年的《悉尼协议》充满热情。然而，当前面向我国高等职业教育的国际工程教育认证系列的内涵、实质及实际问题的研究还较为缺乏。通过分析澳大利亚高等职业教育质量认证网络建设的经验基础上，提出我国也可以借鉴澳大利亚建设多元主体的质量认证体系，并引入与我国高等职业教育相对应的第三方国际工程教育体系。

【《高职教育人才转型的战略思考：推进产教融合，服务产业发展——兼谈高职院校“新技术应用”人才培养方略》】 刘海明、谢志远、刘燕楠在《高等工程教育研究》第2期发表《高职教育人才转型的战略思考：推进产教融合，服务产业发展——兼谈高职院校“新技术应用”人才培养方略》一文。文章指出：当前，我国职业教育正处于转型升级的重大关口，以往传统的教育资源和社会服务优势正在逐步减弱，社会需求与人才培养之间产生了深层次的矛盾。在深化“产教融合”的教育发展新阶段，高职院校需要在人才发展的战略性目标上重新提炼办学理念、找寻专业特色，摆脱传统的技术应用与模仿，深入更高端的新技术应用与创新探索实践，主动对接区域经济发展，建立与企业协同育人的办学新机制，探索有步骤、有层次、有目标的“产学研创”分阶段实施路径，用更先进的技术手段提升办学水平，实现新技术推广与专业建设步调一致、新技术应用与创新创业项目衔接、新技术改造与产业更新及时、新技术创新与技术升级同步的产教融合纵深发展机制。

【《农村职业教育服务乡村振兴：实践困境与治理路径》】 张旭刚在《职业技术教育》第10期发表《农村职业教育服务乡村振兴：实践困境与治理路径》一文。文章指出：农村职业教育独特的功能定位和价值取向精准对接着乡村振兴各领域、各要素需求，是乡村振兴战略实施的逻辑必然。目前，我国农村职业教育在服务乡村振兴实践中既有思维理念滞后、自身能力不足等内源性问题，也有法制制度供给不足、社会力量参与缺乏等外源性问题，难以满足乡村振兴的迫切需求。为此，亟须转变思维方式，以新发展理念引领农村职业教育服务乡村振兴实践；破解关键环节难题，提升服务能力水平；加强顶层设计，构建和完善相关法律制度体系；发挥政府“元治理”作用，构建多元协同参与的农村职业教育发展新格局，从而突破农村职业教育自身发展及其服务乡村振兴的实践困境，从根本上保障乡村振兴战略的顺利推进。

【《中国经济新常态时期职业教育面临的挑战与应对》】 郭达、张瑞在《教育与职业》第7期发表《中国经济新常态时期职业教育面临的挑战与应对》一文。文章指出：当前，世界经济整体呈现低迷态势，进入“新平庸”时代。在这种大背景下，中国经济迈入了以中高速增长、发展方式转变、结构深度调整和发展动力转换为主要特征的新常态时期。职业教育是教育与经济的结合点，是与经济社会发展最为紧密、与人的职业发展和生活关联最为直接的教育类型。经济新常态时期，职业教育必须明确自身肩负的使命，重点在促进就业、培养现代服务业高技能人才和培训农民工等方面做出突出贡献，助力中国经济顺利度过新常态，越过中等收入陷阱，跨入高收入国家行列，实现中华民族伟大复兴的中国梦。

【《从职业教育到学术教育？德国关于“学术化”的辩论》】 安德烈·沃尔特、李超在《北京大学教育评论》第2期发表《从职业教育到学术教育？德国关于“学术化”的辩论》一文。文章指出：目前德国的多数适龄人口接受高等教育，而传统上多数适龄人口接受的是职业教育；但在高等教育持续扩张的背景下，职业教育与高等教育之间的界限在模糊，并出现学术化的倾向。通过考察德国高等教育规模持续发展的状况，分析其原因以及对职业教育和学术教育关系的影响。

【《高职本科应用型人才规格定位初探》】 张健在《职教论坛》第4期发表《高职本科应用型人才规格定位初探》一文。文章指出：高职本科发展转型首先要解决人才培养规格定位的基本问题。这一规格需要遵循以下逻辑前提，即要联系中高职人才规格定位进行系统性思考，要有利于现代职教体系的建构，要有跨界整合的哲学思考，要进行自身定位的元思考。采用中高本系统比较的方法，从性质、特点、价值几个维度分析高职本科人才规格定位的内涵，得出了中职是培养经验技能、操作型的实用型人才，高职是培养策略技能、复合特征的高端型人才，高职本科是培养拥有智慧技能、知识技术性特征的创新人才的结论。

【《高职院校内部专业评估的几个问题探讨》】 吴一鸣在《职教论坛》第4期发表《高职院校内部专业评估的几个问题探讨》一文。文章指出：高职院校内部专业评估是学校基于内部视角针对本校专业建设质量和水平所进行的一种综合性自我检视与自我评价。它既是一种管理行为，也是一项质量控制措施。在准确认识和理解其功能定位、目标导向的基础上，应结合实际因校制宜做好评估指标设计，并在推进策略和实施路径上予以准确把握。

【《新时代高职教育与产业深度融合的实践路径研究》】 王万川、邓光、顾云鹏在《当代职业教育》第2期发表《新时代高职教育与产业深度融合的实践路径研究》一文。文章指出：党的十九大明确提出“要完善职业教育和培训体系，深化产教融合、校企合作”，可见，进入新时代推动高职教育与产业深度融合，既是业界转型升级、业态重组的需要，也是高职教育解决不平衡、不充分发展，实现内涵发展的必经之路。高职教育作为跨越教育界和经济界的教育，实现产教融合需统筹协调两者关系，形成良性互动，具体路径为：以体制机制顶层设计为突破，形成自上而下的推力；以“五位对接”为具体抓手，提高针对性，强化可操作性；以各类共同体构建来创新融合载体，提升合作内涵，确保合作成效。通过多方合作、多措并举，实现产教融合从政策变成行动，从口号变为实效。

【《中国技能劳动力培养及其职业学校重建——社会学的理论框架和方法》】 王雅静在《教育学术月刊》第4期发表《中国技能劳动力培养及其职业学校重建——社会学的理论框架和方法》一文。文章指出：技能劳动力的培养存在于学校职业教育和在职培训过程。基于学术界二十年来对中国技能劳动力培养的社会学研究，文章梳理出其三个理论框架和方法论视角。人力资本投资理论框架关注从学校到劳动力市场的劳动力培养过程，回答需要什么样的技能劳动力的问题，是一种个体主义方法论，其研究立场是站在个人角度，以个体劳动力理性选择和竞争逻辑为取向。青年亚文化和阶层再生产视角是把批判教育社会学与劳动社会学结合，指出现实培养了什么样的技能劳动力，是一个群体主义方法论，视职校学生为某一社会阶层，关注其身份和认同建构。制度主义框架则关注技能形成体系和职校组织架构，如技能形成制度的历史、制度匹配、合法性与组织结构、组织行动与策略，回应技能劳动力怎样培养的问题，是以学校为研究单位，强调制度的作用。这些研究从“合格”技能劳动力培养切入，研究职业教育与国家、市场、社会的互动关系，但并没有把职业学校作为一个超越组织的“社会性”和“人格性”教育团体，探究其在现代化转型中的“重建”问题。

【《高职教育深化产教融合的经验、问题与对策》】 马树超、郭文富在《中国高教研究》第4期发表《高职教育深化产教融合的经验、问题与对策》一文。文章指出：党的十九大对职业教育深化产教融合提出了明确要求，《关于深化产教融合的若干意见》进一步作出全面部署，产教融合成为国家教育改革和人才资源开发的基本制度安排。从中国高职教育20年的大发展来看，坚持产教融合是其发展壮大的关键，也是其实践探索取得的重要经验。深化产教融合要求高职教育必须克服现存问题，进一步将产业先进技术、优秀文化和发展需求融入专业教学，深入推进产业界、教育界的有机衔接，以保证高职教育事业的可持续发展。

【《夯实现代职业教育的发展基础——改革开放以来中职教育发展历程、贡献与展望》】 李玉静等在《职业技术教育》第12期发表《夯实现代职业教育的发展基础——改革开放以来中职教育发展历程、贡献与展望》一文。文章指出：改革开放以来，中等职业教育为我国经济社会发展培养了数以亿计的技术技能人才，为更多的教育对象提供了受教育机会，促进了高中阶段教育普及和教育公平的实现。新时代背景下，我国中等职业教育发展面临生源减少、广大人民群众教育选择意愿不强等困境。未来发展中，需要进一步强化中等职业教育的类型特色，全面提高其办学质量；加强中等职业教育与高等教育及普通高中教育的衔接沟通，为学习者提供迈入高层次教育的通道；拓宽中等职业教育办学职能，增强中等职业学校办学的开放性，使其成为重要的终身学习载体。

【《政策语境下职业教育产教融合的逻辑及启示》】 方绪军在《中国职业技术教育》12期发表《政策语境下职业教育产教融合的逻辑及启示》一文。文章指出：政策语境下职业教育产教融合的逻辑本质是职业教育内在发展对“产”“教”概念的辩证认识与深化而形成的政策性框架，体现出职业教育的教育属性和社会属性的有机调和。从职业教育“产教融合”三种政策文本的呈现形态为逻辑出发点，深入剖析了“产教融合”政策设计的逻辑起点、逻辑路径以及逻辑结果，以此形成了职业教育产教融合政策文本执行的启示。

【《成人转化学习的触发条件与过程模型研究》】 蒋立兵、杨玖、黄一璜等在《教育发展研究》第9期发表《成人转化学习的触发条件与过程模型研究》一文。文章指出：转化学习是成人学习的重要方式之一，近年来在成人教育领域中备受关注。然而，成人的大量生活事件和生活经历并没有演变为转化学习，错失了难得的学习机会。文章利用文献研究、逻辑分析等方法，对转化学习的内部触发条件如求知欲、生活经验、批判性反思等以及外部触发条件如家庭环境、学习型组织、成人教育者等进行了深入探讨。基于三种经典转化学习理论的系统分析，梳理出转化学习的共同过程要素：触发事件、质疑、批判性反思、理性对话、改变，并通过对15名具有转化学习经历的成人进行深度访谈，尝试性地构建了成人转化学习的过程模型。最后，从成人学习者、成人教育者、家庭以及学习型组织等方面提出了促进成人转化学习的若干策略，以期更好地指导成人转化学习和成人教育实践。

【《基于OBE理念的应用技术型人才培养方案的设计》】 刘衍聪、李军在《中国职业技术教育》第14期发表《基于OBE理念的应用技术型人才培养方案的设计》一文。文章指出：应用技术型大学的人才培养具有其自身的基本特征，旨在通过专业教育培养能够满足行业需求的贯通应用工程型与应用技能型两种应用型教育的工程技术型人才。这种对学生学以致用的能力要求与OBE的核心理念不谋而合。遵循OBE的内涵主旨和实施要素，以行业标准引领设计人才培养方案为主导，以实践应用的价值取向重构课程体系为核心，以校企合作为平台创新人才培养模式为关键，构建应用技术型人才培养方案的框架体系，有助于形成并提升应用技术型人才培养的特色和质量，以真正满足经济社会发展的实际需求。

【《县级中职办学效率及其影响因素——基于广西34县（市）的调查》】 潘健、黄潇剑在《教育学术月刊》第5期发表《县级中职办学效率及其影响因素——基于广西34县（市）的调查》一文。文章基于2015年广西34个县（市）中职相关数据，运用DEATobit两阶段模型评价县级中职的办学效率，并进行影响因素分析。基于DEA的分析结果显示：县级中职整体办学效率偏低，原因主要来自技术非有效，即在办学过程中缺乏高效、稳定的组织运行机制；特困地区与一般地区县级中职的办学效率存在差异，但不显著。县级中职在办学中仍需加强区域合作，促进均衡发展；“双师型”专任教师和实训基地投入的冗余量偏高，说明实践性教学资源的优化配置是县级中职扩量提质的关键。基于Tobit模型的回归结果显示：提高县级中职办学效率不仅依靠机制健全和技术创新，还有赖于与之相关联的外在因素；地方经济发展水平、城镇化水平对县级中职办学效率有较为显著的影响。

【《改革开放40年来我国职业教育产教融合政策的变迁与展望》】 祁占勇、王羽菲在《中国高教研究》第5期发表《改革开放40年来我国职业教育产教融合政策的变迁与展望》一文。文章指出：改革开放40年来，我国职业教育产教融合政策的发展历经了初步探索阶段（1978—1995年）、多样化创新阶段（1996—2010年）和不断深化阶段（2010—2018年），呈现出了不断追求长效发展的价值取向、积极倡导多元主体的合作参与、始终重视“双师型”教师队伍建设、持续完善职业教育与产业精准对接等特点。应从转变思维方式、建立联动工作机制、设立专门法律保障、创新现代化治理模式、改进经费投入模式等方面不断完善职业教育产教融合政策。

【《“一带一路”背景下中等职业教育“走出去”办学的实践探索与启示》】 何新哲、石伟平在《现代教育管理》第5期发表《“一带一路”背景下中等职业教育“走出去”办学的实践探索与启示》一文。文章指出：“一带一路”倡议为我国中等职业教育国际化提供了新机遇，也带来了新挑战。中罗（德瓦）国际艺术学校顺势而为，主动作为；切实可行，合作共赢；整合资源，协同发展。其实践探索路径对我国中等职业教育“走出去”办学具备一定的借鉴意义，是我国中等职业教育“走出去”办学的首个有益尝试。

【《职业教育产教融合质量评价体系的构建》】 姜泽许在《职教论坛》第5期发表《职业教育产教融合质量评价体系的构建》一文。文章指出：提高质量是职业教育产教融合发展的永恒主题，是构建职业教育产教融合质量评价体系的最终目的。职业教育产教融合质量评价体系的构建，需要以理论与实际需求为基础，充分考虑学校、企业、行业、教师、学生和企业职工等各参与主体的现实需求。基于此，尝试构建了职业教育产教融合质量评价体系，评价体系涉及组织保障、课程和教学、毕业生评价、行业协调指导、教师发展、基地建设等三级指标体系及各指标的权重，为职业教育产教融合的质量评价提供了参考依据。

【《欧盟职业教育学习成果质量评估的 EXPERO 模型探析》】 王永林在《外国教育研究》第5期发表《欧盟职业教育学习成果质量评估的EXPERO模型探析》一文。文章指出：EXPERO模型旨在通过对学校主要利益相关者在教学不同阶段反馈的信息进行比较分析，来评估职业教育学习成果的质量。它以利益相关者的理想“期望”与现实“感知”的比较为基本特色，强调对学生能力素养的考察，突出职业教育的核心特质，指向持续改进；注重利益相关者的获得感与实际体验，彰显教育评估的人本属性；赋予利益相关者明确的评估职责，践行评估主体多元化；促进院校完善内部质量保障体系，积极打造有公信力的质量认证品牌。同时，它着眼于质量标准的国际化、通用化，团队成员和研制过程体现了多方参与和国际协同。在推进供给侧改革和构建现代职业教育体系的背景下，EXPERO模型的理念与实践对完善我国高职教育质量保障与评估体系具有一定启发借鉴意义。

【《40年来我国高等职业教育发展回顾与展望》】 平和光等在《职业技术教育》第15期发表《40年来我国高等职业教育发展回顾与展望》一文。文章指出：改革开放40年来，我国高等职业教育经历了全面恢复、初步创立、规范发展、规模发展、内涵发展五个发展阶段。在40年的发展历程中，我国高等职业教育始终坚持党的领导、坚持政府推动、坚持育人为本、坚持服务大局、坚持就业导向、坚持深化改革、坚持示范引领、坚持对外开放，从无到有、由弱变强，取得了举世瞩目的成就。站在新的历史起点上，回顾我国高等职业教育发展历程，发现高等职业教育发展仍然存在经费投入短缺、办学活力不足等问题，需从建立完善多渠道筹资机制，提高经费保障水平等方面加快发展。

【《高职院校教务协同管理机制的创新与思考》】 桂文龙、王宏伟等在《中国职业技术教育》第15期发表《高职院校教务协同管理机制的创新与思考》一文。文章指出：高职院校教务管理工作是教学活动信息集聚与处理的枢纽。随着当前高职院校教学规模、教学要求、教学方式等的不断变化，高职院校教务管理的任务、要求和方式也随之发生了变化，这要求高职院校教务管理工作者必须改变观念，创新教务管理的方式、方法。根据高职院校教务管理工作的主要内容及特点，需建立高职院校教务协同管理机制，并在高职院校教务协同管理的意识、责任、制度、管理人员及信息化水平等方面做出相应改进。

【《新型职业农民培育影响因素及其精准培育研究——基于7省21县（市、区）63乡（镇）的调研数据》】 徐辉、许泱、李红、常春华在《江西财经大学学报》第3期发表《新型职业农民培育影响因素及其精准培育研究——基于7省21县（市、区）63乡（镇）的调研数据》一文。文章指出：新型职业农民的培育存在多种影响因素，有针对性的精准培育新型职业农民是打造高素质现代农业生产经营者队伍的关键所在。通过对全国7省21县（市、区）63乡（镇）1512个农民的调研获取第一手数据，并采用Logit二元回归模型实证分析5大类30项指标对新型职业农民培育的作用。结果表明，“是否经常自学农业技术和管理知识”等18个因素对新常态下新型职业农民培育具有显著性影响。因此，应在充分尊重农民职业意愿的基础上，优先遴选出受教育程度高，特别是农业大中专毕业生，为他们提供发展平台和推出配套政策，最终培育出优质的新型职业农民，并让他们获得较高的职业收益，扎根农村发展。

【《21世纪以来我国职业教育质量评估指标体系比较分析》】 高瑜、文春帆、张源媛在《教育科学论坛》第15期发表《21世纪以来我国职业教育质量评估指标体系比较分析》一文。文章指出：职业教育质量评估既是规范职业院校办学的有效手段，也是深化职业教育内涵建设的重要保障。通过对21世纪以来我国职业教育质量评估指标的差异特征和共同特点分析发现，终身学习框架下学生的可持续发展、大数据背景下以量化为主质性为辅、以学生发展为本注重学生学习结果将是我国职业教育质量评估的未来趋势。

【《改革开放40年我国职业技术教育学的嬗变与反思》】 陈鹏、王辉在《职业技术教育》第16期发表《改革开放40年我国职业技术教育学的嬗变与反思》一文。文章指出：改革开放40年来，我国职业技术教育学科建设经过了学科恢复重建期、学科探索发展期、学科成熟繁荣期、学科机遇与危机并存期四个阶段。在这40年里，我国职业技术教育学科建设取得长足发展，在人才培养体系、多元化学科平台以及学科研究的深度和广度方面都取得了令人瞩目的成就，但同时，我国职业技术教育学科建设还面临着许多未能解决的现实问题，尤其是在“双一流”建设的大背景下，职业技术教育学在高校中的地位有被边缘化的风险，需要我们共同去研究探索职业技术教育学的发展出路。

【《现代学徒制办学模式：内涵、现状与发展策略》】 关晶在《职教论坛》第6期发表《现代学徒制办学模式：内涵、现状与发展策略》一文。文章指出：现代学徒制办学模式是以产教融合为办学理念，以培养企业需要的行业人才为目标，在制度保障下，基于工学交替的人才培养方式，企业与学校以及其他利益相关者形成的紧密合作机制的稳定范式。我国现代学徒制的办学探索可以追溯到改革开放初期，并逐渐形成了德国模式、英国模式和本土模式三大类做法。一致性内涵基础上的多样化发展是我国现代学徒制办学模式的发展方向，招生招工、企业激励、质量保障等方面制度突破则是我国现代学徒制办学模式发展的关键。

【《从“泛学科化”到“再学科化”——我国职业教育研究的应然路向》】 张栋科、闫广芬、杨如安在《教育研究》第6期发表《从“泛学科化”到“再学科化”——我国职业教育研究的应然路向》一文。文章指出：基于传统学科衡量标准，我国职业教育研究在学科创建初期的“学科化”探索中借鉴和运用普通教育学的研究范式，取得了职业教育学科的外部建制和内部建制。在新的历史时期，职业教育研究呈现出从学科理论构建到问题领域研究的“泛学科化”倾向，并由此呈现出“学术繁荣”与“研究失范”并存的发展现状。伴随学科形态由传统学科向现代学科演化，作为现代学科的职业教育学应坚定学科研究取向，通过学科立场、研究内容和研究方法的“整合”，进而追求学科价值独立性、厘定学科研究问题域、确立跨学科研究方法，从而通过职业教育研究的“再学科化”实现其现代学科建构，以期提升我国职业教育学的研究水平，增强对职业教育实践的解释力和指导力。

【《德国中职—应用型本科的衔接模式及借鉴》】 李强在《现代教育管理》第6期发表《德国中职—应用型本科的衔接模式及借鉴》一文。文章指出：德国职业教育世界闻名，其职业教育、中学教育与高等教育的目标紧密衔接，各级各类学校的入学均不设统一考试，学生取得了主体中学或实科中学的毕业证书就可以选择进入中职；德国的双元制属于中职教育，以企业培训为主，其专业设置以市场需求为导向、以培训职业为依据；课程设置以学习领域和工作过程为基础；学习者按照统一的学分标准实施学分积累和转换；双元制模式是德国职业学校产教结合的主要模式。中国应该借鉴其提高职业教育的地位、注重课程体系设置、树立行业协会在职业教育中的法律地位和权威性、改革考评制度、加强校企合作和改革招生制度等做法。

【《改革开放40年来中职服务产业发展的路径与未来转向——基于政策变迁分析》】 宾恩林在《职教论坛》第6期发表《改革开放40年来中职服务产业发展的路径与未来转向——基于政策变迁分析》一文。文章指出：改革开放40年来，中职服务产业发展的政策路径主要是专业结构升级，以实现为产业总体发展提供人才基础的目标。按照专业目录的发布时间，可以分为四个时期，各时期侧重不同的内容，调整期（1978—1992年）注重产业优化匹配，建构期（1993—1999年）聚焦三大产业结构调整，发展期（2000—2009年）强调支持高新技术产业发展，成熟期（2010年—2018）平衡发展多样服务功能。未来，中职面临产业进一步升级和学生升学倾向加重的困境，需要创新产教融合方式、进一步融入国际化和匹配动态反馈系统。

【《中国职业教育发展的根本方向——40年来职业教育产教融合发展的历程、规律与创新》】 周晶在《职业技术教育》第18期发表《中国职业教育发展的根本方向——40年来职业教育产教融合发展的历程、规律与创新》一文。文章指出：从计划经济向市场经济过渡时期的联合办学，到社会主义市场经济体制建设时期的产教结合，再到全面建成小康社会开展阶段的校企合作，全面建成小康社会发展阶段的产教融合，职业教育产教融合呈现出一定的规律性和特征。未来职业教育产教融合应以促进人的全面发展为核心，在融合中传承与培育工匠精神，突出法治、善治、合作共治、基层自治的治理方略，重视质量标准的建构，注重大数据平台等治理技术的创新。

【《乡村振兴战略实现的职业教育机会与应对策略》】 马建富在《中国职业技术教育》第18期发表《乡村振兴战略实现的职业教育机会与应对策略》一文。文章指出：乡村振兴是党的十九大提出的七大战略之一，乡村振兴战略的实现为农村职业教育发展带来了机会，它必将促进县域职业教育发展规划和政策的变革，形成多层级职业教育培训体系，推动农村社区教育的发展。基于乡村振兴战略的目标，农村职业教育必须重新审视自身功能定位，着力开展乡村精英培育；注重专业的升级改造和结构优化，着力涉农专业集群建设；强化城乡职业教育共同体建设，着力城乡教育要素互动；构建城乡融合的职业教育支持体系，着力农村社区教育发展；建立优质教育资源流向农村的引导机制，着力制度和政策供给的创新。

【《从日本“职业生涯教育”论其工匠精神的培育机制》】 王妍、米靖在《中国职业技术教育》第18期发表《从日本“职业生涯教育”论其工匠精神的培育机制》一文。文章指出：日本式“工匠精神”称作“职人精神”，日本“职业生涯教育”作为培育“职人精神”的途径之一，其指导思想、内容、措施均与“职人精神”紧密相关。立足“职业生涯教育”分析日本“职人精神”的培育，以期为我国“工匠精神”培育提供借鉴。

【《新时代高职院校强化内涵建设的关键问题探析》】 任占营在《中国职业技术教育》第19期发表《新时代高职院校强化内涵建设的关键问题探析》一文。文章从构建多主体的治理体系、创新专业融合集群模式、探索质量建设多维推进路径、打造职教开放多元格局等四个方面，对新时代高职院校强化内涵建设的关键问题进行分析，提出了通过政府—市场—院校三元协同的新型关系建立、对接产业链或岗位群的专业群建设、质量要素全面改革与质量保证共治机制建设、国际化内容框架重构等新时代高职院校强化内涵建设的路径建议。

【《乡村振兴战略下农村职业教育的改革与创新发展》】 孙莉在《教育与职业》第13期发表《乡村振兴战略下农村职业教育的改革与创新发展》一文。文章指出：乡村振兴战略是党和国家践行中国特色乡村发展道路的重要举措，也是新时代“三农”工作的总纲领。乡村振兴战略的实施为农村职业教育的创新发展提供了新的机遇和挑战，农村职业教育要主动肩负起培育新型职业农民、支撑农业现代化、服务新型城镇化、对接精准扶贫的时代使命。针对农村职业教育自身现存的问题，应以乡村振兴战略为依托，逐步进行破解，具体措施包括确立服务乡村振兴战略的价值取向和目标定位，深入推进农村职业教育领域的供给侧改革，加快师资队伍建设，构建面向乡村振兴战略的终身教育体系，助推农村学习型社会的发展。

【《由热眼向洋到走向世界——改革开放40年来职业教育国际交流与合作的历程、特征及展望》】 孟凡华等在《职业技术教育》第21期发表《由热眼向洋到走向世界——改革开放40年来职业教育国际交流与合作的历程、特征及展望》一文。文章指出：回顾改革开放40年来我国职业教育国际交流与合作的历程，可以将其划分为四个阶段。在发展历程中，体现出交流与合作的主体及对象由政府间向多元化发展，交流与合作的领域、范围由单一向多层次、全方位发展，交流与合作的形式更加多样化，在内容上，由“引进来”到“走出去”的四大特征。展望未来，职业教育国际交流与合作的形式将更加多元，职业教育国际合作交流机制将更加完善，职业教育与培训人才规格及认证的国际化将成为特色，职业教育“走出去”内容将更加丰富，中国将成为职业教育世界命运共同体的积极推动者。

【《乡村振兴下职业教育与农村“空心化”治理的耦合》】 刘奉越在《国家教育行政学院学报》第7期发表《乡村振兴下职业教育与农村“空心化”治理的耦合》一文。文章指出：在乡村振兴下，职业教育推动农村“空心化”治理进程，农村“空心化”治理促进职业教育发展，二者存在着相互促进、交互耦合的关系。通过分析职业教育与农村“空心化”治理的耦合作用机理，揭示要素、结构和功能之间的协同关系以及耦合所存在的阻力，在此基础上提出促进职业教育与农村“空心化”治理耦合的路径，以助推乡村振兴战略的顺利实施。

【《职业教育专业教学资源库的未来走向研究》】 孙善学、刘正宏在《中国职业技术教育》第23期发表《职业教育专业教学资源库的未来走向研究》一文。文章指出：教育部2010年启动国家级职业教育专业教学资源库建设项目，除了中央财政立项支持的建设项目之外同时拉动了省市级、学校级职业教育专业资源库建设，有力地推动了职业教育信息化进程。要使这些资源库更好地发挥应有作用并能够持续得以充实和改进，建设单位在未来后续建设中应当把握好四个重要走向：创新教育服务供给方式，推动建立面向人人、服务终身的职业教育与学习新制度；创新教育资源共建共享机制，开辟职业教育服务国家战略和地区行业发展的新途径；坚持深化教育教学改革，推动职业学校教育理念、模式、方法及教学制度的现代化；突出职教规律、特色和优势，将职业教育信息化推向技术与教育融合的新境界。

【《走向现代化：改革开放 40 年我国职业教育发展之路》】 匡瑛、石伟平在《教育与经济》第 4 期发表《走向现代化：改革开放 40 年我国职业教育发展之路》一文。文章指出：改革开放 40 年，我国职业教育历经波折、异军突起，经历了恢复重建—大力发展—快速发展的脉络。其发展并非匀速，而是一个经历了起伏又加速的过程，以改革开放后我国社会经济发展为背景，根据关键性事件和里程碑文件，可将我国职业教育的改革与发展划分为五个阶段。40 年的职业教育发展走出了符合我国国情的职业教育现代化之路。这条现代化的发展之路体现了三个关键词："适需性""科学性"和"自主性"。文章对其未来发展作出了四方面展望。

【《扎根乡土办好让农民满意的职业教育——改革开放 40 年来我国农村职业教育的发展历程与奋斗方向》】 张祺午等在《职业技术教育》第 24 期发表《扎根乡土办好让农民满意的职业教育——改革开放 40 年来我国农村职业教育的发展历程与奋斗方向》一文。文章指出：改革开放 40 年，农村职业教育在中国经济社会发展和农业现代化的过程中发挥了至关重要的作用。从改革开放之初作为农村教育改革的重点加以推进，到 20 世纪 80 年代末开始探索形成县级职教中心办学模式并推广全国，再到新世纪走出规模发展低谷，大力发展以促进教育公平为导向的面向农村的职业教育，进而到党的十八大以来服务全面建成小康社会，在新型职业农民培育、助力脱贫攻坚、建设农村社区教育体系等方面深入推进改革，开展了卓有成效的人才培养实践探索。当前，我国农村职业教育发展不平衡不充分的问题依然存在，乡村振兴战略的实施、脱贫攻坚工程的推进对农村职业教育提出了新挑战，也带来了新机遇。扎根乡土办好让农民满意的职业教育，加快供给侧改革，才能奋力书写出新时代农村职业教育的奋进之笔。

【《基于产教园的高职院校深化产教融合协同育人的机制探索》】 刘桓、陈福明、程艳红在《中国职业技术教育》第 25 期发表《基于产教园的高职院校深化产教融合协同育人的机制探索》一文。文章指出：产教深度融合是现阶段高等职业教育进一步发展的必由之路，不仅可以推动高职院校向特色鲜明、水平一流发展，而且能助力区域经济转型升级、产业企业生产力提升、竞争力增强，实现社会协同发展。基于协同育人总目标和要求，分析产教融合实践中存在的问题，探究其深层次的原因，再根据产教园为载体的产教融合的作用与机制，提出从产教园载体建设、利益共同体机制构建、现代学徒制模式实施三方面进行深化产教融合实施途径。

【《关于新时代产教融合的几点思考》】 李政在《中国高教研究》第 9 期发表《关于新时代产教融合的几点思考》一文。文章指出：职业教育产教融合正面临政府与市场失衡、治理模式落后、体系建设不畅、落地措施不实、学术漂移现象的现实障碍。解决职业教育产教融合体制机制问题，应遵循从"关系失调"到"清单机制"、从"分隔管理"到"系统部署"、从"学术漂移"到"多元评价"、从"资源优化"到"系统育人"的创新思路。现阶段消解产教融合障碍，应基于互联网大数据等技术建立区域性产教信息沟通平台、系统设计基于产教融合的人才生涯发展体系、通过赋权等形式发挥行业等中间性组织的协调作用，并探索实施各类高等院校与职业学校教师绩效考核新标准。

【《学科缺失：高职教育专业内涵发展之"短板"》】 游明伦在《职教论坛》第 9 期发表《学科缺失：高职教育专业内涵发展之"短板"》一文。文章指出：以"学科建设"尚未形成高职教育内涵发展之“共识”为切入点，选择遭受质疑和争议的高职教育专业发展地位与作用、专业学术理论研究及其认知、专业人才培养现实困惑等三个热点话题入手，从高职教育学科发展政策指向不明、高职教育理论体系缺失和高职教育发展阶段性特征所局限等方面探究了具体成因。在此基础上，从高职教育的“大学属性”（即知识性、学术性、文化性、社会性、创新性）和“职业属性”（即紧贴产业、对接职业、校企协同、服务就业、技术逻辑）两个方面提出了高职教育“学科建设”应是“专业建设”的根基，并且具有“跨界生长”“复合交叉”“协同融合”三个显著特色。最后，基于创建高职教育跨领域“一流专业应用学科”的视角，从坚持产业导向的学科跨界融合发展路径、树立学科生态化的协同发展理念、构建专业学科融合发展模式三个方面就如何弥补专业学科短板、加强高职专业学科建设进行了创新思考。

【《关于新时代产教融合的几点思考》】 曹晔在《教育与职业》第18期发表《关于新时代产教融合的几点思考》一文。文章指出：为落实党的十九大精神，国务院办公厅、教育部等六部门分别出台了有关深化产教融合和促进校企合作的文件，使产教融合、校企合作从职业教育延伸到高等教育，将对我国教育体系改革、人才培养体制和人力资源开发产生深远的影响。产教融合是新时代的产物，是一种新的教育方式，具有多主体性、多类型性、多层次性和体系性等特征，其关键是发挥企业的主体作用，构建促进企业主体作用发挥的制度环境。

【《求真、务实、创新：新时代职业教育发展的理性思考》】 檀祝平在《教育与职业》第18期发表《求真、务实、创新：新时代职业教育发展的理性思考》一文。文章指出：我国职业教育经历几十年跨越式发展，取得了举世瞩目的成就，但在人才培养、职教体系建设、校企合作方面依然存在很多深层次问题。新时代职业教育要以问题为导向，在求真、务实、创新三方面发力。首先，职业院校要真正以学生为中心，按“全人教育”理念全方位育人，同时服务于经济社会发展和人的全面发展。其次，职教体系建设应立意更高，从人才可持续发展角度务实开展多种形式的职业教育学制衔接，构建现代职业教育体系。最后，职业院校要积极主动地调动地方政府、行业、企业的积极性，创新校企合作机制，加快产学研合作升级，真正促进产教深度融合，进一步提升职业教育社会服务的输出水平。

【《基于非法人组织视角的职教集团基本特征与内部治理结构完善》】 崔发周、田红磊在《中国职业技术教育》第27期发表《基于非法人组织视角的职教集团基本特征与内部治理结构完善》一文。文章指出：针对非法人职教集团决策程序简单粗放、工作协调手段单一、执行过程缺乏监督等问题，通过对我国64个职教集团办学案例的分析和对部分职教集团的调研，重新认识了非法人职教集团的基本特征；以提高非法人职教集团民事行为能力为目的，归纳了非法人职教集团内部治理的有限目标原则、责权平等原则、闭环运行原则、适应国情原则、多样共生原则和动态优化原则；最后，提出了职教集团理事会内部治理结构完善的相关建议。

【《智能生态体系中现代职业教育的空间结构》】 韩毅、黄尧在《现代远程教育研究》第5期发表《智能生态体系中现代职业教育的空间结构》一文。文章指出：在智能生态体系中建构现代职业教育空间结构，为解决发展瓶颈问题开辟了新的路径。从教育教学实体扩展至网络平台空间、从技术技能培养延伸到跨界能力培养、从知识体系的广度和宽度的发展到深度与厚度的培植、从传统认知观念更新到互联网生态认知，这些都为建构现代职业教育在智能生态体系中的空间结构奠定基础。智能生态体系中的教育资源供给全部聚合于网络空间，使教育领域及各产业领域的边界感逐渐弱化，构成有利于重构本领域各要素之间关系并形成新竞争力的空间布局。教育供给的“O+O”联动模式为学习者量身打造教育资源，促进教育资源高效转化为教育价值，通过实体领域与空间领域协同发展、资源领域与内容领域的协同合作、模式领域与价值领域的协同共生，共同为学习者赋能，赋予学习者具备终身学习、持续创造及更新教育生态圈的能力。

【《高职院校教师专业发展逻辑结构完整性及其支持环境》】 和震、杨成明、谢珍珍在《现代远程教育研究》第5期发表《高职院校教师专业发展逻辑结构完整性及其支持环境》一文。文章指出：高素质、专业化、创新型“双师型”教师队伍是高职院校培育高技能人才、支撑新时代我国经济产业发展和参与全球产业竞争需求的保障。目前，师资来源多样化与素质差异化导致的高职院校教师专业发展需求的个性化，成为我国高职院校教师专业发展起点的总体特点。面对因新工业革命推进过程中对于高技能人才内在素质要求升级所带来的挑战，高职院校教师有效专业发展策略的探寻，首先需基于对高职院校教师专业发展起点和归宿的整体表征，从理论和实践层面澄清专业发展的行动逻辑。继而通过完善职业技术师范教育体系、深化高职院校校企合作的内涵要义、构建常态化高职院校教师专业学习共同体以及开辟多样化和个性化专业发展路径等保障机制，实现高职院校教师专业发展的优质性。

【《改革开放40年我国职业教育课程改革历程审视》】 魏明在《中国职业技术教育》第28期发表《改革开放40年我国职业教育课程改革历程审视》一文。文章指出：课程改革不仅是职业教育内涵建设的现实要求，也是构建与完善中国特色现代职业教育体系的重要内容。从学习借鉴双元制和CBE等典型模式开始，我国职业教育课程改革经历了“拿来主义”“本土探索”“特色构建”几个阶段。在此期间，在引进借鉴国外课程模式的基础上，不同地方、院校在职业教育课程改革方面做了许多探索。回顾过去，总结成就、经验与不足；立足当下，客观审视已有的发展模式，有助于我们更好地把握未来方向。

【《产教融合视角下职业教育政校行企协同育人机制构建》】 徐畅、解旭东在《教育与职业》第19期发表《产教融合视角下职业教育政校行企协同育人机制构建》一文。文章指出：政校行企协同育人是培养高素质技术技能型人才的重要手段，也是深化职业教育产教融合的主要形式。统筹教育和产业融合发展格局，强化企业的重要主体作用，推进产教融合人才培养模式改革，都需要政校行企等主体之间的协同联动。围绕职业教育产教融合的发展方向，搭建政校企行协同育人机制，关键是构建互利共赢的需求动力机制、共享共荣的资源配置机制、规范有效的动态协调机制、科学合理的绩效评价机制、行业组织深度参与的协同机制。

【《德国现代学徒制的运行机制研究》】 贾文胜在《江苏教育》第76期发表《德国现代学徒制的运行机制研究》一文。文章指出：德国现代学徒制围绕着多元利益主体在合作过程中缘何开展、如何达成、如何进行、如何实现四个环节，形成了双元驱动、企业主体的利益驱动机制，多元参与、利益均衡的协调沟通机制，职业导向、企业参与的课程开发与实施机制，法律为先、行会参与的质量保障机制，对于我国现代学徒制发展具有重要的启示意义。

【《基于产教融合的高职产业学院建设机理及路径研究》】 吴显嵘在《中国职业技术教育》第29期发表《基于产教融合的高职产业学院建设机理及路径研究》一文。文章指出：产业学院是高职院校产教融合的重要载体和实现形式，在培养高素质技术技能型人才方面发挥着十分重要的作用。加快高职产业学院建设，必须明确其建设机理和行动依规，其中要以推动人才培养、资源共享和创新发展为动力，以满足区域行业、产业、企业的需求为逻辑，以实现学院、学科与专业重构为关键。在此基础上，促进高职产业学院的组织模式和专业教学模式创新，推动治理方式变革和保障机制建构，打造产学研合作平台，实现高职产业学院的多方共赢。

【《乡村振兴背景下新型职业农民培育策略研究》】 吕莉敏在《职教论坛》第10期发表《乡村振兴背景下新型职业农民培育策略研究》一文。文章指出：实施乡村振兴战略的实施，离不开一批高素质的新型职业农民。但是，目前我国农民整体素质有待提高，而作为培育新型职业农民主要供给侧的农村职业教育存在培育目标不明、资源分散、保障不力、内容不实、形式不活等问题。因此，政府部门需要做好顶层设计、合理规划；统一领导、分工协作；创新政策制度，加大扶持力度；而培训主体则要明确培育对象，改革内容与方法、创新培育模式。

【《高等职业教育面向企业开展职工培训的价值取向、供给方式及发展路径——基于职业教育公共产品属性的视角》】 杨红荃、苏维在《现代教育管理》第10期发表《高等职业教育面向企业开展职工培训的价值取向、供给方式及发展路径——基于职业教育公共产品属性的视角》一文。文章指出：高等职业教育面向企业开展职工培训是公共产品的生产、供给及消费的过程，具有不完全的正外部性、消费的竞争性和部分排他性、效益实现的长时性和持续性的产品特征。其价值取向要以提升企业人力资本为目标，以深化产教融合为核心，以服务产业结构转型升级为根本。高等职业教育面向企业开展职工培训要变革政府单一的供给方式，积极探索与私人部门合作的PPP供给方式及与社会组织合作的供给方式。转变校企合作理念，引入市场竞争机制，制定相应标准，加强激励性政策投入，积极发挥第三方中介机构作用是高等职业教学向企业开展职工培训的发展路径。

【《美好生活时代职业教育的新概念》】 孟景舟在《职教论坛》第10期发表《美好生活时代职业教育的新概念》一文。文章指出：从历史来看，职业教育是双轨制的产物。“职业教育”是一个含有阶级歧视和文化撕裂性的概念。从世界范围来看，自20世纪60—70年代开始，职业教育正在进入一个以“新职业主义”为标志的“后职业教育”时代。对我国而言，职业教育发展的百年史，就是一场概念之争的历史。我国目前正处在由职业教育大国向职业教育强国转变的关键时刻。职业教育面临着重新定位。用“技术教育”取代“职业教育”，并不仅仅意味着解决了一个学术分类的难题，还意味着我们可以对现实政策进行积极的反思。

【《高职教师培训实效评估指标体系构建研究》】 殷蕾、许放在《中国高教研究》第10期发表《高职教师培训实效评估指标体系构建研究》一文。文章指出：构建科学合理的高职教师培训实效评估指标体系对于提高高职教师培训质量具有重要意义。利用柯氏四层次评估模型，以转化学习理论为指导，多次采用专家意见修正，可以构建初步的高职教师培训实效评估指标体系。在此基础上编制问卷，对调查结果进行效度和信度检验并进一步确定评价指标的权重，可以得到有效的培训实效评估指标体系和评估量表。该体系和量表对提高培训质量和效果具有实际指导意义。

【《澳大利亚职业教育与培训师资队伍建设的挑战与应对》】 马延伟在《外国教育研究》第10期发表《澳大利亚职业教育与培训师资队伍建设的挑战与应对》一文。文章指出：澳大利亚职业教育与培训规模扩大，学员群体复杂，培训与鉴定的工作任务加重，对师资队伍的资格水平和专业能力提出了很大的挑战，凸显出教师在培养多样化的学生群体、应用信息技术、职业能力评价等方面存在明显的能力差距。为加强师资队伍建设，澳大利亚坚持职教教师准入制度，不断丰富培训包内容，重视教师专业发展，采用灵活的用人制度等。

【《法国大学技术学院办学实践及其启示》】 高迎爽在《中国高教研究》第10期发表《法国大学技术学院办学实践及其启示》一文。文章指出：法国大学技术学院作为培养高级应用型人才的教育机构，是法国高等教育体系的独特组成部分。法国大学技术学院具有制度设计的优势，秉承技术服务于知识、为学生可持续发展奠基的教学理念，专业设置与社会发展需要密切相关，课程设置注重实践性、应用性、灵活性、多样性、综合性，师资队伍多元化，创新教学组织与教学方法，重视科研在教学创新中的驱动作用，通过立法保障产学研校企合作，拥有组织严密的发展共同体，形成实施相互贯通融合的学位体系。大学技术学院丰富、优化了法国高等教育体系结构与区域分布，推动了法国高等教育职业化，提高了地区技术发展活力，促进了区域经济社会的发展，增强了地区吸引力。其办学实践对于我国地方本科院校向应用型高校转型具有一定的启示。

【《职业教育质量监测评估：英、美、德、澳的经验与启示》】 李鹏、朱德全在《西南大学学报（社会科学版）》第6期发表《职业教育质量监测评估：英、美、德、澳的经验与启示》一文。文章指出：职业教育质量监测评估不仅是提高和保障职业教育质量的重要途径，也是建设现代职业教育体系的核心工作之一。基于对英、美、德、澳职业教育质量监测评估体系的比较分析与经验总结，提出我国职业教育质量监测评估体系建设的方向：树立改进学习，发展技能，提高职业教育对经济社会的贡献的价值理念；建构多方参与，民主协同，保障职业教育质量监测评估公信力的组织架构；实施程序公正，分层推进，外部评估和自我评估和谐互补的评估流程；制定过程监测，规范标准，保障全面质量的指标体系；最后还要因地制宜，综合创新，借助信息技术变革升级职业教育质量监测评估的方法工具。

【《互联网时代终身职业技能培训制度适应性效率研究》】 李桃、赵伟在《中国远程教育》第11期发表《互联网时代终身职业技能培训制度适应性效率研究》一文。文章指出：我国提出推行终身职业技能培训制度，目标是“要实现覆盖城乡全体劳动者、贯穿劳动者学习工作终身、适应就业创业和人才成长需要以及经济社会发展需求”。为了确保目标的实现，有必要着眼于职业技能培训制度随经济社会发展动态的适应性问题展开研究。从制度适应性效率的视角，提出在体系构建实践中注重应用现代信息技术，有助于补齐机制和资源短板，有助于实现制度适应性效率目标。从系统科学与工程角度，分析现代信息技术的应用对实现制度适应性效率的作用机制，建议优先建设职业技能管理与监测系统、电子政务管理与公共服务、“互联网 + 职业技能培训”，并给出包含这三个方面的职业技能培训电子政务公共服务综合平台的应用模型，该应用模型可用于指导实践。

【《高职院校内部治理结构优化的路径选择——基于268所高职院校的调查与分析》】 陈向阳在《中国高教研究》第11期发表《高职院校内部治理结构优化的路径选择——基于268所高职院校的调查与分析》一文。文章指出：优化内部治理结构是新时代高职院校实现高质量发展的必然要求。通过对全国268所高职院校调查发现，我国高职院校内部治理架构基本建立，但运行过程中仍存在诸多机制性障碍，章程制定的程序失当、效力不高，相关权力未形成合力，基层学术组织缺失和空化，多元共治的格局尚未形成。完善高职院校内部治理结构需要高度重视章程建设质量，明晰党委权力、行政权力、学术权力、民主权力等边界，构建新型的基层治理架构。

【《引导企业参与职业教育治理的路径选择——基于对国际经验的分析与思考》】 孙长远在《河北师范大学学报（教育科学版）》第6期发表《引导企业参与职业教育治理的路径选择——基于对国际经验的分析与思考》一文。文章指出：职业教育治理是在政府主导下，政府与其他职业教育相关利益主体多元协调共振的过程。从职业教育治理的现状来看，企业作为职业教育的治理主体和利益主体，尚未充分发挥它的独特作用，究其原因在于缺乏政府对企业的有效引导。我国政府在引导企业参与职业教育治理的路径选择上，一是要积极推进职业教育的市场化改革；二是要以法律的形式明确企业在职业教育中的权利、责任和义务；三是要为企业和非营利组织搭建平台，充分发挥二者在职业教育治理中的“协动”作用。

【《高职院校“双师型”教师队伍培养的困境及其破解》】 王慧、施志刚在《现代教育管理》第11期发表《高职院校“双师型”教师队伍培养的困境及其破解》一文。文章指出：“双师型”教师队伍建设作为我国职业教育改革的一项重要任务，承担着为国家培养优质职业人才和引领教育改革的双重责任，其重要性受到了极大的关注。但是“双师型”教师队伍的培养却一直处于困境之中，与经济的发展和产业的变革不相适应，这不仅阻碍了职业教师队伍专业化的发展，也阻碍了社会改革的进程。想要走出困境，需要从纠正认知偏差与厘清“双师型”教师培养标准，规范管理制度与优化“双师型”教师评价和激励体系，完善培养机制和提高“双师型”教师培养成效等方面努力。

【《高职院校“双师型”教师队伍培养的困境及其破解》】 贾旻、王迎春在《职教论坛》第11期发表《改革开放四十年我国民办职业教育的发展历程及未来展望》一文。文章指出：近年来随着制造强国战略的提出，我国进一步加强对技术技能型人才的培养。民办职业教育作为我国现代职业教育的重要组成部分，在人才培养上扮演着不容忽视的角色。改革开放四十年，我国民办职业教育主要经历了恢复探索时期、快速发展时期、逐步规范时期和转型发展时期四个阶段。人才培养与社会需求之间的结构性矛盾、职教资源的相对短缺以及人民的多样化需求成为民办职业教育发展的动力机制。四十年来，我国民办职业教育有了飞跃式发展，但是目前仍面临着地位有待提升、管理有待规范、品牌有待建立的问题。因此，需要加强民办职业教育的政府重视与支持，坚定办学信心；加强民办职业教育的政社监督和管理，依法规范办学行为；加强民办职业教育的内涵建设，树立民办职业教育品牌，从而促进我国民办职业教育健康、有序发展。

【《职业教育质量评价的人文意蕴》】 徐承萍、赵蒙成在《河北师范大学学报（教育科学版）》第6期发表《职业教育质量评价的人文意蕴》一文。文章指出：由于经济社会强势影响、职业教育的教育属性以及个体发展功能势弱、评价技术手段局限等，长期以来我国职业教育质量评价表现出显著的社会本位特征，见物不见人，采用较为单一的量化评价技术，轻视职业教育的人文意蕴，强化了评价的教育管理功能而弱化了促进育人的功能。时代发展，个体自我实现以及向上流动的需求和意愿不断增强、职业教育回归育人本义的趋势愈益显著、工业4.0时代对职业教育人才培养改革的呼声日益迫切，这些都呼唤职业教育质量评价从社会本位转向以人为本，将职业教育满足个体持续发展需要的能力和水平视作评价基本内容，依据评价内容采用量化的、质性的或者两者混合的评价技术手段，并需要在评价环境建设、评价理论与实践研究等方面做出更多努力。

【《职业教育课程开发模式的源流与趋势》】 刘冰、闫智勇、吴全全在《中国职业技术教育》第33期发表《职业教育课程开发模式的源流与趋势》一文。文章指出：职业教育课程是影响职业教育内涵建设的重要因素。以课程内容的组织形式作为划分标准，职业教育课程模式大致经历了学科体系课程模式向学科整合课程模式过渡的加和量变阶段，从学科整合课程模式向主题导向课程模式过渡的部分质变阶段，从主题导向模式课程向行动体系课程模式过渡的创新优化阶段。行动体系课程模式作为真正具有职业教育特色的课程模式，包括模块化课程、项目类课程、一体化课程、学习领域课程和工作过程系统化课程等多种类型。职业教育课程开发模式的趋势是：课程开发范式已经形成共识，多种课程模式还将长期共存；主流课程模式已经形成，工作过程系统化课程更加完善；智能技术促进产业升级，课程模式必须深化改革。

【《改革开放四十年职业教育财政回顾与展望》】 田志磊、赵晓堃、张东辉在《教育经济评论》第6期发表《改革开放四十年职业教育财政回顾与展望》一文。文章指出：改革开放以来，我国职业教育经历了辉煌、滑坡与重塑。在梳理历史沿革的基础上，讨论了重塑阶段的一系列职业教育财政政策，尤其是政策制定的逻辑及其影响。示范校、中职免学费、中高职生均拨款机制等政策迅速而深刻地改变了我国职业教育办学、产教关系的基本格局，取得了巨大的发展成就。但无论是职业教育投入动员方式，还是财政政策促进产教融合的效果上，都存在改进的空间。首先，需要思考职业教育政策制定中的发声机制；其次，需要思考职业教育财政投入中的央地关系；最后，需要思考职业教育拨款机制设计的基本理念。

【《人工智能背景下如何建设世界一流职业院校》】 陈秋明在《高等工程教育研究》第6期发表《人工智能背景下如何建设世界一流职业院校》一文。文章指出：人工智能技术正渗透并重构生产、分配、流通、消费等经济活动环节，形成从宏观到微观各领域的智能化新需求、新产品、新技术、新业态，改变人类生活方式甚至社会结构。高职院校须主动转型以适应时代要求。如何转型，如何建设世界一流职业院校，是新时代职教战线必须面对、必须回答的时代命题。深圳职业技术学院明确自身使命担当，准确把握人工智能条件下的职业教育发展方向，按照“一流贡献、一流模式、一流声誉、一流保障”的思路，建设中国特色世界一流职业院校，努力为国家职业教育改革发展创造新经验、新路径。

【《国家示范性高职院校提升人才培养能力的启示》】 刘洪宇在《高等职业教育探索》第6期

发表《国家示范性高职院校提升人才培养能力的启示》一文。文章指出：通过对部分国家示范性高职院校的相关数据采集与分析，发现向更高水平创新发展的国家示范性高职院校必然会“牢牢抓住全面提高人才培养能力这个核心点”，在坚持立德树人办学根本上，更加充分彰显让人人都能成才、人人都有机会人生出彩的人才培养特色；在坚持产教融合、校企合作，坚持工学结合、知行合一办学理念上，更加注重创建深度协同育人的办学实体促进人才培养创新；在坚持服务发展、促进就业的办学方向上，更加突出夯实以专业、师资、平台、成果、声誉等为代表的人才培养资源。

【《高职教育的经济现象及其解释》】 王荣辉、幸昆仑、蒋丽华在《高教发展与评估》第6期发表《高职教育的经济现象及其解释》一文。文章指出：高职教育有明显的经济功能，统计显示其对GDP增长、就业增长的贡献率超过其他教育类型。然而受经济与社会制度变迁的深刻影响，高职教育的社会资源配置效率低、市场供需矛盾突出、区域性行业性资源配置不均衡，不能完全满足人的发展、技术发展、经济发展、社会发展对高职教育的要求。高职教育发展要改变长期的政府主导体制形成的路径依赖现象，加强制度创新与改革探索，强化高职教育与产业结构的耦合、行业企业对高职教育发展的驱动，加大股份制改革与实体性职教集团探索力度，促进市场与政府在高职教育资源配置中各就其位，加大对现代农业、民族特色产业等的财政支持与转移支付，建立贯通的国家资源框架促进面向更高端产业链的人才培养与人才流动，避免人力资本在廉价劳动力市场形成积累。

【《新时代背景下职业教育校企合作的问题反思与实施路径》】 金祖旭、贾少华在《职业技术教育》第34期发表《新时代背景下职业教育校企合作的问题反思与实施路径》一文。文章指出：在新时代背景下，深化职业教育校企合作，不仅是实现职业教育现代化的现实所需，也是推动我国经济由高速增长向高质量发展转变，破解社会发展新矛盾，满足人民对于美好生活需要的必由之路。当前职业教育校企合作面临着一系列新问题：各方主体对于校企合作缺乏一致的认知，校企合作中的文化价值割裂与冲突，校企合作中的“壁炉”现象，校企合作相关的地方政策和法律不完善。破解校企合作困局，更好地面向新时代、适应新时代、引领新时代，应加强文化嵌入，夯实校企合作育人的文化基础；实施共同治理，建立校企合作机制保障；推动院校变革，建立“观念、机制、培养、队伍”四环联动的协同机制；加快制度建构，夯实校企合作制度基础。

【《欧洲职业教育与培训质量保障的先进举措及本土化借鉴》】 曾绍玮在《当代教育论坛》第6期发表《欧洲职业教育与培训质量保障的先进举措及本土化借鉴》一文。文章指出：为了有效促进职业教育与培训的发展，提升技能应用人才的培养质量，我国应积极汲取发达国家和地区在职业教育与培训质量保障体系建设方面的先进经验。以欧洲为例，经过分析发现，其主要通过制定战略目标、建立指标体系、开拓产学合作途径、发挥“4个欧洲共同工具”协同效应、明确评估方法等一系列举措，以此建立起完善的职业教育与培训质量保障框架。借鉴欧洲的先进经验，结合我国职业教育发展的实际情况，建议制定符合国情的战略目标、落实质量保障责任制、鼓励多主体参与、设立质量保障标准和评估体系、构建监督平台。

【《国家视角下的职业教育现代化：基于经济社会若干领域的分析》】 庄西真在《教育发展研

究》第23期发表《国家视角下的职业教育现代化：基于经济社会若干领域的分析》一文。文章指出：职业教育通过技能积累培植国家现代化的基础，通过教育普及蓄积国家现代化的潜能，通过技术创新增强国家现代化的活力，所以职业教育现代化被视为国家现代化的应有之义。具体而言，职业教育通过办学模式与专业布局的现代化服务经济转型，通过培育“新市民”群体、新型职业农民群体和精准脱贫服务城乡发展，通过标准化与国际化发展战略、输出发展模式、实施产教融合来服务国际合作。基于此，发展职业教育并非是借鉴“他国经验”的结果，而是基于国家经济社会发展与国际竞争战略下的主动决策。

【《改革开放四十年中国高等职业教育政策的变迁——历史、结构与动力》】 陈友力在《教育学术月刊》第12期发表《改革开放四十年中国高等职业教育政策的变迁——历史、结构与动力》一文。文章指出：运用历史制度主义分析范式审视改革开放四十年高等职业教育政策变迁，为分析高等职业教育政策的制度逻辑提供了新的视角。我国高等职业教育政策变迁经历了高等职业教育地位逐步确立、规模扩张、内涵发展、做优做强等四个阶段。影响我国高等职业教育政策的深层结构包括经济结构上从计划经济体制向市场经济体制转变，政治结构上从集权统治转向分权治理，文化心理结构上从精英教育向大众化教育转变。我国高等职业教育政策历史变迁呈现强劲的路径依赖特征，要改变这种状况，需要充分运用制度变迁动力的四个显著来源，即替代、层叠、漂移和转换，才能实现高等职业教育政策的创新。

【《教育信息化2.0时代的职业教育创新发展》】 陈琳、王钧铭、陈松在《中国电化教育》第12期发表《教育信息化2.0时代的职业教育创新发展》一文。文章指出：以全面推动教育现代化为主要目标的教育信息化2.0，将为职业教育创新发展提供新的强大支持。深入探讨教育信息化2.0时代职业教育的新发展，有助于教育信息化更好发挥支撑引领和全面推动教育现代化的巨大作用，加速中国特色的智慧时代职业教育现代化实现，进而走出一条中国特色的新时代教育现代化发展道路，引领智慧时代全球教育现代化新发展。论文从教育信息化2.0与职业教育现代化发展、教育信息化2.0与职业教育融合创新发展、教育信息化2.0与职业教育核心要素变革三方面，重点探讨教育信息化2.0时代职业教育如何更好地创新发展的问题。

【《铺设中国特色现代职业教育的跑道——改革开放40年职业教育课程改革与教材建设》】 刘娇等在《职业技术教育》第36期发表《铺设中国特色现代职业教育的跑道——改革开放40年职业教育课程改革与教材建设》一文。文章指出：改革开放40年来，我国职业教育课程改革和教材建设经历了恢复与创生、引进与反思、转轨与改革、中国特色与现代化等阶段的努力探索，呈现出若干具有价值的变化趋势：在目标上向“以人为本”转变；在模式上向“中国特色”转变；在实施上向“多元参与”转变；在动力上向“市场引导”转变；在管理上向“加强统筹”转变。未来一个时期，中国要完成从职业教育大国迈向职业教育强国的根本性转变，与此相应，职业教育课程和教材改革建设要实现思想、制度和技术的多重跨越。

【《职业教育价值实现：意蕴、需求、制约与机制》】 张弛在《中国职业技术教育》第36期发表《职业教育价值实现：意蕴、需求、制约与机制》一文。文章指出：职业教育价值实现是职业教育活动的目的与意义所在，是职业教育学学科建设和职业教育改革的重要问题之一，职业教育价值实现的动力来自职业教育系统外部的经济增长模式及其内部的主体发展对职业教育的有效价值需求；在此基础上，完备价值实现的职业教育价值认知体系、校企合作制度形态和教育内容体系等必要条件；进而构建价值实现的良性循环机制，即生成机制实现规范价值与效用价值的阶段性创造，市场机制实现规范价值与效用价值的交互性转化，多元评价和反思提供职业教育价值良性循环的理性依据。

港澳台职业教育

Vocational Education of Hong Kong, Maco and Taiwan

综　述

【概述】2018年，香港、澳门、台湾地区继续根据自身的社会、经济和文化变化需要推进多种形式的职业教育，呈现出鲜明的发展特征。香港特区政府成立新的推广职专教育专责小组，宣布了一系列措施支持职业教育发展；澳门特区政府在学生人数逐渐减少的趋势下，基本上保持了职业教育规模；台湾地区推出了一系列新的政策措施、修订了若干法令，以支持职业教育发展。

【香港职业教育基本情况】职业教育和培训一直是香港人力发展的主要动力，近年来，香港着力发展职业专才教育（简称职专教育）。2018年4月，香港特区政府成立新的推广职专教育专责小组，以检视有关政策建议措施落实情况。行政长官林郑月娥在2018年《行政长官2018年施政报告》中宣布职业教育和就业支持计划、工作实习、指定专业/界别课程资助计划、兼读制专业课程学生资助计划等多项措施，以进一步推动和支持职专教育的发展。同时，继续在普通中学推广职专教育，开设应用学习课程。2018年度，职训局推出多个全新项目，包括推出不同类型的职前教育、加强学科主导的专业合作与STEM课程、增添全新的先进教学设施、启用建筑信息模拟技术创新中心、与海内外多个机构合作推出新的课程等。同时，职训局学生在各项境内外专业技术比赛和多个展览展示活动中表现优异。2017—2018学年，香港职业训练局全职员工共计5880名，包括3740名教学及行政人员，2140名技术及辅助人员；各成员机构职前教育在校生共计5.3万余人，在职培训学生20.1万余人。

【澳门职业教育基本情况】澳门职业教育分为三种形式：一是在正规教育体系内，在高中阶段开设职业技术学校或开设职业技术教育课程；二是在持续教育（继续教育）体系内，高中阶段的回归教育（夜校）面向16岁以上人士开展职业技术教育课程；三是在持续教育（继续教育）体系中开展的职业培训。受资料来源限制，本部分主要介绍前两种形式的职业教育在2017—2018学年（2017年9月—2018年8月）发展情况及澳门教育暨青年局（以下简称“教青局”）在2018年开展的和职业教育相关的主要工作。2017—2018学年，澳门特区政府开设职业技术课程的公立学校共两所，分别是中葡职业技术学校和澳门演艺学院，私立的职业技术学校有七所：海星中学、培华中学、创新中学、新华夜中学、澳门三育中学、澳门浸信中学及澳门工联职业技术中学，其中只有中葡职业技术学校、澳门演艺学院和澳门工联职业技术学校是高中部全面开办职业技术教育的学校。受到出生人口减少的影响，2017—2018学年澳门职业技术教育延续近五年来的趋势，学生人数逐渐减少，回归教育（夜校）也有逐渐减少的态势。

【台湾职业教育基本情况】台湾技术及职业教育（简称技职教育）分为中等技职教育和高等技职教育两个阶段。中等技职教育阶段包括初中技艺教育、技术型高级中等学校、普通型高级中等学校附设专业科群和综合型高级中等学校的专门学程。高等技职教育阶段包含专科学校、技术学院和科技大学，其中专科学校依修业年限可分为两年制专科学校和五年制专科学校两种，而技术学院和科技大学则招收副学士、学士、硕士、博士等层次的学生。2018年，台湾地区开展了一系列活动，颁布或修正了相关的教育政策和法规，用以促进技职教育发展。在教育政策方面，继续推行建立弹性入学通道和学校系科调整机制，发展工作导向和能力导向的培育模式，强化职业院校师资支援系统，推动“大学社会责任实践计划”“青年教育与就业储蓄账户方案”“优化技职校院实作环境计划”等；在相关法规方面，台湾教育主管部门发布了《办理产学大师奖遴选作业要点》《申请办理实验教育学校之学校财团法人办学绩优认定标准》，修正了《专科以上学校开设境外专班申请及审查作业要点》《补助技专校院推动学生参加国际性技艺能竞赛要点》《技专校院单独招生处理原则》《补助技专校院办理实务课程发展及师生实务增能实施要点》《奖励补助私立技专校院整体发展经费核配及申请要点》《促进产学连结合作育才平台补助要点》等；在主要工作活动方面，开展了2018年技专校院学生实务专题制作竞赛暨成果展、永续环境黑客松：技职杯大赛、技职教育区域产学典范工作坊论坛、大学社会实践博览会、TDK杯机器人创思设计与制作竞赛、第十四届技职之光颁奖典礼、“技职梦工厂FUN眼大未来”技职教育 × 职业试探博览会等。2018年，台湾地区技术型高中在校生为31.5万人，综合高中在校生为4.5万人，专科学校在校生为9.1万人，技术学院及科技大学在校生为52.1万人。

香　港

【职训局与香港中华煤气有限公司签署合作备忘录】 1月15日，香港中华煤气有限公司与职业训练局签署合作备忘录，将合作开办全港首个燃气工程专业文凭课程。该课程达资历架构第4级，内容涵盖燃气生产、输配及应用，并由业内专业人士任教。学员最快可以一年多时间修完课程，并有机会参观煤气公司的环保项目，包括全亚洲同类型最具规模的沼气应用项目等。燃气工程专业文凭课程5月招生，7月开课，除提供燃气工程技术外，内容还涵盖客户服务、安全管理、管理技巧等，装备毕业学员日后晋升至企业管理人员。

【香港高等教育科技学院获资助开展环保减废可持续发展应用研究】 2月13日，职训局机构成员香港高等教育科技学院在2017—2018年度竞逐研究资助计划中，16项研究计划获得研究资助局资助，拨款总额超过1000万元港币。秉承香港高等教育科技学院“可持续生活”的策略性研究方向，拨款除用于提升学院研究学术水平外，学院所属环境与设计学院也会举办两场研讨会：“可持续社区营造：设计与环境策略学术研讨会系列”及“可持续的初创企业：创业与众筹的革新研讨会”。

环境保护与可持续发展是21世纪各地关注的议题，香港高等教育科技学院长期探讨改善环境的方案，并进行相关应用研究。学院环境与资源管理中心就使用再生沥青重铺交通道路进行研究，尝试提升再生沥青的比例，研究有助于降低废弃沥青对环境的破坏，同时降低道路工程成本。另外，也正在进行提升木材及纸张循环再利用比率的研究。

【香港贸易发展局举办第35届香港国际珠宝展的“珠宝职业教育论坛”】 3月1日—5日，第35届香港国际珠宝展的“珠宝职业教育论坛”在香港会议展览中心举办。此次论坛吸引了来自39个国家及地区200多名内地和香港的珠宝业界人士共2580家参展商出席。主办方香港贸易发展局在展览期间安排了多场研讨会和论坛，共同探讨中国珠宝职业教育未来发展方向。这次论坛以“培育精英　引领消费　繁荣行业”为主题。

【香港专业教育学院与香港科学馆合办“太阳能车驱动未来”专题展览】 3月12日，由职训局机构成员香港专业教育学院与香港特区政府康乐及文化事务署合办的“太阳能车驱动未来”专题展览在香港科学馆开幕。展览展出了由香港专业教育学院师生共同研发的第四代及第六代太阳能车及其组件，如太阳能电池、轮胎等，并通过相关影片及实物部件全面展示太阳能车环保、高效能的设计理念。展览还重点介绍了太阳能车的动力系统、电子控制系统、车身设计、材料使用等方面的内容。

香港专业教育学院工程学科由2009年起开展这项太阳能车计划，以支持发展绿色交通工具。第四代太阳能车在2015年成为首辆在香港公路行驶的太阳能车，车队还多次参加“世界太阳能车挑战赛”，屡获佳绩。

【职训局与生产力学院、德国弗劳恩霍夫生产技术研究所签署合作备忘录】 3月22日，香港生产力促进局所辖生产力学院、职训局及德国弗劳恩霍夫生产技术研究所签署合作备忘录，共同推出全港首个“工业4.0”专业文凭课程。达资历架构第4级的“工业4.0”专业文凭课程，共分4个单元，分别探讨“工业4.0”实施、网络实体系统、智能自动化及物联网科技的应用。课程于6月招生，7月开课。

【首届“粤港澳大湾区智库论坛”在香港举办】 4月25日，首届“粤港澳大湾区智库论坛”在香港举办。本次论坛的主题为“一国两制”下的粤港澳大湾区建设。来自粤港澳三地的专家学者及政商界人士就大湾区城市协调机制的创新、产业分工协作与未来发展愿景等议题进行了探讨。

本次论坛还举行了《粤港澳大湾区建设报告2018》蓝皮书与《粤港澳大湾区智库发展报告2018》的首发仪式。这两本报告汇集了粤港澳大湾区三地的最新研究成果和三地智库关于大湾区的建议。此次论坛由广东省社会科学院、香港明汇智库、香港紫荆杂志社和中国国家行政学院（香港）工商专业同学会共同主办，共有300余人参会。

【职训局举行选科策略资讯日活动】 5月5日，职训局举办选科策略资讯日活动，向应届香港中学文凭考试考生介绍由学士学位、高级文凭、基础课程文凭及职专文凭等各类课程，提供第一手升学资讯。资讯日活动在职训局机构成员香港知专设计学院及香港专业教育学院李惠利院校举行，设有选科策略及学科课程讲座，专业教育顾问还可协助搜索最新的招生情报，为考生及家长剖析招生数据等。此外，大会主办两场“家长同行升学路”讲座，场内所设的资讯摊位一站式提供由文凭至学位程度的多元升学阶梯资讯。职训局为2018—2019学年开办的140多项全日制课程提供多元升学途径。

【职训局与新西兰行业培训机构签订合作备忘录】 5月10日，职训局与新西兰行业培训机构ServiceIQ签订合作备忘录，借鉴新西兰推行“职场能力评核”的成功经验，有效结合学习与实践，加强学生行业技能及资历认可，为业界培育更多优秀人才。新西兰有多年推行“职场能力评核”的经验，由政府、专业组织以及行业培训机构共同推行，紧密协作。ServiceIQ为航空、酒店、博物馆、旅运、旅游、零售等服务行业的行业培训机构，获新西兰政府认可，提供培训支援，包括与业界及政府合作制定适合业界使用的资历标准、提供相关行业培训课程以及安排在职培训等。职训局将于2018—2019学年在机构成员青年学院开办的职专文凭（酒店学）课程试行网上“职场能力评核”，并陆续推展至其他学科及跨学科课程。

【9名职训局杰出学生荣获奖学金嘉许】 6月5日，职训局举行“伍达伦博士纪念杰出学生奖

励计划”颁奖典礼，嘉许9名于学业、社会公益服务及全人发展均表现出色的学生，鼓励他们继续积极学习，并发展所长，贡献社会。本届得奖学生来自不同学科，他们在学业、课外活动及社区服务等方面表现卓越，各获发港币1万元奖学金。

“伍达伦博士纪念杰出学生奖励计划”由已故伍达伦博士推动，于2006年成立，多年来受惠学生众多。奖励计划除表扬学生的杰出学术表现外，也鼓励学生利用多元学习机会，积极参与课外活动，扩展知识领域，发挥所长，贡献社会。

【香港邮轮及游艇业协会与香港职业训练局（VTC）签订合作备忘录】 6月21日，香港邮轮及游艇业协会与香港职业训练局（VTC）签订合作备忘录，以期培育邮轮游艇行业的生力军，推动香港邮轮游艇业专业化及国际化发展。该备忘录的签署将对香港邮轮游艇专业人才及管理人才的培育及全行业的持续健康发展提供强劲动力。同时，6月20—21日，由香港邮轮及游艇业协会主办的“‘一带一路’海南自贸区及大湾区邮轮游艇业发展机遇交流会”系列活动在香港召开。双方此次合作将为有志投身邮轮及游艇业的年轻人提供基础的入行知识，助力学生装备自己，并投身世界邮轮游艇行业。

【“世界技能大赛香港代表选拔赛2018”结束】 7月26日，“世界技能大赛香港代表选拔赛2018”各项赛事圆满结束，70多名年轻选手在25项比赛中获选为“优胜选手”。“优胜选手”未来一年将接受进一步培训，以提升技能水平，并经选拔后，有机会代表香港参加2019年在俄罗斯喀山举行的“世界技能大赛”。“世界技能大赛香港代表选拔赛”由职训局、建造业议会及制衣业训练局合办，每两年举办一次，致力为21岁或以下的年轻人提供平台互相观摩和切磋专业技能。

【全港首个职专教育网上平台“职专教育城”启动】 8月24日，职训局、香港公开大学、明爱专上学院及明爱白英奇专业学校合作推出全港首个联校创建的职业专才教育网上学与教资源共享平台——“职专教育城”，启动礼于香港知专设计学院举行。学生、老师及公众可通过该平台，交流及共享职业专才教育的教材和教学方法，体验灵活开放的学习模式。

“职专教育城”联校项目获得香港教育局“质素提升支援计划”提供为期3年的资助，主要目的是探讨本港职业专才教育的教学需要，并发展创新而有效的教学方法及平台。“职专教育城”网上平台已上载4个课程范畴的职业技能教材，分别为“酒店及餐饮”“医疗保健及社会服务”“商业及管理”“服务”。

【第12届国际促进科技教育研讨会举行】 9月19日，由职训局机构成员香港专业教育学院工程学科连同其他海外机构主办的第12届国际促进科技教育研讨会首次在港举行。本届研讨会以“培育智慧城市专才：科技教育未来发展路向”为主题，汇集内地、日本、新加坡、芬兰等地高等教育界学者和业界负责人，探讨各地如何培育专才，推动智慧城市的发展。作为研讨会的主办机构之一，职训局参加并举办各项交流活动，分享本港职业专才教育在教学设施、课程发展以及教学模式上如何配合智慧城市的人才培训发展，向海外人士展示创新科技的应用。

【职训局毕业生夺三大时装比赛奖项】 10月2日，职业训练局机构成员香港高等教育科技学院及香港知专设计学院毕业生，在时装、毛织、布料及色彩设计比赛中夺得“香港青年时装设计家创作表演赛2018”“英国染料及色彩师学会（SDC）国际设计大赛2018（香港区）”及“第八届香港青年毛织设计师大赛”多个奖项。部分得奖学生远赴国际知名时装设计师的工作室实习，另有得奖作品获时装集团青睐。由香港贸易发展局举办的“香港青年时装设计家创作表演赛”，至今已有40多年历史，以往不少参赛者已成为独当一面的本地时装界首席设计师，或成立自家品牌。

【香港代表队在穗港澳蓉青年技能竞赛中取得好成绩】 10月29—31日，“第十届穗港澳蓉青年技能竞赛”在澳门举行。15位香港选手取得好成绩，在“糖艺／西点”及“餐厅服务”项目摘下1银1铜，在“时装技术”及“网站设计”项目夺得两项优异奖。

“穗港澳蓉青年技能竞赛”由香港职训局、广州市人力资源和社会保障局、澳门劳工事务局及成都市人力资源和社会保障局合办，比赛每两年由广州、香港、澳门及成都轮流主办。本届竞赛共设5个比赛项目，包括“电气装置”“时装技术”“糖艺／西点”“餐厅服务”及“网站设计”。香港的15名选手参加5个比赛项目，四地选手同场竞技。职训局、建造业议会及制衣业训练局于1996年开始合办“世界技能大赛香港代表选拔赛”，借以推广技能，并选出年轻选手代表香港参加两年一度的“穗港澳蓉青年技能竞赛”及“世界技能大赛”。

【职训局参加“创新科技嘉年华2018”展览】 11月3日，职训局参加由创新科技署举办的主题为“创科生活·智慧未来”的“创新科技嘉年华2018”展览。展览展出多项来自机构成员香港高等教育科技学院及香港专业教育学院师生的创新科技作品。职训局展出9项集创意、科技及设计于一身的师生作品，包括“五时七刻——洁手提水龙头”“动感防跌运动游戏”“交通流量监察系统”“无线遥控夹公仔机”“睡眠监测器”等。

【职训局举办2018最佳汽车学徒比赛】 11月5日，由职训局属下汽车业训练委员会主办的2018最佳汽车学徒比赛进行决赛，学徒展示汽车维修技术，比拼专业技能。6名比赛优胜者除获颁奖杯及现金奖外，还将于次年1月远赴德国慕尼黑考察，参观当地汽车制造厂，汲取行业最新知识和技术，提升专业技能。

“最佳汽车学徒比赛”已进入第33届，本届12名入围决赛的学徒分别参与两项赛事，包括“汽车机械工／汽车电器工”及“车身修理工／汽车喷漆工”组别。比赛专为正接受最后一年训练的汽车机械工、汽车电器工、车身修理工及汽车喷漆工学徒而设，自1986年以来，汽车业训练委员会每年均举办比赛，并获业内雇主及学徒支持。2018年共有54名参赛者获其雇主提名参加比赛，当中选出12名选手进入决赛。

【香港知专设计学院获“2018红点设计概念大奖”】 11月7日，职训局机构成员香港知专设计学院下设知专设创源研究团队研发的“3D智能发热护膝”，继早前在第46届“日内瓦国际发明展”获奖后入选为“2018红点设计概念大奖”得奖作品，获得“设计界奥斯卡”之称的“红点奖”，作品同时在“时尚”及“移动生活”两个组别中获奖，成为本届该两个组别中唯一获奖的香港院校。

“3D智能发热护膝”研究团队采用高智能物料——“针织电导物料”，由内置电池激发物料自动发热，并参考热敷治疗温度，设置3个30至50摄氏度之间的指定温度，让穿戴者自行调校，团队亦为产品设计时尚的外观。作品于新加坡红点设计博物馆展出，有望推向市场，获红点奖殊荣的作品，在市场销售时可于广告或网站加上广为世界认知的全球品质标志“红点标签”，标志其出色的设计概念及品质。

【职训局多个院校成员举办资讯日活动】 11月23日起，职训局院校成员香港高等教育科技学院、香港专业教育学院、香港知专设计学院、酒店及旅游学院、中华厨艺学院、国际厨艺学院和青年学院举办资讯日活动。学生及家长可透过参观院校的教学设施和参与学科体验活动、课程简介及家长讲座等，了解职训局学士学位、高级文凭及文凭的多元升学途径。

香港高等教育科技学院青衣及柴湾院校分别于11月23日至24日和11月30至12月1日举办资讯日活动，介绍各项“专业为本”学士学位课程，同场设多场专家讲座及工作坊，免费开放给学生及家长参加。提供全日制高级文凭课程的香港专业教育学院各院校及香港知专设计学院于11月23日至12月1日，连续两个星期五、星期六举行资讯日，设多场课程讲座和体验活动。青年学院（国际课程）于11月23日至24日举行资讯日活动，展示VB提供专题研习的灵活学习模式；青年学院（屯门）于11月30日至12月1日举行资讯日活动，设美容美发体验坊等，促进学生及家长对各项职专文凭课程的了解。

【职训局启用创新中心】 11月24日，随着智慧城市的发展，香港特区政府早前宣布从2018年起在政府主要基本工程项目的设计和建造中采用建筑信息模拟技术，为回应工程界对建筑信息模拟技术专才的需求，职训局建筑信息模拟技术创新中心正式启用，以装备学生及从业员掌握最新的技术，协助推动工程界的科技发展。建筑信息模拟技术是工程界炙手可热的技术，透过3D软件及资讯系统平台整合整项工程的设计、施工及维修的信息，从筹备设计、工料估算及建造，以及营运及维修保养阶段，可以让业界不同专业人士如建筑师、土木工程师、屋宇装备工程师、建造业专才等，在同一资讯系统平台中沟通协作，提升施工期间各阶段的协调性，更有效运用资源。自数年前起，职训局工程学科课程已陆续加入建筑信息模拟技术的元素。创新中心启用后，主要供香港高等教育科技学院、香港专业教育学院建筑相关专业学生学习使用。

【职训局举行2018年度毕业典礼】 12月4日，职训局举行2018年度毕业典礼，约2.1万名来自职训局多间院校成员，包括香港专业教育学院、香港知专设计学院、酒店及旅游学院、中华厨艺学院、国际厨艺学院、海事训练学院及青年学院的毕业生，获颁授高级文凭、文凭至证书等各级学历。香港财政司司长陈茂波在毕业典礼上希望广大学生积极装备自己，放眼世界、贡献社会。毕业典礼上，共有6位行业代表获颁授职训局荣誉院士称衔，表扬他们在不同专业领域的成就，以及推动职业专才教育发展的贡献。另外，还有8位教师颁授“杰出教学奖”。

【香港知专设计学院学生获香港眼镜设计比赛前三名】 12月5日，职训局机构成员香港知专设计学院学生及毕业生设计的眼镜作品，在“第20届香港眼镜设计比赛”中获得学生组冠、亚、季军，为院校连续三年夺此荣誉。另外，学院毕业生2018年也夺得公开组亚军及“创意大奖”。本次比赛以“智慧生活”为题，由香港贸易发展局及香港中华眼镜制造厂商会主办。

【香港知专设计学院毕业生获2018“DFA香港青年设计才俊奖”】 12月31日，职训局机构成员香港知专设计学院四名毕业生，夺得由香港设计中心颁发的“创意智优青年设计才俊特别奖”“香港知专设计学院青年设计才俊奖”“青年设计才俊优异奖”，共获得50万港币奖学金。获奖毕业生稍候将到海外开展深造及实习之旅。每年，香港知专设计学院均有多名毕业生获得“DFA 香港青年设计才俊奖”。

澳　门

【澳门工联职业技术中学】 澳门工联职业技术中学为澳门工会联合总会主办的一所非营利私立学校。学校占地面积近 3000 平方米，建筑面积 1 万多平方米。学校分为幼儿园部、小学部、初中部、职业技术高中部和夜校部。学校创办于 1998 年，在澳门职业技术教育中有着中流砥柱的作用。

学校职业技术高中部开设全日制三年职业技术高中课程，毕业生可获得政府认可的十二级高中毕业文凭及相应的专业技术资格证书。学生高中毕业后，可进入高等学校继续深造及以中级管理人员或中级技术员资格进入劳动市场就业。职业技术高中部课程中约有 50% 的社会文化课，其余 50% 课程根据各专业需要开设基础课、专业课、专业技能课、教学实践课和生产实习课。目前，学校依照文、理、工、商四大体系，分别开设了语言翻译、计算机技术员、电子电工应用技术、高级会计员 4 个专业课程，夜校部过往也曾开设电子电工、制冷设备与电梯工程、现代商务 3 个专业课程。

工联职中夜校部成立于 2010 年，现有 9 个教学班，其中 1 个初三班和 8 个高中职业技术专业班，学生 140 多人。夜校部针对社会需求，推进校企合作，于 2017—2018 学年，与澳门电力股份有限公司（澳电）、澳门自来水股份有限公司（澳门自来水）共同合作开办为期三年的“机电工程专业课程”。

【澳门教青局举办 2017“青年义工奖励计划”颁奖礼】 3 月 17 日，由澳门教育暨青年局主办、希望国际（澳门）义工团承办、澳门科学馆股份有限公司协办的 2017“青年义工奖励计划”颁奖礼于澳门科学馆举行。共颁发了 380 个青年义工奖项，包括 15 个青年义工白金奖（累计获得两次青年义工金奖）、59 个青年义工金奖（义工服务时数不少于 300 小时）、96 个青年义工银奖（义工服务时数不少于 200 小时）、210 个青年义工铜奖（义工服务时数不少于 100 小时）。约 350 人出席活动。承办单位还设立摊位推广宣传义工工作计划。

举办颁奖典礼，旨在表扬及肯定青年义工对社会的贡献，进一步推动青年义工持续积极参与和推动义务工作，并鼓励社会各界和青年加入义工行列，发挥助人自助的精神，共同为澳门社会注入正能量。

【澳门“千人计划”2018 年组团工作陆续开展】 为加强青少年的培养工作，特区政府于 2016 年推出“千人计划”，得到教育部及中华全国青年联合会（全国青联）的高度重视和大力支持。2018 年“千人计划”各项前期准备工作基本完成，各参与单位正有序开展组团工作。项目至 2018 年进入第三年，为扩大活动的覆盖面，让更多本澳青少年参与，2018 年“千人计划”交流团的数量增至 45 团。

2018 年澳门“千人计划”连续获国家教育部及全国青联的大力支持，持续协调与内地接待单位的对接、行程设计等工作，各学校及青年社团组团工作陆续开展。

澳门基金会早前举办了 2018 年“千人计划”讲解会，为 2018 年参与计划的 9 所中学及 27 个青年社团的项目负责人及辅导老师讲解活动注意事项，并邀请了 2017 年参与计划的澳门妇联青年协会及澳门浸信中学分享出团经验，设有内地及澳门历史的专题讲座，加深带队老师对内地和澳门历史文化的认识。主办单位鼓励各参与学校及社团深化各项筹备工作，根据自身的定位和优势，在主题设计上开阔思路，在行程策划上创新思维，加强与内地单位的联系协调，发挥参与学员的积极性和创造性，开展形式多元的学习交流。

【特区政府继续推行 2017—2019“持续进修发展计划”】 为继续鼓励居民终身学习，特区政府于 2017 年继续推出第三阶段“持续进修发展计划”（下称“计划”）。第三阶段“计划”的期限由 2017 年 4 月 11 日至 2019 年 12 月 31 日，凡于 2017 年至 2019 年任一年度 12 月 31 日或该日前年满 15 岁的澳门居民可获得上限 6000 澳门币的进修资助。

2017—2019“持续进修发展计划”推行已近二年，得到本地居民及社会各界支持，截至 2018 年 2 月 28 日，已超过 13 万人次参与该计划的本地持续教育课程及证照考试。

为配合澳门作为“世界旅游休闲中心”“中国与葡语国家商贸合作服务平台”及“创意城市美食之都”的定位，教青局鼓励更多具备条件及素质的办学机构参与“计划”，让居民能够根据工作及生活需要，以及个人成长的规划来选择合适的课程，以提升个人技能、生活素质及增加向上流动的机会。

【教青局第 38 期《终身学习》杂志出版】 5 月，教青局出版第 38 期《终身学习》杂志，这期杂志主要内容为应对社会老龄化所带来的机遇与挑战，特区政府公布及落实“澳门特区养老保障机制”及“2016—2025 年长者服务十年行动计划”，而失智症是其中一个工作重点。本期杂志以失智症为主题，“专题探讨”栏目邀请了卫生局失智症诊疗中心协调员罗奕龙医生撰稿，介绍失智症的症状、诊断、治疗、照顾及预防之道；“各行各业”栏目访问澳门母亲会护理安老院院长林卫华及澳门镜湖护理学院老师李卫燕，就照顾者的需要，简介相关的支持措施；“阅读天地”栏目介绍由香港导演严浩先生编写的《打死不痴呆》，作者针对失智症，提供了一系列的方案，以预防脑退化。

【教育暨青年局举办“2017—2018 学年信息、科技创新、机械人及科学与工程比赛颁奖礼”】 6 月 16 日，为表扬获奖学生在 4 项学界科普比赛中的努力，教青局于澳门科学馆会议中心举办“2017—2018 学年信息、科技创新、机械人及科学与工程比赛颁奖礼”。颁奖礼上，分别来自“澳门青少年科技创新作品选拔活动 2018”个人优秀作品（高中组）镜平学校优异奖得主的同学以及“澳门青少年综合机械人科普活动选拔大赛 2018”WER 工程创新赛（初中组）澳门坊众学校的冠军队伍，为在场人士进行作品演示，简介作品创作理念和优胜之处。同时，此次比赛获冠军奖或优异奖的作品将代表澳门申报参加多项国际性、全国性及地区性赛事，通过与不同国家或地区学生交流，开阔学生的国际视野。

出席颁奖礼的嘉宾有教育暨青年局厅长陈旭伟及主管、非高等教育委员会委员、各合办单位、承办单位、协办单位及支持单位领导及其代表、参赛学校的校长及其代表等。

【培养中葡双语人才联盟召开第一次工作会议】 6 月 21 日，培养中葡双语人才联盟于日前在政府总部召开第一次工作会议，高教办、澳门大学、澳门理工学院、澳门科技大学、澳门城市大学、圣若瑟大学的领导及代表出席会议。五所高校于 2018 年 2 月在高教办的协调下签署协议，由“培养中葡双语人才工作小组”升格为“联盟”。

会上，澳门大学校长宋永华获选作为联盟首任主席及发言人，任期一年。宋永华表示，感谢各高校成员的信任和支持，未来将积极推进联盟工作，汇聚各校力量，为构建澳门成为

“中葡双语人才培养基地”共同努力。与会者分别报告各校培养中葡双语人才的情况、推广葡语教学工作以及探讨联盟未来的工作方向。

谭俊荣对各校的努力予以肯定，指出澳门作为中国与葡语系国家之间的桥梁，未来将持续增大对葡语教学的资源和支持；同时要求高校应加大力度为澳门培养更多葡语翻译及应用型人才，在原有基础上扩大彼此间合作的深度和广度，资源互享，优势互补，共同编制有澳门特色的系列葡语教材。高教办作为一个服务平台，将与联盟保持沟通，协助落实未来的工作计划。

【教青局举办职业探索活动】 为配合澳门青年政策的“强化生涯辅导服务”，以助青年规划职业生涯，教青局辖下骏菁活动中心与澳门生产力暨科技转移中心协作，于7月举办“寻访理想路——时尚产业”探索活动，包括两项澳门职业探索活动，以助青年了解时尚产业在澳门的发展。活动吸引了来自13所中学及大学的91名青年报名参加，经过甄选面试后录取了30名参加者。

首项活动于7月7日举行，主题为“与时尚达人有约——工作坊”，分别邀请了MACON品牌设计总监陈慧珍等时尚达人担任主讲嘉宾；第二项活动是于7月14日下午举行的“参访澳门时尚产业机构”活动，学员到3D金饰“安娜贝拉”参观，到澳门时尚廊与正在参展的两位时装设计师会面。

【教青局在中葡职业技术学校举行2017—2018学年学生辅导员嘉许礼】 7月20日，为表扬多年来坚守岗位、热心服务的学生辅导员，澳门教育暨青年局在中葡职业技术学校举行“2017—2018学年学生辅导员嘉许礼”，向22名学生辅导员颁发服务奖。澳门教青局教育厅厅长江毅及9所学校的学生辅导机构代表共230人出席了活动。此次澳门教青局共向22名学生辅导员颁发服务奖，其中1名学生辅导员获颁15年奖，4名学生辅导员获颁10年服务奖，17名学生辅导员获颁5年服务奖。

【教青局骏菁活动中心举办“职业放大镜”参观系列活动】 为配合青年政策“强化生涯辅导服务”的措施，协助青年规划职业生涯，教育暨青年局辖下骏菁活动中心于2018年上半年举办了8次“职业放大镜”参观系列活动，活动面向澳门15—24岁青年，共有227名青年参加。这次系列活动参观了澳门时尚廊、澳门生产力暨科技转移中心辖下的成衣技术汇点、澳门监狱、檀香山企业有限公司、大西洋银行和中国银行澳门分行6个机构。主办单位期望透过参观活动，让青年认识到不同行业的运作、工作内容、前景及职涯发展等。

【教青局举办修读教育课程资助颁发仪式】 8月25日，教育暨青年局举办了“2018—2019学年修读教育课程资助颁发仪式”。出席仪式的嘉宾包括教青局教育研究暨资源厅厅长黄健武等多名主管，以及获选的应届中学毕业生所就读中学的校长及学校负责人等，同时还邀请了获选学生的家长参加，共约100人，共同分享学生的喜悦。

教青局自2012—2013学年起设立“优秀学生修读教育课程资助计划”，鼓励澳门的优秀学生修读含师范培训的学士课程，借此为澳门构建一支优秀的教师队伍，共同为澳门的未来培育人才。2018—2019学年共有102名学生获得有关资助，每名学生可获得的资助金额按学生就读地区决定，每年为81400澳门币—224600澳门币。

【高等教育辅助办公室举办“敢梦敢创——生涯规划系列分享会”】 8月至9月，高教办推出了四场以生涯规划为题的“敢梦敢创——生涯规划系列分享会”，除了邀请经济局及文化局代表介绍《粤澳青年创新创业合作项目》及《澳门文化创意产业系列补助计划》外，还邀请了青年创业人士梁嘉俊、阮奉庭及商界黎鸣山分享创业之路和实现梦想点滴。

【教青局推行2018年“创新素养学生培训计划”】 9月18日至21日，对“创新素养学生培训计划”有兴趣的高中学生赴杭州市交流学习。为加强高中学生对创业创新、职业技术教育与创新科技的认识，进一步推动与内地的教育交流和合作，教育暨青年局自2016年起推出“创新素养学生培训计划”，2018年的主题为“学习创新，活用创意”，组织了来自22所学校共30名修读职业技术教育课程及“学以致用——校本应用”课程。

【澳门教育代表参加“2018亚洲教育论坛年会”】 9月20日—22日，为加强澳门教学人员对世界教育发展的了解，促进对不同教育议题的探讨及交流，教育暨青年局派出代表及组织学校领导及代表一行8人，赴四川省成都市参加“2018亚洲教育论坛年会”。

该次论坛年会由中国高等教育学会、四川博览事务局、成都市人民政府、亚洲教育北京论坛及四川师范大学联合主办，亚洲教育论坛培训中心及《中国远程教育》杂志社承办，主题为“构建人类命运共同体，共筑亚洲教育美好明天”，愿景是通过教育文化交流，培养高素质人才，推动社会发展进步，提高各国人民生活福祉。

年会安排了开幕式及主题演讲，并设有9个分论坛，议题包括大学使命、亚太职业教育国际合作、“互联网＋教育”、青年领导力、学前教育、国际教育、中小学内涵发展及创意兴中国等。会议期间，中外各地共1500多名教育界人士和专家学者，围绕相关议题，介绍结合现代资讯科技创新教育的模式及理念，分享特色办学及创新管理的经验，探讨加强职技教育的对外合作及国际教育发展的方向，交流培养青少年领导素养及创新发明能力的见解。年会内容丰富多元，视野开阔，十分具有启发性。澳门与会代表除了开幕日主题讲座外，还参加多场分论坛活动，增进对中外先进教育理念及发展趋势的认识，拓展人才培养思维。

【教青局连同有关部门到校举办职业及专业证照巡回讲座】 9月至10月上旬，为加强教师和学生对有关职业及专业证照考试的认识，鼓励学校协助学生考取各类职业及专业证照资格，教育暨青年局与澳门生产力暨科技转移中心合作，以巡回讲座方式，到校为学生开展“激活‘证’能量——职业及专业证照讲座”。有关讲座安排在位于澳门和离岛区的8所学校举行，包括培正中学、圣公会（澳门）蔡高中学、新华学校、澳门工联职业技术中学、圣罗撒女子中学中文部、海星中学、培华中学和化地玛圣母女子学校，近2000名学生参加。

【教青局举办“澳门地区幼儿发展知能诊断测验”使用资格培训】 10月5日—7日，教育暨青年局邀请台湾高等院校教授孟瑛如及其助理，为教师及辅导人员举办“澳门地区幼儿发展知能诊断测验”使用资格培训，让学员掌握使用有关测验的方法。参与此次培训的教师及学生辅导员共18人。

“澳门地区幼儿发展知能诊断测验”的主要目的是评估幼儿教育阶段学生在“认知能力”“语言能力”“社会能力”“动作能力”及“自理能力”的发展状况。导师介绍了评鉴的程序、测验的编制和各分测验的内容，以及施测者应遵守的规则及伦理道德等，并通过施测示范、演练和结果分析，让学员具体掌握有关测验的施测及计分程序。

符合资格使用“澳门地区幼儿发展知能诊断测验”的学员 2018 年累计 102 人。

【“2018 全民终身学习周”暨“终身学习奖励计划”颁奖礼】 10 月 13 日—19 日，为推动学习型社会的构建，推广终身学习的理念，教青局联同文化局、澳门成人教育学会、澳门成人教育协会、澳门持续教育协会主办，澳门工会联合总会、澳门妇女联合总会、澳门街坊会联合总会、澳门学习型组织学会、澳门小区学习暨阅读推广协会、澳门终身学习者协会、商训夜中学、创新中学及新华夜中学协办“2018 全民终身学习活动周”，并于 10 月 14 日举行“2018 全民终身学习活动周”暨“终身学习奖励计划”颁奖礼，颁发“终身学习奖励计划”相关奖项，并邀请获奖者分享学习心得，让参与者共同见证其学习成果。

教青局每年邀请澳门多个社团及机构共同参与有关活动，本年组织的活动近 120 项，内容包括职业技术教育、个人成长、家庭生活教育、身心保健及博雅教育等。形式有讲座、课程及户外活动。

【教育部高校学生司及澳门特别行政区政府高等教育辅助办公室联合举办“内地与澳门高等教育展”】 10 月 19 日—21 日，由教育部高校学生司及澳门特别行政区政府高等教育辅助办公室联合举办的“内地与澳门高等教育展”在教业中学礼堂举行。

来自内地 20 个省市、自治区的 89 所高等院校组成访问团来澳参展。参展高等院校共有 99 所，包括 89 所内地院校和 10 所澳门院校，参展院校规模创历年之最。展览期间，各院校除展示各校概况外，还安排了院校代表驻场解答参观者提问，并邀请师兄师姐驻场与参观者分享经验及交流学习心得。

【教青局外港青年活动中心开办“职场技能补习社”之实用设计系列工作坊】 为通过培训引领青年认识不同的电脑设计技巧，从而将学到的知识及技巧应用在工作及生活上，以增加青年在社会上的竞争力，教育暨青年局辖下外港青年活动中心于 11 月开办“职场技能补习社”之“实用设计系列工作坊”，包括“多媒体设计工作坊”和“平面设计工作坊”，让学员（特别适合在职人士）通过工作坊，学习多媒体设计、影像处理及平面设计的基础和相关软件的操作，以应付生活上或工作上可能需要面对的有关影像处理或平面设计的问题，从而达到自我增值或温故知新的效果。

【澳门高等教育委员会召开首次全体会议】 11 月 26 日，澳门高等教育委员会于政府总部召开首次全体会议。与会者就澳门高等教育概况、澳门高等教育中长期发展规划等进行交流。

表示，这是高等教育委员会成立后的首次全体会议，别具历史意义。他指出特区政府成立后，重视人才培育工作，贯彻“教育兴澳”“人才建澳”的施政理念，持续增大资源投放，支持高等教育可持续发展，期望各委员就澳门高教发展建言献策。

会上，高等教育委员会副主席苏朝晖简介澳门高等教育概况。2017 年澳门本地就业人口中具有高教程度人口比例达至 36.51%。另外，2017—2018 学年，澳门高等院校全职教学人员共有 1513 人，其中具有博士学位的教学人员达至 72.1%；学生人数共有 33098 人，修读博士学位课程占 2245 人、硕士学位课程占 5803 人、学位后文凭课程占 259 人、学士学位课程（包括补充课程）占 24575 人、文凭课程占 216 人。

【非高等教育委员会和青年事务委员会举行联合座谈会】 12 月 5 日，非高等教育委员会和青年事务委员会在旅游塔举行联合座谈会。教育暨青年局局长老柏生与该会管理委员会主席飞文基签署了鲁弥士主教幼稚园加入免费教育学校系统的承诺书。

澳门大学教育学院副院长张庆元及教育研究中心主任周明明介绍了“澳门学生态度及情意发展评估工具”研究计划。该计划将有助教青局及学校了解澳门学生身心健康发展中的态度与情意情况，并为特区政府制订发展学生身心健康政策，以及学校日后开展自评计划、学校德育及训辅工作提供科学及客观的参考资料。

在青年事务方面，澳门教清局学生厅厅长陈旭伟表示在社会各界的支持下，2018年教青局在国情、区情的宣传教育、推动粤港澳大湾区青年交流、强化与青年之间沟通等工作上都取得一定的成效，同时通过凝聚各政府部门力量，共同推进了多项青年工作的有效开展；2019年将继续推进《澳门青年政策2012—2020》的有效落实，增进家国情怀，提升青年的竞争力及创新创业能力，积极推动青年融入粤港澳大湾区发展，同时重视与青年之间的互动沟通，为青年提供多元化的学习体验，促进青年身心健康成长。

【澳门教青局组织高中生前往日本交流】 12月8日—17日，为了开阔学生的视野，增进东亚地区各地学生之间的交流、团结和友谊，教育暨青年局组织“JENESYS 2018香港　澳门高中生访日团”，交流团一行23名高中学生前往中国香港及日本进行交流。本次活动对象为澳门就读高中的学生，经由学校推荐，教育局遴选及面试后选出23名优秀学生代表参加，并由培正中学副校长郭敬文担任团长。参加的学生分别来自中葡职业技术学校等22所学校。

交流团成员于12月9日前往日本东京都、广岛县进行一连9日的交流活动，其间与日本的高中学生进行一系列的交流活动，包括参加由当地学校安排的课程、参与由学校俱乐部组织的交流活动，以及参观当地文化、经济、环境等方面的场地及设施等。

【教青局举办“2017—2019‘持续进修发展计划’机构讲解会”】 12月14日，教育暨青年局举办的“持续进修发展计划”（简称“计划”）机构讲解会在教青局一楼仲尼堂举行，详细讲解“计划”最新一期的申请程序、审批规定、资助流程及其他应注意事项。

为持续优化“计划”的执行，教青局在每一期接受本地机构提出的持续教育课程及证照考试申请前，都会举办机构讲解会广纳意见。第三阶段“计划”推行近两年以来，教青局已先后举办了超过十场讲解会，为参与“计划”的机构讲解申请及审批规定，确保参与机构遵守“计划”的规则及履行相关的义务。先后出席讲解会的机构超过200家，出席会议的机构代表超过1000人次。同时，教青局期望借此收集机构及社会各界的意见及建议，优化工作，为居民及机构提供优质及便捷的服务。

【教青局举办“社会影音院微电影首映礼”推动青年参与社会】 12月15日，为开阔青年表达意见及参与社会的途径，教育暨青年局黑沙环青年活动中心主办的“社会影音院系列活动2018微电影首映礼”顺利举行，吸引超过210名青年到永乐大戏院观赏。

首映礼由教育暨青年局青年厅陈旭伟厅长、澳门街坊会联合总会李卓君副理事长、艺骏青年发展协会理事长余辉、澳门广播电视股份有限公司社会文化暨经济节目科代经理梁志勇、鲍思高青年服务网络代表刘淑怡和微电影制作团队青年代表雷志涌先生主持，出席的嘉宾还包括学校代表和青年社团代表等。活动中，先颁发本系列活动“30小时社区快拍”的各个奖项，随即举行“微电影制作课程”作品《依然是旧》的首映。

教青局通过此次活动，以“PhotoVoice”及“VideoVoice”的方式，鼓励青年运用影像作品反映对社会的关注以及表达他们心目中对社会的想法。年活动参与人数超过110人，共收集超过220份青年图片及录像作品。

【教育发展基金举办2019—2020学校年度“学校发展计划”资助申请说明会】 12月17日，为让澳门学校领导及相关人员对2019—2020学校年度“学校发展计划”资助内容有深入的了解，教育发展基金于教业中学何贤堂举办说明会。教育发展基金委员会主席和委员、教育暨青年局主管以及77所学校领导和相关人员，共约400人出席本次说明会。

教育发展基金主席老柏生在致辞时表示，特区政府于2007年成立教育发展基金至2018年，通过“学校发展计划”资助计划，在教师专业素养、学生综合能力、完善学校教学设施和优化课程与教学等方面投入大量资源，截至2018年底，基金投入超过64亿元优化教育的软硬件设施。另外，为加大力度支援“姐妹学校交流计划”，2018—2019学年通过调升资助上限，加强推动了澳门与内地省市及地区的学校开展更多教育交流和合作活动。2017—2018学年，教育发展基金还通过专项计划，为尚未具备升挂国旗和开展升旗仪式条件的学校提供资助及技术支援，让澳门的学校升挂国旗实现全覆盖。

2019—2020学校年度，基金将会继续配合特区政府《非高等教育发展十年规划（2011—2020年）》及《五年发展规划（2016—2020年）》，新增“教学人员学习及弘扬中国历史文化”项目，期望通过学习交流活动，让教学人员培养学生的家国情怀，传承中华民族精神和传统美德。为配合特区“人才建澳”的策略，鼓励学校开展各类相应提升学生职业素养，培养具备知识、技能、职业态度并重的高中职业技术人才，推动学校开展“综合应用技能教育”先导计划，培养具有知识、技能、实务与创新能力兼备的应用型人才。为促进学校配合特区政府政策措施，校本发展类的每班资助额将按每班的学生人数提升资助上限。此外，在增设专职人员职程晋阶制度及深化“认识祖国爱我中华”学习之旅等方面，基金也会继续支持学校改善教学环境和教学设施，为师生提供良好教与学的条件。

【2018年学校自评先导计划开展入校支援工作坊】 10—12月，为了让参与2018学年学校自评先导计划的五所学校，包括圣罗撒女子中学中文部、青洲小学、商训夜中学、中葡职业技术学校、乐富中葡幼稚园，更好地开展学校自评工作，教青局学校督导人员与学校自评导师何世敏博士分别到每所学校三次，为校长及学校自评团队开展校本支援工作坊，以逐步提升学校校本自评计划的能力。

工作坊内容丰富，学校自评团队积极参与讨论，以进一步优化学校发展规划及学年计划的工作流程、分工编制、日常监察及运用多元工具适时搜集、分析及回馈实证的检讨工作。互动过程展现了学校人员积极分享，通力合作，团队上下一心的工作态度。参与工作坊的老师均表示，工作坊的学习内容和实践对工作很有帮助，获益良多，对今后推行学校自评的工作充满信心。

教青局期望透过入校支援工作坊活动，深化学校人员构思学校发展规划和制定学校自评规划的知识和能力，建立可操作、切合校情及系统的自评制度，提升学校自评效能，以促进学校持续发展。

【教青局草拟《职业技术教育制度》咨询文本】 为应对澳门社会的迅速发展，以及行业企业不断增加的职业技术人才需求，需要对《职业技术教育制度》进行修订，重点包括“促进职业技术教育持续发展”“建立与高等教育的衔接机制”“深化学校、企业和行业相关的专业团体及人士的合作”“加强职业技术教育的专业性和认受性”“订定职业技术教育的课程框架”和“提高专业实习的成效”。

在听取公开咨询期间收集的意见后，教青局细化研究各项内容，于2018年底草拟了《职业技术教育制度》咨询文本，期望在符合现代职业技术教育的发展规律，遵从法理，符合全人教育理念和寻求社会共识的原则下，一方面优化现行体制，另一方面与各界为推动澳门可持续发展、应用技能教育和提升职业技术教育的素质而同行迈进。

【2017—2018学年澳门职业技术教育学生数变化】 2017学年，全澳就读职业技术教育课程的学生人数为936人。澳门就读职业技术教育课程的学生，还有一批是十六岁以上的，安排在夜间上课，即夜校，学习回归教育课程，近五年人数相对平稳，2017—2018学年，全澳就读回归教育——职业技术教育课程的人数为355人。因此，2017学年合计澳门正规教育和回归教育中的职业技术教育学生人数为1291人，比2016学年略有减少（见表1）。

2016—2018年澳门特区最近职业技术教育学生数

表2　　单位：人

学年	正规教育学生数			回归教育学生数			总计
	男	女	合计	男	女	合计	
2016—2017	624	368	992	207	115	322	1314
2017—2018	613	323	936	237	118	355	1291

数据来源：澳门教育暨青年局网站，统计日期：2017—11—26。

【澳门职业技术教育学生就读学校分布】 在正规教育体系学习的学生主要分布在中葡职业技术学校、澳门演艺学院、海星中学、培华中学、澳门三育中学、澳门浸信中学和澳门工联职业技术中学；在回归教育体系学习的学生主要分布在创新中学、新华夜中学和澳门工联职业技术中学。正规教育体系内职业技术课程学生的就读学校分布情况见表2，回归教育内职业技术课程学生的就读学校分布情况见表3，全体就读职业技术课程学生的学校分布情况见表4。

2017—2018学年澳门特区正规教育体系内职业技术课程学生的就读学校分布情况（按学校及年级划分）

表3　　单位：人

免费教育学校系统					
公立学校					
学校	高一	高二	高三	高中回归	合计
中葡职业技术学校	131	141	136	—	408
澳门演艺学院	2	5	13	—	20
小计	133	146	149	—	428

续表 3

免费教育学校系统					
私立学校					
学校	高一	高二	高三	高中回归	合计
培华中学	41	30	41	—	112
海星中学	—	—	3	—	3
澳门三育中学	37	30	28	—	95
澳门工联职业技术中学	75	87	88	—	250
澳门浸信中学	13	18	17	—	48
小计	166	165	177	—	508
非免费教育学校系统					
私立学校					
学校	高一	高二	高三	高中回归	合计
小计	—	—	—	—	—
合计	299	311	326		936

数据来源：澳门教育暨青年局网站，统计日期：2017—11—26。

2017—2018 学年澳门特区回归教育内职业技术课程学生的就读学校分布情况（按学校及年级划分）

表 4　　单位：人

公立学校					
学校	高一	高二	高三	高中回归	合计
小计	—	—	—	—	—
私立学校					
学校	高一	高二	高三	高中回归	合计
创新中学	68	60	35	—	163
新华夜中学	24	15	12	—	51
澳门工联职业技术中学	54	42	45	—	141
小计	146	117	92	—	355
合计	146	117	92	—	355

数据来源：澳门教育暨青年局网站，统计日期：2017—11—26。

2017—2018 学年澳门特区全体就读职业技术课程学生的学校分布情况（按学校及年级划分）

表 5　　单位：人

公立学校					
学校	高一	高二	高三	高中回归	合计
中葡职业技术学校	131	141	136	—	408

续表 5

澳门演艺学院	2	5	13	—	20
小计	133	146	149	—	428
私立学校					
学校	高一	高二	高三	高中回归	合计
创新中学	68	60	35	—	163
培华中学	41	30	41	—	112
新华夜中学	24	15	12	—	51
海星中学	—	—	3	—	3
澳门三育中学	37	30	28	—	95
澳门工联职业技术中学	129	129	133	—	391
澳门浸信中学	13	18	17	—	48
小计	312	282	269	—	863
合计	445	428	418	—	1291

【澳门职业技术教育学生就读课程分布】 澳门开办的课程较具特色，公立学校开办有武术、平面设计、中葡翻译、健康照顾、计算机技术、旅游技术、服装制作及设计、行政暨商业技术、电子技术、中国舞 / 芭蕾舞、器乐演奏技术课程 / 声乐表演技术课程、器乐演奏技术。私立学校开办的课程有美术及设计、体育运动体适能导师、会展产业及媒体创作综合课程、现代演艺实务、酒店会展实务、文创产业实务、旅游休闲实务、酒店会展管理、艺术设计、旅游、商务、多媒体计算机绘图设计课程、语言翻译、计算机技术员、高级会计员、电子电工应用技术、电力工程、网店经营管理与会计、机电工程专业课程、音乐等。按课程就读学生人数见表 5。

2017—2018 学年澳门特区职业技术教育按课程就读学生人数

表 6 **单位：人**

公立学校							
校部编号	校部	课程名称	高一	高二	高三	高中回归	合计
中葡职业技术学校			131	141	136	—	408
135	中葡职业技术学校		131	141	136	—	408
—	—	武术	15	15	11	—	41
—	—	平面设计	18	15	13	—	46
—	—	中葡翻译	11	13	9	—	33
—	—	健康照顾	17	14	13	—	44
—	—	电脑技术	—	18	20	—	38
—	—	旅游技术	12	14	11	—	37
—	—	服装制作及设计	17	19	18	—	54

续表 6

公立学校

校部编号	校部	课程名称	高一	高二	高三	高中回归	合计
—	—	行政暨商业技术	20	11	23	—	54
—	—	电子技术	21	22	18	—	61
澳门演艺学院			2	5	13	—	20
164	澳门演艺学院舞蹈学校		—	5	—	—	5
—	—	中国舞 / 芭蕾舞	—	5	—	—	5
169	澳门演艺学院音乐学校		2	—	13	—	15
—	—	器乐演奏技术课程 / 声乐表演技术课程	—	—	13	—	13
—	—	器乐演奏技术	2	—	—	—	2
小计			133	146	149	—	428

私立学校

校部编号	校部	分组名称	高一	高二	高三	高中回归	合计
海星中学			—	—	3	—	3
004	海星中学		—	—	3	—	3
—	—	美术及设计	—	—	3	—	3
培华中学			41	30	41	—	112
116	培华中学		41	30	41	—	112
—	—	体育运动体适能导师	21	14	22	—	57
—	—	会展产业及媒体创作综合课程	—	16	19	—	35
—	—	信息科技及室内设计综合技术职业教育课程	20	—	—	—	20
创新中学			68	60	35	—	163
162	创新中学		68	60	35	—	163
—	—	现代演艺实务	19	22	12	—	53
—	—	酒店会展实务	37	29	12	—	78
—	—	文创产业实务	12	9	—	—	21
—	—	旅游休闲实务	—	—	11	—	11
新华夜中学			24	15	12	—	51
146	新华夜中学		24	15	12	—	51
—	—	酒店会展管理	16	10	12	—	38
—	—	艺术设计	8	5	—	—	13
澳门三育中学			37	30	28	—	95
127	澳门三育中学		13	6	5		24
—	—	旅游	13	6	5		24

续表 6

公立学校							
校部编号	校部	课程名称	高一	高二	高三	高中回归	合计
134	澳门三育中学（英文部）		24	24	23		71
—	—	旅游	12	7	6		25
—	—	商务	—	12	8		20
—	—	多媒体电脑绘图设计课程	12	5	9		26
澳门工联职业技术中学			129	129	133	—	391
137	澳门工联职业技术中学		75	87	88	—	250
—	—	语言翻译	22	23	28	—	73
—	—	电脑技术员	25	23	30	—	78
—	—	高级会计员	28	18	30	—	76
—	—	电子电工应用技术	—	23	—	—	23
172	澳门工联职业技术中学（夜校）		54	42	45	—	141
—	—	电力工程	19	18	19	—	56
—	—	网店经营管理与会计	16	24	26	—	66
—	—	机电工程专业课程	19	—	—	—	19
澳门浸信中学			13	18	17	—	48
159	澳门浸信中学		13	18	17	—	48
—	—	音乐	13	18	17	—	48
小计			312	282	269	—	863
合计			445	428	418	—	1291

数据来源：澳门教育暨青年局网站，统计日期：2017—11—26。

台 湾

【教育主管部门发布《办理产学大师奖遴选作业要点》】 1月24日，台湾教育主管部门发布《办理产学大师奖遴选作业要点》，主要目的在奖励公私立技术型高级中等学校、普通型高级中等学校附设专业群科、综合型高级中等学校专门学程、专科学校、技术学院及科技大学等具有实务专业技术能力的专任教师。被推荐人要求最近10年内实务应用研发或研究具体绩效杰出，并对技职专业人才培育有卓著贡献，并具有下列资格之一：个人或所带领研发团队的研究或研发成果，对产业技术发展或创新具有重要影响价值，并能反馈于实务教学与专业技术人才培育；个人或所带领研发团队的研究或研发成果，发挥促进产学紧密联结合作效益，并对技职教育专业人才培育有卓著贡献。

【修正发布《教育主管部门促进产学连结合作育才平台补助要点》】 2月13日，台湾教育主管部门为掌握产业发展趋势及人才需求，推动产业与学校协作实务教学与实作学习，发挥技职教育务实致用特色，修正发布了《教育主管部门促进产学连结合作育才平台补助要点》，补助技专校院建置产学连结合作育才平台，促进产学需求对接及深化交流合作，共同培育优质专业技术人才，缩短学用落差。由台湾教育主管部门依据产业聚落分布及配合重点人才培育需求，择定5所学校设置产学连结执行办公室，作为促进产业与学校相关系科领域产学合作育才之平台，再指定一所学校作为产学连结总推动办公室。

【修正《教育主管部门补助技专校院推动学生参加国际性技艺能竞赛要点》】 台湾教育主管部门从2005年起，为鼓励技专校院学生参加国际性技艺能竞赛，透过全台性技艺能竞赛、培训或补助学生参加国际竞赛相关费用，以协助学生熟练专门技术，重视实作学习，培育具国际视野之专业人才，特制定《教育主管部门补助技专校院推动学生参加国际性技艺能竞赛要点》，并于2018年2月27日修正，扩大补助范围，增列补助学生相关费用。

【修正《技专校院单独招生处理原则》】 3月2日，台湾教育主管部门发布修正《技专校院单独招生处理原则》，本招生处理原则为保障学生权益、维护教育质量及招生秩序，并作为审核各技专校院单独招生规定的依据，重点如下：达到适性选才及鼓励就业的双重目标，以产生社会及学生双赢局面，在不减少四技日间部招生名额为前提下，调整四技学制日间部单独招生名额比率；考虑现行招生名额回流至联登渠道机制已足够，删除化工群、土木与建筑群及农业群单招规定；配合教学质量查核及注册率查核结果运用，明确教学质量查核不予通过或注册率经查核填报不实的学校，下一学年度不予核定单独招生名额等。

【“2018年技专校院学生实务专题制作竞赛暨成果展”举行】 5月10日—12日，在台中市大台中国际会展中心举办“2018年技专校院学生实务专题制作竞赛暨成果展”。台湾教育主管部门为鼓励全台技专校院学生积极从事专题研究、培养创新思考模式，以提升学术研究能力与实务发展技能，展现绩优实务专题制作成果，自2002年起每年举办“技专校院学生实务专题制作竞赛”。本次竞赛分为机械与动力机械类、电机类、资工通信类、化工材料类、土木与建筑类、商业类、管理类、家政餐旅食品类、护理与幼保类、生技医农类、流行时尚设计类、工业设计类、商业设计类、动漫互动多媒体类、出版与语文类等16个类群受理报名，技专校院学生踊跃参与，共有1525件作品参赛。

【“2018永续环境黑客松：技职杯大赛”举行】 第2届技职杯“黑客松”竞赛，即“2018永续环境黑客松：技职杯大赛”总决赛于2018年6月2日—3日在高雄科技大学举办。比赛包含赛前训练课程、分区竞赛、进阶训练、总决赛等系列活动。总决赛由分区预赛胜出的73支团队用2天1晚时间使用主办单位提供的有限材料及机具，制作出兼具创新技术与实用价值的设计成品，参评一、二、三等奖。

2018年，台湾教育主管部门补助台湾科技大学、台北科技大学、高雄科技大学、虎尾科技大学、云林科技大学及勤益科技大学等6所院校成立技专院校创新创业基地。这6所院校依托创新创业基地持续推动技职杯“黑客松”竞赛及相关教育训练活动，协助学生跨领域合作，将创意转变为实作。

【“第十届海峡论坛·两岸职业教育论坛·两岸职业院校校长对话会”举行】 6月6日，“第十届海峡论坛·两岸职业教育论坛·两岸职业院校校长对话会”在厦门南洋职业学院举行。两岸校长就职业教育中的全人教育以及两岸职业教育的交流合作进行对话，来自两岸的200多位职业院校校长出席对话会。

【修正《教育主管部门补助技专校院办理实务课程发展及师生实务增能实施要点》】 6月29日，台湾教育主管部门将《教育主管部门补助技专校院办理实务课程发展及师生实务增能实施要点》修正为《补助技专校院办理教师产业研习研究实施要点》，目的在推动技专校院教师进行产业研习或研究，提升教师实务教学及能力；增进教师与产业接轨，深化教师实务教学资源，鼓励教师至境内外产业参与研习及深耕服务。本要点包括补助“学校办理教师深度实务研习”“教师进行产业深耕服务”“教师参与公民营机构办理之产业实务研习”等。

【首届两岸大学生职业技能大赛开幕】 7月6日，首届两岸大学生职业技能大赛在北京电子科技职业学院启动。来自北京的10所高校和台湾的20所院校共400多名师生参加了大赛开幕式。京台两地参赛院校师生将围绕建筑艺术、智能制造、中药辨识、护理技能、投资理财、汽车技能、视觉传达、宠物美容、创新创业等项目，进行比赛和交流，展示两岸大学生职业技能水平。本次职业技能大赛以“新时代·新发展·新成长”为主题，以技术技能交流为主，竞赛为辅，以弘扬中华文化为主线，以技术技能竞赛为载体，充分展示北京的职业教育、现代科技和传统文化，使两岸青年在共同参与中提升技能，在相互交流中增强情感，共同打造两岸青年交流合作新平台，凝聚两岸青年新共识，实现共创共享新未来。

【2018大学社会实践博览会举行】 7月28日—29日，台湾教育主管部门举行2018大学社会实践博览会，本次博览会以“希望所在”为主题，共有50所大专校院、93件大学社会实践的案例参展，另通过多元的交流活动，提升大学与政府部门、媒体、社群、新创团体及产业界的对话及连结。两天博览会除吸引近万人次到场参观外，网络社群讨论量与传播效果也逐步提升。

【“第22届TDK杯机器人创思设计与制作竞赛”举行】 10月17日—20日，台湾“第22届TDK杯机器人竞赛”在虎尾科技大学举办。本届竞赛主题为“智能型男PLUS－SmartBot+”，挑战“虎韬龙略、齐心协力、凌云飞虎”三大智能竞技主题，共分成“自动组”“遥控组”与“飞行组”三组。“自动组”需设计并制作一机器人于封闭环境中透过传感器融合技术，全自动自主进行捡球与掷球项目、自动辨识色彩及计算运作位置及路径规划、视觉与动作协调功能的全自动智能机器人；“遥控组”2018年则新增“协同合作”的创新挑战，参赛队伍须设计出可协同合作、有效规划工作排程、成功收集物品、携带物品与准确放置物品的良好人机接口的智能机器人；“飞行组”须设计出可于室内环境中及在隧道空间内全自动自主飞行、避障穿越、定点目标投掷甚至是自动起降等视觉与动作协调功能的智能型飞行机器人。

【修正《教育主管部门奖励补助私立技专校院整体发展经费核配及申请要点》】 11月13日，为鼓励私立技专校院健全发展，协助各校作整体与特色规划，合理分配奖励及补助经费，提升教育质量，台湾教育主管部门修订了《教育主管部门奖励补助私立技专校院整体发展经费核配及申请要点》。本要点在台湾教育主管部门的总预算数区分为奖励部分（占总经费65%）

及补助部分（占总经费 35%）。补助项目的核配基准分为现有规模、政策推动绩效及助学措施成效等；奖励项目核配基准则分为办学特色及行政运作。

【“第十四届技职之光颁奖典礼”举行】 12 月 6 日，台湾教育主管部门举行第十四届技职之光颁奖典礼，为参与国际性艺能竞赛表现优异的师生，及在国际创新发明与专业证照等领域具有杰出表现的学生颁奖，借一年一度的颁奖活动，表扬杰出表现的技职师生，并推广技职教育创新研发能量与务实致用特色。

【“技职梦工厂 FUN 眼大未来”技职教育 × 职业试探博览会举行】 12 月 8 日—9 日，台湾教育主管部门在台北车站大厅首次举办 2018“技职梦工厂 FUN 眼大未来”技职教育 × 职业试探博览会。活动为第一次采用小学、初中学生及社会大众均可参与的试探体验活动，将科技发展对于农业、海洋及工业的转变，浓缩重点呈现，同时邀请技职达人现身说法。博览会共有新科技馆、新农业馆及新海洋馆，各馆分别展现多元的体验主题。

【发布《申请办理实验教育学校之学校财团法人办学绩优认定标准》】 为鼓励教育创新及实验，同时保障学生于体制外的学习权及家长教育选择权，台湾教育主管部门于 2014 年 11 月制定公布《高级中等以下教育阶段非学校型态实验教育实施条例》《学校型态实验教育实施条例》及《公立小学及初中委托私人办理条例》（以下并称实验教育三法）。2018 年 1 月 31 日，台湾教育主管部门修正公布实验教育三法，将实验教育延伸至专科以上学校，并放宽部分限制及强化审核机制，以营造更友善的实验教育环境。为使学校财团法人除办理现有学校外，于另行办理实验教育时，其原办学绩效为各界所认可，12 月 25 日，发布《申请办理实验教育学校之学校财团法人办学绩优认定标准》。

【2016—2017 学年度技职体系各层级学校数变化情况】 高级中等学校专业群（职业）科分为农业、工业、商业、家事、海事、剧艺等六类，开设学校包含技术型高中、普通型高中附设专业群科、综合型高中专门学程等，总学校数 261 所，较 2016 学年度增加 4 所学校，其中公立学校增加 3 所共计 123 所，私立学校增加 1 所共 138 所。

2017 学年度综合型高中（含全部及部分办理）计 87 所，其中公立 59 所，私立 28 所，总数较 2016 学年度减少 8 所，公、私立学校各减少 4 所。

专科学校总数在 2017 学年度仍维持 13 所，公立学校数量为 2 所，私立学校数量为 11 所。此外，另有 44 所技术学院、科技大学及一般大学附设专科部，包含 5 所公立学校及 39 所私立学校。合计专设及附设专科学校数为 57 所。

技术学院及科技大学分为博士班、硕士班、学士班及附设专科部。2017 学年度公私立技术学院及科技大学共 74 所，公立科技大学有 14 所，技术学院 1 所；私立科技大学有 49 所，技术学院 10 所。

2016—2017 学年台湾地区技职体系各层级学校数变化情况

表 7　　　　单位：所

年度＼学校类别		技术型高中		综合性高中		专科学校		技术学院及科技大学	
		年度增减	校数	年度增减	校数	年度增减	校数	年度增减	校数
2016	公立	120	2	63	4	2	0	15	0
	私立	137	−2	32	3	11	0	59	0
	合计	257	0	95	7	13	0	74	0
2017	公立	123	3	59	−4	2	0	15	0
	私立	138	1	28	−4	11	0	59	0
	合计	261	4	87	−8	13	0	74	0

注：2016—2017 学年度技术型高中学校数为开设专业群（职业）科学校数，包含技术型高级中等学校、普通型高级中等学校附设专业群科。

数据来源：台湾地区教育主管部门，教育统计。

【2016—2017 学年度各层级技职学校学生数变化】 技职教育体系 2017 学年度的学生人数共计 97 万 2023 人，此人数不包含初中技艺教育学程、实用技能学程、各级进修学校等，较 2016 学年度的 1019523 人，减少 47500 人。高级中等学校修读专业群（职业）科学生人数为 315649 人，占全体技职教育学生人数 32.47%，其中就读公立学校为 128586 人，就读私立学校为 187063 人，相较于 2016 学年度，公立学校学生数减少 482 人，私立学校减少 16053 人。综合型高中学生就读公立学校为 29334 人，就读私立学校为 15595 人，合计总人数为 44929 人，占全体技职教育学生人数 4.62%。专科学校包含专设与大学校院附设的二年制专科及五年制专科，全部学生人数计 9593 人，占全体技职教育学生人数 9.32%，其中公立专科学校或专科部 9583 人，私立专科学校或专科部 81010 人。若以修业年限区分，二年制专科学生有 6061 人，其中公立学校 1047 人，私立学校 5014 人。五年制专科学生有 84532 人，其中公立学校 8536 人，私立学校 75996 人。技术学院及科技大学设有四年制与二年制学士学位班、硕士学位班、博士学位班等，学士班包含日夜间部及在职班共计 52852 人，占全体技职教育学生人数 53.58%，为全体技职学生人数比率最高者，相对于 2016 学年度，减少 2315 人，另外，硕士班人数为 35085 人，博士班人数为 3430 人，研究生人数较 2016 学年度合计减少 223 人。

2016–2017 学年台湾地区技职学校学生数变化情况表

表 8　　　　单位：人

年度＼学校类别		技术型高中		综合性高中		专科学校		技术学院及科技大学					
		年度增减	学生数	年度增减	学生数	年度增减	大学学生数	年度增减	硕士学生数	年度增减	博士学生数	年度增减	学生数
2016	公立	129068	−1649	32407	−3460	10090	−637	96883	1195	21305	−158	3046	19

续表 8

年度	学校类别	技术型高中		综合性高中		专科学校		技术学院及科技大学					
		年度增减	学生数	年度增减	学生数	年度增减	大学学生数	年度增减	硕士学生数	年度增减	博士学生数	年度增减	学生数
2016	私立	203116	−3521	18330	−3284	85345	−1394	405546	−16032	14090	−127	297	30
	合计	332184	−5170	50737	−6744	95435	−2031	502429	−14837	35395	−285	3343	49
	比率 %	32.58	0.41	4.98	−0.5	9.36	0.06	49.28	−0.05	3.47	0.07	0.33	0.02
2017	公立	128586	−482	29334	−3073	9583	−507	97766	883	21144	−161	3120	74
	私立	187063	−16053	15595	−2735	81010	−4335	384571	−20975	13941	−149	310	13
	合计	315649	−16535	44929	−5808	90593	−4842	482337	−20092	35085	−310	3.430	87
	比率 %	32.47	−0.11	4.62	−0.36	9.32	−0.04	49.62	0.34	3.61	0.14	0.35	0.02

数据来源：台湾地区教育主管部门，教育统计。

【2017 学年度高级中等学校专任教师数及素质统计】 2017 学年度全体高级中等学校专任教师学历及登记资格，包含技术型高中、普通型高中、综合性高中及单科型高中等的师资概况。2017 学年度高级中等学校全体专任教师人数，共计 53943 人，公立学校 36299 人，私立学校 17644 人。师资来源主要为岛内外大学及研究所，其中具有硕士以上学位者有 33266 人，已超过全体高中教师二分之一以上比率，达 61.67%；具有大学学位的教师，包含师范大学或教育大学毕业、一般大学及科技大学毕业，合计 19764 人，占高中全体教师人数 36.64%；毕业于军警院校或专科学校的教师共有 913 人，占 1.69%。高中教师登记资格包含本科及技术教师登记，2017 学年度本科登记合格教师有 48895 人，技术教师登记合格者有 843 人，二者合计 49738 人，登记合格的比率为 92.20%，尚未登记合格的教师有 4205 人，比率为 7.80%。

2017 学年台湾地区高级中等学校专任教师数统计表

表 9　　　　单位：人

项目	类别	教师人数				合计	
		公立		私立			
		人数	%	人数	%	人数	%
学历	小计	67.29	36299	32.71	17644	100.00	53943
	研究所	46.32	24988	15.35	8278	61.67	33266
	师大或教大	11.56	6234	3.54	1911	15.10	8145
	一般大学	7.75	4178	10.89	5872	18.63	10050
	科技大学	0.79	424	2.12	1145	2.91	1569
	其他	0.88	475	0.81	438	1.69	913

续表 9

项目	类别	教师人数				合计	
		公立		私立			
		人数	%	人数	%	人数	%
登记资格	本科登记	63.60	34310	27.04	14585	90.64	48895
	技术教师	0.12	63	1.45	780	1.56	843
	其他	3.57	1926	4.22	2279	7.80	4205

【2017 学年度专科学校专任教师数及素质统计】 专科学校的师资结构分为讲师、助理教授、副教授及教授等四级，主要毕业于岛内外大学。2017 学年度 13 所专科学校专任教师（不包括技术学院及科技大学附设专科部）共计 1730 人，具有博士学位者计 457 人，占专科学校全体教师数的 26.42%；具有硕士学位者计 968 人，占专科学校全体教师数的 55.95%，为专科学校教师主要族群；具有学士学位者有 292 人，占专科学校全体教师数的 16.88%。在师资结构方面，以讲师人数 863 人，占全体教师数比例 49.88% 为最高者；教授、副教授及助理教授合计 474 人，占全体教师数比例的 27.40%。此外，其他教师（包含教官、护理教师、护理临床指导教师、运动教练、助教）共 393 人，占 22.72%。

2017 学年台湾地区专科学校专任教师数及素质情况表

表 10　　单位：人

项目	类别	教师人数				合计	
		公立		私立			
		人数	%	人数	%	人数	%
学历	小计	149	8.61	1581	91.39	1730	100.00
	博士学位	78	4.51	379	21.91	457	26.42
	硕士学位	55	3.18	913	52.77	968	55.95
	学士学位	16	0.92	276	15.95	292	16.88
	其他	0	0	13	0.75	13	0.75
审定资格	教授	12	0.69	16	0.92	28	1.62
	副教授	25	1.45	59	3.41	84	4.86
	助理教授	52	3.01	310	17.92	362	20.92
	讲师	31	1.79	832	48.09	863	49.88
	其他	29	1.68	364	21.04	393	22.72

【2017 学年度技术学院、科技大学专任教师数及素质统计】 技术学院及科技大学的师资结构与专科学校相同，主要来源以岛内外大学博士、硕士班研究所为主。2017 学年度技术学院及科技大学专任教师人数共有 17555 人，具有博士学位者有 11563 人，占 65.87%。具有硕士

学位者5266人，占30.00%，合计具有研究生以上学历的教师有16829人，占全体教师人数95.87%。

现阶段技术学院及科技大学仍有许多学校附设专科部，师资、设备等教学资源按共享原则办理，因此上述数据包含技术学院及科技大学附设专科部的教师人数。在师资结构方面，教授2657人，占全体教师数比例的15.14%；副教授5927人，占33.76%；助理教授5469人，占31.15%；讲师人数2747人，占15.65%。审定资格“其他”项目，包括以专业及技术教师资格审定或以项目方式聘任的教师等有755人，占4.30%。

2017学年台湾地区技术学院、科技大学专任教师数及素质情况表

表11 单位：人

项目 \ 类别		教师人数				合计	
		公立		私立			
		人数	%	人数	%	人数	%
学历	人数	4244	24.18	13311	75.82	17555	100
	博士学位	3474	19.79	8089	46.08	11563	65.87
	硕士学位	675	3.85	4591	26.15	5266	30.00
	学士学位	86	0.49	498	2.84	584	3.33
	其他	9	0.05	133	0.76	142	0.81
审定资格	教授	1374	7.83	1283	7.31	2657	15.14
	副教授	1555	8.86	4372	24.90	5927	33.76
审定资格	助理教授	905	5.16	4564	26.00	5469	31.15
	讲师	247	1.41	2500	14.24	2747	15.65
	其他	163	0.93	592	3.37	755	4.30

【2017学年度学生与教师人数比率】 2017学年度技职校院平均每位教师教导学生人数比，高级中等学校生师比为15.92，专科学校13所学校的生师比为28.54，技术学院与科技大学则因部分教师仍需担任专科部、研究所硕士班与博士班的教学任务，生师比以学士班、硕士班、博士班学生数合计后除以专任教师总数之比值为29.67。

2017学年台湾地区学生与教师人数比率一览表

表12

学校	2017学年度		
	平均	公立	私立
高级中等学校	15.92	13.10	21.74
专科学校	28.54	20.54	29.30
技术学院及科技大学	29.67	28.75	29.96

【技术职教育 2017—2018 年度经费预算统计情况】根据台湾教育主管部门2018年度各项特定教育补助计划的法定预算，技职教育经费主要包括：技术职业教育行政及督导、私立学校教学奖助及前瞻基础建设计划等项目。预算总数共计新台币21431215000元，较2017年度增加新台币131761000元，本年度增减项目包含：技术职业教育行政及督导项目增加83896000元、私立学校教学奖助项目则减少1927018000元与前瞻基础建设计划项目增加1254883000元。

2017—2018 年台湾地区技术职业教育经费预算统计情况表

表 13　　　　单位：亿元（新台币）

工作计划名称	2018 年度	2017 年度	年度增减（%）
技术职业教育行政及督导	84.2316	76.1927	8.039
1. 强化技职教育学制及特色	6.2434	5.5954	0.648
2. 办理辅导改进技专校院之管理发展	0.7357	12.4427	–11.707
3. 产学合作及技职教师研习	4.6265	29.9683	25.3418
4. 技职教育行政革新与国际交流及评鉴	7.2711	7.2362	0.0349
5. 奖励科技校院教学卓越计划	0	20.95	–20.95
6. 引导学校多元发展及教学创新	65.355	0	65.355
私立学校教学奖助	117.5317	136.8019	–19.2702
1. 辅导私立大专校院整体发展奖助	38.8927	38.8954	–0.0027
2. 补助私立大专校院建筑贷款利息	0.08	0.08	0
3. 学生学杂费减免及工读助学金补助	61.4509	58.4109	3.04
4. 补助私立大专校院学生就学贷款利息	17.1082	39.4157	–22.3075
前瞻基础建设计划第一期特别预算	12.5488	0	12.5488
1. 人才培育促进就业计划	12.5488	0	12.5488
合计	214.3122	212.9945	1.3176

数据来源：台湾省 2017 年度、2018 年度总预算教育主管部门单位预算。

附　　录

Appendix

政策法规文件

中央一级法规文件

【政策法规 1：中共中央、国务院《关于全面深化新时代教师队伍建设改革的意见》】

一、坚持兴国必先强师，深刻认识教师队伍建设的重要意义和总体要求

1. 战略意义。教师承担着传播知识、传播思想、传播真理的历史使命，肩负着塑造灵魂、塑造生命、塑造人的时代重任，是教育发展的第一资源，是国家富强、民族振兴、人民幸福的重要基石。党和国家历来高度重视教师工作。党的十八大以来，以习近平同志为核心的党中央将教师队伍建设摆在突出位置，作出一系列重大决策部署，各地区各部门和各级各类学校采取有力措施认真贯彻落实，教师队伍建设取得显著成就。广大教师牢记使命、不忘初衷，爱岗敬业、教书育人，改革创新、服务社会，作出了重要贡献。

当今世界正处在大发展大变革大调整之中，新一轮科技和工业革命正在孕育，新的增长动能不断积聚。中国特色社会主义进入了新时代，开启了全面建设社会主义现代化国家的新征程。我国社会主要矛盾已经转化为人民日益增长的美好生活需要和不平衡不充分的发展之间的矛盾，人民对公平而有质量的教育的向往更加迫切。面对新方位、新征程、新使命，教师队伍建设还不能完全适应。有的地方对教育和教师工作重视不够，在教育事业发展中重硬件轻软件、重外延轻内涵的现象还比较突出，对教师队伍建设的支持力度亟须加大；师范教育体系有所削弱，对师范院校支持不够；有的教师素质能力难以适应新时代人才培养需要，思想政治素质和师德水平需要提升，专业化水平需要提高；教师特别是中小学教师职业吸引力不足，地位待遇有待提高；教师城乡结构、学科结构分布不尽合理，准入、招聘、交流、退出等机制还不够完善，管理体制机制亟须理顺。时代越是向前，知识和人才的重要性就愈发突出，教育和教师的地位和作用就愈发凸显。各级党委和政府要从战略和全局高度充分认识教师工作的极端重要性，把全面加强教师队伍建设作为一项重大政治任务和根本性民生工程切实抓紧抓好。

2. 指导思想。全面贯彻落实党的十九大精神，以习近平新时代中国特色社会主义思想为指导，紧紧围绕统筹推进“五位一体”总体布局和协调推进“四个全面”战略布局，坚持和加强党的全面领导，坚持以人民为中心的发展思想，坚持全面深化改革，牢固树立新发展理念，全面贯彻党的教育方针，坚持社会主义办学方向，落实立德树人根本任务，遵循教育规律和教师成长发展规律，加强师德师风建设，培养高素质教师队伍，倡导全社会尊师重教，形成优秀人才争相从教、教师人人尽展其才、好教师不断涌现的良好局面。

3. 基本原则

——确保方向。坚持党管干部、党管人才，坚持依法治教、依法执教，坚持严格管理监督与激励关怀相结合，充分发挥党委（党组）的领导和把关作用，确保党牢牢掌握教师队伍建设的领导权，保证教师队伍建设正确的政治方向。

——强化保障。坚持教育优先发展战略，把教师工作置于教育事业发展的重点支持战略领域，优先谋划教师工作，优先保障教师工作投入，优先满足教师队伍建设需要。

——突出师德。把提高教师思想政治素质和职业道德水平摆在首要位置，把社会主义核心价值观贯穿教书育人全过程，突出全员全方位全过程师德养成，推动教师成为先进思想文化的传播者、党执政的坚定支持者、学生健康成长的指导者。

——深化改革。抓住关键环节，优化顶层设计，推动实践探索，破解发展瓶颈，把管理体制改革与机制创新作为突破口，把提高教师地位待遇作为真招实招，增强教师职业吸引力。

——分类施策。立足我国国情，借鉴国际经验，根据各级各类教师的不同特点和发展实际，考虑区域、城乡、校际差异，采取有针对性的政策举措，定向发力，重视专业发展，培养一批教师；加大资源供给，补充一批教师；创新体制机制，激活一批教师；优化队伍结构，调配一批教师。

4. 目标任务。经过 5 年左右努力，教师培养培训体系基本健全，职业发展通道比较畅通，事权人权财权相统一的教师管理体制普遍建立，待遇提升保障机制更加完善，教师职业吸引力明显增强。教师队伍规模、结构、素质能力基本满足各级各类教育发展需要。

到 2035 年，教师综合素质、专业化水平和创新能力大幅提升，培养造就数以百万计的骨干教师、数以十万计的卓越教师、数以万计的教育家型教师。教师管理体制机制科学高效，实现教师队伍治理体系和治理能力现代化。教师主动适应信息化、人工智能等新技术变革，积极有效开展教育教学。尊师重教蔚然成风，广大教师在岗位上有幸福感、事业上有成就感、社会上有荣誉感，教师成为让人羡慕的职业。

二、着力提升思想政治素质，全面加强师德师风建设

5. 加强教师党支部和党员队伍建设。将全面从严治党要求落实到每个教师党支部和教师党员，把党的政治建设摆在首位，用习近平新时代中国特色社会主义思想武装头脑，充分发挥教师党支部教育管理监督党员和宣传引导凝聚师生的战斗堡垒作用，充分发挥党员教师的先锋模范作用。选优配强教师党支部书记，注重选拔党性强、业务精、有威信、肯奉献的优秀党员教师担任教师党支部书记，实施教师党支部书记“双带头人”培育工程，定期开展教师党支部书记轮训。坚持党的组织生活各项制度，创新方式方法，增强党的组织生活活力。健全主题党日活动制度，加强党员教师日常管理监督。推进“两学一做”学习教育常态化制度化，开展“不忘初心、牢记使命”主题教育，引导党员教师增强政治意识、大局意识、核心意识、看齐意识，自觉爱党护党为党，敬业修德，奉献社会，争做“四有”好教师的示范标杆。重视做好在优秀青年教师、海外留学归国教师中发展党员工作。健全把骨干教师培养成党员，把党员教师培养成教学、科研、管理骨干的“双培养”机制。

配齐建强高等学校思想政治工作队伍和党务工作队伍，完善选拔、培养、激励机制，形成一支专职为主、专兼结合、数量充足、素质优良的工作力量。把从事学生思想政治教育计入高等学校思想政治工作兼职教师的工作量，作为职称评审的重要依据，进一步增强开展思想政治工作的积极性和主动性。

6. 提高思想政治素质。加强理想信念教育，深入学习领会习近平新时代中国特色社会主义思想，引导教师树立正确的历史观、民族观、国家观、文化观，坚定中国特色社会主义道路自信、理论自信、制度自信、文化自信。引导教师准确理解和把握社会主义核心价值观的深刻内涵，增强价值判断、选择、塑造能力，带头践行社会主义核心价值观。引导广大教师充分认识中国教育辉煌成就，扎根中国大地，办好中国教育。

加强中华优秀传统文化和革命文化、社会主义先进文化教育，弘扬爱国主义精神，引导广大教师热爱祖国、奉献祖国。创新教师思想政治工作方式方法，开辟思想政治教育新阵地，利用思想政治教育新载体，强化教师社会实践参与，推动教师充分了解党情、国情、社情、民情，增强思想政治工作的针对性和实效性。要着眼青年教师群体特点，有针对性地加强思想政治教育。落实党的知识分子政策，政治上充分信任，思想上主动引导，工作上创造条件，生活上关心照顾，使思想政治工作接地气、入人心。

7. 弘扬高尚师德。健全师德建设长效机制，推动师德建设常态化长效化，创新师德教育，完善师德规范，引导广大教师以德立身、以德立学、以德施教、以德育德，坚持教书与育人相统一、言传与身教相统一、潜心问道与关注社会相统一、学术自由与学术规范相统一，争做“四有”好教师，全心全意做学生锤炼品格、学习知识、创新思维、奉献祖国的引路人。

实施师德师风建设工程。开展教师宣传国家重大题材作品立项，推出一批让人喜闻乐见、能够产生广泛影响、展现教师时代风貌的影视作品和文学作品，发掘师德典型、讲好师德故事，加强引领，注重感召，弘扬楷模，形成强大正能量。注重加强对教师思想政治素质、师德师风等的监察监督，强化师德考评，体现奖优罚劣，推行师德考核负面清单制度，建立教师个人信用记录，完善诚信承诺和失信惩戒机制，着力解决师德失范、学术不端等问题。

三、大力振兴教师教育，不断提升教师专业素质能力

8. 加大对师范院校支持力度。实施教师教育振兴行动计划，建立以师范院校为主体、高水平非师范院校参与的中国特色师范教育体系，推进地方政府、高等学校、中小学“三位一体”协同育人。研究制定师范院校建设标准和师范类专业办学标准，重点建设一批师范教育基地，整体提升师范院校和师范专业办学水平。鼓励各地结合实际，适时提高师范专业生均拨款标准，提升师范教育保障水平。切实提高生源质量，对符合相关政策规定的，采取到岗退费或公费培养、定向培养等方式，吸引优秀青年踊跃报考师范院校和师范专业。完善教育部直属师范大学师范生公费教育政策，履约任教服务期调整为6年。改革招生制度，鼓励部分办学条件好、教学质量高院校的师范专业实行提前批次录取或采取入校后二次选拔方式，选拔有志于从教的优秀学生进入师范专业。加强教师教育学科建设。教育硕士、教育博士授予单位及授权点向师范院校倾斜。强化教师教育师资队伍建设，在专业发展、职称晋升和岗位聘用等方面予以倾斜支持。师范院校评估要体现师范教育特色，确保师范院校坚持以师范教育为主业，严控师范院校更名为非师范院校。开展师范类专业认证，确保教师培养质量。

9. 支持高水平综合大学开展教师教育。创造条件，推动一批有基础的高水平综合大学成立教师教育学院，设立师范专业，积极参与基础教育、职业教育教师培养培训工作。整合优势学科的学术力量，凝聚高水平的教学团队。发挥专业优势，开设厚基础、宽口径、多样化的教师教育课程。创新教师培养形态，突出教师教育特色，重点培养教育硕士，适度培养教育博士，造就学科知识扎实、专业能力突出、教育情怀深厚的高素质复合型教师。

10. 全面提高中小学教师质量，建设一支高素质专业化的教师队伍。提高教师培养层次，提升教师培养质量。推进教师培养供给侧结构性改革，为义务教育学校侧重培养素质全面、业务见长的本科层次教师，为高中阶段教育学校侧重培养专业突出、底蕴深厚的研究生层次教师。大力推动研究生层次教师培养，增加教育硕士招生计划，向中西部地区和农村地区倾斜。根据基础教育改革发展需要，以实践为导向优化教师教育课程体系，强化“钢笔字、毛笔字、粉笔字和普通话”等教学基本功和教学技能训练，师范生教育实践不少于半年。加强紧缺薄弱学科教师、特殊教育教师和民族地区双语教师培养。开展中小学教师全员培训，促进教师终身学习和专业发展。转变培训方式，推动信息技术与教师培训的有机融合，实行线上线下相结合的混合式研修。改进培训内容，紧密结合教育教学一线实际，组织高质量培训，使教师静心钻研教学，切实提升教学水平。推行培训自主选学，实行培训学分管理，建立培训学分银行，搭建教师培训与学历教育衔接的“立交桥”。建立健全地方教师发展机构和专业培训者队伍，依托现有资源，结合各地实际，逐步推进县级教师发展机构建设与改革，实现培训、教研、电教、科研部门有机整合。继续实施教师国培计划。鼓励教师海外研修访学。加强中小学校长队伍建设，努力造就一支政治过硬、品德高尚、业务精湛、治校有方的校长队伍。面向全体中小学校长，加大培训力度，提升校长办学治校能力，打造高品质学校。实施校长国培计划，重点开展乡村中小学骨干校长培训和名校长研修。支持教师和校长大胆探索，创新教育思想、教育模式、教育方法，形成教学特色和办学风格，营造教育家脱颖而出的制度环境。

11. 全面提高幼儿园教师质量，建设一支高素质善保教的教师队伍。办好一批幼儿师范专科学校和若干所幼儿师范学院，支持师范院校设立学前教育专业，培养热爱学前教育事业，幼儿为本、才艺兼备、擅长保教的高水平幼儿园教师。创新幼儿园教师培养模式，前移培养起点，大力培养初中毕业起点的五年制专科层次幼儿园教师。优化幼儿园教师培养课程体系，突出保教融合，科学开设儿童发展、保育活动、教育活动类课程，强化实践性课程，培养学前教育师范生综合能力。建立幼儿园教师全员培训制度，切实提升幼儿园教师科学保教能力。加大幼儿园园长、乡村幼儿园教师、普惠性民办幼儿园教师的培训力度。创新幼儿园教师培训模式，依托高等学校和优质幼儿园，重点采取集中培训与跟岗实践相结合的方式培训幼儿园教师。鼓励师范院校与幼儿园协同建立幼儿园教师培养培训基地。

12. 全面提高职业院校教师质量，建设一支高素质双师型的教师队伍。继续实施职业院校教师素质提高计划，引领带动各地建立一支技艺精湛、专兼结合的双师型教师队伍。加强职业技术师范院校建设，支持高水平学校和大中型企业共建双师型教师培养培训基地，建立高等学校、行业企业联合培养双师型教师的机制。切实推进职业院校教师定期到企业实践，不断提升实践教学能力。建立企业经营管理者、技术能手与职业院校管理者、骨干教师相互兼职制度。

13. 全面提高高等学校教师质量，建设一支高素质创新型的教师队伍。着力提高教师专业能力，推进高等教育内涵式发展。搭建校级教师发展平台，组织研修活动，开展教学研究与指导，推进教学改革与创新。加强院系教研室等学习共同体建设，建立完善传帮带机制。全面开展高等学校教师教学能力提升培训，重点面向新入职教师和青年教师，为高等学校培养人才培育生力军。重视各级各类学校辅导员专业发展。结合“一带一路”建设和人文交流机制，有序推动国内外教师双向交流。支持孔子学院教师、援外教师成长发展。

服务创新型国家和人才强国建设、世界一流大学和一流学科建设，实施好重大人才项目，着力打造创新团队，培养引进一批具有国际影响力的学科领军人才和青年学术英才。加强高端智库建设，依托人文社会科学重点研究基地等，汇聚培养一大批哲学社会科学名家名师。高等学校高层次人才遴选和培育中要突出教书育人，让科学家同时成为教育家。

四、深化教师管理综合改革，切实理顺体制机制

14. 创新和规范中小学教师编制配备。适应加快推进教育现代化的紧迫需求和城乡教育一体化发展改革的新形势，充分考虑新型城镇化、全面二孩政策及高考改革等带来的新情况，根据教育发展需要，在现有编制总量内，统筹考虑、合理核定教职工编制，盘活事业编制存量，优化编制结构，向教师队伍倾斜，采取多种形式增加教师总量，优先保障教育发展需要。落实城乡统一的中小学教职工编制标准，有条件的地方出台公办幼儿园人员配备规范、特殊教育学校教职工编制标准。创新编制管理，加大教职工编制统筹配置和跨区域调整力度，省级统筹、市域调剂、以县为主，动态调配。编制向乡村小规模学校倾斜，按照班师比与生师比相结合的方式核定。加强和规范中小学教职工编制管理，严禁挤占、挪用、截留编制和有编不补。实行教师编制配备和购买工勤服务相结合，满足教育快速发展需求。

15. 优化义务教育教师资源配置。实行义务教育教师“县管校聘”。深入推进县域内义务教育学校教师、校长交流轮岗，实行教师聘期制、校长任期制管理，推动城镇优秀教师、校长向乡村学校、薄弱学校流动。实行学区（乡镇）内走教制度，地方政府可根据实际给予相应补贴。逐步扩大农村教师特岗计划实施规模，适时提高特岗教师工资性补助标准。鼓励优秀特岗教师攻读教育硕士。鼓励地方政府和相关院校因地制宜采取定向招生、定向培养、定期服务等方式，为乡村学校及教学点培养“一专多能”教师，优先满足老少边穷地区教师补充需要。实施银龄讲学计划，鼓励支持乐于奉献、身体健康的退休优秀教师到乡村和基层学校支教讲学。

16. 完善中小学教师准入和招聘制度。完善教师资格考试政策，逐步将修习教师教育课程、参加教育教学实践作为认定教育教学能力、取得教师资格的必备条件。新入职教师必须取得教师资格。严格教师准入，提高入职标准，重视思想政治素质和业务能力，根据教育行业特点，分区域规划，分类别指导，结合实际，逐步将幼儿园教师学历提升至专科，小学教师学历提升至师范专业专科和非师范专业本科，初中教师学历提升至本科，有条件的地方将普通高中教师学历提升至研究生。建立符合教育行业特点的中小学、幼儿园教师招聘办法，遴选乐教适教善教的优秀人才进入教师队伍。按照中小学校领导人员管理暂行办法，明确任职条件和资格，规范选拔任用工作，激发办学治校活力。

17. 深化中小学教师职称和考核评价制度改革。适当提高中小学中级、高级教师岗位比例，畅通教师职业发展通道。完善符合中小学特点的岗位管理制度，实现职称与教师聘用衔接。将中小学教师到乡村学校、薄弱学校任教 1 年以上的经历作为申报高级教师职称和特级教师的必要条件。推行中小学校长职级制改革，拓展职业发展空间，促进校长队伍专业化建设。进一步完善职称评价标准，建立符合中小学教师岗位特点的考核评价指标体系，坚持德才兼备、全面考核，突出教育教学实绩，引导教师潜心教书育人。加强聘后管理，激发教师的工作活力。完善相关政策，防止形式主义的考核检查干扰正常教学。不简单用升学率、学生考试成绩等评价教师。实行定期注册制度，建立完善教师退出机制，提升教师队伍整体活力。加强中小学校长考核评价，督促提高素质能力，完善优胜劣汰机制。

18. 健全职业院校教师管理制度。根据职业教育特点，有条件的地方研究制定中等职业学校人员配备规范。完善职业院校教师资格标准，探索将行业企业从业经历作为认定教育教学能力、取得专业课教师资格的必要条件。落实职业院校用人自主权，完善教师招聘办法。推动固定岗和流动岗相结合的职业院校教师人事管理制度改革。支持职业院校专设流动岗位，适应产业发展和参与全球产业竞争需求，大力引进行业企业一流人才，吸引具有创新实践经验的企业家、高科技人才、高技能人才等兼职任教。完善职业院校教师考核评价制度，双师型教师考核评价要充分体现技能水平和专业教学能力。

19. 深化高等学校教师人事制度改革。积极探索实行高等学校人员总量管理。严把高等学校教师选聘入口关，实行思想政治素质和业务能力双重考察。严格教师职业准入，将新入职教师岗前培训和教育实习作为认定教育教学能力、取得高等学校教师资格的必备条件。适应人才培养结构调整需要，优化高等学校教师结构，鼓励高等学校加大聘用具有其他学校学习工作和行业企业工作经历教师的力度。配合外国人永久居留制度改革，健全外籍教师资格认证、服务管理等制度。帮助高等学校青年教师解决住房等困难。

推动高等学校教师职称制度改革，将评审权直接下放至高等学校，由高等学校自主组织职称评审、自主评价、按岗聘任。条件不具备、尚不能独立组织评审的高等学校，可采取联合评审的方式。推行高等学校教师职务聘任制改革，加强聘期考核，准聘与长聘相结合，做到能上能下、能进能出。教育、人力资源社会保障等部门要加强职称评聘事中事后监管。深入推进高等学校教师考核评价制度改革，突出教育教学业绩和师德考核，将教授为本科生上课作为基本制度。坚持正确导向，规范高层次人才合理有序流动。

五、不断提高地位待遇，真正让教师成为令人羡慕的职业

20. 明确教师的特别重要地位。突显教师职业的公共属性，强化教师承担的国家使命和公共教育服务的职责，确立公办中小学教师作为国家公职人员特殊的法律地位，明确中小学教师的权利和义务，强化保障和管理。各级党委和政府要切实负起中小学教师保障责任，提升教师的政治地位、社会地位、职业地位，吸引和稳定优秀人才从教。公办中小学教师要切实履行作为国家公职人员的义务，强化国家责任、政治责任、社会责任和教育责任。

21. 完善中小学教师待遇保障机制。健全中小学教师工资长效联动机制，核定绩效工资总量时统筹考虑当地公务员实际收入水平，确保中小学教师平均工资收入水平不低于或高于当地公务员平均工资收入水平。完善教师收入分配激励机制，有效体现教师工作量和工作绩效，绩效工资分配向班主任和特殊教育教师倾斜。实行中小学校长职级制的地区，根据实际实施相应的校长收入分配办法。

22. 大力提升乡村教师待遇。深入实施乡村教师支持计划，关心乡村教师生活。认真落实艰苦边远地区津贴等政策，全面落实集中连片特困地区乡村教师生活补助政策，依据学校艰苦边远程度实行差别化补助，鼓励有条件的地方提高补助标准，努力惠及更多乡村教师。加强乡村教师周转宿舍建设，按规定将符合条件的教师纳入当地住房保障范围，让乡村教师住有所居。拿出务实举措，帮助乡村青年教师解决困难，关心乡村青年教师工作生活，巩固乡村青年教师队伍。在培训、职称评聘、表彰奖励等方面向乡村青年教师倾斜，优化乡村青年教师发展环境，加快乡村青年教师成长步伐。为乡村教师配备相应设施，丰富精神文化生活。

23. 维护民办学校教师权益。完善学校、个人、政府合理分担的民办学校教师社会保障机制，民办学校应与教师依法签订合同，按时足额支付工资，保障其福利待遇和其他合法权益，并为教师足额缴纳社会保险费和住房公积金。依法保障和落实民办学校教师在业务培训、职务聘任、教龄和工龄计算、表彰奖励、科研立项等方面享有与公办学校教师同等权利。

24. 推进高等学校教师薪酬制度改革。建立体现以增加知识价值为导向的收入分配机制，扩大高等学校收入分配自主权，高等学校在核定的绩效工资总量内自主确定收入分配办法。高等学校教师依法取得的科技成果转化奖励收入，不纳入本单位工资总额基数。完善适应高等学校教学岗位特点的内部激励机制，对专职从事教学的人员，适当提高基础性绩效工资在绩效工资中的比重，加大对教学型名师的岗位激励力度。

25. 提升教师社会地位。加大教师表彰力度。大力宣传教师中的“时代楷模”和“最美教师”。开展国家级教学名师、国家级教学成果奖评选表彰，重点奖励贡献突出的教学一线教师。做好特级教师评选，发挥引领作用。做好乡村学校从教 30 年教师荣誉证书颁发工作。各地要按照国家有关规定，因地制宜开展多种形式的教师表彰奖励活动，并落实相关优待政策。鼓励社会团体、企事业单位、民间组织对教师出资奖励，开展尊师活动，营造尊师重教良好社会风尚。

六、切实加强党的领导，全力确保政策举措落地见效

26. 强化组织保障。各级党委和政府要满腔热情关心教师，充分信任、紧紧依靠广大教师。要切实加强领导，实行一把手负责制，紧扣广大教师最关心、最直接、最现实的重大问题，找准教师队伍建设的突破口和着力点，坚持发展抓公平、改革抓机制、整体抓质量、安全抓责任、保证抓党建，把教师工作记在心里、扛在肩上、抓在手中，摆上重要议事日程，细化分工，确定路线图、任务书、时间表和责任人。主要负责同志和相关责任人要切实做到实事求是、求真务实，善始善终、善作善成，把准方向、敢于担当，亲力亲为、抓实工作。

各省、自治区、直辖市党委常委会每年至少研究一次教师队伍建设工作。建立教师工作联席会议制度，解决教师队伍建设重大问题。相关部门要制定切实提高教师待遇的具体措施。研究修订教师法。统筹现有资源，壮大全国教师工作力量，培育一批专业机构，专门研究教师队伍建设重大问题，为重大决策提供支撑。

27. 强化经费保障。各级政府要将教师队伍建设作为教育投入重点予以优先保障，完善支出保障机制，确保党和国家关于教师队伍建设重大决策部署落实到位。优化经费投入结构，优先支持教师队伍建设最薄弱、最紧迫的领域，重点用于按规定提高教师待遇保障、提升教师专业素质能力。加大师范教育投入力度。健全以政府投入为主、多渠道筹集教育经费的体制，充分调动社会力量投入教师队伍建设的积极性。制定严格的经费监管制度，规范经费使用，确保资金使用效益。

各级党委和政府要将教师队伍建设列入督查督导工作重点内容，并将结果作为党政领导班子和有关领导干部综合考核评价、奖惩任免的重要参考，确保各项政策措施全面落实到位，真正取得实效。

（来源：新华社，2018 年 1 月 30 日）

【政策法规 2：教育部、国务院扶贫办《深度贫困地区教育脱贫攻坚实施方案（2018—2020 年）》（节选）】

一、总体要求

2. 工作目标。到 2020 年，“三区三州”等深度贫困地区教育总体发展水平显著提升，实现建档立卡贫困人口教育基本公共服务全覆盖。保障各教育阶段建档立卡学生从入学到毕业的全程全部资助，保障贫困家庭孩子都可以上学，不让一个学生因家庭经济困难而失学。更多建档立卡贫困学生接受更好更高层次教育，都有机会通过职业教育、高等教育或职业培训实现家庭脱贫，教育服务区域经济社会发展和脱贫攻坚的能力显著增强。

三、稳步提升“三区三州”教育基本公共服务水平

3. 普及高中阶段教育。深入实施《高中阶段教育普及攻坚计划（2017—2020 年）》，把“三区三州”尚未普及高中阶段教育的地区作为攻坚的重中之重。教育基础薄弱县普通高中建设项目、普通高中改造计划、现代职业教育质量提升计划、职业教育产教融合工程等优先支持“三区三州”扩大教育资源，改善办学条件，保障建档立卡贫困家庭学生接受高中阶段教育的机会。推动基本消除普通高中大班额现象，减少超大规模学校。各地要完善财政投入机制，加大投入力度，建立完善普通高中生均拨款制度和中等职业学校生均拨款制度，积极化解“三区三州”普通高中债务，制定债务偿还计划。

4. 加快发展职业教育。省级统筹职业教育资金，支持“三区三州”每个地级市（州、盟）建设好一所中等职业学校。在“三区三州”率先实施职业教育东西协作行动计划，建立工作协调机制和管理平台，全面落实东西职业院校协作全覆盖行动、东西协作中职招生兜底行动、职业院校参与东西劳务协作等三大任务。为就读职业学校的“三区三州”贫困家庭学生，开辟招生绿色通道，优先招生，优先选择专业，优先安排在校企合作程度较深的订单定向培训班或企业冠名班，优先落实助学政策，优先安排实习，优先推荐就业。广泛开展公益性职业技能培训，实现脱贫举措与技能培训的精准对接。

7. 确保建档立卡贫困学生资助全覆盖。中等职业教育实施免学费和国家助学金政策，普通高中免除建档立卡等家庭经济困难学生学杂费并实施国家助学金政策，高等教育及研究生教育实施“奖助贷勤补免”及入学绿色通道等“多元混合”的资助方式，务必保障“三区三州”建档立卡贫困家庭学生享受学生资助政策。对通过职业教育东西协作到东部地区省（市）接受中职教育的建档立卡贫困家庭学生，西部地区省（市）从财政扶贫资金中按照每生每年 3000 元左右的标准给予资助，东部地区省（市）从东西扶贫协作财政援助资金中按照不少于每生每年 1000 元的标准给予资助，用于学生的交通、住宿、课本教材、服装等方面费用。

四、面向“三区三州”实施推普脱贫攻坚行动

1. 组织开展基层干部和青壮年农牧民普通话培训。通过集中学习、“一对一”互帮互学等方式，加强“三区三州”基层干部国家通用语言文字意识的培养和应用能力的培训，帮助所有在职干部都能具备使用国家通用语言文字开展工作的能力。结合“三区三州”旅游服务、产业发展、劳务输出等需求，对不具备普通话沟通能力的青壮年农牧民进行专项培训，使其具有使用普通话进行基本沟通交流的能力。由驻村扶贫干部负责组织教师、返乡大学生等对村民集中开展普通话专项学习培训，在每个行政村举办“人人通”推普脱贫培训班，带动推普工作进村、入户、到人。

2. 同步推进职业技能培训与普通话推广。结合“国家通用语言文字普及攻坚工程”，统筹经费面向“三区三州”青壮年农牧民提供更加精准的公益性培训，把普通话推广与职业技能培训相结合，重点支持少数民族学习掌握使用普通话，显著提高应用通用语言文字能力和职业技术技能水平，解决因语言不通而无法就业创业脱贫的问题。

五、多渠道加大“三区三州”教育扶贫投入

2. 发挥金融资金的引导和协同作用。联合国家开发银行等政策性金融机构，在“三区三州”先行先试，引入政策性信贷资金，精准对接教育扶贫多元化融资需求。在甘肃省教育精准扶贫示范区探索开展金融助力教育脱贫工作，及时总结经验并适时在更大范围示范推广。探索金融助力职业教育东西协作工作模式。

3. 集聚“三区三州”教育对口支援力量。建立教育扶贫工作联盟，统筹东西部扶贫协作、对口支援、中央单位定点扶贫、携手奔小康等方面帮扶力量，形成对口帮扶“三区三州”教育脱贫攻坚的合力。大力推进教育援藏、援疆、援青等工作，加强援受双方教育部门、各级学校、教师、学生之间的全领域对口帮扶。支持高水平大学对口支援“三区三州”高校。充分发挥国家开放大学办学体系优势，对口帮扶“三区三州”广播电视大学改善办学条件。鼓励社会力量广泛参与，引导支持各类社会团体、公益组织、企业和个人参与“三区三州”教育扶贫工作。

（来源：教育部网站，2018 年 1 月 24 日）

【政策法规 3：教育部等五部门《教师教育振兴行动计划（2018—2022 年）》（节选）】

二、目标任务

经过 5 年左右努力，办好一批高水平、有特色的教师教育院校和师范类专业，教师培养培训体系基本健全，为我国教师教育的长期可持续发展奠定坚实基础。师德教育显著加强，教师培养培训的内容方式不断优化，教师综合素质、专业化水平和创新能力显著提升，为发展更高质量更加公平的教育提供强有力的师资保障和人才支撑。

——落实师德教育新要求，增强师德教育实效性。将学习贯彻习近平总书记对教师的殷切希望和要求作为教师师德教育的首要任务和重点内容。加强师德养成教育，用“四有好老师”标准、“四个引路人”、“四个相统一”和“四个服务”等要求，统领教师成长发展，细化落实到教师教育课程，引导教师以德立身、以德立学、以德施教、以德育德。

——提升培养规格层次，夯实国民教育保障基础。全面提高师范生的综合素养与能力水平。根据各地实际，为义务教育学校培养更多接受过高质量教师教育的素质全面、业务见长的本科层次教师，为普通高中培养更多专业突出、底蕴深厚的研究生层次教师，为中等职业学校（含技工学校，下同）大幅增加培养具有精湛实践技能的“双师型”专业课教师，为幼儿园培养一大批关爱幼儿、擅长保教的学前教育专业专科以上学历教师，教师培养规格层次满足保障国民教育和创新人才培养的需要。

——改善教师资源供给，促进教育公平发展。加强中西部地区和乡村学校教师培养，重点为边远、贫困、民族地区教育精准扶贫提供师资保障。支持中西部地区提升师范专业办学能力。推进本土化培养，面向师资补充困难地区逐步扩大乡村教师公费定向培养规模，为乡村学校培养“下得去、留得住、教得好、有发展”的合格教师。建立健全乡村教师成长发展的支持服务体系，高质量开展乡村教师全员培训，培训的针对性和实效性不断提高。

——创新教师教育模式，培养未来卓越教师。吸引优秀人才从教，师范生生源质量显著提高，用优秀的人去培养更优秀的人。注重协同育人，注重教学基本功训练和实践教学，注重课程内容不断更新，注重信息技术应用能力，教师教育新形态基本形成。师范生与在职教师的社会责任感、创新精神和实践能力不断增强。

——发挥师范院校主体作用，加强教师教育体系建设。加大对师范院校的支持力度，不断优化教师教育布局结构，基本形成以国家教师教育基地为引领、师范院校为主体、高水平综合大学参与、教师发展机构为纽带、优质中小学为实践基地的开放、协同、联动的现代教师教育体系。

三、主要措施

（一）师德养成教育全面推进行动。研制出台在教师培养培训中加强师德教育的文件和师德修养教师培训课程指导标准。将师德教育贯穿教师教育全过程，作为师范生培养和教师培训课程的必修模块。培育和践行社会主义核心价值观，引导教师全面落实到教育教学实践中。制订教师法治培训大纲，开展法治教育，提升教师法治素养和依法执教能力。在师范生和在职教师中广泛开展中华优秀传统文化教育，注重通过中华优秀传统文化涵养师德，通过经典诵读、开设专门课程、组织专题培训等形式，汲取文化精髓，传承中华师道。将教书育人楷模、一线优秀教师校长请进课堂，采取组织公益支教、志愿服务等方式，着力培育师范生的教师职业认同和社会责任感。借助新闻媒体平台，组织开展师范生“师德第一课”系列活动。每年利用教师节后一周时间开展“师德活动周”活动。发掘师德先进典型，弘扬当代教师风采，大力宣传阳光美丽、爱岗敬业、默默奉献的新时代优秀教师形象。

（二）教师培养层次提升行动。引导支持办好师范类本科专业，加大义务教育阶段学校本科层次教师培养力度。按照有关程序办法，增加一批教育硕士专业学位授权点。引导鼓励有关高校扩大教育硕士招生规模，对教师教育院校研究生推免指标予以统筹支持。支持探索普通高中、中等职业学校教师本科和教育硕士研究生阶段整体设计、分段考核、有机衔接的培养模式。适当增加教育博士专业学位授权点，引导鼓励有关高校扩大教育博士招生规模，面向基础教育、职业教育教师校长，完善教育博士选拔培养方案。办好一批幼儿师范高等专科学校和若干所幼儿师范学院。各地根据学前教育发展的实际需求，扩大专科以上层次幼儿园教师培养规模。支持师范院校扩大特殊教育专业招生规模，加大特殊教育领域教育硕士培养力度。

（三）乡村教师素质提高行动。各地要以集中连片特困地区县和国家级贫困县为重点，通过公费定向培养、到岗退费等多种方式，为乡村小学培养补充全科教师，为乡村初中培养补充“一专多能”教师，优先满足老少边穷岛等边远贫困地区教师补充需要。加大紧缺薄弱学科教师和民族地区双语教师培养力度。加强县区乡村教师专业发展支持服务体系建设，强化县级教师发展机构在培训乡村教师方面的作用。培训内容针对教育教学实际需要，注重新课标新教材和教育观念、教学方法培训，赋予乡村教师更多选择权，提升乡村教师培训实效。推进乡村教师到城镇学校跟岗学习，鼓励引导师范生到乡村学校进行教育实践。“国培计划”集中支持中西部乡村教师校长培训。

（五）“互联网 + 教师教育”创新行动。充分利用云计算、大数据、虚拟现实、人工智能等新技术，推进教师教育信息化教学服务平台建设和应用，推动以自主、合作、探究为主要特征的教学方式变革。启动实施教师教育在线开放课程建设计划，遴选认定200门教师教育国家精品在线开放课程，推动在线开放课程广泛应用共享。实施新一周期中小学教师信息技术应用能力提升工程，引领带动中小学教师校长将现代信息技术有效运用于教育教学和学校管理。研究制定师范生信息技术应用能力标准，提高师范生信息素养和信息化教学能力。依托全国教师管理信息系统，加强在职教师培训信息化管理，建设教师专业发展“学分银行”。

（六）教师教育改革实验区建设行动。支持建设一批由地方政府统筹，教育、发展改革、财政、人力资源社会保障、编制等部门密切配合，高校与中小学协同开展教师培养培训、职前与职后相互衔接的教师教育改革实验区，带动区域教师教育综合改革，全面提升教师培养培训质量。深入实施“卓越教师培养计划”，建设一流师范院校和一流师范专业，分类推进教师培养模式改革。推动实践导向的教师教育课程内容改革和以师范生为中心的教学方法变革。发挥“国培计划”示范引领作用，加强教师培训需求诊断，优化培训内容，推动信息技术与教师培训的有机融合，实行线上线下相结合的混合式培训。实施新一周期职业院校教师素质提高计划，引领带动高层次“双师型”教师队伍建设。实施中小学名师名校长领航工程，培养造就一批具有较大社会影响力、能够在基础教育领域发挥示范引领作用的领军人才。加强教育行政部门对新教师入职教育的统筹规划，推行集中培训和跟岗实践相结合的新教师入职教育模式。

（七）高水平教师教育基地建设行动。综合考虑区域布局、层次结构、师范生招生规模、校内教师教育资源整合、办学水平等因素，重点建设一批师范教育基地，发挥高水平、有特色教师教育院校的示范引领作用。加强教师教育院校师范生教育教学技能实训平台建设。国家和地方有关重大项目充分考虑教师教育院校特色，在规划建设方面予以倾斜。推动高校有效整合校内资源，鼓励有条件的高校依托现有资源组建实体化的教师教育学院。制定县级教师发展中心建设标准。以优质市县教师发展机构为引领，推动整合教师培训机构、教研室、教科所（室）、电教馆的职能和资源，按照精简、统一、效能原则建设研训一体的市县教师发展机构，更好地为区域教师专业发展服务。高校与地方教育行政部门依托优质中小学，开展师范生见习实习、教师跟岗培训和教研教改工作。

（八）教师教育师资队伍优化行动。国家和省级教育行政部门加大对教师教育师资国内外访学支持力度。引导支持高校加大学科课程与教学论博士生培养力度。高校对教师教育师资的工作量计算、业绩考核等评价与管理，应充分体现教师教育工作特点。在岗位聘用、绩效工资分配等方面，对学科课程与教学论教师实行倾斜政策。推进职业学校、高等学校与大中型企业共建共享师资，允许职业学校、高等学校依法依规自主聘请兼职教师，支持有条件的地方探索产业导师特设岗位计划。推进高校与中小学教师、企业人员双向交流。高校与中小学、高校与企业采取双向挂职、兼职等方式，建立教师教育师资共同体。实施骨干培训者队伍建设工程，开展万名专兼职教师培训者培训能力提升专项培训。组建中小学名师工作室、特级教师流动站、企业导师人才库，充分发挥教研员、学科带头人、特级教师、高技能人才在师范生培养和在职教师常态化研修中的重要作用。

（九）教师教育学科专业建设行动。建立健全教师教育本专科和研究生培养的学科专业体系。鼓励支持有条件的高校自主设置“教师教育学”二级学科，国家定期公布高校在教育学一级学科设立“教师教育学”二级学科情况，加强教师教育的学术研究和人才培养。明确教育实践的目标任务，构建全方位教育实践内容体系，与基础教育、职业教育课程教学改革相衔接，强化“三字一话”等师范生教学基本功训练。修订《教师教育课程标准》，组织编写或精选推荐一批主干课教材和精品课程资源。发布《中小学幼儿园教师培训课程指导标准》。开发中等职业学校教师教育课程和特殊教育课程资源。鼓励高校针对有从教意愿的非师范类专业学生开设教师教育课程，协助参加必要的教育实践。建设公益性教师教育在线学习中心，提供教师教育核心课程资源，供非师范类专业学生及社会人士修习。

四、组织实施

（二）加强经费保障。要加大教师教育财政经费投入力度，提升教师教育保障水平。根据教师教育发展以及财力状况，适时提高师范生生均拨款标准。教师培训经费要列入财政预算。幼儿园、中小学和中等职业学校按照年度公用经费预算总额的5%安排教师培训经费。中央财政通过现行政策和资金渠道对教师教育加大支持力度。在相关重大教育发展项目中将教师培养培训作为资金使用的重要方向。积极争取社会支持，建立多元化筹资渠道。

（来源：教育部网站，2018年2月11日）

【政策法规4：教育部等六部门《职业学校校企合作促进办法》（节选）】

第一章　总　则

第一条　为促进、规范、保障职业学校校企合作，发挥企业在实施职业教育中的重要办学主体作用，推动形成产教融合、校企合作、工学结合、知行合一的共同育人机制，建设知识型、技能型、创新型劳动者大军，完善现代职业教育制度，根据《教育法》《劳动法》《职业教育法》等有关法律法规，制定本办法。

第二条　本办法所称校企合作是指职业学校和企业通过共同育人、合作研究、共建机构、共享资源等方式实施的合作活动。

第三条　校企合作实行校企主导、政府推动、行业指导、学校企业双主体实施的合作机制。国务院相关部门和地方各级人民政府应当建立健全校企合作的促进支持政策、服务平台和保障机制。

第四条　开展校企合作应当坚持育人为本，贯彻国家教育方针，致力培养高素质劳动者和技术技能人才；坚持依法实施，遵守国家法律法规和合作协议，保障合作各方的合法权益；坚持平等自愿，调动校企双方积极性，实现共同发展。

第五条　国务院教育行政部门负责职业学校校企合作工作的综合协调和宏观管理，会同有关部门做好相关工作。

县级以上地方人民政府教育行政部门负责本行政区域内校企合作工作的统筹协调、规划指导、综合管理和服务保障；会同其他有关部门根据本办法以及地方人民政府确定的职责分工，做好本地校企合作有关工作。

行业主管部门和行业组织应当统筹、指导和推动本行业的校企合作。

第二章　合作形式

第六条　职业学校应当根据自身特点和人才培养需要，主动与具备条件的企业开展合作，积极为企业提供所需的课程、师资等资源。

企业应当依法履行实施职业教育的义务，利用资本、技术、知识、设施、设备和管理等要素参与校企合作，促进人力资源开发。

第七条 职业学校和企业可以结合实际在人才培养、技术创新、就业创业、社会服务、文化传承等方面，开展以下合作：

（一）根据就业市场需求，合作设置专业、研发专业标准，开发课程体系、教学标准以及教材、教学辅助产品，开展专业建设；

（二）合作制定人才培养或职工培训方案，实现人员互相兼职，相互为学生实习实训、教师实践、学生就业创业、员工培训、企业技术和产品研发、成果转移转化等提供支持；

（三）根据企业工作岗位需求，开展学徒制合作，联合招收学员，按照工学结合模式，实行校企双主体育人；

（四）以多种形式合作办学，合作创建并共同管理教学和科研机构，建设实习实训基地、技术工艺和产品开发中心及学生创新创业、员工培训、技能鉴定等机构；

（五）合作研发岗位规范、质量标准等；

（六）组织开展技能竞赛、产教融合型企业建设试点、优秀企业文化传承和社会服务等活动；

（七）法律法规未禁止的其他合作方式和内容。

第八条 职业学校应当制定校企合作规划，建立适应开展校企合作的教育教学组织方式和管理制度，明确相关机构和人员，改革教学内容和方式方法、健全质量评价制度，为合作企业的人力资源开发和技术升级提供支持与服务；增强服务企业特别是中小微企业的技术和产品研发的能力。

第九条 职业学校和企业开展合作，应当通过平等协商签订合作协议。合作协议应当明确规定合作的目标任务、内容形式、权利义务等必要事项，并根据合作的内容，合理确定协议履行期限，其中企业接收实习生的，合作期限应当不低于 3 年。

第十条 鼓励有条件的企业举办或者参与举办职业学校，设置学生实习、学徒培养、教师实践岗位；鼓励规模以上企业在职业学校设置职工培训和继续教育机构。企业职工培训和继续教育的学习成果，可以依照有关规定和办法与职业学校教育实现互认和衔接。

企业开展校企合作的情况应当纳入企业社会责任报告。

第十一条 职业学校主管部门应当会同有关部门、行业组织，鼓励和支持职业学校与相关企业以组建职业教育集团等方式，建立长期、稳定合作关系。

职业教育集团应当以章程或者多方协议等方式，约定集团成员之间合作的方式、内容以及权利义务关系等事项。

第十二条 职业学校和企业应建立校企合作的过程管理和绩效评价制度，定期对合作成效进行总结，共同解决合作中的问题，不断提高合作水平，拓展合作领域。

第三章 促进措施

第十三条 鼓励东部地区的职业学校、企业与中西部地区的职业学校、企业开展跨区校企合作，带动贫困地区、民族地区和革命老区职业教育的发展。

第十四条 地方人民政府有关部门在制定产业发展规划、产业激励政策、脱贫攻坚规划时，应当将促进企业参与校企合作、培养技术技能人才作为重要内容，加强指导、支持和服务。

第十五条 教育、人力资源和社会保障部门应当会同有关部门，建立产教融合信息服务平台，指导、协助职业学校与相关企业建立合作关系。

行业主管部门和行业组织应当充分发挥作用，根据行业特点和发展需要，组织和指导企业提出校企合作意向或者规划，参与校企合作绩效评价，并提供相应支持和服务，推进校企合作。

鼓励有关部门、行业、企业共同建设互联互通的校企合作信息化平台，引导各类社会主体参与平台发展、实现信息共享。

第十六条 教育行政部门应当把校企合作作为衡量职业学校办学水平的基本指标，在院校设置、专业审批、招生计划、教学评价、教师配备、项目支持、学校评价、人员考核等方面提出相应要求；对校企合作设置的适应就业市场需求的新专业，应当予以支持；应当鼓励和支持职业学校与企业合作开设专业，制定专业标准、培养方案等。

第十七条 职业学校应当吸纳合作关系紧密、稳定的企业代表加入理事会（董事会），参与学校重大事项的审议。

职业学校设置专业，制定培养方案、课程标准等，应当充分听取合作企业的意见。

第十八条 鼓励职业学校与企业合作开展学徒制培养。开展学徒制培养的学校，在招生专业、名额等方面应当听取企业意见。有技术技能人才培养能力和需求的企业，可以与职业学校合作设立学徒岗位，联合招收学员，共同确定培养方案，以工学结合方式进行培养。

教育行政部门、人力资源和社会保障部门应当在招生计划安排、学籍管理等方面予以倾斜和支持。

第十九条 国家发展改革委、教育部会同人力资源和社会保障部、工业和信息化部、财政部等部门建立工作协调机制，鼓励省级人民政府开展产教融合型企业建设试点，对深度参与校企合作，行为规范、成效显著、具有较大影响力的企业，按照国家有关规定予以表彰和相应政策支持。各级工业和信息化行政部门应当把企业参与校企合作的情况，作为服务型制造示范企业及其他有关示范企业评选的重要指标。

第二十条 鼓励各地通过政府和社会资本合作、购买服务等形式支持校企合作。鼓励各地采取竞争性方式选择社会资本，建设或者支持企业、学校建设公共性实习实训、创新创业基地、研发实践课程、教学资源等公共服务项目。按规定落实财税用地等政策，积极支持职业教育发展和企业参与办学。

鼓励金融机构依法依规审慎授信管理，为校企合作提供相关信贷和融资支持。

第二十一条 企业因接收学生实习所实际发生的与取得收入有关的合理支出，以及企业发生的职工教育经费支出，依法在计算应纳税所得额时扣除。

第二十二条 县级以上地方人民政府对校企合作成效显著的企业，可以按规定给予相应的优惠政策；应当鼓励职业学校通过场地、设备租赁等方式与企业共建生产型实训基地，并按规定给予相应的政策优惠。

第二十三条 各级人民政府教育、人力资源社会保障等部门应当采取措施，促进职业学校与企业人才的合理流动、有效配置。

职业学校可在教职工总额中安排一定比例或者通过流动岗位等形式，用于面向社会和企业聘用经营管理人员、专业技术人员、高技能人才等担任兼职教师。

第二十四条　开展校企合作企业中的经营管理人员、专业技术人员、高技能人才，具备职业学校相应岗位任职条件，经过职业学校认定和聘任，可担任专兼职教师，并享受相关待遇。上述企业人员在校企合作中取得的教育教学成果，可视同相应的技术或科研成果，按规定予以奖励。

职业学校应当将参与校企合作作为教师业绩考核的内容，具有相关企业或生产经营管理一线工作经历的专业教师在评聘和晋升职务（职称）、评优表彰等方面，同等条件下优先对待。

第二十五条　经所在学校或企业同意，职业学校教师和管理人员、企业经营管理和技术人员根据合作协议，分别到企业、职业学校兼职的，可根据有关规定和双方约定确定薪酬。

职业学校及教师、学生拥有知识产权的技术开发、产品设计等成果，可依法依规在企业作价入股。职业学校和企业对合作开发的专利及产品，根据双方协议，享有使用、处置和收益管理的自主权。

第二十六条　职业学校与企业就学生参加跟岗实习、顶岗实习和学徒培养达成合作协议的，应当签订学校、企业、学生三方协议，并明确学校与企业在保障学生合法权益方面的责任。

企业应当依法依规保障顶岗实习学生或者学徒的基本劳动权益，并按照有关规定及时足额支付报酬。任何单位和个人不得克扣。

第二十七条　推动建立学生实习强制保险制度。职业学校和实习单位应根据有关规定，为实习学生投保实习责任保险。职业学校、企业应当在协议中约定为实习学生投保实习责任保险的义务与责任，健全学生权益保障和风险分担机制。

第四章　监督检查

第二十八条　各级人民政府教育督导委员会负责对职业学校、政府落实校企合作职责的情况进行专项督导，定期发布督导报告。

第二十九条　各级教育、人力资源和社会保障部门应当将校企合作情况作为职业学校办学业绩和水平评价、工作目标考核的重要内容。

各级人民政府教育行政部门会同相关部门以及行业组织，加强对企业开展校企合作的监督、指导，推广效益明显的模式和做法，推进企业诚信体系建设，做好管理和服务。

第三十条　职业学校、企业在合作过程中不得损害学生、教师、企业员工等的合法权益；违反相关法律法规规定的，由相关主管部门责令整改，并依法追究相关单位和人员责任。

第三十一条　职业学校、企业骗取和套取政府资金的，有关主管部门应当责令限期退还，并依法依规追究单位及其主要负责人、直接负责人的责任；构成犯罪的，依法追究刑事责任。

第五章　附　则

第三十二条　本办法所称的职业学校，是指依法设立的中等职业学校（包括普通中等专业学校、成人中等专业学校、职业高中学校、技工学校）和高等职业学校。

本办法所称的企业，指在各级工商行政管理部门登记注册的各类企业。

第三十三条　其他层次类型的高等学校开展校企合作，职业学校与机关、事业单位、社会团体等机构开展合作，可参照本办法执行。

（来源：教育部网站，2018 年 2 月 20 日）

【政策法规 5：教育部《教育信息化 2.0 行动计划》（节选）】

四、实施行动

（一）数字资源服务普及行动

建成国家教育资源公共服务体系，国家枢纽和国家教育资源公共服务平台、32 个省级体系全部连通，数字教育资源实现开放共享，教育大资源开发利用机制全面形成。

完善数字教育资源公共服务体系。建成互联互通、开放灵活、多级分布、覆盖全国、共治共享、协同服务的国家数字教育资源公共服务体系，国家枢纽连通国家教育资源公共服务平台和所有省级体系。建立国家数字教育资源公共服务体系联盟，发布系列技术和功能标准规范，探索资源共享新机制，提升数字教育资源服务供给能力，有效支撑学校和师生开展信息化教学应用。

优化“平台 + 教育”服务模式与能力。依托国家数字教育资源公共服务体系，初步形成覆盖全国的数字教育资源版权保护和共享交易机制，利用平台模式实现资源众筹众创，改变数字教育资源自产自销的传统模式，解决资源供需瓶颈问题。完善优课服务，发挥“一师一优课、一课一名师”示范引领作用，形成覆盖基础教育阶段所有学段、学科的生成性资源体系。升级职业教育专业教学资源库建设，丰富职业教育学习资源系统。提升慕课服务，汇聚高校、企业等各方力量，提供精品大规模在线开放课程，达成优质的个性化学习体验，满足学习者、教学者和管理者的个性化需求。

实施教育大资源共享计划。拓展完善国家数字教育资源公共服务体系，推进开放资源汇聚共享，打破教育资源开发利用的传统壁垒，利用大数据技术采集、汇聚互联网上丰富的教学、科研、文化资源，为各级各类学校和全体学习者提供海量、适切的学习资源服务，实现从“专用资源服务”向“大资源服务”的转变。

（二）网络学习空间覆盖行动

规范网络学习空间建设与应用，保障全体教师和适龄学生“人人有空间”，开展校长领导力和教师应用力培训，普及推广网络学习空间应用，实现“人人用空间”。

引领推动网络学习空间建设与应用。制订网络学习空间建设与应用规范，明确网络学习空间的定义与内涵、目标与流程、功能与管理。印发加快推进“网络学习空间人人通”的指导意见，推动各地网络学习空间的普及应用。

持续推进“网络学习空间人人通”专项培训。继续开展职业院校和中小学校长、骨干教师的“网络学习空间人人通”专项培训，在中国移动、中国电信、中国联通的支持下，培训 1 万名中小学校长、2 万名中小学教师、3000 名职业院校校长、6000 名职业院校教师，并带动地方开展更大范围的培训。

开展网络学习空间应用普及活动。依托国家数字教育资源公共服务体系，组织广大师生开通实名制网络学习空间，促进网络学习空间与物理学习空间的融合互动。开展空间应用优秀区域、优秀学校的展示推广活动，推进网络学习空间在网络教学、资源共享、教育管理、综合素质评价等方面的应用，实现网络学习空间应用从“三个率先”向全面普及发展，推动实现“一人一空间”，使网络学习空间真正成为广大师生利用信息技术开展教与学活动的主阵地。

建设国家学分银行和终身电子学习档案。加快推进国家学分银行建设，推动基础教育、职业教育、高等教育、继续教育机构逐步实行统一的学分制，加快实现各级各类教育纵向衔接、横向互通，为每一位学习者提供能够记录、存储学习经历和成果的个人学习账号，建立个人终身电子学习档案，对学习者的各类学习成果进行统一的认证与核算，使其在各个阶段通过各种途径获得的学分可以得到积累或转换。被认定的学分，按照一定的标准和程序可累计作为获取学历证书、职业资格证书或培训证书的凭证。

（五）百区千校万课引领行动

结合教育信息化各类试点和“信息技术与教育深度融合示范培育推广计划”的实施，认定百个典型区域、千所标杆学校、万堂示范课例，汇聚优秀案例，推广典型经验。

建立百个典型区域。通过推荐遴选东中西部不同地区的典型区域，培育一系列教育信息化整体推进的样本区，探索在发达地区、欠发达地区利用信息化优化教育供给的典型路径，为同类区域的发展提供参照，引领教育信息化提质升级发展。

培育千所标杆学校。分批组织遴选 100 所高等学校、300 所职业学校、1000 所基础教育学校和一定数量的举办继续教育的学校开展示范，探索在信息化条件下实现差异化教学、个性化学习、精细化管理、智能化服务的典型途径。

遴选万堂示范课例。汇聚电教系统、教研系统等各方力量，以“一师一优课、一课一名师”活动、全国职业院校技能大赛教学能力比赛、推出国家精品在线开放课程等为依托，设定专门制作标准和评价指标，遴选万堂优秀课堂教学案例，包括 1 万堂基础教育示范课（含普通中小学校示范课、少数民族语言教材示范课、特殊教育示范课、学前教育示范课）、1000 堂职业教育示范课、200 堂继续教育示范课，推出 3000 门国家精品在线开放课程，建设 7000 门国家级和 1 万门省级线上线下高等教育精品课，充分发挥示范课例的辐射效能。

汇聚推广优秀案例。总结典型经验，汇聚优秀案例，分批出版教育信息化创新应用系列案例集，并通过在国家教育资源公共服务平台、中国教育电视台等渠道开设专门栏目、召开现场会、举办应用展览活动等方式进行推广。

（六）数字校园规范建设行动

通过试点探索利用宽带卫星实现边远地区学校互联网接入、利用信息化手段扩大优质教育资源覆盖面的有效途径。全面推进各级各类学校数字校园建设与应用。

推进宽带卫星联校试点行动。与中国卫通联合在甘肃省甘南藏族自治州、云南省昭通市、四川凉山彝族自治州各选择 1 个县开展试点，每县选择 1 所主体学校和 4 所未联网学校（教学点），免费安装“中星 16 号”卫星设备并连通网络，开展信息化教学和教研，为攻克边远山区、海岛等自然条件特殊地区学校联网问题、实现全部学校 100% 接入互联网探索路径。

促进数字校园建设全面普及。落实《职业院校数字校园建设规范》，发布中小学、高等学校数字校园建设规范，推动实现各级各类学校数字校园全覆盖。将网络教学环境纳入学校办学条件建设标准，数字教育资源列入中小学教材配备要求范围。加强职业院校、高等学校虚拟仿真实训教学环境建设，服务信息化教学需要。推动各地以区域为单位统筹建立数字校园专门保障队伍，彻底解决学校运维保障力量薄弱问题。

（八）信息素养全面提升行动

充分认识提升信息素养对于落实立德树人目标、培养创新人才的重要作用，制定学生信息素养评价指标体系，开展规模化测评，实施有针对性的培养和培训。

制定学生信息素养评价指标体系。组织开展学生信息素养评价研究，建立一套科学合理、适合我国国情、可操作性强的学生信息素养评价指标体系和评估模型。开展覆盖东中西部地区的中小学生信息素养测评，涵盖5万名以上学生。通过科学、系统的持续性测评，掌握我国不同学段的学生信息素养发展情况，为促进信息素养提升奠定基础。

大力提升教师信息素养。贯彻落实《中共中央 国务院关于全面深化新时代教师队伍建设改革的意见》，推动教师主动适应信息化、人工智能等新技术变革，积极有效开展教育教学。启动“人工智能＋教师队伍建设行动”，推动人工智能支持教师治理、教师教育、教育教学、精准扶贫的新路径，推动教师更新观念、重塑角色、提升素养、增强能力。创新师范生培养方案，完善师范教育课程体系，加强师范生信息素养培育和信息化教学能力培养。实施新周期中小学教师信息技术应用能力提升工程，以学校信息化教育教学改革发展引领教师信息技术应用能力提升培训，通过示范性培训项目带动各地因地制宜开展教师信息化全员培训，加强精准测评，提高培训实效性。继续开展职业院校、高等学校教师信息化教学能力提升培训。深入开展校长信息化领导力培训，全面提升各级各类学校管理者信息素养。

加强学生信息素养培育。加强学生课内外一体化的信息技术知识、技能、应用能力以及信息意识、信息伦理等方面的培育，将学生信息素养纳入学生综合素质评价。完善课程方案和课程标准，充实适应信息时代、智能时代发展需要的人工智能和编程课程内容。推动落实各级各类学校的信息技术课程，并将信息技术纳入初、高中学业水平考试。继续办好各类应用交流与推广活动，创新活动的内容和形式，全面提升学生信息素养。

五、保障措施

（三）试点引领，强化培训

各地要始终坚持试点先行、典型引路的推进机制，有针对性地开展教育信息化区域综合试点和各类专项试点，总结提炼先进经验与典型模式。通过组织召开现场观摩会、举办信息化应用展览、出版优秀典型案例集等多种方式，广泛宣传推广试点取得的经验成效，形成以点带面的发展路径，发挥辐射引导效应。要将全面提升“人”的能力作为推进教育信息化2.0行动计划的核心基础，大力开展各级各类学校教师、校长和管理者培训，扩大培训规模、创新培训模式、增强培训实效。各地要坚持传统媒体与新媒体相结合，建立全方位、多层次的长效宣传机制，营造良好的舆论氛围。

（来源：教育部网站，2018年4月13日）

【政策法规6：国务院《关于推行终身职业技能培训制度的意见》（节选）】

一、总体要求

（一）指导思想

以习近平新时代中国特色社会主义思想为指导，全面深入贯彻党的十九大和十九届二中、三中全会精神，认真落实党中央、国务院决策部署，统筹推进“五位一体”总体布局和协调推进“四个全面”战略布局，坚持以人民为中心的发展思想，牢固树立新发展理念，深入实施就业优先战略和人才强国战略，适应经济转型升级、制造强国建设和劳动者就业创业需要，深化人力资源供给侧结构性改革，推行终身职业技能培训制度，大规模开展职业技能培训，着力提升培训的针对性和有效性，建设知识型、技能型、创新型劳动者大军，为全面建成社会主义现代化强国、实现中华民族伟大复兴的中国梦提供强大支撑。

（二）基本原则

促进普惠均等。针对城乡全体劳动者，推进基本职业技能培训服务普惠性、均等化，注重服务终身，保障人人享有基本职业技能培训服务，全面提升培训质量、培训效益和群众满意度。

坚持需求导向。坚持以促进就业创业为目标，瞄准就业创业和经济社会发展需求确定培训内容，加强对就业创业重点群体的培训，提高培训后的就业创业成功率，着力缓解劳动者素质结构与经济社会发展需求不相适应、结构性就业矛盾突出的问题。

创新体制机制。推进职业技能培训市场化、社会化改革，充分发挥企业主体作用，鼓励支持社会力量参与，建立培训资源优化配置、培训载体多元发展、劳动者按需选择、政府加强监管服务的体制机制。

坚持统筹推进。加强职业技能开发和职业素质培养，全面做好技能人才培养、评价、选拔、使用、激励等工作，着力加强高技能人才队伍建设，形成有利于技能人才发展的制度体系和社会环境，促进技能振兴与发展。

（三）目标任务

建立并推行覆盖城乡全体劳动者、贯穿劳动者学习工作终身、适应就业创业和人才成长需要以及经济社会发展需求的终身职业技能培训制度，实现培训对象普惠化、培训资源市场化、培训载体多元化、培训方式多样化、培训管理规范化，大规模开展高质量的职业技能培训，力争2020年后基本满足劳动者培训需要，努力培养造就规模宏大的高技能人才队伍和数以亿计的高素质劳动者。

二、构建终身职业技能培训体系

（四）完善终身职业技能培训政策和组织实施体系。面向城乡全体劳动者，完善从劳动预备开始，到劳动者实现就业创业并贯穿学习和职业生涯全过程的终身职业技能培训政策。以政府补贴培训、企业自主培训、市场化培训为主要供给，以公共实训机构、职业院校（含技工院校，下同）、职业培训机构和行业企业为主要载体，以就业技能培训、岗位技能提升培训和创业创新培训为主要形式，构建资源充足、布局合理、结构优化、载体多元、方式科学的培训组织实施体系。（人力资源和社会保障部、教育部等按职责分工负责。列第一位者为牵头单位，下同）

（五）围绕就业创业重点群体，广泛开展就业技能培训。持续开展高校毕业生技能就业行动，增强高校毕业生适应产业发展、岗位需求和基层就业工作能力。深入实施农民工职业技能提升计划—“春潮行动”，将农村转移就业人员和新生代农民工培养成为高素质技能劳动者。配合化解过剩产能职工安置工作，实施失业人员和转岗职工特别职业培训计划。实施新型职业农民培育工程和农村实用人才培训计划，全面建立职业农民制度。对城乡未继续升学的初、高中毕业生开展劳动预备制培训。对即将退役的军人开展退役前技能储备培训和职业指导，对退役军人开展就业技能培训。面向符合条件的建档立卡贫困家庭、农村“低保”家庭、困难职工家庭和残疾人，开展技能脱贫攻坚行动，实施“雨露计划”、技能脱贫千校行动、残疾人职业技能提升计划。对服刑人员、强制隔离戒毒人员，开展以顺利回归社会为目的的就业技能培训。（人力资源和社会保障部、教育部、工业和信息化部、民政部、司法部、住房和城乡建设部、农业农村部、退役军人事务部、国务院国资委、国务院扶贫办、全国总工会、共青团中央、全国妇联、中国残联等按职责分工负责）

（六）充分发挥企业主体作用，全面加强企业职工岗位技能提升培训。将企业职工培训作为职业技能培训工作的重点，明确企业培训主体地位，完善激励政策，支持企业大规模开展职业技能培训，鼓励规模以上企业建立职业培训机构开展职工培训，并积极面向中小企业和社会承担培训任务，降低企业兴办职业培训机构成本，提高企业积极性。对接国民经济和社会发展中长期规划，适应高质量发展要求，推动企业健全职工培训制度，制定职工培训规划，采取岗前培训、学徒培训、在岗培训、脱产培训、业务研修、岗位练兵、技术比武、技能竞赛等方式，大幅提升职工技能水平。全面推行企业新型学徒制度，对企业新招用和转岗的技能岗位人员，通过校企合作方式，进行系统职业技能培训。发挥失业保险促进就业作用，支持符合条件的参保职工提升职业技能。健全校企合作制度，探索推进产教融合试点。（人力资源和社会保障部、教育部、工业和信息化部、住房和城乡建设部、国务院国资委、全国总工会等按职责分工负责）

（七）适应产业转型升级需要，着力加强高技能人才培训。面向经济社会发展急需紧缺职业（工种），大力开展高技能人才培训，增加高技能人才供给。深入实施国家高技能人才振兴计划，紧密结合战略性新兴产业、先进制造业、现代服务业等发展需求，开展技师、高级技师培训。对重点关键岗位的高技能人才，通过开展新知识、新技术、新工艺等方面培训以及技术研修攻关等方式，进一步提高他们的专业知识水平、解决实际问题能力和创新创造能力。支持高技能领军人才更多参与国家科研项目。发挥高技能领军人才在带徒传技、技能推广等方面的重要作用。（人力资源和社会保障部、教育部、工业和信息化部、住房和城乡建设部、国务院国资委、全国总工会等按职责分工负责）

（八）大力推进创业创新培训。组织有创业意愿和培训需求的人员参加创业创新培训。以高等学校和职业院校毕业生、科技人员、留学回国人员、退役军人、农村转移就业和返乡下乡创业人员、失业人员和转岗职工等群体为重点，依托高等学校、职业院校、职业培训机构、创业培训（实训）中心、创业孵化基地、众创空间、网络平台等，开展创业意识教育、创新素质培养、创业项目指导、开业指导、企业经营管理等培训，提升创业创新能力。健全以政策支持、项目评定、孵化实训、科技金融、创业服务为主要内容的创业创新支持体系，将高等学校、职业院校学生在校期间开展的“试创业”实践活动纳入政策支持范围。发挥技能大师工作室、劳模和职工创新工作室作用，开展集智创新、技术攻关、技能研修、技艺传承等群众性技术创新活动，做好创新成果总结命名推广工作，加大对劳动者创业创新的扶持力度。（人力资源和社会保障部、教育部、科技部、工业和信息化部、住房和城乡建设部、农业农村部、退役军人事务部、国务院国资委、国务院扶贫办、全国总工会、共青团中央、全国妇联、中国残联等按职责分工负责）

（九）强化工匠精神和职业素质培育。大力弘扬和培育工匠精神，坚持工学结合、知行合一、德技并修，完善激励机制，增强劳动者对职业理念、职业责任和职业使命的认识与理解，提高劳动者践行工匠精神的自觉性和主动性。广泛开展“大国工匠进校园”活动。加强职业素质培育，将职业道德、质量意识、法律意识、安全环保和健康卫生等要求贯穿职业培训全过程。（人力资源和社会保障部、教育部、科技部、工业和信息化部、住房和城乡建设部、国务院国资委、国家市场监督管理总局、全国总工会、共青团中央等按职责分工负责）

三、深化职业技能培训体制机制改革

（十）建立职业技能培训市场化社会化发展机制。加大政府、企业、社会等各类培训资源优化整合力度，提高培训供给能力。广泛发动社会力量，大力发展民办职业技能培训。鼓励企业建设培训中心、职业院校、企业大学，开展职业训练院试点工作，为社会培育更多高技能人才。鼓励支持社会组织积极参与行业人才需求发布、就业状况分析、培训指导等工作。政府补贴的职业技能培训项目全部向具备资质的职业院校和培训机构开放。（人力资源和社会保障部、教育部、工业和信息化部、民政部、国家市场监督管理总局、全国总工会等按职责分工负责）

（十一）建立技能人才多元评价机制。健全以职业能力为导向、以工作业绩为重点、注重工匠精神培育和职业道德养成的技能人才评价体系。建立与国家职业资格制度相衔接、与终身职业技能培训制度相适应的职业技能等级制度。完善职业资格评价、职业技能等级认定、专项职业能力考核等多元化评价方式，促进评价结果有机衔接。健全技能人才评价管理服务体系，加强对评价质量的监管。建立以企业岗位练兵和技术比武为基础、以国家和行业竞赛为主体、国内竞赛与国际竞赛相衔接的职业技能竞赛体系，大力组织开展职业技能竞赛活动，积极参与世界技能大赛，拓展技能人才评价选拔渠道。（人力资源和社会保障部、教育部、工业和信息化部、住房和城乡建设部、国务院国资委、全国总工会、共青团中央、中国残联等按职责分工负责）

（十二）建立职业技能培训质量评估监管机制。对职业技能培训公共服务项目实施目录清单管理，制定政府补贴培训目录、培训机构目录、鉴定评价机构目录、职业资格目录，及时向社会公开并实行动态调整。建立以培训合格率、就业创业成功率为重点的培训绩效评估体系，对培训机构、培训过程进行全方位监管。结合国家“金保工程”二期，建立基于互联网的职业技能培训公共服务平台，提升技能培训和鉴定评价信息化水平。探索建立劳动者职业技能培训电子档案，实现培训信息与就业、社会保障信息联通共享。（人力资源和社会保障部、财政部等按职责分工负责）

（十三）建立技能提升多渠道激励机制。支持劳动者凭技能提升待遇，建立健全技能人才培养、评价、使用、待遇相统一的激励机制。指导企业不唯学历和资历，建立基于岗位价值、能力素质、业绩贡献的工资分配机制，强化技能价值激励导向。制定企业技术工人技能要素和创新成果按贡献参与分配的办法，推动技术工人享受促进科技成果转化的有关政策，鼓励企业对高技能人才实行技术创新成果入股、岗位分红和股权期权等激励方式，鼓励凭技能创造财富、增加收入。落实技能人才积分落户、岗位聘任、职务职级晋升、参与职称评审、学习进修等政策。支持用人单位对聘用的高级工、技师、高级技师，比照相应层级工程技术人员确定其待遇。完善以国家奖励为导向、用人单位奖励为主体、社会奖励为补充的技能人才表彰奖励制度。（人力资源和社会保障部、教育部、工业和信息化部、公安部、国务院国资委、国家公务员局等按职责分工负责）

四、提升职业技能培训基础能力

（十四）加强职业技能培训服务能力建设。推进职业技能培训公共服务体系建设，为劳动者提供市场供求信息咨询服务，引导培训机构按市场和产业发展需求设立培训项目，引导劳动者按需自主选择培训项目。推进培训内容和方式创新，鼓励开展新产业、新技术、新业态培训，大力推广“互联网 + 职业培训”模式，推动云计算、大数据、移动智能终端等信息网络技术在职业技能培训领域的应用，提高培训便利度和可及性。（人力资源和社会保障部、国家发展改革委等按职责分工负责）

（十五）加强职业技能培训教学资源建设。紧跟新技术、新职业发展变化，建立职业分类动态调整机制，加快职业标准开发工作。建立国家基本职业培训包制度，促进职业技能培训规范化发展。支持弹性学习，建立学习成果积累和转换制度，促进职业技能培训与学历教育沟通衔接。实行专兼职教师制度，完善教师在职培训和企业实践制度，职业院校和培训机构可根据需要和条件自主招用企业技能人才任教。大力开展校长等管理人员培训和师资培训。发挥院校、行业企业作用，加强职业技能培训教材开发，提高教材质量，规范教材使用。（人力资源和社会保障部、教育部等按职责分工负责）

（十六）加强职业技能培训基础平台建设。推进高技能人才培训基地、技能大师工作室建设，建成一批高技能人才培养培训、技能交流传承基地。加强公共实训基地、职业农民培育基地和创业孵化基地建设，逐步形成覆盖全国的技能实训和创业实训网络。对接世界技能大赛标准，加强竞赛集训基地建设，提升我国职业技能竞赛整体水平和青年技能人才培养质量。积极参与走出去战略和“一带一路”建设中的技能合作与交流。（人力资源和社会保障部、国家发展改革委、教育部、科技部、工业和信息化部、财政部、农业农村部、商务部、国务院国资委、国家国际发展合作署等按职责分工负责）

五、保障措施

（十七）加强组织领导。地方各级人民政府要按照党中央、国务院的总体要求，把推行终身职业技能培训制度作为推进供给侧结构性改革的重要任务，根据经济社会发展、促进就业和人才发展总体规划，制定中长期职业技能培训规划并大力组织实施，推进政策落实。要建立政府统一领导，人力资源和社会保障部门统筹协调，相关部门各司其职、密切配合，有关人民团体和社会组织广泛参与的工作机制，不断加大职业技能培训工作力度。（人力资源和社会保障部等部门、单位和各省级人民政府按职责分工负责）

（十八）做好公共财政保障。地方各级人民政府要加大投入力度，落实职业技能培训补贴政策，发挥好政府资金的引导和撬动作用。合理调整就业补助资金支出结构，保障培训补贴资金落实到位。加大对用于职业技能培训各项补贴资金的整合力度，提高使用效益。完善经费补贴拨付流程，简化程序，提高效率。要规范财政资金管理，依法加强对培训补贴资金的监督，防止骗取、挪用，保障资金安全和效益。有条件的地区可安排经费，对职业技能培训教材开发、新职业研究、职业技能标准开发、师资培训、职业技能竞赛、评选表彰等基础工作给予支持。（人力资源和社会保障部、教育部、财政部、审计署等按职责分工负责）

（十九）多渠道筹集经费。加大职业技能培训经费保障，建立政府、企业、社会多元投入机制，通过就业补助资金、企业职工教育培训经费、社会捐助赞助、劳动者个人缴费等多种渠道筹集培训资金。通过公益性社会团体或者县级以上人民政府及其部门用于职业教育的捐赠，依照税法相关规定在税前扣除。鼓励社会捐助、赞助职业技能竞赛活动。（人力资源和社会保障部、教育部、工业和信息化部、民政部、财政部、国务院国资委、税务总局、全国总工会等按职责分工负责）

（二十）进一步优化社会环境。加强职业技能培训政策宣传，创新宣传方式，提升社会影响力和公众知晓度。积极开展技能展示交流，组织开展好职业教育活动周、世界青年技能日、技能中国行等活动，宣传校企合作、技能竞赛、技艺传承等成果，提高职业技能培训吸引力。大力宣传优秀技能人才先进事迹，大力营造劳动光荣的社会风尚和精益求精的敬业风气。（人力资源和社会保障部、教育部、全国总工会、共青团中央等按职责分工负责）

（来源：国务院网站，2018 年 5 月 8 日）

【政策法规 7：人力资源和社会保障部《技能人才队伍建设工作实施方案（2018—2020 年）》（节选）】

一、目标任务

贯彻党的十九大精神和党中央、国务院一系列决策部署，以做大做强高技能人才队伍为统领，坚持问题导向、能力导向、市场导向，立足特点、聚焦重点、打造亮点，聚合各方力量，聚集政策措施，全面加强技能人才培养、评价、选拔、使用、激励等工作，借机借势借力推动技能人才工作取得新的突破、再上新台阶。

二、基本原则

（一）提高政治站位。坚持以习近平新时代中国特色社会主义思想为指引，坚决落实党中央、国务院关于技能人才队伍建设的决策部署，充分认识技能人才队伍建设重大战略意义，强化做好做实职业培训、技工教育、技能评价、技能竞赛和表彰激励等各项工作的使命感和责任担当。

（四）聚焦重点工作。以贯彻落实提高技术工人待遇和推行终身职业技能培训制度为重点，研究提出技能人才工作的阶段性目标和重点任务，提升工作内涵，打造工作亮点，实现技能人才队伍建设工作的新发展、新跨越。

三、重点举措

（二）大规模开展职业技能培训

5. 推行终身职业技能培训制度。推动各地出台贯彻落实推行终身职业技能培训制度意见的政策措施，督促有关部门落实相关工作措施。2020 年，全面建立并推行终身职业技能培训制度，实现大规模开展高质量的职业技能培训目标。提请国务院适时对各地、各部门贯彻落实《意见》情况进行督察。

6. 全面推行企业新型学徒制。会同财政部制定出台全面推行企业新型学徒制的意见，指导各地、行业企业全面开展相关工作，建立企业青年技能人才培养新制度。

7. 开展重点培训行动计划。持续组织实施高校毕业生、新生代农民工、返乡农民工、失业人员和转岗职工、退役军人、贫困人员等重点人群专项培训行动计划。从 2018 年起，实现培训规模持续扩大、质量不断提升、投入连续增长的目标。

8. 创新职业培训模式。组织开发 100 个左右培训需求量大、就业人员多的国家基本职业培训包，指导开发 100 个左右地方（行业）特色职业培训包，积极推广应用“互联网 +”培训模式和监管模式。力争到 2020 年末，全面建立职业培训包制度。

9. 实施重点培训项目。指导各地开展国家级高技能人才培训基地、国家级技能大师工作室和公共实训基地项目建设。到 2020 年末，建设 800 个左右国家级高技能人才培训基地，1000 个左右国家级技能大师工作室，会同发展改革委建设一批公共实训基地。

（三）大力发展技工教育

10. 完善技工教育发展政策措施。落实《国家职业教育改革实施方案》，出台支持技工院校发展的政策措施，着力解决招生、经费、师生待遇突出问题。

11. 加强一流技工院校建设。到 2020 年重点建设 200 所国家级重点技师学院、高级技工学校和技工学校。做好职业训练院试点总结工作，推动职业训练院建设。

12. 深化校企合作。出台支持校企合作相关政策，推广《校企双制工学一体校企合作工作指南》，搭建校企合作平台，推动技工院校深入开展产教融合、校企合作。力争2020年实现全国技工院校90%以上的专业实行校企合作的培养模式。

13. 全面开展一体化课程教学改革。扩大一体化课改试点院校和试点专业范围，到2020年，力争在50个左右主体专业开展一体化课程教学，一体化课程覆盖技工院校70%以上在校生，同步开发相应的《国家技能人才培养标准》和《一体化课程开发规范》。积极推动世界技能大赛标准应用和成果转化工作，促进技工教育与世界先进标准接轨。

14. 加强专业建设和教材建设。出台《全国技工院校专业目录（2018年修订）》，根据国家发展战略、市场需求等因素对专业目录进行动态修订完善。到2020年，组织开发900种技工教育国家级教材。

15. 加强师资队伍建设。举办全国技工院校教师职业能力大赛，提升技工院校教师教学能力水平。建立师资轮训制度，加大对技工院校教师的培训力度。到2020年，力争技工院校教师普遍轮训一次。

（四）深化技能人才评价制度改革

16. 改革完善技能人才评价制度。制定出台改革完善技能人才评价制度的意见。深化职业资格评价改革，完善技能人员国家职业资格目录，加强对职业资格设置与评价的监管。建立职业技能等级制度，实行职业技能等级认定，并做好与职业资格制度的衔接。规范专项职业能力考核，满足劳动者就业创业需要。

17. 加强职业标准和新职业开发。健全国家职业技能标准、行业企业工种岗位规范、专项职业能力考核规范等技能人才评价标准体系。到2020年，完成职业资格目录内198个职业标准制定修订工作。启动专项职业能力考核规范审核备案工作。根据经济社会发展需要，适时动态发布新职业。

18. 贯通高技能人才与工程技术人才职业发展。在工程技术领域实现高技能人才与专业技术人才职业发展贯通。推动建立职业资格、职业技能等级与职称比照认定制度，加强评价结果互认。

19. 推动政府职能转变。推进技能人才评价科学化、社会化、市场化改革，加快人才管理部门转变职能、简政放权，力争2020年，政府部门所属鉴定中心逐步退出具体评价认定工作，转变到监管服务职能上来。突出用人单位在评价中的主体作用，发挥第三方评价机构的重要作用，备案、公布一批具备评价条件的用人单位和第三方评价机构。

（五）推动职业技能竞赛发展

20. 完善职业技能竞赛制度。制定出台《全国职业技能竞赛管理暂行办法》《社会赞助世界技能大赛参赛工作管理暂行办法》以及世界技能大赛专家管理办法、世界技能大赛全国选拔赛竞赛技术规则、世界技能大赛参赛集训指导意见等规章政策，推动职业技能竞赛科学、规范、健康发展。

21. 做好世界技能大赛参赛及筹办工作。积极备战第45届和第46届世界技能大赛，组织开展世界技能大赛全国选拔赛，规范遴选中国集训基地和技术指导专家团队，科学组织集训 备战、参赛工作，开展国际技术交流活动，做好参赛总结表彰工作。全力做好第46届世界技能大赛筹办工作，成立第46届世界技能大赛领导和工作机构，系统谋划并组织推动一系列筹办活动。加强世赛研究、工作研修和成果转化工作。

22. 创新开展技能竞赛。落实“一带一路”倡议，举办“一带一路”国际技能大赛。筹备举办第一届全国职业技能大赛，面向全国企业职工、院校学生举行与国际先进水平接轨的国内综合性技能大赛，打造“技能全运会”。围绕重大战略、重大工程、重大项目、重点产业，每年组织中国技能大赛国家级一类大赛 10 项左右，国家级二类竞赛 50 项左右，指导各地、各行业企业积极开展各级各类竞赛活动。

（六）加大技能扶贫工作力度

23. 深入实施技能脱贫千校行动。出台《深化技能脱贫千校行动实施方案》，明确政策措施、目标任务和工作内容等。努力实现有就读技工院校意愿的贫困家庭子女都能免费接受技工教育，到 2020 年，招收贫困家庭学生 12 万人以上。

24. 开展贫困地区技能扶贫行动。制定技能扶贫工作三年总体安排和年度工作举措，与国务院扶贫办联合印发《深度贫困地区技能扶贫行动》，指导各地全面开展技能扶贫工作。完成新疆、西藏、四省藏区等地创业师资培训，支持深度贫困地区创业师资培训。实现“三区三州”每所技工院校至少建设一个特色优势主体专业、建立一个资料室，每名教师至少参加一次培训。努力实现有培训意愿的贫困劳动力都有机会接受职业技能培训，到 2020 年，完成贫困劳动力培训 300 万人次。

25. 做好定点帮扶工作。指导地方人力资源和社会保障部门、对口帮扶院校和有关企业，加大对金寨技师学院和宁都技工学校支持力度。协调优质职业培训机构做好帮扶天镇县职业培训工作。

四、组织保障

（三）积极宣传引导。围绕筹办世界技能大赛、参加世界技能大赛、举办“一带一路”国际技能大赛、全面推行企业新型学徒制、改革完善技能人才评价制度、开展高技能人才表彰和技工院校开学第一课等重点活动，结合“7·15”世界青年技能日、职业教育活动周等重要节点，通过多种宣传形式，加强对技能人才工作和优秀技能人才的宣传，全力推动社会观念和社会氛围的改变，营造尊重劳动、崇尚技能的浓厚氛围，树立更多技能英雄。不断壮大社会正能量。办好“技能中国行”品牌活动，定期举办青年技能营、世赛先进事迹巡回报告会等活动。制播“中国大能手”等电视节目，加强“技能中国”微信公众号等新媒体宣传，不断提高技能人才宣传工作的传播力、引导力、影响力、公信力。

（来源：人力资源和社会保障部网站，2018 年 10 月 16 日）

【政策法规 8：人力资源和社会保障部、财政部《关于全面推行企业新型学徒制的意见》（节选）】

一、指导思想和目标任务

（一）指导思想。以习近平新时代中国特色社会主义思想为指导，全面贯彻党的十九大和十九届二中、三中全会精神，认真落实党中央、国务院决策部署，以服务就业和经济社会发展为宗旨，适应培育壮大新动能、产业转型升级和现代企业发展需要，大力推进技能人才培养工作，深化产教融合、校企合作，创新中国特色技能人才培养模式，面向各类企业全面推行企业新型学徒制，扩大技能人才培养规模，为促进劳动者更高质量就业，实现经济高质量发展提供有力人才支撑。

（二）目标任务。按照政府引导、企业为主、院校参与的原则，在企业（含拥有技能人才的其他用人单位，下同）全面推行以“招工即招生、入企即入校、企校双师联合培养”为主要内容的企业新型学徒制，进一步发挥企业主体作用，通过企校合作、工学交替方式，组织企业技能岗位新招用和转岗等人员参加企业新型学徒培训，促进企业技能人才培养，壮大发展产业工人队伍。从2018年起到2020年底，努力形成政府激励推动、企业加大投入、培训机构积极参与、劳动者踊跃参加的职业技能培训新格局，力争培训50万以上企业新型学徒（以下简称“学徒”）。2021年起，继续加大工作力度，力争年培训学徒50万人左右。

二、企业新型学徒制的主要内容

（三）培养对象和培养模式。学徒培训以与企业签订一年以上劳动合同的技能岗位新招用和转岗等人员为培养对象。企业可结合生产实际自主确定培养对象，采取“企校双制、工学一体”的培养模式，即由企业与技工院校、职业院校、职业培训机构、企业培训中心等教育培训机构（以下简称“培训机构”）采取企校双师带徒、工学交替培养等模式共同培养学徒。

（四）培养主体职责。学徒培养的主要职责由所在企业承担。企业应与学徒签订培养协议，明确培训目标、培训内容与期限、质量考核标准等内容。企业委托培训机构承担学徒的部分培训任务，应与培训机构签订合作协议，明确培训的方式、内容、期限、费用、双方责任等具体内容，保证学徒在企业工作的同时，能够到培训机构参加系统的、有针对性的专业知识学习和相关技能训练。培训机构与企业签订合作协议后，对学徒进行非全日制学籍注册，加强在校学习管理。

（五）培养目标和主要方式。学徒培养目标以符合企业岗位需求的中、高级技术工人为主，培养期限为1—2年，特殊情况可延长到3年。培养内容主要包括专业知识、操作技能、安全生产规范和职业素养，特别是工匠精神的培育。要以企业为主导确定具体培养任务，由企业与培训机构分别承担。在企业主要通过企业导师带徒方式，在培训机构主要采取工学一体化教学培训方式。积极应用“互联网+”、职业培训包等培训模式。学徒培训期满，可参加职业技能鉴定或结业（毕业）考核，合格者取得相应职业资格证书（或职业技能等级证书、专项职业能力证书、培训合格证书、毕业证书，下同）。鼓励支持有条件的企业自主对学徒进行技能评价。

三、健全政策制度

（六）建立企校双师联合培养制度。企业应选拔优秀高技能人才担任学徒的企业导师。企业导师要着重指导学徒进行岗位技能操作训练，帮助学徒逐步掌握并不断提升技能水平和职业素养，使之能够达到职业技能标准和岗位要求，具备从事相应技能岗位工作的能力。培训机构应为学徒安排具备相应专业知识和操作技能水平的指导教师，负责承担学徒的学校教学任务，强化理论知识学习，做好与企业实践技能的衔接。

（七）学徒培养实行弹性学制和学分制。承担学徒培训任务的培训机构，要结合企业生产和学徒工作生活实际，采取弹性学制，实行学分制管理。鼓励和支持学徒利用业余时间分阶段完成学业。要建立和完善适合弹性学制和学分制的教学质量评价体系和考核制度。

（八）健全企业对学徒培训的投入机制。学徒在学习培训期间，企业应当按照劳动合同法的规定支付工资，且工资不得低于企业所在地最低工资标准。企业按照与培训机构签订的合作协议约定，向培训机构支付学徒培训费用，所需资金从企业职工教育经费中列支；符合有关政策规定的，由政府提供职业培训和职业技能鉴定补贴。承担带徒任务的企业导师享受导师带徒津贴，津贴标准由企业确定，津贴由企业承担。企业对学徒开展在岗培训、业务研修等企业内部发生的费用，符合有关政策规定的，可从企业职工教育经费中列支。

（九）完善财政补贴政策。人力资源和社会保障部门会同财政部门对开展学徒培训的企业按规定给予职业培训补贴，补贴资金从就业补助资金列支。补贴标准由各省（区、市）人力资源和社会保障部门会同省级财政部门确定，学徒每人每年的补贴标准原则上不低于4000元，并根据经济发展、培训成本、物价指数等情况逐步提高。企业在开展学徒培训前将有关材料报当地人力资源和社会保障部门备案，经人力资源和社会保障部门审核后列入学徒培训计划，财政部门按规定向企业预支不超过50%的补贴资金，培训任务完成后及时拨付其余补贴资金。对参加学徒培训的就业困难人员和毕业年度高校毕业生，按规定落实社保补贴政策。

四、加大组织实施力度

（十）加强组织领导。各级人力资源和社会保障部门、财政部门要进一步提高认识，增强责任感和紧迫感，把推行企业新型学徒制作为推行终身职业技能培训制度、加强技能人才队伍建设的重要工作内容，制定工作方案，认真组织实施。要建立人力资源和社会保障部门牵头，财政等有关部门密切配合、协同推进的工作机制，加强组织领导，全面推动实施。

（十一）规范组织实施。各省级人力资源和社会保障部门、财政部门要制定具体实施办法，实行学徒培训备案审核制度，简化工作流程，探索政策创新。中央企业学徒培训按属地管理原则纳入当地工作范畴，享受当地政策，各级人力资源和社会保障部门要主动对接属地中央企业，做好服务保障工作。各省、市、县人力资源和社会保障部门要加大工作力度，加强工作力量，做好对各类企业特别是中小微企业学徒培训的管理服务工作，建立与相关企业的联系制度，做好工作指导。

（十二）建立培训质量评估监管机制。对学徒培训实施目录清单管理，制定企业目录、培训机构目录，及时向社会公开并实行动态调整。结合国家“金保工程”二期，建立基于互联网的职业培训公共服务和监管平台，积极推行网上备案审核制度，实现信息联通共享。实施学徒培训实名制信息管理，指导企业建立培训台账，详细记录参训人员的姓名、年龄、性别、身份证号、学历、培训职业（工种）、学校班次、培训时间、考核成绩、技能等级和联系方式等，以备查验。对培训机构和培训过程、培训结果要加强监管，实时监控，严格考核验收。

企业组织学徒培训要向人力资源和社会保障部门报送如下备案材料：培训计划、学徒名册、劳动合同复印件等有关材料。完成全部培训任务后企业申请其余补贴资金时需备案以下材料：职业资格证书编号或复印件、不低于10次的培训视频资料、培训机构出具的行政事业性收费票据（或税务发票）等符合财务管理规定的凭证。

（十三）提高服务能力。要切实做好学徒培训经费保障工作，及时足额拨付补贴资金。健全资金管理制度，提高资金使用效益，确保资金使用安全。有条件的地方可安排工作经费，对学徒培训教材开发、师资建设、管理人员培训、管理平台开发等基础工作给予支持。支持承担学徒培训任务工作的培训机构提升培训基础能力。职业技能鉴定机构要提供便捷高效的鉴定服务，相关部门按规定落实职业技能鉴定补贴。

（十四）加强宣传动员。广泛动员企业、培训机构和劳动者积极参与学徒培训，扩大企业新型学徒制影响力和覆盖面。强化典型示范，突出导向作用，大力宣传推行企业新型学徒制的典型经验和良好成效。创新宣传方式，充分运用各类新闻媒体，采取灵活多样的形式，做好推广动员工作，努力营造全社会关心尊重技能人才、重视支持职业技能培训工作的良好社会氛围。

（来源：人力资源和社会保障部网站，2018年10月12日）

地方一级法规文件

【政策法规 1:《甘肃省人民政府办公厅关于印发甘肃省中长期职业技能培训规划（2018—2025 年）的通知》（节选）】

一、指导思想

以习近平新时代中国特色社会主义思想为指导，全面贯彻党的十九大和十九届二中、三中全会精神，认真落实党中央、国务院和省委、省政府决策部署，围绕统筹推进“五位一体”总体布局和协调推进“四个全面”战略布局，坚持以人民为中心的发展思想，牢固树立和贯彻落实新发展理念，深入实施就业优先战略和人才强省战略，适应经济转型升级、制造强国建设和劳动者就业创业需要，深化人力资源供给侧结构性改革，推行终身职业技能培训制度，大规模开展职业技能培训，为建设幸福美好新甘肃提供技能人才支撑。

二、基本原则

—促进普惠均等。针对城乡全体劳动者，推进基本职业技能培训服务普惠性、均等化，注重服务终身，保障人人享有基本职业技能培训服务，全面提升培训质量、培训效益和群众满意度。

—坚持需求导向。坚持以促进就业创业为目标，瞄准就业创业和经济社会发展需求确定培训内容，加强对就业创业重点群体的培训，提高培训后的就业创业成功率，着力缓解劳动者素质结构与经济社会发展需求不相适应、结构性就业矛盾突出的问题。

—创新体制机制。推进职业技能培训市场化、社会化改革，充分发挥企业主体作用，鼓励支持社会力量参与，建立培训资源优化配置、培训载体多元发展、劳动者按需选择、政府加强监管服务的体制机制。

—坚持统筹推进。加强职业技能开发和职业素质培养，全面做好技能人才培养、评价、选拔、使用、激励等工作，着力加强高技能人才队伍建设，形成有利于技能人才发展的制度体系和社会环境，促进技能振兴与发展。

—服务脱贫攻坚。贯彻落实省委、省政府关于坚决打赢打好精准脱贫攻坚战的安排部署，进一步提高贫困地区劳动力职业技能培训工作的精准性，提高培训的针对性、有效性和规模性，努力帮助贫困家庭劳动力实现稳定就业、技能脱贫。

三、主要目标

—体系建设进一步健全和完善。建立并推行覆盖城乡全体劳动者、贯穿劳动者学习工作终身、适应就业创业和人才成长需要以及经济社会发展需求的终身职业技能培训制度。引导社会资源向职业技能培训领域集聚，形成政府宏观引导、市场配置资源、劳动者自主选择的职业培训新格局。

—改革成效进一步显现。实现培训对象普惠化、培训资源市场化、培训载体多元化、培训方式多样化、培训管理规范化，大规模开展高质量的职业技能培训，2018—2025 年，每年开展各类职业技能培训 30 万人次以上。

—基础建设进一步改善。坚持统筹规划、合理布局、技术先进、资源共享的原则，以实施公共实训基地和高技能人才培训基地项目建设为龙头，健全覆盖全省的技能人才培训体系。

—技能人才队伍进一步壮大。通过开展大规模的职业培训，努力培养造就高技能人才队伍和高素质劳动者。到2020年，高技能人才总量达到40万人，其中技师、高级技师达到4万人；到2025年，高技能人才总量达到45万人。

四、重点任务

（一）构建劳动者终身职业技能培训体系和工作机制。

1. 着眼劳动者终身职业需求，着力健全职业技能培训政策和组织实施体系。面向城乡全体劳动者，完善从劳动预备开始，到劳动者实现就业创业并贯穿学习和职业生涯全过程的终身职业技能培训政策。以政府补贴培训、企业自主培训、市场化培训为主要供给，以公共实训机构、职业院校（含技工院校，下同）、职业培训机构和行业企业为主要载体，以精准扶贫培训、就业技能培训、岗位技能提升培训和创业创新培训为主要形式，构建资源充足、布局合理、结构优化、载体多元、方式科学的培训组织实施体系。（省人社厅、省教育厅等按职责分工负责。列第一位者为牵头单位，下同）

2. 聚焦脱贫攻坚任务，着力推进精准扶贫劳动力培训。以“两州一县”和18个深度贫困县为重点，统筹其他贫困地区、革命老区、民族地区，面向建档立卡贫困家庭和非建档立卡的农村低保家庭、经济困难残疾人家庭以及农村特困救助供养人员，开展技能脱贫攻坚活动，组织实施“精准扶贫劳动力培训计划”、“雨露计划”、“技能脱贫千校行动”，按照集中与分散相结合、普遍与个案相统筹的原则，进行差异化精准培训，量身定做培训“菜单”，大力推行“送教下乡”和“培训大篷车”等方式，分类精准实施就业技能、农业实用技术、“两后生”职业技能学历教育等培训。建立健全劳动力培训与劳务输转一体化工作机制，努力实现培训一人、就业一人、脱贫一户。加强与天津市和福州市、厦门市、青岛市等东部企业用工需求的对接，争取以订单、定岗、定向的方式，为我省贫困地区有计划培训一批劳动力。（省人社厅、省教育厅、省农牧厅、省扶贫办、省妇联等按职责分工负责）

3. 围绕就业创业重点群体，着力开展就业技能培训。以高校毕业生、农民工、“两后生”等新成长劳动力为重点，统筹退役军人、服刑人员、残疾人等各类就业创业群体，持续开展高校毕业生技能就业行动、农民工职业技能提升计划—“春潮行动”、失业人员和转岗职工特别职业培训计划、残疾人职业技能提升计划、新型职业农民培育工程、农村实用人才培训计划和劳动预备制培训等各类专项培训行动，增强重点就业创业群体适应岗位工作能力，缓解结构性就业矛盾。对服刑人员、强制隔离戒毒人员，开展以顺利回归社会为目的的就业技能培训。（省人社厅、省教育厅、省工信委、省民政厅、省司法厅、省建设厅、省农牧厅、省政府国资委、省扶贫办、团省委、省妇联、省残联等按职责分工负责）

4. 发挥行业企业主体作用，着力做好企业职工岗位技能提升培训。将企业职工培训作为职业技能培训工作的重点，明确企业培训主体地位，完善激励政策，支持企业大规模开展职业技能培训，鼓励规模以上企业建立职业培训机构开展职工培训，并积极面向中小企业和社会承担培训任务，降低企业兴办职业培训机构成本，提高企业积极性。对接国民经济和社会发展中长期规划，适应高质量发展要求，推动企业健全职工培训制度，制定职工培训规划，采取岗前培训、学徒培训、在岗培训、脱产培训、业务研修、岗位练兵、技术比武、技能竞赛等方式，大幅提升职工技能水平。全面推行企业新型学徒制度，对企业新招用和转岗的技能岗位人员，通过校企合作方式，进行系统职业技能培训。发挥失业保险促进就业作用，支持符合条件的参保职工提升职业技能。健全校企合作制度，探索推进产教融合试点。各行业可根据行业发展需要，提出本行业技能人才合理配置标准，指导本行业开展技能人才培养工作，制订有利于行业发展的技能人才培训政策，促进本行业技能人才队伍建设。（省人社厅、省教育厅、省工信委、省建设厅、省政府国资委等按职责分工负责）

5. 适应产业转型升级需要，着力加强高技能人才培训。面向我省经济社会发展急需紧缺职业（工种），大力开展高技能人才培训，增加高技能人才供给。深入实施国家高技能人才振兴计划，紧密结合战略性新兴产业、先进制造业、现代服务业等发展需求，开展技师、高级技师培训。对重点关键岗位的高技能人才，通过开展新知识、新技术、新工艺等方面培训以及技术研修攻关等方式，进一步提高他们的专业知识水平、解决实际问题能力和创新创造能力。支持高技能领军人才更多参与国家科研项目。发挥高技能领军人才在带徒传技、技能推广等方面的重要作用。（省人社厅、省教育厅、省工信委、省建设厅、省政府国资委等按职责分工负责）

6. 提升创业创新人员能力水平，着力推进创业创新培训。组织有创业意愿和培训需求的人员参加创业创新培训。以高等学校和职业院校毕业生、科技人员、留学回国人员、退役军人、农村转移就业和返乡下乡创业人员、失业人员和转岗职工等群体为重点，依托高等学校、职业院校、职业培训机构、创业培训（实训）中心、创业孵化基地、众创空间、网络平台等，针对不同人员和不同创业阶段的特点，以及不同性别、不同需求和地域经济特点，开展多层次、差别化的创业培训。对有创业要求和培训愿望、具备一定创业条件的人员，结合适合创业的项目，重点开展创业意识教育、创业项目指导等培训；对处于创业初期的人员，结合区域专业市场对企业发展需求，重点开展以企业注册、税务登记、人员管理、资金管理、市场营销等企业经营管理方面的培训；对已经成功创业的人员，重点开展发达地区产业组织形式、经营管理方式等培训，帮助建立现代企业制度；对有意愿或从事电商业务的人员，重点开展网络创业培训，培养一批既懂理论又懂业务、会经营网店、能带头致富的复合型人才，提升创业创新能力。健全以政策支持、项目评定、孵化实训、科技金融、创业服务为主要内容的创业创新支持体系，发挥技能大师工作室、劳模和职工创新工作室作用，开展集智创新、技术攻关、技能研修、技艺传承等群众性技术创新活动，做好创新成果总结命名推广工作，加大对劳动者创业创新的扶持力度。（省人社厅、省教育厅、省科技厅、省工信委、省建设厅、省农牧厅、省民政厅、省政府国资委、省扶贫办、团省委、省妇联、省残联等按职责分工负责）

7. 大力弘扬工匠精神，着力加强职业素质培育。大力弘扬和培育工匠精神，坚持工学结合、知行合一、德技并修，完善激励机制，增强劳动者对职业理念、职业责任和职业使命的认识与理解，提高劳动者践行工匠精神的自觉性和主动性。广泛开展"陇原工匠进校园"活动，将工匠精神培育作为职业教育培训必修课程。加强职业素质培育，将职业道德、质量意识、法律意识、安全环保和健康卫生等要求贯穿职业培训全过程。（省人社厅、省教育厅、省科技厅、省工信委、省建设厅、省政府国资委、省工商局、团省委等按职责分工负责）

（二）深化职业技能培训体制机制改革，畅通技能人才成长渠道。

1. 以推进职业培训供给侧改革为重点，建立职业技能培训市场化社会化发展机制。加大政府、企业、社会等各类培训资源优化整合力度，提高培训供给能力。广泛发动社会力量，大力发展民办职业技能培训。鼓励支持社会组织积极参与行业人才需求发布、就业状况分析、培训指导等工作。政府补贴的职业技能培训项目全部向具备资质的职业院校和培训机构开放，形成学制教育与职业培训相互补充的工作机制。（省人社厅、省教育厅、省工信委、省民政厅、省工商局、省政府国资委

等按职责分工负责）

2. 以拓展评价选拔渠道为重点，建立技能人才多元评价机制。健全以职业能力为导向、以工作业绩为重点、注重工匠精神培育和职业道德养成的技能人才评价体系。建立与国家职业资格制度相衔接、与终身职业技能培训制度相适应的职业技能等级制度。完善职业资格评价、职业技能等级认定、专项职业能力考核等多元化评价方式，促进评价结果有机衔接。健全技能人才评价管理服务体系，加强对评价质量的监管。建立以企业岗位练兵和技术比武为基础，以省级竞赛为主体，与市州和行业企业及职业院校竞赛相衔接的职业技能竞赛体系，大力组织开展职业技能竞赛活动，积极参与国家技能大赛和世界技能大赛选拔赛。（省人社厅、省教育厅、省工信委、省建设厅、省政府国资委、团省委、省残联等按职责分工负责）

3. 以加强职业培训质量管理为重点，建立职业技能培训评估监管机制。对职业技能培训公共服务项目实施目录清单管理，制定政府补贴培训目录、培训机构目录、鉴定评价机构目录、职业资格目录，及时向社会公开并实行动态调整。建立以培训合格率、就业创业成功率为重点的培训绩效评估体系，对培训机构、培训过程进行全方位监管。探索委托第三方对培训质量及资金使用情况进行评估。结合国家“金保工程”二期，建立基于互联网的职业技能培训公共服务平台，提升技能培训和鉴定评价信息化水平。探索建立劳动者职业技能培训电子档案，实现培训信息与就业、社会保障信息联通共享。（省人社厅、省财政厅等按职责分工负责）

4. 以提高技能人才待遇为重点，建立技能提升多渠道激励机制。支持劳动者凭技能提升待遇，建立健全技能人才培养、评价、使用、待遇相统一的激励机制。指导企业不唯学历和资历，建立基于岗位价值、能力素质、业绩贡献的工资分配机制，强化技能价值激励导向。落实企业技术工人技能要素和创新成果按贡献参与分配的办法，推动技术工人享受促进科技成果转化的有关政策，鼓励企业对高技能人才实行技术创新成果入股、岗位分红和股权期权等激励方式，鼓励凭技能创造财富、增加收入。落实技能人才岗位聘任、职务职级晋升、参与职称评审、学习进修等政策。全面放开对技术工人、职业院校毕业生等落户限制，没有购、租住房的，可选择在用人单位集体户口或单位所在地街道、派出所集体户落户。落实国家关于取得职业资格后可聘任专业技术职务的相关规定，技师、高级技师职业资格对应相应专业中、高级（副高级）专业技术职务资格，实行互认互聘制度，打破身份限制，畅通职业资格、专业技术职务晋升评聘和岗位聘任使用渠道。完善以国家奖励为导向、用人单位奖励为主体、社会奖励为补充的技能人才表彰奖励制度。建立企业首席技师、特级技师制度。（省人社厅、省教育厅、省工信委、省公安厅、省政府国资委等按职责分工负责）

（三）加强职业技能培训基础能力建设，推动技能人才培养水平提升。

1. 加强职业技能培训服务能力建设。推进职业技能培训公共服务体系建设，为劳动者提供市场供求信息咨询服务，人力资源服务机构要结合本地产业结构调整和发展状况、企业用工情况，对劳动力资源供求和培训需求信息等进行统计分析，并定期向社会发布。行业主管部门和行业组织要做好本行业技能人才需求预测和培养标准确定工作。引导培训机构按市场和产业发展需求设立培训项目，引导劳动者按需自主选择培训项目。推进培训内容和方式创新，鼓励开展新产业、新技术、新业态培训，大力推广“互联网＋职业培训”模式，推动云计算、大数据、移动智能终端等信息网络技术在职业技能培训领域的应用，提高培训便利度和可及性。（省人社厅、省发展改革委等按职责分工负责）

2. 加强职业技能培训教学资源建设。紧跟新技术、新职业发展变化，建立职业分类动态调整机制，落实国家职业标准和基本职业培训包制度，促进职业技能培训规范化发展。支持弹性学习，建立学习成果积累和转换制度，促进职业技能培训与学历教育沟通衔接。实行专兼职教师制度，完善教师在职培训和企业实践制度，职业院校和培训机构可根据需要和条件自主招用企业技能人才任教。大力开展校长等管理人员培训和师资培训。发挥院校、行业企业作用，加强职业技能培训教材开发，提高教材质量，规范教材使用。（省人社厅、省教育厅等按职责分工负责）

3. 加强职业技能培训基础平台建设。推进高技能人才培训基地、技能大师工作室建设，建成一批高技能人才培养培训、技能交流传承基地。加强公共实训基地、职业农民培育基地和创业孵化基地建设，在有条件的城市，可根据本地区支柱产业和高新技术产业发展对高技能人才的需求，充分利用和整合现有各类职业教育培训资源，由政府相关部门统一管理，政府公共财政投资，建设技能含量高、体现科技发展前沿技术的公益性高技能人才公共实训基地，面向社会提供技能培训、职业技能鉴定服务。逐步形成覆盖全省的技能实训和创业实训网络。（省人社厅、省发展改革委、省教育厅、省科技厅、省工信委、省财政厅、省农牧厅、省商务厅、省政府国资委等按职责分工负责）

五、保障措施

（一）强化组织领导。

各地政府要把职业技能培训工作作为供给侧结构性改革的重大任务，列入重要议事日程，定期开展监督检查，统筹做好本地区职业培训工作的总体规划、政策法规、宏观指导、政策协调和组织推动。建立政府统一领导，人社部门统筹协调，发展改革、教育、科技、财政、民政、建设、工信、农牧、国资、扶贫等部门各司其职、密切配合，工会、共青团、妇联、残联等人民团体广泛参与的工作机制，共同推动职业培训工作。

（二）多渠道筹集经费。

通过公共财政补贴、企业职工教育培训经费列支、社会捐助赞助、劳动者个人付费、失业保险基金支付等多种渠道筹集职业培训资金。企业要按照工资总额 15%—25% 的比例足额提取职工教育培训经费，开展职工培训，其中用于一线职工教育培训的比例不低于 60%。通过公益性社会团体或者县级以上政府及其部门向职业院校进行捐赠的，其捐赠按照现行税收法律规定在税前扣除。健全民办职业培训机构融资机制。

（三）加大公共财政投入。

各地政府要加大对职业培训各项补贴资金整合力度，具备条件的地区，可统一纳入就业补助资金统筹使用，提高效益。各级财政要加大投入，调整就业补助资金支出结构，逐步提高职业培训支出比重。有条件的地区要安排经费，对职业培训教材开发、师资培训、职业技能竞赛、评选表彰等基础工作给予支持。由失业保险基金支付的各项培训补贴按相关规定执行。对于通过学制教育培养高级工以上学生的技工院校，院校举办者应按照有关规定落实办学经费。

（四）营造良好社会环境。

各地政府要建立完善技能人才表彰制度，定期开展高技能人才评选表彰活动，强化技能人才激励。要创新宣传方式，大力宣传优秀技能人才的先进事迹和重要贡献，努力形成劳动光荣、崇尚技能的社会氛围。

（来源：甘肃省人民政府网站，2018 年 8 月 20 日）

【政策法规 2：江苏省政府《关于加快推进职业教育现代化的若干意见》（节选）】

一、完善职业教育和培训体系

1. 优化职业教育和培训布局。把发展职业教育和培训摆在建设现代产业体系、保障和改善民生的大格局中谋划，推动职业教育和培训与人口分布相适应、与主体功能区相匹配、与产业园区相对接。以设区市为统筹，加强中等职业学校（含技工学校，下同）标准化建设，提升职业技术学院办学水平，促进地方普通本科高校向应用型转变，优化职业培训机构设置与建设。支持设区市统筹开展中高职衔接人才培养，推进中高职一体化办学。鼓励市县政府统筹整合本地区各类职业教育资源。建立产业园区与职业院校（含技工院校，下同）协调发展机制，推进新建与改建职业院校向产业园区集中。强化职业院校与职业培训机构、社区培训机构的紧密结合，推进职业培训向基层延伸。

2. 建设一批领军型职业院校。实施中等职业学校领航计划，创建 50 所左右扎根江苏、引领全国、世界水平的一流中等职业学校。深化五年制高职办学改革，突出中高职一体化办学优势，彰显办学特色。实施高等职业教育创新发展卓越计划，创建 20 所左右高水平高等职业院校。出台专项激励政策，建设 10 所特色鲜明、示范引领的应用型本科院校，研究制定应用型本科院校评价管理办法，实施分类评价，鼓励特色发展。

3. 统筹实施学历教育与非学历教育。保持高中阶段职业教育与普通教育规模大体相当，稳定高等职业教育规模，扩大应用型本科招生规模，新增本科招生计划主要用于应用型本科教育。鼓励职业院校招收有实践经验人员接受学历教育。依托职业院校建设区域技术技能人才培训中心。鼓励中高等职业院校和职业培训机构广泛开展非学历教育和技能培训。大力开展企业在职职工、退役军人、进城务工人员和新型职业农民培训，深入开展社区教育与培训。建立完备的培训成果学分认证制度，完善学分积累、转换和激励制度。参加非学历教育和技能培训的学员，可先注册非全日制学历教育学籍，在弹性学制年限内修满学历教育毕业标准学分，颁发相应学历教育证书。

4. 搭建技术技能人才成长立交桥。健全“文化素质 + 职业技能”对口升学考试制度。完善中等职业学校学业水平考试制度，实施技能统一考核，逐步推进中等职业学校学业水平考试与普通高校对口招生接轨。稳步推进中职高职衔接、中职本科衔接、高职本科衔接，开展中职、高职、应用型本科教育分级培养和联合培养试点。规范中高等职业院校招生行为，技工学校与其他中等职业学校统一招生政策、统一招生计划、统一招生代码、统一招生平台。加快构建对接现代产业要求、适应学生终身发展、中高职有效衔接的课程体系，在高等职业院校和应用型本科院校建设 100 个中高等职业教育衔接示范专业。提高高等院校对口招收中高等职业院校毕业生的比例和规模，应用型本科专业主要招收中高职毕业生，高职院校招收中职毕业生比例逐步达到 50% 以上，应用型本科院校招收中高职毕业生比例逐步达到 30%。

二、推进产教深度融合

5. 建立产教融合基本制度。推动颁布实施《江苏省职业教育校企合作促进条例》。注重行业部门和组织对职业教育与培训工作的指导，在主要领域成立行业职业教育教学指导委员会，建设一批示范性职业教育集团。支持建设若干产教融合试点城市、试点行业。推进大中型企业与职业院校开展深度合作。规模以上企业按职工总数的 2% 安排实习岗位接纳职业院校学生实习，建立规模以上企业把开展职业教育情况纳入企业履行社会责任报告制度。

6. 深化校企协同育人。鼓励和支持企业参与职业教育人才培养全过程，校企联合开展招生、专业建设、实训实习、质量评价、毕业生就业创业、协同科研攻关等工作。推进国家、省、市三级学徒制试点，逐步扩大试点规模，开发现代学徒制、企业新型学徒制省级管理服务平台，研制推广学徒制工作规范和教学标准。创新实训基地建设方式，选择符合条件的企业建设一批职业院校校外实训基地（企业分校）和乡土人才教学实践基地。鼓励职业院校单独举办或“引企入校”合作举办以满足专业教学为主要目的的校内教学工厂，按照国家有关规定享受税收等优惠。

7. 健全校企合作激励机制。对深度参与职业教育、取得突出成效、发挥示范引领作用的企业，县级以上人民政府可将其认定为“产教融合型企业”并给予一定奖励。省级每年认定“产教融合型企业”100 家左右。各级发展改革、经济和信息化、科技、财政等部门要将校企合作成效作为企业评优评先、项目资助的重要依据，对“产教融合型企业”予以优先支持。逐步建立学生实习工作考核与补助制度，县级以上人民政府可设立专项资金，对考核认定符合实习规范的企业，按照实习学生每人每月 200 — 400 元的标准，补助企业参与职业教育的办学成本。

三、建设高水平教师队伍

8. 落实职业院校教师配置标准。各地要认真执行《省政府办公厅转发省编办等部门关于核定中小学教职工编制实施意见的通知》（苏政办发〔2002〕113 号）要求，及时补充职业院校教师，创新人员编制管理，缓解缺编矛盾。设区市、县级人民政府依据职业院校实际缺编数量和教师平均工资标准，核定兼职教师经费补助额度并足额拨付到校，用于聘请行业企业专家和能工巧匠。加强设区市职业教育教学研究队伍建设，按职业学校在校生规模配备专职教研员。

9. 改革职业院校教师管理体制。构建符合职业教育规律的教师管理制度，吸引优秀人才从事职业教育。支持中等职业学校按有关规定面向行业企业公开招聘教师。建立职业院校教师引进绿色通道，对世界技能大赛前三名选手、全国一类职业技能竞赛第一名选手、人力资源和社会保障部授予的“中华技能大奖”获得者、省政府授予的“江苏技能状元”和“江苏工匠”，经人力资源和社会保障部门认定后，可由招聘院校自主考核录用入编。建立乡土人才、非物质文化遗产传承人等到职业院校兼职授课制度。职业学校教师依法取得的科技成果转化奖励收入不纳入绩效工资，不纳入单位工资总额基数。

10. 强化教师职业发展保障。完善国家、省、市、校四级职业院校师资培训体系，实施 5 年一周期的教师全员培训制度，注重培训实效。实施职业院校校长专业化培育工程，初任校领导一般应具备一定年限教育工作经历，组织校长专项研修培训，提高校长办学治校能力。加强职业院校师德师风建设，实施教师教学能力提升计划，组织教师教学竞赛，提高教师教学设计和教学实施能力。实施职业院校“双师型”“一体化”教师队伍建设计划，完善“双师型”“一体化”教师认定标准和办法，对专业教师进行任教专业核心技能考核，专业教师每 5 年应到企业实践累计不少于半年时间，新入职专业教师前 3 年须赴企业集中实践锻炼半年以上。完善以技术技能人才培养能力为主要考核指标的职业院校教师职称评审制度。拓宽职业院校教师海外培训渠道，发挥海外教师进修基地作用，加快提高中高等职业院校专业教师具有海外教育培训经历的比例。

四、激发职业教育办学活力

11. 推进职业教育供给侧改革。加快职业教育布局结构调整，完善动态调整机制，提高职业教育供给质量和水平。发挥人力资源和社会保障部门、行业主管部门、行业组织的作用，定期发布行业人才需求预测，指导职业院校建立紧密对接产业链、创新链的专业体系，大力发展产业急需和社会紧缺专业，促进专业交叉融合。定期公布职业院校专业结构与产业结构吻合度状况报告，公布扩大招生的新兴专业、限制或停止招生的专业，完善专业预警和退出机制。教育、人力资源和社会保障部门分别对照部颁标准，组织中等职业学校标准化建设和达标验收，2020 年仍不达标的一律停止招生。

12. 探索混合所有制办学改革试点。支持领军型企业和公办职业院校合作举办混合所有制职业院校或二级学院（系部），经批准可设立为非营利性法人，保持现有投入渠道和支持政策，引进社会优质资本和人才，实行相对独立的人员聘任与经费核算，确保人才培养质量持续提升和国有资产保值增值。支持地方政府和民办职业院校合作举办混合所有制性质的学院或二级学院（系部），加大对优质民办职业教育的投入。支持优秀专业技术人才和高技能人才在职业院校建立股份制工作室、技能大师工作室等。

13. 提升职业院校治理能力。建立现代职业院校制度，加快职业院校章程建设，到 2018 年底实现“一校一章程”。扩大职业院校人事管理、教师评聘、收入分配等方面的自主权。推行全员岗位聘任制和绩效考核分配制，做到因岗聘人、按岗定薪、依绩取酬。深化二级学院（系部）管理模式创新。

五、提高技术技能人才培养质量

14. 完善立德树人系统化落实机制。全面落实立德树人根本任务，践行适合教育理念，健全德技并修、工学结合的育人机制。把社会主义核心价值观融入教育教学全过程，把产业文化、企业文化、职业文化全方位融入学校文化建设，增强学生的认知能力、合作能力、创新能力、职业能力等关键能力，培养学生的工匠精神、职业道德、职业技能和就业创业能力。加强学生心理健康教育，深化体育艺术教育，学生社团参与率逐步提高到 100%。注重因材施教，实施差异化教学，建立学生发展性评价机制，重视开发学生特长潜能，促进学生个性化多样化发展。

15. 构建职业院校教学质量保障体系。按照建立基于标准化教学设施、完整教学工作状态数据、学校自我诊断自主发展、行政部门有效监管的职业院校教学质量保障体系的要求，完善目标明确、标准科学、导向鲜明的教学质量标准体系，建立规范有序、全程监控、自我诊改的教学质量管理体系，建立内外结合、多元并举、客观公正的教学质量评价体系，健全以行政为主导、学校为主体、相关部门指导、第三方有效参与的教学质量评价机制。

16. 加快智慧职业教育步伐。坚持以应用为驱动，推进信息技术与教育教学的深度全面融合。创新应用新一代信息技术，建设覆盖职业院校日常运行各个环节的智能终端，建立智能化管理平台，强化关键事务的全过程、精细化、智能化管理。加快职业院校智慧校园建设。对接企业生产服务智能化流程，改革教学内容和方法，建设智慧课堂、智慧车间、智慧图书馆。适应学生智能化学习需求，推行翻转课堂、行走课堂、慕课教学、虚拟仿真实训、在线学习，构建线上线下协同教育新体系。建立省、市、校三级竞赛机制，提升教师信息化教学水平。

17. 开展职业教育国际交流合作。加强职业院校国际交流平台建设，骨干职业院校均与国际高水平职业院校结成伙伴院校，更好地学习借鉴国际先进的教育思想、办学理念、教学方法和管理经验。支持职业教育中外合作办学，鼓励引进境外优质职业教育资源、优秀教师、国际通用职业资格证书。支持省内高水平职业院校利用专业优势组建国际合作平台，鼓励职业院校招收留学生，输出优质职业教育服务，增强职业教育国际话语权，打造江苏职业教育品牌。

六、增强职业教育服务发展的能力

18. 助推经济转型升级。对接全省“1+3”主体功能区战略，打造一批与主体功能区相适应的专业集群。服务乡村振兴战略、“中国制造 2025”战略和现代服务业发展需要，大力发展生态农业、智能制造、绿色制造、智慧健康、现代服务等相关专业。引导职业院校参与乡土人才“三带”行动计划，壮大乡土人才队伍。实施沿海、江淮、淮海职业院校提升计划，组织苏南地区职业院校结对建设相对薄弱的 80 所左右中等职业学校、20 所左右高等职业院校。落实职业教育东西协作行动计划，加大职业教育对口支援力度。鼓励和支持职业院校参与科技研发与服务，依托职业院校建设区域中小企业科技服务基地。完善职业院校横向科研课题考核机制。

19. 促进民生改善。坚持促进就业的方向，把就业质量作为职业院校办学水平考核的核心指标，推动人力资源社会保障数据与教育数据共享，建立基于大数据的中高等职业教育毕业生就业质量跟踪调查、公布反馈机制。服务“健康江苏”建设需要，大力发展健康养老专业，培养健康、养老产业服务人才。主动参与精准扶贫，落实贫困家庭学生资助政策，完善学校资助补充体系，确保不让一名职业院校学生“因贫失学”。采取多种措施，使绝大多数城乡新增劳动力接受高中阶段教育、更多接受高等教育。建立职业院校对接革命老区、集中连片贫困地区、贫困镇村的制度，大力开展“零就业”家庭帮扶。

20. 服务企业“走出去”。支持职业院校配合企业“走出去”办学，依托重点境外园区、重点“走出去”企业、重点援外项目，探索开设境外职业技术学校，对当地企业员工开展适应企业需求的学历教育和技术技能培训。引导职业院校与行业企业成立“一带一路”产教协同联盟，支持职业院校配合相关企业在“一带一路”沿线国家建立办学机构、研发机构，建立技术技能人才培养基地。支持职业院校开展境外劳务培训、技术培训，鼓励职业院校毕业生境外就业。

七、健全职业教育经费保障机制

21. 提高职业教育生均经费标准。适应技术技能人才培养需要，不断提高职业教育生均经费标准，到 2020 年，中等职业学校生均财政拨款经费苏南地区不低于 10000 元、苏中地区不低于 8000 元、苏北地区不低于 7000 元，中等职业学校生均财政公用经费达到当地普通高中的 1.5 倍。国有企业举办的技工院校可参照学校所在地公办中职学校标准安排生均拨款。高水平高等职业院校生均财政拨款基本定额标准，提高到与普通本科同等标准。五年制高职后两年生均经费执行当地高职院校标准。优化财政生均拨款制度，实行财政性经费与办学绩效、教育质量、本地就业率等因素挂钩的拨款方式。

22. 加大对市县综合奖补的力度。各地要按标准足额保证职业教育事业经费，落实中等职业学校免学费和奖助学金政策，并由同级财政足额拨付到校，严禁截留、统筹、克扣职业院校学费收入，确保地方教育附加费用于职业教育的比例不低于 30%。省财政加大职业教育专项经费投入，奖励和补助职业教育经费保障机制完善、成效突出的市县，并对经济薄弱地区予以优先和倾斜。

23. 拓宽经费筹措渠道。鼓励行业企业、社会力量捐资出资举办职业教育和培训。企业依法履行职工教育培训和足额提取教育培训经费的责任，发生的职工教育经费支出，自 2018 年 1 月 1 日起，不超过工资薪金总额 8% 的部分，准予在计算企业所得税应纳税所得额时扣除；超过部分，准予在以后纳税年度结转扣除。通过公益性社会组织或县级以上人民政府及其部门向职业院校进行捐赠的，其捐赠支出按照现行税收法律规定在计算应纳税所得额时扣除。推广政府和社会资本合作（PPP）模式，引导社会资金支持职业教育。鼓励金融机构为职业院校提供相关信贷和融资支持。

八、营造全社会关心重视职业教育的氛围

24. 明确政府责任。各级人民政府要高度重视职业教育和培训，明晰部门职责分工，密切部门沟通协调，教育行政部门负责职业教育的统筹规划、综合协调、宏观管理，人力资源和社会保障部门和其他相关部门在规定的职责范围内分别负责有关的职业教育工作。强化设区市人民政府对职业教育的管理职责，设区市主城区区属中等职业学校推行市区共建、以市为主的管理体制，省属高等职业院校、省重点技师学院推行省市共建共管，更好发挥设区市人民政府统筹本区域内高等职业教育的作用，促进设区市中高等职业教育资源共享、错位发展。制定督导考核标准，建立职业教育督导考核制度。

25. 重视职业启蒙教育。将工匠精神培育融入基础教育，依托现有综合实践课程，加强以职业体验为重点的职业启蒙教育，培养中小学生职业认知和职业兴趣。组织义务教育阶段学校与职业学校合作开发和实施劳动技术课程、职业体验课程。推进职业院校资源面向基础教育全面开放，各设区市和有条件的县（市）要依托职业院校建设中小学生职业体验中心。建设职业启蒙教师队伍，提高教师职业启蒙教育和职业生涯规划教育的专业能力。

26. 形成鲜明导向。引导学生和家长树立“适合的教育就是最好的教育”理念，选择包括职业教育在内的成长成才路径。充分利用主流媒体和新兴媒体，大力宣传技术技能人才和高素质劳动者的先进事迹与重要贡献，在全社会弘扬劳动光荣、技能宝贵、创造伟大的时代风尚，推动形成“崇尚一技之长、不唯学历凭能力”的良好氛围。办好每年一次的职业教育活动周和职业院校技能大赛，不断增强职业教育的社会影响力和吸引力。

（来源：江苏省人民政府网站，2018 年 5 月 14 日）

【政策法规 3：湖南省人民政府办公厅《关于加强技能人才培养建设技工大省的意见》（节选）】

一、加快发展现代职业教育

大力推行产教融合、校企合作技能人才培养模式，提升职业院校（含技工院校，下同）办学质量。建立健全与办学规模和培养要求相适应的职业教育（含技工教育）的财政投入制度，落实和逐步提升职业院校生均经费标准，技工院校按照职业院校生均经费标准落实办学经费。落实地方教育费附加用于职业教育培训的政策，增加其用于技能人才教育培训经费。鼓励社会优质资源投资职业教育。鼓励和支持行业、企业举办或参与举办职业院校，加快建成一批国家级重点技工院校。全面加强技工院校高技能人才培养课程研发和高技能人才研修提升培训工作。坚持校企合作基本办学制度，推行企业新型学徒制和现代学徒制。到 2022 年，基本形成办学规模适合市场需求、专业结构适应产业发展、校企融合贯穿办学过程、技能人才培养层次规模与经济社会发展匹配、社会服务功能健全的现代职业教育体系，全省技能人才总量达到 480 万人，其中高技能人才总量达到 160 万人。

二、加强企业高技能人才培训

充分调动企业加强高技能人才培养的积极性，建立健全政府和企业培养技能人才经费的共担机制，共同打造“湖湘工匠”品牌。企业依法履行职工教育培训和足额提取教育培训经费的责任，其中用于一线职工教育培训的比例不低于60%。对全省战略性新兴产业、现代服务业特别是工业新兴优势产业链企业，开展紧缺和急需技师、高级技师培训的，按规定给予职业培训补贴；对新晋级为技师、高级技师，除给予职业培训补贴外，可由当地财政给予个人一次性晋级补助。

三、完善职业培训补贴政策

根据人力资源市场供求关系的变化，适时调整全省各职业（工种）、各技能等级的职业培训补贴标准，定期发布补贴标准目录信息。按同类职业、同一等级、同等补贴的原则，以获得职业资格证书和职业技能等级证书或职业培训证书为主要评价依据，采取直补个人、直补企业和直补培训机构相结合的方式，为城乡劳动者提供普惠同等的职业技能培训服务。扩大政府购买技能人才培训成果范围、健全政府购买培训成果机制。

四、加大职业教育培训师资队伍建设力度

健全职业院校教师在职培训和到企业实践制度，培养理论与实践一体、专职与兼职结合的职业教育培训师资队伍。突出师德、业绩与能力导向，完善职业院校教师评价标准，提高技能实践类成果在职称评审条件中的权重。规范畅通企业工程技术人员和高技能人才到职业院校担任教师的通道。职业院校可按照事业单位公开招聘有关规定，引进具有高超技艺、创新技能、传授技能经验丰富的高技能人才担任专业课和生产实习指导教师。支持职业院校聘请高技能人才担任兼职教师，支持教师到企业实践交流和参与技术革新。每年从省外（含海外）聘请一批省级技术能手及以上的高技能人才专家到我省职业院校担任实训指导教师，对每年在我省连续工作超过6个月的省外（含海外）高技能人才专家，按实际工作时间给予个人补贴，在同级财政人才专项经费中列支。支持技师学院择优聘任国家级专业群带头人、全国影响力的产业导师、省技能大师以上的骨干实训教师，对实际工作满一年及以上的，依实际工作时间给予个人每年10万元资助，在同级财政人才专项经费中列支。实施“湖湘青年蓝领培育计划”，每年在全省职业院校和企业选拔一批青年优秀高技能人才赴经济发达省份或国家开展交流学习研修。

五、夯实技能人才培养载体建设

加强各类职业培训载体建设，完善覆盖重点行业、特色行业的技能大师工作室网络，强化技能大师工作室技艺传承、创新创业功能。到2022年，新建设30个以上国家级、省级技能大师工作室，40个以上国家级、省级高技能人才培训基地。建设一批公共实训基地。开发运用“职业培训包”，推行“互联网+职业培训”，构建助力产业工人学习的公共服务机制。

六、加大对高技能人才的表彰激励力度

鼓励各级政府建立高技能人才奖励制度。定期评选10名“湖南省技能大师”、30名“湖南省技术能手”，颁发荣誉证书，并给予每人10万元和2万元一次性奖励。对我省推荐评选为“中华技能大奖”“全国技术能手”的高技能人才分别给予10万元、2万元一次性追加奖励。对获得“中华技能大奖”“全国技术能手”“湖南省技能大师”、享受国务院特殊津贴和省政府特殊津贴、获得“世界技能大赛”前三名的高技能人才，推荐申报湖南省芙蓉人才奖和湖南省劳动模范等表彰，参照我省高层次人才的规定享受有关待遇和服务。

七、加大对高技能人才的引进交流力度

对我省企业引进外省“中华技能大奖”“全国技术能手”、享受国务院特殊津贴的高技能人才、

“世界技能大赛”获金、银、铜牌的高技能人才，与其签订3年以上劳动合同，并安排在关键技能岗位工作的，可由当地财政给予一定的引才补助，并参照我省高层次人才的规定享受有关待遇和服务。对企业从省外引进我省紧缺职业（工种）的技师、高级技师，可由当地财政给予一定的引才补助。对企业引进的省外高技能人才及技能开发创新团队支持评选省级技能大师工作室。对企业引进的技师、高级技师按相关规定比照中、高级专业技术人才享受同等待遇。

八、贯通技能人才职业发展通道

打通高技能人才与工程技术人才职业发展通道，取得高级技师（一级）、技师（二级）国家职业资格的一线工程技术类高技能人才，经单位考核推荐，可申报参加工程系列相关专业副高、中级职称评审（考试）。技工院校中级工班、高级工班、预备技师（技师）班毕业生，分别按中专、大专、本科学历落实相关待遇，同等参加职称评审（考试）、公务员招考、企事业单位招聘、应征入伍、确定工资起点标准等，并按规定享受相关就业创业补贴政策。

九、健全技能人才的保障措施

完善多劳多得、技高者多得的技能人才收入分配制度。鼓励企业对技术工人实行协议工资、项目工资、年薪制、股权制、期权制等分配形式，提高技术工人收入水平。支持企业探索建立首席技师、技能专家制度。定期向社会发布职业（工种）、职业技能等级的工资指导价位信息，为企业合理确定技术工人工资水平提供参考依据。积极推进工资集体协商，引导企业科学确定技术工人工资水平并实现合理增长，国有企业工资总额分配要向高技能人才倾斜，高技能人才人均工资增幅不低于本单位管理人员人均工资增幅。凡取得国家职业资格证书并被聘用的高级工、技师、高级技师分别比照助理工程师、工程师、高级工程师，在薪酬、休假、体检、培训等方面享受同等待遇。优先在有突出贡献、德才兼备的高技能人才中发展党员、评选劳动模范。建立优秀高技能人才休假疗养制度，对获得“中华技能大奖”“全国技术能手”“湖南省技能大师”“湖南省技术能手”及享受国务院和省政府特殊津贴的高技能人才，按相关规定每年组织休假疗养。

十、健全技能人才评价机制

完善技能人才评价选拔办法，突破年龄、学历、资历、身份等限制，构建以职业资格和职业技能等级认定等为主要内容的技能人才评价机制。完善企业技能人才评价体系，对具备创新能力、现场解决问题能力和业绩突出的一线优秀技能人才，经企业认可，可以破格晋升高一级职业技能等级。严格贯彻落实国家职业资格目录清单制度，完善技能人才职业技能等级认定政策，做好职业资格证书制度与职业技能等级认定政策的衔接工作。按照属地管理原则，加强对有关行业技能鉴定机构鉴定工作的监督管理，做好支持服务。

十一、大力开展职业技能竞赛活动

发挥职业技能竞赛引领作用，打造“湖南技能大赛”品牌。鼓励行业、企业、职业院校和群团组织广泛开展职工岗位练兵和技术比武活动，支持各地、各部门举办职业技能竞赛，对省级一类竞赛前三名和省级二类竞赛第一名，授予“湖南省五一劳动奖章”和“湖南省技术能手”，对纳入年度规划的省级行业竞赛，按照5万元标准给予赛事补贴。积极鼓励参加世界技能大赛，对人力资源和社会保障部认定的世界技能大赛主、副集训基地分别给予一次性500万元、300万元支持，对省级技能大赛竞赛基地给予一定补助。对在世界技能大赛中获得金、银、铜牌、优胜奖的选手，由省人民政府分别给予50万元、30万元、20万元、10万元奖励，同时，对培养获奖人员的专家教练团队分别给予50万元、30万元、20万元、10万元奖励；对代表我国参赛的选手及其专家教练团队分别给予5万元奖励。

（来源：湖南省人民政府网站，2018年10月26日）

【政策法规4：海南省人民政府《关于推行终身职业技能培训制度的实施意见》（节选）】

一、总体要求和目标任务

（二）目标任务。

建立并推行覆盖所有城乡劳动者、贯穿劳动者职业生涯全过程、适应就业创业和人才成长需要以及经济社会发展需求的终身职业技能培训制度。以政府补贴培训、企业自主培训、市场化培训为主要供给，以公共实训机构、职业院校（含技工院校，下同）、职业培训机构和行业企业为主要载体，到2020年，使每名劳动者在职业生涯的各个阶段至少能够接受1次职业技能培训。

二、构建终身职业技能培训制度体系

（三）加强新增劳动力职业技能培训。

开展农村劳动者就业技能培训。到2020年，每年培训农村劳动力5万人，实现农村劳动力转移就业8.5万人。以贫困户家庭劳动力技能培训为重点，围绕脱贫攻坚，结合省内用工市场的需求，积极组织有劳动能力和培训意愿的贫困劳动力开展针对性和实用性强的免费技能培训，2019—2020年，实现当年度未脱贫的建档立卡农村贫困家庭劳动力中，参加各类技能培训的贫困家庭劳动力不低于40%。（省人力资源社会保障厅、省扶贫办牵头；省农业农村厅、省商务厅、省科技厅、省教育厅、省总工会、团省委、省妇联、省残联等按照职责分工负责）

开展城乡新成长劳动力劳动预备制培训。依托职业院校对城乡在校毕业年度的初、高中学生，开展技能帮扶行动，实施职业院校与初、高中学校互访互动等交流，开展以弘扬和培育工匠精神为主的职业技能教育。对城乡未继续升学的初、高中毕业生（即“两后生”）开展技能帮扶计划，通过职业院校短期集中培训形式，组织开展以基本素质、职业知识、操作技能和社会实践为主要内容的劳动预备培训。实施“雨露计划”，落实扶贫助学补助政策，加大对农村贫困家庭新成长劳动力接受职业教育政策扶持力度。（省教育厅、省人力资源社会保障厅牵头；省财政厅、省扶贫办等按照职责分工负责）

开展高校毕业生、退役军人和残疾人就业培训。集中开展高校毕业生能力提升行动、创业引领行动、校园精准服务行动、就业帮扶行动、权益保护行动，实施“高校毕业生技能就业专项活动”和“大学生创业培训年度计划”，把职业生涯教育、创新创业教育纳入大学生培养全过程，每年组织3000名高校毕业生开展职业培训；广泛开展退役军人职业技能培训和创业培训，不断提升退役军人就业创业能力；鼓励引导有就业愿望和培训需求的残疾人接受相应的职业培训，促进残疾人培训后实现就业。（省人力资源社会保障厅、省教育厅、省退役军人事务厅、省残联等按照职责分工负责。列第一位者为牵头单位，下同）

（四）完善岗前职业技能培训。

全面推行企业新型学徒制。在企业全面推行以“招工即招生、入企即入校、企校双师联合培养”的新型学徒制培养模式，通过企校合作、工学交替方式，进行系统的职业技能培训。对企业新招用和转岗的技能岗位人员，以企业为主导确定具体培养任务，由企业与培训机构分别承担，培养目标以符合企业岗位需求的中、高级技术工人为主，期限为1—2年，特殊情况可延长到3年。学徒培训期满，可参加职业技能鉴定或结业（毕业）考核，合格者取得相应职业资格证书（或职业技能等级证书、专项职业能力证书、培训合格证书、毕业证书），并按规定享受职业技能培训补贴。（省人力资源社会保障厅、省国资委、省工业和信息化厅、省财政厅、省教育厅等按照职责分工负责）

打造海南家庭服务品牌。通过开展家政培训，完善和提升一批家政培训基地，打造一批家政服务品牌，扶持一批有意愿从事家政服务行业的建档立卡贫困家庭劳动力、城镇下岗失业人员、农民工从事家政服务，不断提升家政服务人员服务技能，使家政服务内容更丰富、队伍更专业、人员层次更分明，逐步形成规范化、职业化的家政服务体系，满足广大客户不同的家政服务需求。进一步规范家政服务市场，逐步推行家政服务从业人员持证上岗制度。（省商务厅、省人力资源社会保障厅、省工业和信息化厅、省妇联等按照职责分工负责）

（五）推动开展职工岗位技能提升培训。

落实企业职工培训制度。充分发挥行业企业主体作用，着力做好企业职工岗位技能提升，完善激励政策，支持企业采取在岗培训、脱产培训、业务研修、岗位练兵、技术比武、技能竞赛等方式，提升职工技能水平。引导企业积极开展岗位适应性培训和在岗技能提升培训。规模以上企业要有专门机构和人员负责组织实施职工职业技能培训。（全省各级政府，省国资委、省教育厅、省人力资源社会保障厅、省总工会等按照职责分工负责）

加强技能人才提升培训。发挥失业保险促进就业作用，大力开展失业保险支持技能提升培训，支持符合条件的参保职工提升职业技能。每年对5000名以上企业职工开展岗位职业技能培训。（省人力资源社会保障厅、省工业和信息化厅、省国资委、省总工会等按照职责分工负责）

继续加大高技能人才培训力度。深入实施高技能人才振兴计划，围绕海南自由贸易试验区和中国特色自由贸易港建设3大产业急需的职业（工种），组织开展高级工、技师、高级技师的技能等级提升培训和知识更新培训，进一步提高他们的专业知识水平、解决实际问题能力和创新创造能力，增加高技能人才供给。（省人力资源社会保障厅、省工业和信息化厅、省商务厅、省国资委、省总工会等按照职责分工负责）

（六）大力做好再就业培训。

做好下岗失业人员再就业培训。公共就业服务机构根据就业市场需求和劳动者个人情况，组织有创业就业愿望的各类登记失业人员开展有针对性的创业就业技能培训，促进培训与创业就业紧密结合，提高创业就业能力。（省人力资源社会保障厅、省工业和信息化厅、省国资委、省总工会等按照职责分工负责）

做好服刑人员、强制隔离戒毒人员就业技能培训。以顺利回归社会为目的，以“实用、实效”为原则，组织对在劳动年龄段内，具备学习能力、培训意愿和就业愿望的服刑人员和强制隔离戒毒人员开展职业技能培训，并做好就业指导、就业推介和就业创业帮扶。（省司法厅、省人力资源社会保障厅等按照职责分工负责）

（七）加强创业培训工作。

组织有创业培训需求的人员参加创业培训。以高校毕业生、退役军人、农村劳动者、返乡下乡创业人员、失业人员和转岗职工等为重点，依托高等院校、职业院校、职业培训机构、创业培训（实训）中心、创业孵化基地、众创空间等，开展创业意识教育、创新素质培养、创业项目指导、开业指导、电子商务、企业经营管理等培训，提升创业创新能力，使有创业意愿的人员都有机会得到1次以上创业培训。2019—2020年，每年培训创业人员6000人。（省人力资源社会保障厅、省教育厅、省工业和信息化厅、省农业农村厅、省退役军人事务厅、省商务厅、省国资委、省扶贫办、省总工会、团省委、省妇联、省残联等按照职责分工负责）

加大对电子商务人员的培训。以服务农民、连接市场为方向，培养、培训电子商务人员的相关技术技能和经营能力，着力解决技能缺乏、人才短缺的问题，推进我省电商产业特别是农村电商有序发展。（省商务厅、省人力资源社会保障厅、省工业和信息化厅、省市场监管局、团省委等按照职责分工负责）

三、提升职业技能培训综合能力

（八）促进职业技能培训工作全面发展。

逐步建立适应我省经济社会发展需求、城乡全体劳动者就业需要和职业生涯发展要求的职业培训制度，完善终身职业技能培训政策。统筹考虑职业院校建设投资和运行管理，让职业院校和公共实训基地、高技能人才培训基地成为促进职业技能培训融合的重要平台载体，促进校企成为有机联结和紧密互动的利益共同体和发展共同体。充分发挥全省各级政府和行业主管部门作用，加大政府、企业、社会等各类培训资源优化整合力度，提高职业培训的供给能力，形成资金投入和政策叠加的合力，推动相关部门将加快技能培训工作的政策重心、资源重点聚焦和落实到职业院校、公共实训基地、高技能人才培训基地建设上来。积极开展省际、国际间交流合作，积极引进一批国外、省外知名的高端培训机构参与我省职业技能培训。（省人力资源社会保障厅、省教育厅、省财政厅等按照职责分工负责）

（九）加强职业院校建设。

紧跟重点产业发展的生产技术水平和产业技术升级趋势，建设高水平的职业院校。重点开发一批符合我省产业发展方向，并且有市场、易就业的特色优势专业，形成不同院校各自特色专业和优势学科互补的局面。推进校企合作，推进技能人才双向交流、管理制度双向融合，支持企业高技能人才到学校任教，鼓励院校教师到企业实践。积极开发符合企业实际、贴近职业现实，体现新技术、新工艺、新设备、新材料等前沿技术的职业技能培训教材。（省人力资源社会保障厅、省教育厅等按照职责分工负责）

（十）推进公共实训基地和高技能人才培训基地建设。

加快推进与我省经济社会发展相适应、与技能人才培养相配套、满足职业院校学生和企业职工实训需求的公共实训基地建设。到2020年，再争取1—2家职业院校纳入国家级公共实训基地建设范围。在职业院校以及大、中型企业中，逐步建设一批适应海南自由贸易试验区和中国特色自由贸易港建设要求，促进我省经济转型升级所需要的高技能人才培训基地。对新建的国家级和省级高技能人才培训基地，分别给予500万元和200万元的扶持资金，主要用于设备购置、指导教师聘用、师资培训、课程设置和教材开发等。以海南省技师学院为中心，整合实训基地、高技能人才培训基地、世赛集训基地、技工院校教师研修中心等功能，集科研、教学、培训、交流于一体，打造我省技能人才综合发展基地，建设全国一流水平的技能人才培育综合体。（省人力资源社会保障厅、省

工业和信息化厅、省教育厅、省财政厅、省民政厅、省科技厅、省市场监管局按照职责分工负责）

四、畅通技能人才成长通道

（十一）建立职业技能培训市场化社会化发展机制。

推进全省各级政府通过政策补贴、购买服务、以奖代补等方式，大力扶持民办职业培训机构。政府补贴的职业技能培训项目全部向具备资质的职业院校和培训机构开放，形成学历教育与职业培训相互补充的机制。鼓励支持社会组织积极参与行业人才需求发布、就业状况分析、培训指导等工作。（省人力资源社会保障厅、省教育厅、省工业和信息化厅、省民政厅、省市场监管局、省国资委等按照职责分工负责）

（十二）建立技能人才多元化评价机制。

健全以职业能力为导向，以工作业绩为重点，强化工匠精神培育和职业道德养成，符合技能人才特点的评价机制。实施与国家职业资格制度相衔接、与终身职业技能培训制度相适应的职业技能等级制度。实行职业资格评价、职业技能等级认定、专项职业能力考核等多元化评价方式，逐步推行社会化职业技能鉴定、企业技能人才评价、院校职业资格认证和专项职业能力考核的政策措施，促进不同评价结果有机衔接。进一步明确政府、市场、用人主体在人才评价中的职能定位。推进职业技能鉴定机构质量管理体系建设，规范鉴定机构考务管理和证书核发管理，维护职业资格证书的权威性。（省人力资源社会保障厅、省教育厅、省工业和信息化厅、省住房城乡建设厅、省国资委、团省委、省残联、省总工会等按照职责分工负责）

（十三）完善职业技能竞赛活动。

大力组织开展职业技能竞赛活动，实现培训与竞赛紧密结合。通过竞赛，发现和选拔技能精湛的拔尖人才，推动职业技能培训标准建设，提升职业技能培训水平。建立以企业岗位练兵和技术比武为基础，以国家和行业竞赛为主体、国内竞赛与国际竞赛相衔接的职业技能竞赛体系。对在竞赛活动中获得优异成绩者，给予相应物质和精神奖励。同时，对国家和省级技能竞赛活动中获奖者，按规定给予相应职业技能等级认定。对获得世界技能大赛金、银、铜牌的选手，按照相关规定晋升技师或高级技师职业资格等级。（省人力资源社会保障厅、省教育厅、省工业和信息化厅、省住房城乡建设厅、省国资委、团省委、省残联、省总工会等按照职责分工负责）

（十四）构建高技能人才引进机制。

鼓励企业从省外或国外引进紧缺急需高技能人才。引进的高技能人才应技术技艺精湛，拥有绝招、绝技、绝活，能解决某一领域关键技术问题，符合我省产业发展需要，能将某项新工艺、新工法、新操作法在我省广泛推广。对引进符合我省人才政策的高技能人才，申报入选后，可享受有关经费资助、服务保障和政策支持。（省委人才发展局、省工业和信息化厅、省人力资源社会保障厅、省财政厅等按照职责分工负责）

（十五）建立职业技能培训评估监管机制。

探索建立培训机构负面清单管理制度，加强职业培训机构分级管理和质量监督，对职业技能培训公共服务项目实施目录清单管理，定期向社会发布全省统一的培训工种目录、培训补贴标准、培训机构目录、鉴定机构目录、职业资格目录，并实行动态调整。

完善职业技能培训绩效考评、职业培训机构信用等级评定体系。逐步建立职业培训年度质量报告、职业院校办学水平第三方评价和毕业生就业跟踪调查制度，建立以培训合格率、就业创业成功率为重点的培训绩效评估体系，对培训机构、培训过程进行全方位监管。

完善职业培训信息平台，提升技能培训和人才评价信息化水平。探索建立劳动者职业技能培训电子档案，实现培训信息与就业、社会保障信息联通共享。（省人力资源社会保障厅、省教育厅、省财政厅等按照职责分工负责）

五、落实组织保障措施

（十六）加强组织领导。

各市县政府要把职业技能培训工作作为重要工作任务，统筹做好终身职业技能培训的总体规划，建立由政府统一领导，人社部门统筹协调，行业主管部门各司其职、密切配合和广泛参与的工作机制，确保本意见重点任务、主要措施落到实处。（各市县政府，省人力资源社会保障厅、省农业农村厅、省扶贫办等按照职责分工负责）

（十七）做好经费保障。

建立政府、企业、社会多元投入机制，通过就业补助资金、企业职工教育培训经费、社会捐助赞助、劳动者个人缴费等多种渠道筹集培训资金。全省各级政府要加大培训配套资金投入，落实职业技能培训补贴政策。鼓励社会捐助、赞助职业技能竞赛活动。（省财政厅、省人力资源社会保障厅、省教育厅等按照职责分工负责）

（十八）优化社会环境。

积极组织开展职业教育活动周、世界青年技能日、技能中国行等活动，大力宣传校企合作、技能竞赛、技艺传承等成果，提高职业技能培训吸引力。大力宣传优秀技能人才典型人物和事迹，形成全社会关注和支持技能人才工作的良好局面，为开展终身职业技能培训营造良好环境。（省人力资源社会保障厅、省教育厅、省总工会、团省委等按照职责分工负责）

【政策法规5：广东省人民政府办公厅《关于深化产教融合的实施意见》（节选）】

一、构建教育和产业统筹融合发展格局

结合我省全面实施创新驱动发展、乡村振兴、“一核一带一区”等战略部署，将产教融合发展纳入国民经济社会发展，统筹优化教育和产业结构，同步规划产教融合发展政策措施、支持方式、实现路径和重大项目。编制我省产教融合专项规划，明确研究型高校、应用型本科和职业院校（含技工院校，下同）等各类学校在产教融合中的定位、目标、任务和发展路径。深入实施高等教育“冲一流、补短板、强特色”提升计划，重点加强高水平大学建设，打造一流学科，提升高端创新人才的供给能力，加强关键共性技术、前沿引领技术、现代工程技术、颠覆性技术创新；将产教融合建设纳入高校绩效评价体系，对产教融合建设方面有突出表现或取得突出成果的高校给予专项奖励。加快应用型本科院校转型发展，突出专业特色，强化协同育人，培养适应现代产业需求的高素质人才；支持尚未设置本科院校的汕尾、阳江、揭阳市优先建设应用型本科院校。实施高水平职业院校建设计划，每个地市办好至少1所高职院校和若干所中职学校，创建一批高水平技师学院；加快推进省级职业技术教育示范基地（清远）建设。引导职业教育（含技工教育，下同）资源向产业和人口集聚区集中，各地高新区、开发区、产业园区、专业镇至少与1所职业院校对口合作开展专业建设和人才培养。

二、推动学科专业与产业需求精准对接

根据广东产业集群式发展的规律特点，制定重点专业集群建设规划。建立行业和企业参与的学科专业设置评议制度，健全根据社会需求、学校办学能力和行业指导科学设置新专业的机制。瞄准我省战略性新兴产业，推动高校优化学科专业结构，促进交叉学科和新兴学科发展。调整优化传统工科专业设置，推动传统产业转型升级。积极支持家政、健康、护理、养老、文化、旅游等社会领域紧缺专业建设。适应新技术、新产业、新业态、新模式的发展需求，加快建设机器人、大数据、人工智能等一批新工科专业。开展技工院校示范性专业建设，建设一批省级重点专业和特色专业。建立我省紧缺人才清单，编制并按年度发布紧缺人才专业和职业（工种）目录。强化就业市场对人才供给的有效调节，推动人力资源和社会保障数据与教育数据共享，进一步完善高校毕业生就业质量年度报告制度。严格实行专业设置预警和退出机制，引导学校对设置雷同、对口就业率过低的专业，暂停招生或取消专业设置。

三、推进产教协同育人

健全高等教育学术人才和应用人才分类培养体系，提高应用型人才培养比重。出台支持产业学院建设的政策措施，根据行业产业需求整合相关学科专业，组建跨学科、跨专业的产业学院。深化专业学位研究生教育综合改革，推进研究生联合培养基地建设。深化全日制职业院校办学体制改革，推进职业院校与企业、行业、园区联合。选取技术性、实践性较强的专业，全面推行现代学徒制和企业新型学徒制，推动学校招生和企业招工相衔接，明确学生学徒“双重身份”，强化学校和企业“双主体”实施。推动校企合作共建专业、共编教材、共设工学结合一体化课程及联合搭建实践平台，推行面向企业真实生产环境的任务式培养模式，开展学校与企业、专业与企业、班级与企业等多层次合作办学。推广校企协同育人“3+1”应用型人才培养模式，构建以能力为本的一体化培养方案；应用型本科院校学生在校期间参加实习实训时间累积不少于 1 学年，职业院校实践性教学课时不少于总课时的 50%。

四、加强产教融合师资队伍建设

支持企业技术和管理人才到学校任教，鼓励有条件的地市探索实施产业教师（导师）特设岗位计划。完善符合职业教育和应用型高校特点的教师资格标准和专业技术职务（职称）评聘办法。制定高校选聘产业教授相关办法，鼓励高校引进具有行业企业工作经历的教师，优化高校教师结构。建立职业院校教师引进绿色通道，学校可采用直接考核的方式聘用高技能领军人才等。建立职业院校教师与企业专业技术人员相互兼职制度，经所在学校或企业同意，职业院校教师和企业专业技术人员分别到企业、职业院校兼职的，可根据有关规定和双方约定确定薪酬。学校教师依法取得的科技成果转化奖励收入、职业技能竞赛奖励收入和面向社会开展培训的劳务收入等单独据实核定，不纳入单位绩效工资调控基数。加强职业院校“双师型”“一体化”教师培养，完善“双师型”“一体化”教师认定标准和办法，力争到 2022 年我省职业院校“双师型”“一体化”教师占专业课教师比例达到 60%。

五、完善招生考试配套改革

畅通职业院校学生升学通道，稳步推进中职高职衔接、高职本科衔接和中职本科衔接，力争到 2022 年，中职毕业生升读高职院校的比例达到 30%，本科院校招收中高职毕业生的比例达到 30%。健全技师学校招生工作机制，探索建立技师学院和高职院校同一平台招收高中毕业生制度；落实技工学校纳入当地中职统一招生平台制度。调整优化高校招生结构，下达年度高校招生计划时，重点支持理工科专业招生人数增加的高校。试点应用型本科院校与企业联合开展定向招生，招生计划作为专项计划单独下达，不占学校招生计划数。新增研究生招生计划向承担国家和省重大科技专项、研究课题及紧缺高层次人才培养、校企协同育人方面成果突出的高校倾斜。优化财政生均拨款制度，鼓励应用型本科高校和职业院校扩大新工科专业和其他紧缺专业招生；调整生均拨款折算系数时，对理学、工学、医学和其他紧缺专业予以适当倾斜。

六、推进教育“放管服”改革

高校、职业院校公开招聘工作人员，可按有关政策要求自主制定招聘条件，自主组织公开招聘，聘用结果报人力资源和社会保障部门备案。高校、职业院校可在核定的机构编制和职数总量范围内，自主确定内设机构设置，报编制部门备案。逐步放开专科学校招生计划，在核定的办学规模内，由高职院校自主确定年度招生计划，报教育部门备案。除国家控制布点专业外，职业院校可自主设置职业教育专业，高职和中职院校报教育部门备案，技工院校报人力资源和社会保障部门备案。学校报相关部门备案的事项，相关部门原则上要在10个工作日内办结，不得通过将备案事项提交办公会或相关委员会研究等任何形式实施变相审批。

七、发挥企业的重要主体作用

制定混合所有制职业院校试点实施办法。国有企业举办职业院校，可参照学校所在地公办学校标准安排生均拨款，所需经费按原渠道保障。支持企业深度参与教育教学改革，参与学校专业规划、教材开发、课程设置、实习实训等。推行国家基本职业培训包制度，结合技能鉴定评价大力开发职业培训包；新开发并经评审符合要求的职业培训包，根据开发成本，通过促进就业类资金给予10万—30万元的资助。开展现代学徒制、企业新型学徒制培训的企业，按规定给予职业培训补贴。落实企业职工培训制度，按照职工工资总额的1.5%—2.5%足额提取教育培训经费，确保教育培训经费60%以上用于一线职工；不按规定提取使用教育培训经费并拒不改正的行为，纳入企业信用记录。制定“产教融合型”企业评定标准和奖励办法，将人才培养、产教研合作取得显著成效的企业认定为“产教融合型”企业，各级经济和信息化部门在技术改造补助、企业技术中心认定等方面予以优先支持，科技、发展改革部门在企业创新平台建设上予以优先支持。

八、推进产教协同创新

高校、科研机构牵头申请的应用型、工程技术研究项目，原则上应由行业企业参与并制订成果转化方案。引导高校将企业生产一线实际需求作为工程技术研究选题的重要来源。开展知识产权分析评议，完善高校科研后评价体系，将成果转化成效作为项目和人才评价重要内容。建立激励科技成果转化的职称评审导向，技术转让项目可代替纵向课题参与职称评审。加强企业技术中心和高校技术创新平台建设，鼓励行业骨干企业和高校、职业院校联合共建重点实验室、工程研究中心、产业创新中心、技术创新中心、中试和工程化基地。建立重大科技基础设施开放共享激励机制，推进企业、高校和科研机构共享人才智力、仪器设备、实验平台和专利基础信息等创新资源。大力支持职业院校师生开展科技研发和创新发明，积极引导中小微企业参与科技孵化。利用产业投资基金、创新创业基金支持高校创新成果和核心技术产业化，着力培育高质量知识产权。

九、加强平台载体建设

建立由学校、行业企业、科研机构等共同参与的为产教融合服务的社会组织，开展人才需求预测，促进校企合作对接。打造覆盖全省的产教融合综合信息服务平台，汇聚人才供需、校企合作、项目研发、技术服务等各类信息，向各类主体提供精准化信息发布、检索、推荐和其他相关服务。举办产教融合对接洽谈活动，组织学校和企业、产业园区等各类主体在教育培训、项目合作、技术研发等领域开展合作。建立产教融合统计评价体系，组织第三方开展产教融合效能评价，评价结果作为绩效考核、投入引导、试点选择、表彰激励的重要依据。加强公共实训基地建设，支持龙头企业、学校、社会培训机构共同建设独立运作的公共实训基地，为当地学生提供基于真实生产项目和生产岗位的培训实践场所；有条件的地市可按基地接收实习实训人数和学时给予一定补助。

十、推动粤港澳大湾区产教融合发展

支持经核准的港澳高校在广东开展独立办学试点，支持港澳高校与珠三角地区高校深化科研教育合作，推动人员互访、学分互认、学位互授和设施共享，共建优势学科、实验室和研究机构，共同研制既符合国际行业标准又适应区域发展的教育框架、教学标准及教材体系。以我省率先承认港澳职业资格为先导，推进职业资格粤港澳三方互评互认，允许港澳地区取得职业资格的专业技术和服务人员在广东提供专业服务。积极引入国外优质办学资源，引进世界知名大学和特色学院开展合作办学，支持应用型本科高校、高职院校与国外高水平应用技术大学合作办学。支持香港中文大学（深圳）、广东—以色列理工学院、深圳—北理莫斯科大学、北京师范大学—香港浸会大学联合国际学院建立高水平区域协同创新中心。加快华南理工大学国际校区建设。

十一、开展产教融合建设试点

大力支持地市、学校、企业争取国家试点任务，申报国家产教融合发展工程项目。制定我省产教融合建设试点方案，首批在粤东西北和珠三角地区各遴选 2–4 个地市开展省级试点，明确试点任务、遴选方式、目标要求，完善支持激励政策，重点开展人才培养、产学研合作、产教联盟、混合所有制办学等试点任务。承担试点任务的责任主体，在国家和省产教融合发展项目安排上给予重点支持。联合第三方开展产教融合试点评估，经过 3 年左右建设周期，总结试点经验，抓好典型引领，在全省范围内逐步推广。

十二、完善政策支持体系

统筹用好现有省级教育发展、产业发展、科技发展类专项资金，支持对接产业链的学科专业体系、实习实训平台等项目建设和产教融合试点工作。发挥政府投资基金的引导作用，带动金融机构投资符合条件的产教融合项目建设。引导银行业金融机构创新服务模式，开发适合产教融合项目特点的多元化融资品种。积极支持符合条件的企业在资本市场进行股权融资，在沪深证券交易所、全国银行间市场发债融资，加大产教融合实训基地项目投资。鼓励保险公司加快发展学生实习责任保险和人身意外伤害保险产品，对现代学徒制、企业新型学徒制保险专门确定费率。落实学校、企业开展教育培训、实习实训的税收优惠政策，省税务局牵头制定各项税收优惠政策的具体操作指引，并广泛组织宣传。企业投资或与政府合作建设学校的建设用地，按教育用地管理，符合划拨用地目录的非营利性民办教育设施用地，可按划拨方式供地。

（来源：广东省人民政府网站，2018 年 8 月 23 日）

【政策法规 6：四川省人民政府办公厅《“天府工匠”培养工程实施方案》（节选）】

二、发展目标

坚持政府推动激发企校活力，高端引领带动整体发展，机制创新促进全面提升，通过三年努力，聚焦高端产业培育一批技艺拔尖的知识型技能人才，围绕重点产业集群培养数量充足的操作型技能人才，服务乡村振兴和脱贫攻坚培训大批实用型技能人才，技能人才工作机制更加健全、培养质量显著提高、作用效应充分发挥。到 2020 年，全省技能人才总量达到 1000 万人，高技能人才占比达到 25%，高端技能人才形成雁阵效应，技能人才总量、结构和对经济发展贡献率居于中西部领先地位，有效支撑四川高质量发展。

三、主要内容

（一）实施高技能人才培养开发工程

1. 深入推进高技能人才振兴计划，大力培养四川现代产业体系急需紧缺的高级工、技师和高级技师。到 2020 年，建设国家级高技能人才培训基地 39 个、技能大师工作室 41 个，对每个新建项目分别一次性给予 500 万元、10 万元经费补助；建设省级高技能人才培训基地 70 个、技能大师工作室 120 个，对每个新建项目分别一次性给予 300 万元、30 万元的经费补助；对符合条件的新成长高技能人才给予每人 2000 元至 6000 元不等的培训补贴。（责任单位：人力资源社会保障厅、省人才办、教育厅、省经济和信息化委、住房城乡建设厅、科技厅、财政厅、文化厅、省国资委、省总工会。列首位的为牵头单位，下同）

2. 与发达国家和地区开展技能人才培养交流合作，加快培养掌握国际一流技术标准、比肩国际先进生产工艺的能工巧匠。到 2020 年，参与国际合作的中职院校（含技工院校，下同）占到总数的 10%，高职院校占到总数的 50%，培养一批既满足我省相关产业需求又兼具国际职业资格的高端技能人才，并选拔一批优秀中青年高技能人才赴发达国家和地区培训交流。（责任单位：人力资源社会保障厅、教育厅、省外国专家局、省经济和信息化委、住房城乡建设厅、交通运输厅、商务厅、文化厅、财政厅）

3. 依托国家、省级招才引智项目和国内外高层次人才交流活动，加大高技能人才引进力度。到 2020 年，累计引进 100 名左右国内外领军型技能人才。对国内引进且符合《四川省高层次人才特殊支持办法（试行）》规定的，给予每人 30 万元一次性安家补助和管理期内每人每月 1000 元岗位激励金。（责任单位：人力资源社会保障厅、省人才办、科技厅、教育厅、财政厅）

（二）实施全民职业培训提能工程

4. 助力“5+1”现代产业发展，组织电子信息、装备制造、食品饮料、先进材料、能源化工、数字经济等重点产业在职职工岗位技能提升培训；支持开展航空与燃机、生物医药、新能源汽车、现代物流、电子商务、养老健康、医疗卫生等新兴产业急需紧缺技能人才培训。在煤炭、钢铁等行业开展以转岗培训为主要内容的化解过剩产能企业分流职工特别职业培训。到 2020 年，使技能岗位职工至少参加 1 次技能提升培训并力争提升 1 个技能等级，对符合条件的，按规定给予每人 1000 元至 6000 元不等的职业培训补贴。（责任单位：人力资源社会保障厅、省发展改革委、省经济和信息化委、交通运输厅、省卫生计生委、商务厅、财政厅）

5. 面向毕业年度高校毕业生、城乡未继续升学的应届初高中毕业生、城镇登记失业人员、农村转移就业人员、贫困家庭子女、新生代农民工、退役军人等重点群体，大力开展高校毕业生技能就业、劳动预备制培训、青年劳动者培训、农民工职业技能提升、新型职业农民培育、农村实用人才培训等专项行动及以“川妹子”“川电工”“川建工”“川厨师”“川缝纫工”等为代表的劳务品牌培训。到2020年，组织150万名左右有培训意愿的劳动者参加职业培训，力争使新进入人力资源市场的劳动者在就业前至少接受1次就业技能培训或创业培训，按规定给予职业培训补贴。（责任单位：人力资源社会保障厅、农业厅、民政厅、省经济和信息化委、住房城乡建设厅、财政厅、文化厅、省总工会、团省委）

6. 面向符合条件的建档立卡贫困家庭、农村“低保”家庭、困难职工家庭、残疾人等实施技能脱贫攻坚行动、“雨露计划”、残疾人职业技能提升计划等。其中，重点面向贫困地区有培训意愿的贫困劳动力实施技能培训脱贫行动，每年为其至少提供1次免费职业培训。到2020年，组织贫困地区30万名左右有培训意愿的劳动者参加就业技能培训，按规定给予职业培训补贴，使每户有劳动能力的贫困家庭至少有1人掌握1门以上实用技术。（责任单位：人力资源社会保障厅、教育厅、民政厅、财政厅、文化厅、省扶贫移民局、省残联）

（三）实施工匠培养平台提升工程

7. 服务全省“一干多支，五区协同”发展格局，优化职业院校（含技工院校，下同）布局结构，建立产业需求导向的专业调整机制。到2020年，全省累计建成省级中职示范校50所、高级技工学校和技师学院30所、优质高职院校23所，职业院校年招生规模达到60万人左右，打造省级中职示范（特色）专业100个、高职重点（骨干）专业100个，分别给予每个新建的省级中职示范校和省级中职示范（特色）专业1000万元和300万元的经费补助，形成适应产业发展的职业教育供给体系，推动课程内容与职业标准、教学过程与生产过程充分对接。（责任单位：教育厅、人力资源社会保障厅、财政厅）

8. 统筹建设各类技能人才培训培养平台，支持有条件的市（州）整合各类职业教育培训资源建设职业技能公共实训基地，更好满足劳动者多层次多样化培训需求。到2020年，全省累计建成就业训练中心120个、民办职业培训学校1500所，力争全省首批8个职业技能公共实训基地建成使用；新建青年创新创效工作室30个、劳模和工匠人才创新工作室100个，对培养成绩突出且经考核合格的给予一定经费补助。（责任单位：人力资源社会保障厅、省发展改革委、省经济和信息化委、财政厅、省国资委、省总工会、团省委）

9. 推行现代学徒制和企业新型学徒制，实施产教融合项目，建立健全职业院校教师和企业师傅互派顶岗交流锻炼机制，采取校企合作、协同育人、共同发展模式，引导行业、企业全过程全要素参与职业院校的技术技能人才培养。到2020年，组织1.5万名在职职工参与企业新型学徒制培训，对符合条件的给予每人每年最高6000元、最长不超过2年的培训补贴；职业院校“一体化”和“双师型”教师比例达到60%以上；在63所职业院校实施产教融合项目，每所给予2000万元经费补助，充分调动和发挥职业院校和企业技能人才培养“双主体”作用。（责任单位：人力资源社会保障厅、教育厅、省发展改革委、财政厅）

（四）实施天府传统技艺振兴工程

10. 围绕川菜、川茶、川酒、蜀绣、蜀锦、竹编、雕刻、羌绣、彝绣、唐卡、彩灯、陶艺、漆艺等具有较高技艺水准、经济开发价值、鲜明地域特征的非物质文化遗产（以下简称非遗）和民间传统手工艺，打造一批天府传统技艺带头人。到2020年，认定的四川省工艺美术大师和四川省非遗项目代表性传承人达300名以上，在技能大师和劳模创新工作室等平台建设方面优先给予支持。（责任单位：省经济和信息化委、文化厅、人力资源社会保障厅、商务厅、省总工会）

11. 采取“师带徒”“订单式”等培养方式，实施“四川省非遗传承人群研修研习培训计划”等项目，开展传统修复技术、古籍保护、传统工艺等项目培训。鼓励支持四川省非遗项目传承人、四川省工艺美术大师等，通过师徒代际传承、进校入企入村专业培训等方式，培养一大批扎根民间的传统技艺传承人和守护者。到2020年，传统技艺传承人数量大幅度增加，传统技艺得到有效保护和传承。（责任单位：文化厅、省经济和信息化委、人力资源社会保障厅、省总工会、省妇联、团省委）

12. 充分利用两年一届的中国成都国际非遗节，举办全省综合性传统工艺博览会和传统技艺大赛，面向社会集中开展传统技艺绝活展示展演。充分利用西博会、科博会等平台载体，组织传统技艺带头人、传承人参展参演。到2020年，“川字号”“蜀字号”传统技艺在全国的品牌影响力和公众认知度显著提升。（责任单位：文化厅、省经济和信息化委、商务厅、科技厅、人力资源社会保障厅）

（五）实施天府技能大赛品牌工程

13. 依托省内骨干企业、重点职业院校创建焊接、建筑金属构造、数控技术、美容、美发、汽车技术、车身修理等优势项目和机电一体化、移动机器人、烹饪、烘焙等潜力项目的世界技能大赛国家级集训主（辅）基地和省级集训基地，分别给予国家级主基地500万元/个、辅基地300万元/个、省级基地50万元/个的经费支持。依托集训基地开展集训选拔工作，向世界技能大赛国家队培养输送一批选手，并力争夺取奖牌，对入选国家集训队的我省选手给予每人1万元的奖励。（责任单位：人力资源社会保障厅、教育厅、财政厅、省国资委）

14. 健全省、市、县三级职业技能竞赛机制，每年至少举行50场市（州）级以上职业技能竞赛。对承办国家级竞赛和省级一类竞赛的，给予每个项目最高不超过40万元的办赛补助。每年举办一届“天府工匠杯”综合性职业技能大赛，对获得各项目第一名的职工选手，直接授予“四川省技术能手”称号。（责任单位：人力资源社会保障厅、省经济和信息化委、教育厅、财政厅、农业厅、省国资委、省总工会、团省委）

15. 鼓励支持各地、各部门（单位）、各行业协会紧贴产业发展和生产实际，分职业、分层级举办劳动竞赛和职业技能大赛，带动企业和职业院校广泛开展岗位练兵、技术比武活动。到2020年，全省组织开展各级各类职业技能竞赛和岗位练兵、技术比武活动超过1000场次、参加人数突破200万人次。（责任单位：人力资源社会保障厅、省总工会、省经济和信息化委、教育厅、住房城乡建设厅、农业厅、商务厅、省国资委、团省委）

（六）实施天府匠心筑梦激励工程

16. 支持企业结合生产过程自主开展技能人才评价，支持职业院校结合学习过程推行过程化、模块化职业资格考核认证。在全省推广首席技师制度，开展新兴职业专项能力考核认证和中职院校正高级教师职称评审。到2020年，全省职业技能年鉴定能力达到80万人次左右，21个市（州）全部建立市（州）级或企业级首席技师制度，所有中职院校全部实施正高级教师职称评审。（责任单位：人力资源社会保障厅、教育厅、省经济和信息化委、省国资委、住房城乡建设厅）

17. 对我省获评中华技能大奖、全国技术能手的高技能人才分别给予15万元、6万元追加奖励，并优先支持中华技能大奖获得者领办国家级技能大师工作室。按不低于国家奖励标准奖励世界技能大赛和全国性职业技能竞赛我省获奖选手，对指导选手获奖的我省教练团队、技术指导专家团队给予获奖选手同等标准奖励；对我省获奖选手所在单位，按该单位每名获奖选手奖励标准的总和给予奖补。（责任单位：人力资源社会保障厅、教育厅、财政厅）

18. 落实“天府万人计划”，从全省技能领军人才中选拔认定100名天府工匠。到2020年，认定30名左右天府工匠，每人给予20万元资助和管理期内每月1500元的岗位津贴，并在落户住房、子女入学、医疗休养等方面给予特殊支持。按程序报请开展四川省技能大师、四川省技术能手评选表彰活动，分别给予获表彰人员每人5万元、2万元的一次性奖励。优先支持天府工匠和四川技能大师、四川省技术能手领办省级技能大师工作室。（责任单位：人力资源社会保障厅、省人才办、省经济和信息化委、科技厅、财政厅、省国资委、省总工会）

19. 将高技能人才纳入党委联系专家范畴，落实定点联系、定期座谈、走访慰问等制度。广泛开展天府工匠、技能大师等技能领军人才进院校、进教案、进课堂、进企业、进车间“五进活动”，录播“天府工匠”电视技能竞技节目，在公交地铁投放“天府工匠”宣传画（短片），弘扬工匠精神、厚植工匠文化，进一步增强技能人才的职业荣誉感和自豪感，营造劳动光荣的社会风尚和精益求精的敬业风气。（责任单位：人力资源社会保障厅、省人才办、省委宣传部、教育厅、省总工会、省经济和信息化委、省国资委、财政厅、团省委、省妇联）

（来源：四川省人民政府网站，2018年9月7日）

【政策法规7：青海省人民政府办公厅《关于进一步优化调整中等职业学校布局及专业结构的实施意见》（节选）】

一、指导思想

以习近平新时代中国特色社会主义思想为指导，深入贯彻党的十九大和省委十三届四次全会精神，聚焦“五四战略”和“一优两高”部署，紧紧围绕“投资于人”战略，统筹发挥好政府和市场作用，突出省、市（州）、县主体功能区，优化我省职业教育布局和职业院校专业结构，按照“做强中职、做优高职、做大培训”的原则，整合办学资源，推进职业教育供给侧结构性改革，形成紧贴产业、定位清晰、专业互补、科学合理的职业教育层次结构和专业体系，进一步增强我省职业教育吸引力和服务经济社会发展能力。

二、基本原则

政府统筹，分级负责。强化各级政府发展职业教育的责任，发挥政府和有关部门对优化调整职业院校布局、专业结构的指导作用，结合产业结构、地方经济社会发展水平等进行综合评估、科学论证、有序推进。

突出重点，协调发展。核心引领区以整合资源、创优提质为重点，重点推进区以扩大规模、产教融合为重点，特色发展区以突出特色、提高质量为重点发展职业教育，实现专业设置适应需求、办学水平普遍提高、服务能力显著增强的目标要求。

标准引领，重在提质。依据国家职业院校办学标准及相关要求开展建设。各级政府要多渠道筹措职教资金，不断加大财政投入，加快解决部分职业院校办学条件低于国家办学标准的问题，努力扩大校均规模，提升办学质量和水平。

服务产业，培育特色。紧贴产业行业，立足区域经济社会发展实际，重点围绕支柱产业、新兴产业等，优化职业院校布局和专业结构。创新办学模式，着力打造职业院校特色，大力培育专业品牌，逐步形成“一校一特色”“专业＋品牌”的职业教育发展新势态。

三、主要目标

坚持面向市场、服务发展、促进就业，聚焦城乡一体化发展和供给侧结构性改革需要，科学调整我省现代职业教育布局结构和专业结构，围绕打造宜居宜业“大西宁”，建设以高等学校和国家、省级职业教育骨干院校为示范，以绿色发展为特色的职业教育核心引领区；围绕城乡统筹和农业现代化“新海东”和开放“柴达木”，建设以产业带动专业的职业教育重点推进区；围绕特色“环湖圈”和绿色“江河源”，建设以绿色产业和生态保护为基础的职业教育特色发展区。根据产业发展和城镇化进程，整合资源，集约发展，力争到2020年，中职学校整合到30所以内，重点建成30个专业群，特色专业达到40%，形成以省属职业院校为龙头、市（州）职业院校为骨干、县办职业学校为支撑的青海特色职业教育体系，全面提升我省职业教育办学质量和水平。

四、重点任务

（一）调整省属中等职业学校数量。对连续三年以上未招生、已没有在校生的青海省青年职业技术学校和西宁电力学校予以撤销。对并入省属高校的青海省铁路职业技术学校、青海省邮电学校予以撤销。

（二）整合西宁、海东职业教育资源。根据经济社会发展需求、教育状况、人口变化和城镇化发展趋势，着眼长远，科学规划，统筹西宁、海东市中等职业学校布局，加强县级职教中心建设。对办学条件差、特色不鲜明、发展潜力小的职业学校，或同一县域内设有两所以上中等职业学校的，可通过兼并、托管、合作办学等形式整合资源，实现集约发展。

（三）六州重点各建好一所中等职业学校。优化六州中等职业学校布局结构，原则上每州重点建设一所中等职业学校，扩大办学规模，提高办学效益。通过中央和省级财政支持、对口支援省市帮扶，加强基础能力建设，加快藏区职业教育快速、协调、健康发展，着力培养适应经济社会发展需要的技术技能型人才，努力提高藏区劳动者就业素质能力。

（四）优化中等职业学校专业结构。促进教育链与产业链有效对接，立足生态、生产、生活良性循环和我省产业升级、结构调整对技术技能人才的需求，建设特色鲜明、紧贴产业的专业及专业群，实现职业教育与区域经济发展和产业转型升级的深度融合。大力发展盐湖化工、能源化工、节能环保、高端装备制造、新能源、新材料、高原特色农畜产品加工、生态种养殖、生态保护、高原旅游、民族文化、藏医藏药等专业。深化职业院校办学体制改革，采取职业院校与企业行业联办、与所在地园区联办，联合设置专业、共同制定人才培养方案等措施，形成学校、企业、行业、园区优势互补和技术技能人才共享机制。每所中等职业学校重点建设一个以上与区域重点产业或特色产业相适应的主干专业或专业群。教育行政部门要加强对区域内中等职业学校专业设置的统筹，坚决避免学校间专业重复设置。

（五）增强中等职业教育服务功能。加大对中等职业学校特别是县域内中等职业学校、各培训机构的整合力度，将政府各部门举办的职业教育与培训资源统一纳入职业学校调配使用，切实办好职业学历教育，大力开展职业培训。推动城市职业院校、科研院所通过对口支援、合作办学等形式支持县级职教中心发展，将服务网络延伸到社区、村庄和合作社等，使之成为学历教育、扶贫开发、劳动力转移培训的开放平台。

（六）加强办学资质管理。结合中等职业办学能力评估、专项检查或诊断改进等工作，及时开展中等职业学校办学资质清查。对不符合办学规定的中等职业学校要限期整改、限制或停止招生，直至取消其中等职业学历教育办学资质，注销学校（机构）代码。

五、保障措施

（一）加强组织领导。各级政府要高度重视优化职业院校布局结构调整工作。省教育厅、省人力资源社会保障厅、省财政厅、省编办、省发展改革委等部门要各负其责，密切配合，全面做好顶层设计和宏观指导。各市（州）、县（市、区、行委）政府作为统筹调整中等职业学校布局和优化专业结构的主体，要建立健全机制，负责协调各方，领导并组织开展本地区中等职业学校布局调整和专业结构优化工作。要明确基本目标、实施办法、责任主体及配套措施，有计划有步骤地组织实施。布局结构调整中要切实防止职业教育资源流失。

（二）强化激励引导。建立激励引导机制，将中等职业教育资源整合、布局调整工作的成效作为职业教育资金分配的重要因素并加大权重，重点支持资源整合到位、布局调整到位，达到《教育部中等职业学校设置标准》要求的中等职业学校建设，帮助其提升办学质量和水平。

（三）积极稳妥推进。各级政府、各有关部门要正确处理改革、发展和稳定之间的关系，严格按照相关法律、法规和政策要求，依法保障教职工和学生的合法权益，积极稳妥推进相关工作，确保中等职业教育资源整合、布局调整工作平稳有序开展。

（来源：青海省人民政府网站，2018 年 9 月 15 日）

【政策法规 8：北京市教委、市发展改革委等五部门《北京职业教育改革发展行动计划（2018—2020 年）》】

一、指导思想

坚持以习近平新时代中国特色社会主义思想为指导，全面贯彻党的教育方针，紧密契合首都“四个中心”战略定位，坚持立足需求、提升质量、优化布局、城教融合、协同发展的思路，构建完善现代职业教育和培训体系，推进产教深度融合、校企紧密合作，培养大批高素质技术技能人才，为提升北京城市治理水平和服务品质、促进产业转型升级和经济社会发展、构建国际一流和谐宜居之都提供有力支撑。

二、基本原则

—坚持需求导向，注重服务功能。紧密对接人才市场和产业发展对职业教育的需求，明确北京职业教育在促进城教融合、满足人民日益增长的美好生活需要和促进经济社会发展中的重要作用。

—坚持问题导向，注重优化调整。根据城市功能定位，整合职业院校资源，优化调整结构和布局，构建现代职业教育和培训体系。完善产教融合、校企合作机制，激发职业院校办学活力，做精、做强、做特职业教育。

—坚持目标导向，注重质量提升。完善职业教育质量提升机制，深化职业教育教学改革，增强教师综合能力，激发学生学习兴趣，全面提高人才培养质量。

—坚持战略导向，注重开放协同。服务“一带一路”、京津冀协同发展等国家战略，集成区域职业教育改革合力，将国内外先进经验与北京特色相融合，打造国际一流的技术技能人才培养高地。

三、主要目标

到2020年，全市职业教育规模结构更加合理，院校布局和专业设置与首都经济社会发展更加契合，现代职业教育和培训体系基本形成，职业教育发展环境更加优化，职业院校办学能力和贡献力更加显著，形成职普相互融通、城教充分融合、学段衔接贯通、校企协同育人的职业教育发展新局面。

—调整结构，打造精品。重点建设10所左右特色鲜明、世界一流的职业院校，形成具有国际竞争力的人才培养高地。

—对接产业，服务北京。高水平建设100个左右国内领先、世界一流的骨干专业。

—产教融合，校企合作。重点建设100个左右工程师学院及技术技能大师工作室。

—面向人人，提高素质。每年完成职业技术技能培训100万人次以上。

四、重点任务

（一）立德树人，培育工匠

1. 强化立德树人导向。全面贯彻党的教育方针，落实立德树人根本任务，以培养德智体美全面发展的社会主义建设者和接班人为目标，探索具有北京职业院校特色的思想政治和德育工作长效机制，巩固拓展“一校一品”、文明风采竞赛、班主任基本功大赛、职业素养护照、“未来工匠”等项目建设成果，培育一批社会主义核心价值观德育实践基地，搭建网上心理检测与咨询、职业指导等数字化德育平台，注重学生人格塑造，将劳模精神和工匠精神融入到人才培养全过程。

（二）优化布局，促进提升

2. 调整优化院校布局。进一步优化职业院校布局，东、西城区原则上不再举办职业教育；朝阳、海淀、丰台、石景山区职业院校以服务中央和首都功能为方向，精准化办学；其他区职业院校立足本区域功能定位或行业企业需求，特色化办学。坚决清理无办学行为中等职业学校，合理调减中等职业学校规模，稳定高等职业学校规模。到2020年，中职教育在校生规模6万人左右，专科层次高职教育在校生规模10万人左右。重点建设10所左右办学定位准确、专业特色鲜明、社会服务能力强、综合办学水平领先、与北京经济社会发展需要契合度高、行业优势突出的世界一流职业院校，建好一批世界技能大赛集训基地。

3. 推动京津冀协同发展。服务首都职业人才需求，按照产业链与津冀职业教育开展跨区域人才培养、课程开发、数字化教学资源共享、实习实训基地共享、教学科研成果共享、技术技能大赛等交流合作。发挥世界技能大赛集训基地和国家级高技能人才培训基地作用，重点建设若干京津冀职业教育人才培养基地，为北京城市副中心、雄安新区、北京新机场、2022年冬奥会等重大项目培养培训应用技术型人才。

（三）构建体系，畅通渠道

4. 构建现代职教体系。构建“中职—高职—应用型本科—专业硕士”相衔接的人才培养体系，制定一体化人才培养方案。稳步推进高端技术技能人才贯通培养、综合高中等改革试验项目，进一步扩大“中职—高职”贯通培养（3+2）规模，扩大“高职—应用型本科”贯通培养（3+2）、“中职—高职—本科”贯通培养（3+2+2）规模。鼓励技工院校与高职院校合作培养学生，建立技能类职业资格和职业院校学历双向贯通培养通道。

5. 完善考试评价体系。对照国家职业标准构建职业院校学生职业能力水平测试系统。建立“公共基础课 + 思想品德 + 专业技能”的职业院校学生综合素质评价体系。完善“文化素质 + 职业技能”的职业院校学生贯通培养考试招生体系，把分类考试作为职业院校学生考试升学的主渠道，安排在统一高考之前进行，逐步提高本科院校招收职业院校毕业生比例。建立全市统一的职业院校学籍管理系统。

6. 完善职业培训体系。支持职业院校面向中小学生、社区居民、高校毕业生、在职职工、退役士兵、来京从业人员、新型职业农民、失业人员等群体，大规模开展职业体验、就业技能培训、岗位技能提升培训和创业培训。每年根据各职业院校申报的培训项目和培训能力发放培训任务清单，加强培训绩效考核。完善院校培训收入管理、培训教师评聘和薪酬管理等激励机制。鼓励职业院校与行业企业联合开发产业技术课程、职业培训包等优质教育资源，探索“互联网 + 教育培训”模式，推动探索职业院校和行业企业课程学分转换互认，支持职业院校向行业企业和社会培训机构购买创新创业、前沿技术课程和教学服务。

（四）强化内涵，提高质量

7. 提升专业建设水平。加强信息交换与共享，建立行业产业动态调整和人才供需状况定期发布制度，形成专业预警和退出机制。优化职业院校专业布局，针对限制和禁止发展产业，撤并一批面向低端产业的专业；针对调整转型产业，改造升级一批传统优势专业；针对高精尖产业，优先发展一批新兴专业；针对城市管理服务、社会建设需求，重点建设一批紧缺人才专业；针对疏解转移产业，与产业承接地合作办好一批品牌专业。定期发布专业指导性目录和禁限目录。重点建设 100 个左右紧贴产业转型发展、校企深度融合、社会认可度高的国内领先、世界一流的骨干专业，在专业特色发展、实训条件改善、师资队伍建设、课程资源开发、教学方法改革等方面予以经费支持。

8. 改进人才培养模式。推进“工学结合、校企合作”育人模式改革，职业院校与行业、企业共同设立专业建设指导委员会，制定一体化人才培养方案。借鉴德国双元制办学理念，探索现代学徒制，广泛开展“有趣、有用、有效”的课堂教学，形成以小班化、模块化、项目式、案例式、混合式教学和探究性、合作性学习为主要特色的人才培养模式。加强和推广信息化教学，坚持以赛促学，建立国家、市级、校级三级职业院校技术技能竞赛体系。积极发展集民族工艺传承创新、文化遗产保护、高技能人才培养、产业孵化于一体的职业教育。

9. 加强课程体系建设。完善以学生为中心、以能力为导向、以课程为主体、与职业资格标准相融合的课程体系。开发和引进行业、企业及国际先进的课程资源。以促进学生综合职业能力提升为目标，重构教学计划，合理设计教学模块，改进公共基础课教学，推动专业核心课对接国家职业标准和行业操作标准，着重提升学生专业能力、方法能力及社会能力，促进学生职业生涯的可持续发展。

（五）产教融合，校企合作

10. 完善校企合作机制。鼓励和支持行业企业举办或参与举办职业院校。健全德技并修、工学结合的育人机制，支持行业企业参与人才培养全过程，扩大校企联合招生、联合培养的现代学徒制订单班试点，鼓励学校与企业合作设计人才培养方案、开发课程、建设实训基地、建设教师队伍、开展技术研发，鼓励企事业单位承担学生实践和实习实训，形成“人才共育、设备共用、技术共享、文化互补、管理互通”的校企合作长效机制。建立职业院校教师与企业工程技术人员、高技能人才双向聘用机制，对符合条件愿意到职业院校任职的高技术技能人才，结合职业院校水平和特点，可申报职称评审。

11. 共建校企育人平台。推进产教深度融合，实施引企入教，遴选若干国内外龙头企业或行业开展产教融合试点，与职业院校共建 100 个左右工程师学院及技术技能大师工作室。重点建设 15 个左右职教集团和若干世界技能大赛集训基地，按照财政相关管理规定予以经费支持。明确职教集团和世界技能大赛集训基地在人才需求调查、专业设置、课程开发、专业教师培训、兼职教师选聘、实训基地建设、技能大赛组织、科研成果转化等方面的任务，并加强绩效考核。

（六）提升能力，增强师资

12. 加强基础能力建设。统筹安排职业教育专款和国家职业教育基础能力建设项目，支持职业院校改善基本办学条件，开发优质教学资源，提高教师素质。加快发展“互联网 + 职业教育”，统筹推进智慧校园建设，加强智慧教室和微课、慕课等数字化课程资源开发，依托“京学网”构建全市优质数字化课程教学资源共享平台。建设一批公共实习实训中心、数字化市级公共实训基地和与专业课程配套的虚拟仿真实训系统。

13. 提升师资队伍水平。依托职业院校、应用型本科高校和知名企业高标准建设 20 个左右职业教育师资培训基地，依托“京学网”建设教师网络培训平台。定期举办职业院校校长和管理人员领导力研修班；实施新任专业教师经培训后持证上岗制度，到 2020 年完成首轮新教师培训。完善人才引进、培养和使用机制与政策，重点培养 30 名左右在本领域具有一定影响力、知名度、居于国内同领域专业前列的职业教育名师和 100 名左右专业基础扎实、专业成果突出并在国内有一定影响的专业带头人；重点支持 50 个左右专业创新团队，在促进经济社会发展和教育教学改革中发挥积极作用；努力培养 400 名左右优秀青年骨干教师，使其成为教育改革、教学实践以及技术开发的骨干力量；资助 50 名特聘专家。探索师资培训基地与教师企业实践基地“双基地”合作培养“双师型”教师新模式，进入“双师型”系列的教师，每 5 年必须在企业实践 1 年以上，到 2020 年“双师型”教师占专业教师的比例达到 80%。

（七）国际合作，开放发展

14. 提升国际合作水平。以提升国际化综合要素深度融入教育教学全过程为着力点，加强同国外职业教育机构、行业协会的交流合作，鼓励职业院校借鉴国际先进的办学模式和考核标准，探索开发与国际先进标准相对接、体现北京特色和水平的北京职业教育课程体系。推进德国胡格（HUG）人才培养模式本土化，开展英国创新创业教育（ NCEE）、澳大利亚 TAFE 等合作项目，引进一批国际知名的职业资格证书。重点建设若干国际化程度较高的职业院校，与在京跨国公司开展校企合作，建立人才培养培训基地。

15. 积极参与“一带一路”。加强与“一带一路”沿线国家的职业教育与特色文化交流与合作，配合国家战略项目“走出去”，输出优质职业教育资源。支持职业院校国外办学，参照国际先进专业建设标准、课程标准、资格证书标准，与承载地教育部门和企业联合制定人才培养方案，培养具有国际视野、通晓国际规则的技术技能人才。鼓励和支持招收“一带一路”沿线国家留学生，开展多种形式的学生交流活动。

五、保障措施

（一）强化统筹协调

坚持市级统筹，强化办学主体责任，深化区域内教育供给侧结构性改革。坚持问题导向，快速响应需求，加强市级相关部门对职业教育改革发展重点难点问题的政策协调。引导职业院校找准学校改革发展定位，增强自身办学能力，不断提升竞争力和贡献力，加强对职业教育的规范管理和监督指导。

（二）完善保障制度

完善教师评聘制度，建立独立的职业院校教师职称评定机制。完善经费保障机制，创新经费投入方式，优化投入结构。对职业教育重点改革项目给予经费支持。依法完善职业教育资助政策体系，逐步扩大职业院校助学金、奖学金的覆盖面，建立补助标准动态调整机制，对非城镇户口学生及涉农、养老服务、非遗传承、师范教育类专业的学生减免学费。

（三）加强督导评价

教育督导部门要完善督导评估办法，加强对政府及有关部门履行发展职业教育职责的督导。完善职业教育质量评价机制，定期开展中等职业学校办学能力评估和高等职业学校适应社会需求能力评估，实施职业教育质量年度报告制度。探索职业院校多元评价机制，加强校内督导，发挥行业、用人单位作用，积极支持第三方机构开展评估。

（四）凝聚社会合力

充分调动职业教育的科研力量，联合科研院所、职业院校加强对职业教育改革成果的推广转化，增强科研服务决策、创新理论、指导实践的能力。充分发挥新闻媒体的作用，营造全社会崇尚劳动、尊重技能，重视和支持职业教育发展的良好氛围，提升北京职业教育的影响力。

（来源：北京市教育委员会网站，2018 年 4 月 12 日）

【政策法规 9：广东省第十三届人民代表大会常务委员会第三次会议通过《广东省职业教育条例》】

第一章　总则

第一条　为了发展职业教育，提高劳动者素质，培养创新型、技能型人才，促进就业创业，服务经济社会发展，根据《中华人民共和国职业教育法》及有关法律法规，结合本省实际，制定本条例。

第二条　本条例适用于本省行政区域内的各级各类职业学校教育和各种形式的职业培训及相关活动。

本条例所称的职业学校包括技工学校。

第三条　实施职业教育应当贯彻国家教育方针，对受教育者进行思想政治教育和职业道德教育，传授职业知识，培养职业技能，进行职业指导，全面提高受教育者的素质。

思想政治教育和职业道德教育应当加强中国特色社会主义思想教育，培育和践行社会主义核心价值观，强化职业精神和职业素养教育，弘扬劳模精神、劳动精神、工匠精神。

第四条 发展职业教育应当完善职业教育和培训体系，坚持面向市场、服务发展、促进就业的办学方向，形成定位清晰、科学合理的层次结构，适应本省经济发展和社会进步的需要。

第五条 发展职业教育应当坚持产教融合、校企合作、工学结合、知行合一，创新职业教育模式，引导社会支持职业教育，提高职业教育的针对性和实效性。

第六条 省人民政府应当统筹发展全省各级各类职业教育，优化职业教育结构和布局，推动职业教育协调发展。

县级以上人民政府应当将发展职业教育纳入国民经济和社会发展规划，履行发展职业教育职责，依法加强职业教育督导工作。

第七条 省人民政府教育行政部门负责职业教育工作的统筹规划、综合协调、宏观管理。

省人民政府教育行政部门、人力资源和社会保障部门分别负责有关的职业教育工作，其他有关部门在各自职责范围内负责职业教育相关工作。

第八条 县级以上人民政府有关部门应当加强对行业组织的指导，支持行业组织发挥职业教育服务功能，并强化监管。

行业组织应当履行发布行业人才需求、推进校企合作、参与指导教育教学、开展质量评价等职责，建立行业人力资源需求预测和就业状况定期发布制度。

第九条 鼓励企业事业组织、社会团体及其他社会组织和公民等社会力量参与发展职业教育。

第二章　职业教育体系

第十条 中等职业学校教育由中等职业学校实施；高等职业学校教育包括专科、本科和研究生层次教育，根据需要和条件分别由高等职业学校和普通高等学校实施。其他学校按照教育行政部门规定的标准和程序，可以实施相应层次的职业学校教育。

地级以上市人民政府统筹中等职业学校教育发展，省人民政府统筹高等职业学校教育发展。

第十一条 职业培训包括从业前培训、转业培训、学徒培训、在岗培训、转岗培训以及其他职业培训，可以根据实际情况分为初级、中级、高级职业培训。

职业培训主要由职业学校、职业培训机构实施，其他学校或者教育机构可以根据自身条件，开展面向社会的、多种形式的职业培训。

第十二条 技工学校分为技师学院、高级技工学校和普通技工学校。技师学院重点培养高级工以上技能人才；高级技工学校重点培养中级工、高级工；普通技工学校重点培养中级工。

技工学校按隶属关系由省、市人民政府统筹管理。

第十三条 县级以上人民政府应当推进职业技能培训市场化、社会化和多元化，建立各类培训主体平等竞争、人员自主参加、政府购买服务的技能培训机制。

鼓励有条件的县级以上人民政府依托企业、职业学校、职业培训机构建立现代化产业人才培养培训基地。

第十四条 县级以上人民政府应当采取措施在资金、设施建设等方面加强对贫困地区、民族地区职业教育发展的扶持，改善其职业学校办学条件。

县级以上人民政府应当依托职业学校、职业培训机构开展新型职业农民的教育培训工作，构建农村职业教育体系。

县级以上人民政府应当统筹利用各类职业教育资源，开展残疾人职业教育。职业学校、职业培训机构及其他教育机构应当按照国家有关规定接纳残疾学生。

第十五条 省人民政府教育行政部门应当建立和完善终身教育学分制度，通过学分积累、转移和互换，促进学历与非学历教育衔接连通、互通互认，推进非学历教育学习成果与职业技能等级学分转换互认，构建普通教育、职业教育以及业绩成果互认的终身教育资历框架体系。

受教育者通过继续教育或者培训等方式，积满中等职业教育要求的相应学分，经认定可以获得中等职业教育学历证书和职业资格证书或者相应技能等级证书。

受教育者通过继续教育或者培训等方式，积满与专科层次高等职业教育要求的相应学分，经认定可以获得专科层次高等职业教育学历证书和职业资格证书或者相应技能等级证书。

第十六条 企业应当建立职工教育培训制度，组织职工参加职业教育与职业培训。

鼓励有条件的企业承担公共职业教育与职业培训。

第三章 职业教育实施

第十七条 职业学校、职业培训机构的设立、变更和终止，应当按照国家和省有关规定执行。

根据高等学校设置制度规定，符合条件的技师学院可以纳入高等学校序列。

第十八条 职业学校应当依法制定体现职业教育特色的章程和管理制度，完善治理结构，创新办学体制机制。

第十九条 职业学校可以依据经济社会发展、产业发展和人才需求状况自主设置、调整专业，并向有关主管部门备案。职业学校设置国家控制专业应当按照有关规定办理审批手续。

职业学校应当配备相应设施设备，建设与办学规模相适应的实习实训基地。

第二十条 省级有关部门应当完善职业学校教师聘任和职称晋升制度。

县级以上人民政府应当将职业学校教师培养和培训纳入教师队伍建设总体规划，县级以上人民政府教育行政部门、学校主管部门和职业学校分别负责编制本区域和本学校教师培训规划。

第二十一条 各级机构编制部门应当根据省制定的教职工编制标准，按照职业学校办学规模和发展定位，结合本地实际，动态核定公办职业学校教职工编制，创新职业学校机构编制管理方式。

鼓励职业学校面向社会和企业聘用专业技术人员、高技能人才和管理型人才担任专、兼职教师。

第二十二条 地级以上市人民政府应当保持中等职业教育与普通高中教育招生比例适当，教育行政部门、人力资源和社会保障部门应当制定年度招生计划。

地级以上市人民政府教育行政部门、人力资源和社会保障部门应当建立统一招生平台，对本市应届初中毕业生实行中等职业教育、普通高中教育统一招生录取。

第二十三条 省人民政府教育行政部门、人力资源和社会保障部门应当制定职业学校类别招生录取办法和高等职业学校招收技能拔尖人才办法。

中等职业学校采取注册入学制度。完成九年义务教育的学生或者高中毕业学生申请并经学校批准，可以进入中等职业学校学习或者培训。

高等职业学校主要采取文化素质与职业技能考察相结合的考试入学制度。中等职业学校应届及往届毕业生可以通过职业教育类别考试方式或者普通高考方式进入专科层次高等职业学校、本科高等学校学习。

完成专科层次高等职业教育应届及往届毕业生，可以通过职业教育类别考试方式进入本科学历教育。完成本科层次职业教育的，可以通过考试进入专业学位研究生学历教育。

第二十四条 职业学校应当按照国家和省规定的专业教学标准和质量要求，建立管理制度和教学制度，制定人才培养方案，建立内部质量保证机制。

职业学校和职业培训机构应当结合职业教育的特点，加强职业道德和职业生涯规划等教育，开发、编写、引进体现新知识、新技术、新工艺、新方法及具有地方特色的传统工艺、传统技术等具有职业教育特点的课程和教材。

职业学校应当建立学生创新创业支持体系，可以在课程研发、学时学分、师资保障、场地建设、专利保护、资金支持、奖励措施等方面创造条件，鼓励学生进行创新创业活动。

教育行政部门及有关部门应当实施职业教育质量年度报告制度，组织用人单位和第三方机构对职业教育质量进行评估，编制年度质量报告并定期向社会公开，接受社会监督。

第二十五条 职业学校教育可以实行全日制与非全日制教育，修业年限按照国家有关规定执行。

第二十六条 实行学分制的职业学校，应当允许学生分阶段完成学业，在保证完成教学总学时和修满总学分并符合规定标准的前提下适当缩短或者延长修业年限。

职业学校可以制定学分认定的具体实施办法。

学生的科技发明创造、竞赛活动成绩，以及被社会有关部门采用或者在解决生产实际问题中取得较好社会效益或者经济效益的论文、设计、调研报告和研究成果等，可以折算为课程学分。

第二十七条 鼓励职业学校联合开设优质课程并推进师资、课程、实训基地的共享与学分互认。

职业学校应当制定课程免修、学分替代等管理办法。

中等职业学校与普通高中之间，可以实行学生学籍互转、学分互认。具体办法由地级以上市人民政府教育行政部门会同人力资源和社会保障部门制定。

第二十八条 职业教育实行学历、学位、职业资格、职业技能等级、培训等证书制度。

职业学校的学生，按照专业教学标准完成课程学习任务，经学校考核合格的，可以获得相应的学历或者学位证书；经具有资质的职业资格考核机构、职业培训考核机构考核合格的，可以获得相应的职业资格证书、职业技能等级证书。

第二十九条 鼓励国有资产参与举办非营利性民办学校，支持各地政府以闲置土地、校舍等要素参与非营利性民办职业学校办学。鼓励以国有建设用地使用权作价出资或者入股的方式提供土地，与社会资本共同举办民办职业学校。

鼓励社会力量以独资、合资、合作等方式依法举办职业教育。鼓励通过政府购买服务、协议托管等方式支持社会力量参与公办职业学校办学。

鼓励有条件的地区推进职业学校股份制、混合所有制改革，允许社会力量以资本、知识、技术、管理等要素依法参与办学并享有相应权利。

第三十条 鼓励职业学校开展职业教育对外交流与合作，依法引进国际先进、成熟适用的专业标准、专业教材体系、专业认证体系与其他教育资源，参与职业教育国际标准制订，输出优质职业教育资源，提高职业教育国际化水平。

地级以上市人民政府应当支持职业学校与国际知名职业学校合作办学，开展中资企业境外员工的职业教育、技术技能培训工作。

第三十一条 鼓励职业学校针对粤港澳大湾区产业特点，建立跨校、跨境技能型人才培养机制，促进资源共享、优势互补，加强粤港澳大湾区职业教育合作。

第四章 校企合作

第三十二条 职业教育校企合作实行校企主导、政府推动、行业指导、学校企业双主体实施的合作机制。

鼓励职业学校与企业事业组织、社会团体、行业组织在人才培养、合作研究、共建机构、共享资源、技术创新、就业创业、社会服务、文化传承等方面开展合作。

第三十三条 县级以上人民政府有关部门在各自职责范围内负责制定促进职业教育校企合作办学的相关政策，引导行业企业开展校企合作。

各级人民政府应当创造条件，为建立实习实训基地、合作建设实验室或者生产车间等校企合作项目提供资助。

第三十四条 规模以上企业应当建立校企合作制度，设立学生实习和教师实践岗位，安排专门机构或者人员与职业学校开展相关工作。

支持行业组织、企业、职业学校依法牵头组建多元投资主体的职业教育集团或者其他形式的产教联合体。

企业开展校企合作依法享受税收优惠。

校企合作成效显著，被认定为职业教育产教融合型的企业，可以依法享受有关优惠。

第三十五条 职业学校应当根据本行政区域经济社会需求，与相关企业在专业设置、人才培养、实习实训、师资队伍建设、技术研发与推广、科技成果转化等方面开展合作。

职业学校与企业开展专业设置、师资队伍建设合作，应当促进专业课程内容对接国家职业标准，加强建设专业理论知识和专业实践能力兼备的教师队伍。

职业学校与企业开展实习实训合作，应当建立学生和教师到企业实习、实践制度，并加强对实习学生和实践教师的职业道德教育和安全教育。

第三十六条 县级以上人民政府应当引导职业学校、行业组织和企业开展现代学徒制和企业新型学徒制培养，明确学校、企业和学生三方的权利和义务，共同制定人才培养方案、开发课程和教材、设计实施教学、组织考核评价、开展教学研究。

第三十七条 职业学校自办的、以服务学生实习实训为主要目的的企业或者经营活动，按照国家有关规定享受税收等优惠。

第三十八条 鼓励有条件的县级以上人民政府健全企业参与校企合作的成本补偿机制。

第三十九条 职业学校学生应当参加实习，职业学校、实习单位、学生应当依法签订实习协议，明确三方的权利和义务。职业学校和实习单位应当根据相关规定，为实习学生购买实习责任保险。

顶岗实习学生实习报酬不得低于本单位相同岗位试用期工资标准的百分之八十，实习报酬应当以货币形式按月直接发放给学生本人，并在三方实习协议中明确报酬标准；其他实习，实习单位可以给予实习学生适当补贴。任何单位和个人不得扣取、截留学生实习报酬、补贴。

实习单位接受实习学生的人数及安排学生从事实习工作的岗位等，应当符合国家和省的有关规定。

本省行政区域内的中等职业学校、技工学校的学历教育学生实习与本省常住户口的中等职业学校、技工学校的学历教育毕业生就业见习，依照《广东省高等学校学生实习与毕业生就业见习条例》有关规定执行。

第五章　保障措施

第四十条　县级以上人民政府应当将职业教育纳入公共财政保障范围，落实职业教育经费保障。

第四十一条　县级以上人民政府应当建立分专业类别的财政生均拨款保障制度，向所举办的公办职业学校按时、足额拨付经费。

国家重点以上中等职业学校和技工学校生均拨款基准定额可以参照高等职业学校生均拨款基准定额标准设定。

第四十二条　县级以上人民政府应当建立职业教育经费预决算公开制度、绩效评价制度、审计监督及其公告制度。

第四十三条　鼓励社会力量捐资、出资兴办职业教育。对向职业学校进行捐赠的公民、法人或者其他组织，按照有关规定给予税收优惠。

第四十四条　社会力量投资或者与政府联合建设职业学校的建设用地，根据国家规定按照科教用地管理。鼓励社会力量通过出让、租赁方式取得国有建设用地使用权，符合国家有关划拨用地规定的，可以通过划拨方式取得国有建设用地使用权。

县级以上人民政府可以依法通过政府购买服务等方式对社会力量举办的职业学校给予支持。各地可以根据当地实际，统筹考虑民办职业学校办学成本、收费并参照当地同类公办学校生均公用经费情况，确定政府购买服务标准。

第四十五条　县级以上各级人民政府可以采取政府补贴、基金奖励、捐资激励、费用减免等措施，支持非营利性民办职业学校。

非营利性民办职业学校与公办职业学校享受同等的税收优惠政策。按照税法规定进行免税资格认定后，对属于非营利组织企业所得税免税收入范围的收入免征企业所得税。

第四十六条　省人民政府应当加大力度支持粤东、粤西、粤北地区改善职业学校办学条件，提高办学质量。鼓励珠江三角洲地区优质中等职业学校向粤东、粤西、粤北地区招生。

第四十七条　举办职业学校应当确保在用地、校舍建设、师资队伍、图书资料、实训设备等方面达到国家和省规定的设置标准。

第四十八条　企业应当根据国家和省规定的标准，按照职工工资总额的一定比例足额提取教育培训经费，用于对本企业的职工进行职业教育。

第四十九条　县级以上人民政府应当加强就业专项资金对职业培训补贴的支持，改进补贴方式，合理确定补贴标准和补贴对象。

城镇登记失业人员、退役士兵、高校毕业生、未继续升学的应届初中和高中毕业生、残疾人、农村转移劳动力、余刑在二十四个月内的在粤服刑人员、被强制戒毒人员等参加职业培训，符合条件的，按照规定享受职业培训补贴。

县级以上人民政府应当完善面向农民、农村转移劳动力、在职人员、失业人员、残疾人、退役士兵等接受职业教育和培训的资助补贴制度，推行以直补个人为主的支付办法。

第五十条　县级以上人民政府应当将职业学校校舍建设和实训基地建设用地纳入土地利用总体规划、土地利用年度计划和城乡建设规划。

第五十一条　县级以上人民政府应当健全财政保障机制，逐步分类推行中等职业教育免除学杂费制度，具体办法由省人民政府另行制定。

高等职业学校按照国家规定收取学费。

第五十二条　县级以上人民政府应当建立职业学校毕业生就业服务制度，加大毕业生就业专项资金投入力度，促进职业学校毕业生就业创业。

各级公共就业服务机构、高校毕业生就业指导服务机构应当为职业学校毕业生免费提供就业服务。

职业学校应当加强就业指导机构建设，加强职业学校毕业生就业、创业教育和服务。

第五十三条　县级以上人民政府应当依法建立职业教育科研和教学成果奖励制度。

职业学校应当加强职业教育科研体系和队伍建设，按照国家和省有关规定建立促进职业教育科技成果转化的管理制度，明确科技成果转化实施步骤、权利责任、分配方案、组织保障等事项。

第六章　法律责任

第五十四条　违反本条例第十七条第一款规定，未经批准擅自举办职业学校、职业培训机构的，由县级以上人民政府教育、人力资源和社会保障等相关行政部门责令改正或者予以取缔，对职业学校和职业培训机构、直接负责的主管人员和其他直接责任人员依法处理。有违法所得的，没收违法所得。

第五十五条　违反本条例第五十条规定，擅自收取费用或者超标准收取费用的，由教育行政部门或者其他有关行政部门责令退还违法收取的费用，对直接负责的主管人员和其他直接责任人员依法处理。

第五十六条　各级人民政府，教育、人力资源和社会保障以及其他行政部门违反本条例规定未依法履行职责的，由其上级机关责令改正；情节严重或者造成严重后果的，由有关机关对主管人员和其他直接责任人员依法给予处分。

第五十七条　违反本条例规定的其他行为，法律、法规已有规定的，从其规定。

第七章　附则

第五十八条　本条例自 2018 年 9 月 1 日起施行。

（来源：广东省教育厅网站，2018 年 8 月 31 日）

新闻报道

【新闻报道 1：教育部等四部门联合印发《关于加快发展残疾人职业教育的若干意见》】

7 月 18 日，教育部等四部门联合印发了《关于加快发展残疾人职业教育的若干意见》（以下简称《意见》)，明确进一步推动残疾人职业教育、提高残疾人职业教育的普及水平与保障能力的政策措施。

《意见》提出，要以中等职业教育为重点不断扩大残疾人接受职业教育的机会，让完成义务教育且有意愿的残疾人都能接受适合的中等职业教育。职业院校要通过随班就读、专门编班等形式，逐步扩大招收残疾学生的规模，不得以任何理由拒绝接收符合规定录取标准的残疾学生入学。

同时，要加快发展残疾人高等职业教育。鼓励职业院校与现有独立设置的特殊教育机构合作办学，联合招生、学分互认、课程互选，共同培养残疾学生。

《意见》明确，各地要加强残疾人职业教育教师的培养培训，专业课教师每 5 年应有不少于 6 个月的企业或生产服务一线实践，没有企业工作经历的新任教师应先实践再上岗。职业院校要遴选和安排具有特殊教育资质或教学经验丰富的教师承担随班就读或特殊教育班级（专业）的教育教学工作，为残疾学生配备优质师资。

在就业环节，《意见》要求，各职业院校、各残疾人就业服务机构要结合残疾学生特点和需求提供就业创业指导，提高残疾学生的就业创业能力，开展“一对一”服务，做到不就业不脱钩。依托全国残疾人就业创业网络服务平台，及时发布求职和招聘信息。

（来源：新华网，2018 年 7 月 18 日）

【新闻报道 2：《国家职业教育改革实施方案》通过】

2018 年 11 月 14 日电，中共中央总书记、国家主席、中央军委主席、中央全面深化改革委员会主任习近平 11 月 14 日下午主持召开中央全面深化改革委员会第五次会议并发表重要讲话。他强调，庆祝改革开放 40 周年，要以新时代中国特色社会主义思想为指导，深刻总结改革开放光辉历程和宝贵经验，引导广大干部群众充分认识改革开放重大意义和伟大成就，增强“四个意识”，坚定“四个自信”，继续高举改革开放伟大旗帜，把握完善和发展中国特色社会主义制度、推进国家治理体系和治理能力现代化的总目标，不断把新时代改革开放继续推向前进。

中共中央政治局常委、中央全面深化改革委员会副主任王沪宁、韩正出席会议。

会议审议通过了《海南省创新驱动发展战略实施方案》《海南省建设国际旅游消费中心的实施方案》《关于支持海南全面深化改革开放有关财税政策的实施方案》《关于支持海南全面深化改革开放综合财力补助资金的管理办法》《关于调整海南离岛旅客免税购物政策工作方案》《加快完善市场主体退出制度改革方案》《深化政府采购制度改革方案》《国家职业教育改革实施方案》《关于加强县级融媒体中心建设的意见》《关于深化改革培育世界一流科技期刊的意见》《关于推进基层整合审批服务执法力量的实施意见》《关于加强和改进出版工作的意见》《国家组织药品集中采购试点方案》《关于全面推行行政执法公示制度执法全过程记录制度重大执法决定法制审核制度的指导意见》

和《“街乡吹哨、部门报到”—北京市推进党建引领基层治理体制机制创新的探索》。

会议强调，要把职业教育摆在更加突出的位置，对接科技发展趋势和市场需求，完善职业教育和培训体系，优化学校、专业布局，深化办学体制改革和育人机制改革，鼓励和支持社会各界特别是企业积极支持职业教育，着力培养高素质劳动者和技术技能人才，为促进经济社会发展和提高国家竞争力提供优质人才资源支撑。

（来源：新华社，2018 年 11 月 14 日）

【新闻报道 3：国务院职业教育工作部际联席会议制度建立】

2018 年 11 月 27 日讯，国务院批复了教育部《关于提请调整完善职业教育工作部际联席会议制度的请示》，同意建立由国务院领导同志牵头负责的国务院职业教育工作部际联席会议制度。同时，撤销职业教育工作部际联席会议，其职能并入国务院职业教育工作部际联席会议。

联席会议的主要职能包括贯彻落实党中央、国务院关于职业教育工作的重大决策部署；统筹协调全国职业教育工作，研究解决职业教育重大问题；研究审议拟出台的职业教育法律法规和重大政策，部署实施职业教育改革创新重大事项；听取国家职业教育指导咨询委员会等方面的意见建议；督促检查职业教育有关政策措施的落实情况；完成党中央、国务院交办的其他事项。

联席会议由教育部、发展改革委、工业和信息化部、财政部、人力资源和社会保障部、农业农村部、国资委、税务总局、扶贫办 9 个部门和单位组成，教育部为牵头单位。联席会议设召集人一人，由国务院分管教育工作的领导同志担任；设副召集人两人，由教育部主要负责同志和协助分管教育工作的国务院副秘书长担任；其他成员单位有关负责同志为联席会议成员。根据工作需要，联席会议可邀请其他相关部门和单位参加。联席会议成员因工作变动需要调整的，由所在单位提出，联席会议确定。

联席会议办公室设在教育部，主要承担联席会议组织联络和协调等日常工作。办公室主任由教育部分管职业教育工作的负责同志兼任。联席会议设联络员，由各成员单位有关司局负责同志担任。

联席会议原则上每年召开两次会议，也可根据工作需要临时召开专题会议，由召集人或召集人委托的副召集人主持。在联席会议召开之前，由联席会议办公室召开联络员会议，研究讨论联席会议议题和需提交联席会议议定的事项及其他有关事项。联席会议以纪要形式明确会议议定事项，印发各成员单位及有关方面贯彻落实，重大事项按程序报批，落实情况定期报告联席会议。联席会议办公室可根据工作需要，组织成员单位开展联合督导调研，对成员单位和地方职业教育工作进行督促检查。

各成员单位要按照职责分工，积极研究办好新时代职业教育的有关问题，制定相关配套政策措施或提出政策建议；及时向联席会议办公室提出需联席会议讨论的议题，按要求参加联席会议，认真落实联席会议确定的工作任务和议定事项；互通信息，相互支持，密切配合，形成工作合力，充分发挥联席会议作用。联席会议办公室要及时向各成员单位通报相关情况，推动会议议定事项的落实。

据悉，国务院职业教育工作部际联席会议制度的建立，将进一步加强对职业教育工作的领导，强化统筹协调，形成工作合力。

（来源：《中国教育报》，2018 年 11 月 27 日）

【新闻报道 4：陈宝生在十三届全国人大一次会议记者会上答中外记者问】

2018 年 3 月 16 日，十三届全国人大一次会议新闻中心在梅地亚中心举行记者会，教育部部长陈宝生应邀就“努力让每个孩子都能享有公平而有质量的教育”这一主题，回答中外记者提问。

陈宝生强调，职业教育的发展，在中国教育发展史上其实是起步最早的，福建的马尾船政学堂就是我们最早的职业教育，洋务派办的学校就是职业教育。但是，长期以来由于各方面原因，职业教育发展比较滞后，近些年有了很大发展。党的十九大对产教融合、校企合作发展职业教育作出了总体安排，国务院也出台了相关文件。贯彻十九大精神、贯彻这个文件，我们做了三件事：

落实规划。出台了《制造业人才发展规划指南》，并且对这个《指南》设计的任务按部门进行了分解。落实这个规划，面上抓项目，这是全覆盖的，各省份各行业都有一批产教融合、校企合作的具体项目。点上抓标杆，以制造业为主，辐射若干行业、产业，选择了 344 个点作为产教融合、校企合作的标杆来培育，从中摸索路子、积累经验。整体抓指导，我们已经发布了 20 个行业人才需求与专业设置指导报告，因为职业教育和普通教育是不一样的，要把“需”和“求”紧密结合起来。

搭建平台。目前已经搭建了三个平台：一是职业教育活动周，这是一个论坛型的平台，大家研讨交流。二是产教融合对话，我们举行了 20 多场。这是对话类的平台，产和教相互之间进行对话，衔接需求。三是全国职业技能大赛，这是一个竞赛类的平台，每年一期，进行检阅、进行竞赛，营造浓厚的发展氛围。

狠抓质量。职业教育的重心核心在质量，我们在这一方面下了很大的功夫，重点是要解决产教融合中的示范问题、产教融合中的协同创新问题、产教融合中的实训基地问题。我们组建了 1400 多个职教产业集团，联系 3 万多家企业，形成一种紧密的产教融合关系。我们还选择 360 多所学校，建设了一批产教应用技术协同创新中心，还和企业合作建成了 1440 多个实训基地。因为职业教育实训环节很重要，得有动手能力，这是它的质量基础。我们推进现代学徒制试点，第一批遴选了 163 个单位，进行现代学徒制试点，试点一年后进行了年审年检，证明这个试点是成功的。然后，我们又遴选了第二批 203 个单位开展试点，现在是 366 个试点单位，叫作现代学徒制试点。这些措施都是为了解决“双师型”教师缺乏的问题，在学校和产业之间、学校和企业之间、产和教之间建立一个“旋转门”，建设一支“双师型”教师队伍，建设一批实训基地，建设一批应用技术协同创新中心，来落实好这个规划，推动产教融合、校企合作向深度发展。

（来源：《中国教育报》，2018 年 3 月 17 日）

【新闻报道 5：中国职业技术教育学会第五次会员代表大会召开】

2018 年 12 月 27 日，中国职业技术教育学会第五次会员代表大会在北京召开。在以全新理念推进职业教育改革的背景下，大会围绕深入学习贯彻全国教育大会精神，加快推进职业教育现代化的主题，听取并审议通过了第四届理事会工作报告，选举产生了学会第五届理事会会长、副会长、秘书长，选举产生了理事、常务理事。鲁昕当选为中国职业技术教育学会第五届理事会会长。

孙尧指出，2018年是全面贯彻党的十九大开局之年，职业教育以贯彻党的十九大和全国教育大会精神为主线，努力破解长期以来困扰职业教育发展的难题，增强技术技能人才有效供给，推动职业教育稳步迈向现代化。实现了三个新突破：一是在顶层设计上有了新的突破，二是在部门联动上有了新的突破，三是在深化产教融合、校企合作上有了新的突破。全国教育大会召开，习近平总书记发表重要讲话，从党和国家事业发展全局的战略高度，对新时代教育工作进行了全面系统深入的阐述和部署。习近平总书记就加快推进职业教育现代化提出了明确要求。职业教育迎来了新的一轮发展机遇，努力实现由注重规模扩张向质量提升转变、由参照普通教育向产教深度融合的类型教育转变、由政府举办为主向政府统一管理社会多元办学转变。党和国家对职业教育的指示要求，充分体现了三个"一以贯之"：一是对职业教育的重视一以贯之。以习近平同志为核心的党中央高度重视职业教育发展。全国教育大会中，习近平总书记明确提出"高度重视职业教育，大力推进产教融合，健全德技并修、工学结合的育人机制"。二是以改革破解难题的决心和力度一以贯之。全国教育大会和职业教育20条直面战线和社会关切，提出了一系列创新性政策举措，推出了一批有基础、可操作的重大项目，为职业教育不断适应科技革命和产业变革趋势、培养亿万高素质的产业生力军作出了具体安排。三是突出职业教育办学特色的要求一以贯之。职业教育与普通教育是两种不同教育类型，具有同等重要地位。国家始终坚持职业教育类型教育的办学特色，推动建立健全职业教育国家制度框架、提升技术技能人才培养质量、营造有利于职业教育发展的良好社会环境，促进职业教育现代化水平有较大提升。

孙尧强调，职业教育内外发展环境都处于前所未有的机遇期，具有较好的发展基础。如何把诸多有利条件和良好工作基础转化为实际行动，解决好体系建设不够完善、职业技能实训基地有待加强、制度标准不够健全、企业参与办学动力不足、有利于技术技能人才成长的配套政策尚待加强、办学和人才培养质量水平参差不齐等问题，仍然需要我们开阔思路、真抓实干。

孙尧指出，广大会员是学会生存和发展的基础，新一届理事会要坚持政治建会。要以习近平新时代中国特色社会主义思想为指引，学习贯彻好全国教育大会精神和职业教育20条，努力推动职业教育战线的思想和行动统一到党中央决策部署上来。要紧扣国家需要、人民要求和市场需求，当好政府决策的参谋，为职业教育工作提供智力支持。坚持学术立会。学会是以研究职业教育为主要任务的学术性社会团体，既有学术性团体的专业性，又能够发挥沟通政府与学者之间的桥梁纽带作用。改革发展涌现出来的新问题亟待科研的支撑。新一届理事会要创新工作思路，坚持理论和实践有机结合，深入研究职业教育发展，形成具有自身特色的工作方法和品牌项目。坚持服务强会。广大会员是学会生存和发展的基础。希望新一届理事会及各级分会进一步明确工作责任，发挥自身作用，建立健全各项管理与监督制度，不断增强学会的吸引力和凝聚力。

新当选的学会会长鲁昕同志代表新一届理事会讲话，并作题为《人工智能赋能新时代技术人才培养的战略思考》的学术报告。鲁昕同志全面总结了改革开放40年职业教育作出的历史性贡献，走向未来，是职业教育大有作为的新时代。

鲁昕指出，全国教育大会的召开，提出了一系列新理念、新思想、新观点，新时代对职业教育提出了新要求。新一届学会要认真学习贯彻习近平总书记关于教育的重要论述，牢固树立"四个意识”，坚定“四个自信”，坚决做到“两个维护”，坚持“政治强会、服务兴会、学术立会、依法治会”的工作方针。以习近平新时代中国特色社会主义思想为指导思想和行动指南，把党的工作融入学会运行和发展的全过程。突出指导思想和理论武装，把中国特色社会主义理论体系贯穿于学会研究和各项工作的全过程。不断提升学会服务社会、服务教育的能力，扩大学会影响力。

鲁昕强调，当前，职业教育工作面临着新的形势。职业教育要以全新的理念推进职业教育改革，全面对接科技发展趋势和市场需求，担当类型教育，培养高素质技术技能人才，推动教育结构更加科学合理。特别是面对人工智能不断增能、数字化加速转型的新时代，科技进步周期缩短、成果转化速度加快，需要数以千万计的适应人工智能发展、适应数字经济的各级各类人才，需要在更高的层次、更大的范围，更高的起点上思考办学制度的创新与发展。通过“产教科融合”“校企科合作”，服务数字化转型背景下的经济发展和科技进步。一方面，推动制造业、服务业由中低端迈向中高端，推动科研院所、大学实验室、企业研发中心等成果转化落地；另一方面，提高职业教育办学质量和社会效益。以现代职业教育改革加速推动教育改革，加速教育现代化进程。

据了解，新一届学会将组建新的学术委员会，在“职业教育类型教育”“职业教育国家制度、国家标准、国家课程体系”“职业教育办学体制、育人机制、现代化教育结构”“职业教育产教科融合、校企科合作制度建设”“职业教育对高质量发展的贡献评价”“职业教育教师队伍建设及评价标准”“职业教育资格证书标准体系建设”“政府和社会职业教育投入产出指标体系”等8个方面开展重大理论研究，发挥职教学会的智库作用。重点在打造“中国职业教育达沃斯论坛”，建设中国现代职业教育智库，开设“走向未来新时代”讲坛，举办学生作品博览会，组织说课比赛等竞赛活动，编写出版职业教育发展报告、就业报告、行业需求报告和发布职业教育发展系列蓝皮书，组织和推介高端培训，开发培训包，推动国际合作等10个方面履行新使命。

大会还审议通过了新的《中国职业技术教育学会章程》，并表决通过了新的会费标准。

新一届理事会团结了教育、经济、科技等社会各界人士，结构更趋合理，从跨界的角度思考职业教育，体现了多方共建的原则。成员包括了国务院职业教育工作部际联席会议成员单位、教育部有关司局和直属单位、地方教育主管部门等有关政府部门代表；有关民主党派、社会团体、无党派人士、两院院士及有关教育、经济、科技、文化等方面的科研机构代表；行业企业及大国工匠代表；有关高等学校、职业院校和新闻媒体等方面的代表。本次大会有来自教育部、民政部，地方教育行政部门、地方职教学会、职教学会各分支机构，中国高等教育学会、中国电子学会、职业教育科研院所、职业院校和企事业单位等共559人出席了会议。

（来源：中青在线，2018年12月27日）

统计资料

高等教育学校（机构）数（2018 年）

表 14　　单位：所

地区	普通高校				成人高等学校		民办的其他高等教育机构
	合计	其中：中央部门办	本科院校	高职（专科）院校	合计	其中：中央部门办	
总计	2663	119	1245	1418	277	13	786
北京	92	38	67	25	23	8	64
天津	56	3	30	26	14	0	0
河北	122	4	61	61	6	1	38
山西	83	0	33	50	10	0	45
内蒙古	53	0	17	36	2	0	0
辽宁	115	5	64	51	19	2	60
吉林	62	2	37	25	14	0	15
黑龙江	81	3	39	42	20	0	35
上海	64	10	39	25	14	0	210
江苏	167	10	77	90	8	1	0
浙江	108	2	60	48	9	0	20
安徽	119	2	45	74	6	0	7
福建	89	2	37	52	3	0	0
江西	102	0	43	59	8	0	23
山东	145	3	67	78	11	0	65
河南	139	1	55	84	10	0	50
湖北	128	8	68	60	14	0	18
湖南	124	3	51	73	12	0	27
广东	152	5	64	88	14	0	29
广西	75	0	36	39	6	0	0
海南	20	0	7	13	1	0	0
重庆	65	2	25	40	4	0	6
四川	119	6	51	68	16	1	39
贵州	72	0	29	43	3	0	0
云南	79	1	32	47	2	0	0

续表 14

地区	普通高校				成人高等学校		民办的其他高等教育机构
	合计	其中：中央部门办	本科院校	高职（专科）院校	合计	其中：中央部门办	
西藏	7	0	4	3	0	0	0
陕西	95	6	55	40	14	0	0
甘肃	49	2	22	27	5	0	35
青海	12	0	4	8	2	0	0
宁夏	19	1	8	11	1	0	0
新疆	50	0	18	32	6	0	0

注：香港、澳门和台湾省教育统计资料暂缺，下同。

高等教育普通本、专科学生数（2018 年）

表 15　　单位：人

地区	毕（结）业生数				授予学位数	招生数
	合计	其中：女	本科	专科		合计
总计	7533087	4020993	3868358	3664729	3807417	7909931
北京	149183	77236	120258	28925	118827	151952
天津	138789	70956	78461	60328	76338	142116
河北	338771	184931	171447	167324	170031	386504
山西	216596	124414	117525	99071	116119	201497
内蒙古	122929	67378	58014	64915	56633	122156
辽宁	275875	141241	177461	98414	176259	256017
吉林	166174	88294	113143	53031	111529	175543
黑龙江	200701	104192	124946	75755	123964	197866
上海	132508	71949	85832	46676	84519	135825
江苏	491268	250633	260106	231162	253898	478683
浙江	280634	157717	149271	131363	147887	267993
安徽	335182	172834	154074	181108	152293	306990
福建	204271	108906	120998	83273	120490	221725
江西	310976	152689	126875	184101	125677	296321
山东	585871	318052	239609	346262	238320	553743
河南	559882	298871	262013	297869	257927	622240
湖北	375447	185226	203965	171482	199243	406772
湖南	347641	186876	164199	183442	161013	381644
广东	523936	281254	253961	269975	252319	573287
广西	213788	117747	97498	116290	95712	282938

续表 15

地区	毕（结）业生数				授予学位数	招生数
	合计	其中：女	本科	专科		合计
海南	49281	26907	24856	24425	24128	54468
重庆	199727	110774	105300	94427	102550	213681
四川	393689	215734	186361	207328	182096	453510
贵州	159724	93587	69877	89847	66588	217176
云南	188092	111531	95714	92378	93754	210134
西藏	9297	4976	5609	3688	5303	9491
陕西	311010	163591	169633	141377	167464	282961
甘肃	122347	61395	70587	51760	69388	136920
青海	17414	9336	8331	9083	8169	20465
宁夏	30799	17114	17892	12907	17159	35027
新疆	81285	44652	34542	46743	31820	114286

地区	招生数			在校生数		
	其中：女	本科	专科	合计	其中：女	本科
总计	4522225	4221590	3688341	28310348	14873873	16973343
北京	81333	130060	21892	594933	301644	520899
天津	75334	89100	53016	523349	263232	350646
河北	224295	200178	186326	1342631	723221	774678
山西	126619	122038	79459	765580	430522	502932
内蒙古	71075	62764	59392	455284	242626	258781
辽宁	134113	168364	87653	963208	482820	692619
吉林	95913	120125	55418	658327	342004	486973
黑龙江	104085	133899	63967	732082	372764	527986
上海	75003	95786	40039	517796	271156	383459
江苏	276209	271837	206846	1806277	890165	1121239
浙江	167266	150858	117135	1019449	552229	624707
安徽	170391	163886	143104	1139112	572657	664949
福建	129187	125233	96492	772361	412433	505489
江西	162023	141845	154476	1054400	520133	544906
山东	338291	258168	295575	2040793	1098859	1068178
河南	376599	279947	342293	2140780	1150461	1140778
湖北	210151	214554	192218	1438242	708120	876771
湖南	218602	183895	197749	1326828	706942	723763
广东	301160	282802	290485	1963170	1020957	1133292
广西	165183	125196	157742	942227	516378	491574

续表 15

地区	招生数			在校生数		
	其中：女	本科	专科	合计	其中：女	本科
海南	30168	29218	25250	189179	103093	114041
重庆	121098	113922	99759	762811	410778	462559
四川	258294	230169	223341	1564710	834748	913215
贵州	127249	91829	125347	687530	381322	342790
云南	149561	104914	105220	764659	446718	440003
西藏	4840	6123	3368	35717	18554	24691
陕西	154077	167402	115559	1054808	537966	674094
甘肃	75125	72845	64075	483620	246361	293062
青海	11610	10762	9703	70288	37664	39448
宁夏	20740	21150	13877	125253	69057	81028
新疆	66631	52721	61565	374944	208289	193793

地区	在校生数	预计毕业生数			
	专科	合计	其中：女	本科	专科
总计	11337005	7876732	4027537	4125184	3751548
北京	74034	155891	77507	128660	27231
天津	172703	143550	69444	84263	59287
河北	567953	366194	191783	179815	186379
山西	262648	214996	117804	122914	92082
内蒙古	196503	131003	69410	63486	67517
辽宁	270589	268813	130653	175324	93489
吉林	171354	177314	91415	120524	56790
黑龙江	204096	199622	98851	126157	73465
上海	134337	143897	73253	95125	48772
江苏	685038	513850	241780	280280	233570
浙江	394742	297011	158749	160982	136029
安徽	474163	327903	163867	162461	165442
福建	266872	211941	107784	128635	83306
江西	509494	306678	152049	125416	181262
山东	972615	592887	311565	254321	338566
河南	1000002	606846	315313	283258	323588
湖北	561471	395368	190160	215663	179705
湖南	603065	372655	194499	172759	199896
广东	829878	546619	274148	280710	265909
广西	450653	249051	117538	116638	132413

续表 15

地区	在校生数	预计毕业生数			
	专科	合计	其中：女	本科	专科
海南	75138	52911	26452	26958	25953
重庆	300252	210763	113069	114242	96521
四川	651495	424646	226521	218432	206214
贵州	344740	178906	99729	70255	108651
云南	324656	202402	117663	105207	97195
西藏	11026	10071	5081	6080	3991
陕西	380714	303044	156428	166474	136570
甘肃	190558	127165	58480	71856	55309
青海	30840	19688	9723	8801	10887
宁夏	44225	33470	18524	18953	14517
新疆	181151	91577	48295	40535	51042

中等职业学校（机构）数（2018 年）

表 16　　单位：所

地区	合计	其中：中央部门办	其中：地方公办	其中：民办
总计	7850	22	5834	1993
北京	86	8	58	20
天津	71	0	64	7
河北	604	2	441	161
山西	358	0	265	93
内蒙古	242	0	177	65
辽宁	280	0	194	86
吉林	260	0	194	66
黑龙江	229	0	178	51
上海	92	2	86	3
江苏	218	0	192	26
浙江	246	0	201	45
安徽	344	0	239	105
福建	180	0	151	29
江西	338	1	240	97
山东	398	1	295	102
河南	606	2	434	170
湖北	270	2	214	54

续表 16

地区	合计	其中：中央部门办	其中：地方公办	其中：民办
湖南	472	0	276	196
广东	444	0	332	112
广西	249	0	191	58
海南	74	0	42	32
重庆	132	0	109	23
四川	419	0	242	177
贵州	183	0	143	40
云南	376	0	333	43
西藏	11	0	11	0
陕西	234	0	150	84
甘肃	209	0	178	31
青海	38	1	30	7
宁夏	29	0	23	6
新疆	158	3	151	4

中等职业学校（机构）学生数（2018 年）

表 17　　　　单位：人

地区	毕业生数		招生数			
	合计	其中：获得职业资格证书	合计	其中：应届毕业		其中：五年制高职中职段
				小计	其中：初中毕业生	
总计	3969770	2997739	4285024	3879007	3778260	485047
北京	26037	13351	14373	11881	11347	6012
天津	32446	25017	27516	24484	23922	4520
河北	230532	167024	275767	231104	221129	5580
山西	111831	96798	100471	89328	84014	14734
内蒙古	60611	34780	57496	53054	52301	7418
辽宁	98698	54666	80526	72248	69946	9074
吉林	41718	20633	35090	30538	27715	10570
黑龙江	69211	44729	51549	37319	35898	2811
上海	34707	29441	33372	30783	30584	7296
江苏	212599	179215	199204	185407	184292	55811
浙江	170376	163466	177634	172305	171514	34638
安徽	257212	202218	294300	266264	254104	23556
福建	107814	97232	122939	109170	107048	11416

续表 17

地区	毕业生数		招生数			
	合计	其中：获得职业资格证书	合计	其中：应届毕业		其中：五年制高职中职段
				小计	其中：初中毕业生	
江西	108660	102514	122524	112600	112422	12284
山东	250210	180701	245355	228546	226779	81442
河南	314036	229460	391987	358904	350041	41905
湖北	116775	89694	127901	124556	123725	10506
湖南	204504	159255	229118	222773	220641	17739
广东	318470	231492	297190	282459	270630	8643
广西	185663	111712	247944	189971	180771	20553
海南	33132	9817	44177	36600	36109	3181
重庆	99289	72003	109202	107066	106177	15475
四川	327834	292927	325773	279011	267374	6844
贵州	152670	107925	166564	151349	149440	98
云南	142093	91732	185565	175759	173375	53481
西藏	5228	545	9690	9411	9038	0
陕西	84877	63690	82498	77714	75992	9541
甘肃	58873	50991	72657	68815	68124	1908
青海	20654	12870	28694	17386	17064	258
宁夏	24527	14721	27156	26539	26356	1501
新疆	68483	47120	100792	95663	90388	6252

地区	在校学生数					预计毕业生数	
	合计	一年级	二年级	三年级	四年级及以上	合计	其中：五年制高职中职段
总计	12136280	4293827	3995325	3790133	56995	4056047	453016
北京	62299	14332	19504	22572	5891	24645	8190
天津	90666	27516	30705	32103	342	34868	5135
河北	724282	275767	238868	208459	1188	250355	15394
山西	302107	100496	98888	100675	2048	110896	12495
内蒙古	181488	57598	62726	60651	513	61604	10803
辽宁	286095	80538	98275	101425	5857	103160	8229
吉林	120897	35099	42820	42683	295	44160	10684
黑龙江	180400	51549	62923	64127	1801	65358	3897
上海	102575	33510	33835	32539	2691	34312	5891
江苏	626012	199238	217492	203952	5330	206745	55169

续表 17

地区	在校学生数					预计毕业生数	
	合计	一年级	二年级	三年级	四年级及以上	合计	其中：五年制高职中职段
浙江	526120	177700	177053	168090	3277	174245	29330
安徽	752810	294300	232052	222420	4038	271030	23097
福建	335832	122961	103114	109396	361	117466	9624
江西	355042	127152	113651	112922	1317	111134	18455
山东	750142	245355	247128	256612	1047	262149	62183
河南	1101602	391990	391218	316585	1809	358846	38553
湖北	369424	127822	121403	117162	3037	117684	10633
湖南	658221	229195	225339	199632	4055	212530	26528
广东	867254	297208	283232	285389	1425	265408	6038
广西	677550	249344	221804	204507	1895	215660	13190
海南	119241	44179	38238	35980	844	35329	2788
重庆	299909	109202	97175	92932	600	92909	9653
四川	820060	325808	244745	248635	872	315884	8128
贵州	472182	166878	156004	149174	126	152504	6090
云南	505415	185586	163161	156265	403	158284	34895
西藏	22817	9618	6705	6410	84	6683	25
陕西	233336	82500	80549	69867	420	74453	10425
甘肃	189046	72690	62007	52853	1496	60322	1200
青海	76979	28685	25264	21613	1417	20940	991
宁夏	72820	27159	22724	22673	264	23258	990
新疆	253657	102852	76723	71830	2252	73226	4313

中等职业学校（机构）分年龄学生数（2018 年）

表 18　　单位：人

地区	合计	14 岁及以下	15 岁	16 岁	17 岁
总计	12136280	205485	2026441	3273354	3205036
北京	62299	2413	8367	14430	16816
天津	90666	852	11439	25651	28477
河北	724282	6472	107955	201132	199112
山西	302107	7129	53847	86204	84991
内蒙古	181488	1914	21767	46490	51644
辽宁	286095	6133	35025	79904	79669
吉林	120897	1665	15766	32257	33581

续表 18

地区	合计	14 岁及以下	15 岁	16 岁	17 岁
黑龙江	180400	1640	18119	38512	36992
上海	102575	1563	17359	28190	30356
江苏	626012	7001	108795	173910	176945
浙江	526120	3405	107318	160425	159455
安徽	752810	5105	130111	177287	173173
福建	335832	2633	56908	91516	84820
江西	355042	21504	88513	105151	87732
山东	750142	12460	148186	232167	217601
河南	1101602	15975	203373	304611	272877
湖北	369424	6970	80887	111270	103921
湖南	658221	22129	167393	200792	170202
广东	867254	17075	137259	233127	241327
广西	677550	7027	65565	137184	143919
海南	119241	2211	14311	28807	27575
重庆	299909	8017	60796	90486	80888
四川	820060	13182	143384	217823	219842
贵州	472182	4299	46527	106394	126777
云南	505415	11874	65356	137177	139977
西藏	22817	1243	3204	5522	5347
陕西	233336	3890	41518	67984	64835
甘肃	189046	3212	27693	49310	50002
青海	76979	653	4033	14202	15636
宁夏	72820	1230	8417	17486	20270
新疆	253657	4609	27250	57953	60277

地区	18 岁	19 岁	20 岁	21 岁	22 岁及以上
总计	1766466	569435	226149	129369	734545
北京	9742	2543	628	160	7200
天津	16801	2327	1207	1475	2437
河北	108343	28942	8503	4412	59411
山西	42459	9502	2819	1066	14090
内蒙古	34231	10850	3266	1218	10108
辽宁	44342	13129	3845	2050	21998
吉林	17396	6392	2264	1495	10081
黑龙江	26982	12056	5202	4367	36530
上海	16597	3987	802	195	3526

续表 18

地区	18 岁	19 岁	20 岁	21 岁	22 岁及以上
江苏	83469	16621	3812	1755	53704
浙江	70321	13841	2567	1771	7017
安徽	99270	47618	35391	24975	59880
福建	43617	11359	4686	3744	36549
江西	31443	7533	2474	1141	9551
山东	91132	16417	6303	3481	22395
河南	147398	49121	18064	8253	81930
湖北	47459	10366	2391	857	5303
湖南	61257	13070	5327	3080	14971
广东	147244	48985	16693	7340	18204
广西	107825	43815	19110	15127	137978
海南	17494	6897	2141	836	18969
重庆	42973	11203	3247	1222	1077
四川	124305	44734	19550	12676	24564
贵州	89782	44141	19489	10089	24684
云南	96551	31832	9451	3509	9688
西藏	4028	1744	722	477	530
陕西	36542	11792	3438	1218	2119
甘肃	31501	13167	4517	1825	7819
青海	13220	6671	4339	2674	15551
宁夏	14580	6535	2141	840	1321
新疆	48162	22245	11760	6041	15360

中等职业学校（机构）学生数变动情况（2018 年）

表 19　　　　单位：人

地区	上学年初报表在校学生数	增加学生数					减少学生数	
		合计	招生	复学	转入	其他	合计	毕业
总计	12542893	4613238	4285024	6674	259288	62252	5019851	3969770
北京	74511	16671	14373	146	1018	1134	28883	26037
天津	98415	32565	27516	8	3948	1093	40314	32446
河北	706167	295171	275767	121	19046	237	277056	230532
山西	329291	104556	100471	220	1968	1897	131740	111831
内蒙古	192620	64354	57496	78	6224	556	75486	60611
辽宁	314385	84786	80526	101	2148	2011	113076	98698
吉林	131774	37086	35090	119	1875	2	47963	41718

续表 19

地区	上学年初报表在校学生数	增加学生数					减少学生数	
		合计	招生	复学	转入	其他	合计	毕业
黑龙江	203828	60940	51549	38	5372	3981	84368	69211
上海	106110	36383	33372	160	2450	401	39918	34707
江苏	651464	228496	199204	332	26798	2162	253948	212599
浙江	531910	187354	177634	252	7727	1741	193144	170376
安徽	760672	336434	294300	93	40230	1811	344296	257212
福建	345500	129286	122939	421	2062	3864	138954	107814
江西	344343	134066	122524	203	2470	8869	123367	108660
山东	793357	256271	245355	307	10544	65	299486	250210
河南	1065231	435246	391987	870	40298	2091	398875	314036
湖北	371206	134743	127901	183	5400	1259	136525	116775
湖南	686467	247782	229118	248	16417	1999	276028	204504
广东	993850	308147	297190	318	4827	5812	434743	318470
广西	686797	260346	247944	308	9480	2614	269593	185663
海南	118819	47006	44177	23	526	2280	46584	33132
重庆	308252	110390	109202	101	629	458	118733	99289
四川	860013	353542	325773	1146	25404	1219	393495	327834
贵州	503118	175857	166564	185	3533	5575	206793	152670
云南	501015	193458	185565	277	4114	3502	189058	142093
西藏	19300	9829	9690	45	43	51	6312	5228
陕西	262136	85211	82498	68	2090	555	114011	84877
甘肃	193859	76448	72657	110	3448	233	81261	58873
青海	75047	36657	28694	2	7744	217	34725	20654
宁夏	74742	29539	27156	35	67	2281	31461	24527
新疆	238694	104618	100792	156	1388	2282	89655	68483

地区	减少学生数							本学年初报表在校学生数
	结业	休学	退学	开除	死亡	转出	其他	
总计	97818	22986	405657	5263	383	356707	161267	12136280
北京	293	239	1098	26	5	1151	34	62299
天津	5	85	2770	64	3	3332	1609	90666
河北	2615	480	19813	62	8	22169	1377	724282
山西	7962	213	6078	45	0	4112	1499	302107
内蒙古	219	179	6508	65	5	4398	3501	181488
辽宁	361	189	9924	101	6	1503	2294	286095
吉林	60	118	3984	29	1	2053	0	120897

续表 19

地区	减少学生数							本学年初报表在校学生数
	结业	休学	退学	开除	死亡	转出	其他	
黑龙江	314	39	4791	52	0	5411	4550	180400
上海	343	348	2819	0	15	1501	185	102575
江苏	2190	1271	11930	83	17	23329	2529	626012
浙江	1139	1151	8093	31	23	10438	1893	526120
安徽	7037	251	13539	47	8	59102	7100	752810
福建	5136	1878	16785	431	8	1332	5570	335832
江西	1	177	6934	26	8	4742	2819	355042
山东	519	683	22157	224	17	20893	4783	750142
河南	2822	3281	25683	660	7	48490	3896	1101602
湖北	112	1050	8053	104	13	8193	2225	369424
湖南	12070	1204	15898	301	25	37407	4619	658221
广东	18352	1601	37788	250	31	7624	50627	867254
广西	15580	1825	41382	314	32	5435	19362	677550
海南	33	281	8408	100	10	1237	3383	119241
重庆	581	566	14988	237	23	1706	1343	299909
四川	4329	2045	26402	410	34	27449	4992	820060
贵州	7162	1553	30343	242	22	6445	8356	472182
云南	1403	659	23789	430	27	12257	8400	505415
西藏	41	108	832	24	0	14	65	22817
陕西	3307	769	7838	143	3	15638	1436	233336
甘肃	1600	268	9656	152	2	8669	2041	189046
青海	346	50	4097	24	2	8334	1218	76979
宁夏	34	203	2555	33	0	236	3873	72820
新疆	1852	222	10722	553	28	2107	5688	253657

中等职业学校（机构）外国留学生情况（2018 年）

表 20　　单位：人

地区	结业生数						
	合计	其中：女	按时间分				
			一个月以内	一个月至三个月以内	三个月至半年以内	半年至一年以内	一年及以上
总计	695	326	230	27	18	74	346
北京	254	128	185	7	12	6	44
天津	0	0	0	0	0	0	0

续表 20

地区	结业生数						
	合计	其中：女	按时间分				
			一个月以内	一个月至三个月以内	三个月至半年以内	半年至一年以内	一年及以上
河北	0	0	0	0	0	0	0
山西	0	0	0	0	0	0	0
内蒙古	11	9	0	0	0	0	11
辽宁	2	0	0	0	0	0	2
吉林	0	0	0	0	0	0	0
黑龙江	0	0	0	0	0	0	0
上海	7	5	0	0	0	5	2
江苏	0	0	0	0	0	0	0
浙江	20	12	0	20	0	0	0
安徽	0	0	0	0	0	0	0
福建	0	0	0	0	0	0	0
江西	0	0	0	0	0	0	0
山东	6	2	0	0	0	0	6
河南	0	0	0	0	0	0	0
湖北	0	0	0	0	0	0	0
湖南	0	0	0	0	0	0	0
广东	147	94	45	0	6	63	33
广西	1	1	0	0	0	0	1
海南	0	0	0	0	0	0	0
重庆	0	0	0	0	0	0	0
四川	0	0	0	0	0	0	0
贵州	0	0	0	0	0	0	0
云南	247	75	0	0	0	0	247
西藏	0	0	0	0	0	0	0
陕西	0	0	0	0	0	0	0
甘肃	0	0	0	0	0	0	0
青海	0	0	0	0	0	0	0
宁夏	0	0	0	0	0	0	0
新疆	0	0	0	0	0	0	0

续表 20

地区	结业生数					
	按大洲分					
	亚洲	非洲	欧洲	北美洲	南美洲	大洋洲
总计	591	32	61	3	5	3
北京	196	2	50	0	4	2
天津	0	0	0	0	0	0
河北	0	0	0	0	0	0
山西	0	0	0	0	0	0
内蒙古	11	0	0	0	0	0
辽宁	2	0	0	0	0	0
吉林	0	0	0	0	0	0
黑龙江	0	0	0	0	0	0
上海	2	0	4	1	0	0
江苏	0	0	0	0	0	0
浙江	7	13	0	0	0	0
安徽	0	0	0	0	0	0
福建	0	0	0	0	0	0
江西	0	0	0	0	0	0
山东	6	0	0	0	0	0
河南	0	0	0	0	0	0
湖北	0	0	0	0	0	0
湖南	0	0	0	0	0	0
广东	119	17	7	2	1	1
广西	1	0	0	0	0	0
海南	0	0	0	0	0	0
重庆	0	0	0	0	0	0
四川	0	0	0	0	0	0
贵州	0	0	0	0	0	0
云南	247	0	0	0	0	0
西藏	0	0	0	0	0	0
陕西	0	0	0	0	0	0
甘肃	0	0	0	0	0	0
青海	0	0	0	0	0	0
宁夏	0	0	0	0	0	0
新疆	0	0	0	0	0	0

中等职业学校（机构）教职工数（2018 年）

表 21　　　　单位：人

地区	教职工数								聘请校外教师
	合计	校本部教职工					校办企业职工	其他附设机构人员	
		小计	专任教师	行政人员	教辅人员	工勤人员			
总计	799593	793977	635461	63612	48182	46722	2354	3262	84354
北京	9507	9368	6147	1628	893	700	12	127	1059
天津	8077	8012	5839	1255	536	382	27	38	838
河北	59202	59021	46588	4836	4332	3265	32	149	2221
山西	29445	29383	23374	2274	1865	1870	13	49	4396
内蒙古	18192	18129	13639	1733	1642	1115	63	0	1177
辽宁	26514	26422	19811	3297	1606	1708	49	43	1932
吉林	17583	17574	13418	1849	1622	685	3	6	1451
黑龙江	18480	18449	13528	2091	1391	1439	0	31	2531
上海	11947	11909	8083	1867	1167	792	12	26	1697
江苏	50137	50006	42518	2433	2414	2641	125	6	5418
浙江	38628	38541	34409	1266	1802	1064	15	72	4344
安徽	32291	32145	27323	1962	1279	1581	102	44	5949
福建	19629	19609	16485	1297	1141	686	3	17	2257
江西	17758	17659	13005	1539	2101	1014	21	78	1999
山东	59304	58633	48269	3919	3725	2720	418	253	3889
河南	60030	59381	48216	4449	3654	3062	503	146	8622
湖北	25937	25525	19891	2374	1719	1541	376	36	2010
湖南	36678	36607	29029	3245	2159	2174	31	40	3174
广东	56750	56480	44105	4649	3599	4127	28	242	3093
广西	27407	26660	20311	2688	1680	1981	175	572	3304
海南	6293	6284	4518	790	357	619	5	4	773
重庆	17979	17768	14820	1288	655	1005	5	206	3197
四川	48342	47502	37892	3394	2355	3861	101	739	3626
贵州	21003	20754	17386	1512	605	1251	98	151	4815
云南	24941	24863	20898	1255	841	1869	8	70	4979
西藏	1869	1869	1754	75	4	36	0	0	101
陕西	18590	18513	14047	2034	1354	1078	43	34	657
甘肃	16877	16811	14211	889	737	974	12	54	913
青海	2940	2863	2357	178	68	260	74	3	1536
宁夏	3605	3605	2900	341	159	205	0	0	628

续表 21

地区	教职工数								聘请校外教师
	合计	校本部教职工					校办企业职工	其他附设机构人员	
		小计	专任教师	行政人员	教辅人员	工勤人员			
新疆	13658	13632	10690	1205	720	1017	0	26	1768

中等职业学校（机构）专任教师专业技术职务、学历情况（2018 年）

表 22　　单位：人

地区	合计	按专业技术职务分				
		正高级	副高级	中级	初级	未定职级
总计	635461	2340	156165	250817	156038	70101
北京	6147	34	1949	2429	1349	386
天津	5839	14	2135	2444	998	248
河北	46588	123	12623	20113	9412	4317
山西	23374	23	4430	8873	7720	2328
内蒙古	13639	27	4126	5274	2727	1485
辽宁	19811	583	6731	8064	2974	1459
吉林	13418	60	4359	5802	2366	831
黑龙江	13528	63	4622	5202	2671	970
上海	8083	21	1747	4106	1925	284
江苏	42518	205	13531	17353	8598	2831
浙江	34409	71	9646	12870	9296	2526
安徽	27323	19	7237	10885	6319	2863
福建	16485	29	3971	6850	4359	1276
江西	13005	40	3586	4271	2393	2715
山东	48269	188	12020	19874	11714	4473
河南	48216	132	9880	20072	13390	4742
湖北	19891	63	4601	9027	4698	1502
湖南	29029	85	5680	11123	6902	5239
广东	44105	43	7784	19481	10003	6794
广西	20311	76	3478	7976	5580	3201
海南	4518	17	797	1482	1226	996
重庆	14820	137	3727	5205	4346	1405
四川	37892	131	9048	12736	10874	5103
贵州	17386	54	2601	5401	6381	2949
云南	20898	34	7047	6938	4163	2716

续表 22

地区	合计	按专业技术职务分				
		正高级	副高级	中级	初级	未定职级
西藏	1754	0	192	528	477	557
陕西	14047	30	2706	5889	3946	1476
甘肃	14211	29	2692	5731	4619	1140
青海	2357	1	678	862	661	155
宁夏	2900	2	635	825	930	508
新疆	10690	6	1906	3131	3021	2626

地区	按学历分				
	博士研究生	硕士研究生	本科	专科	高中阶段及以下
总计	535	49873	534862	48313	1878
北京	39	938	5012	137	21
天津	3	869	4807	145	15
河北	74	2276	40064	4114	60
山西	13	1428	19881	1986	66
内蒙古	3	1013	11308	1290	25
辽宁	16	1637	16999	1117	42
吉林	9	792	11675	919	23
黑龙江	4	647	12086	779	12
上海	45	1622	6224	163	29
江苏	66	7270	34242	903	37
浙江	8	2900	30656	838	7
安徽	6	1648	24181	1465	23
福建	2	1036	14476	881	90
江西	0	540	9963	2384	118
山东	39	4156	41353	2543	178
河南	46	3901	39629	4573	67
湖北	9	1193	16914	1687	88
湖南	14	1488	23915	3547	65
广东	37	4877	36025	2920	246
广西	8	1930	16365	1874	134
海南	21	178	3738	463	118
重庆	6	1251	12555	972	36
四川	32	1644	31661	4522	33
贵州	11	818	14608	1879	70
云南	3	1192	17862	1687	154

续表 22

地区	按学历分				
	博士研究生	硕士研究生	本科	专科	高中阶段及以下
西藏	0	105	1568	81	0
陕西	6	958	11825	1238	20
甘肃	7	667	12202	1307	28
青海	0	72	1860	413	12
宁夏	5	292	2423	173	7
新疆	3	535	8785	1313	54

中等职业学校（机构）资产情况（学校产权）（2018 年）

表 23

地区	占地面积（平方米）			图书（册）		计算机数（台）
	合计	其中：绿化用地面积	其中：运动场地面积	合计	当年新增	合计
总计	445258595.30	107988138.60	70094508.37	316040477	14953230	3420216
北京	3984304.63	910862.88	818030.15	4711125	75957	55429
天津	3204742.63	604363.14	482196.13	3485288	354281	39104
河北	22645015.53	3687251.49	4303485.63	19433338	1374930	187221
山西	14549461.98	2698532.19	2078588.26	10102232	305651	90588
内蒙古	10065745.06	1842846.01	1758809.84	5413250	144290	52441
辽宁	11230107.06	1674876.62	2259547.28	7734673	154108	100413
吉林	5671379.68	1116889.93	1075889.37	4676794	209224	46105
黑龙江	8729001.14	1273217.77	1537196.34	3620657	149868	51369
上海	3611456.00	1188968.08	710378.85	6207981	197007	95588
江苏	30681102.69	10493836.21	4682079.70	21870897	639599	257531
浙江	19723876.73	6109791.17	3844548.70	17971957	1929000	196213
安徽	30976524.62	7210921.21	3980163.36	23336531	648382	149917
福建	11047081.95	2785797.39	2122081.39	9595552	260516	107705
江西	14800838.00	3911805.00	2116798.00	8706725	689634	83223
山东	34175019.06	8655383.56	5399636.21	22843506	745540	231497
河南	30756660.83	6254980.06	4140166.88	21790034	852615	208240
湖北	15087627.24	3913197.60	2418400.80	9773465	281567	108558
湖南	20495501.60	5453152.76	2963387.53	12800807	559519	151001
广东	25713401.62	7592330.25	4626875.89	24791031	1012557	330365
广西	19000809.25	4836186.19	2458258.06	13943251	897783	123875

续表 23

地区	占地面积（平方米）			图书（册）		计算机数（台）
	合计	其中：绿化用地面积	其中：运动场地面积	合计	当年新增	合计
海南	2873666.69	569674.66	435508.00	2020037	122227	25353
重庆	10874590.22	2894482.92	1611823.92	7797372	373129	88885
四川	20642381.45	4966093.64	4169647.40	17228834	1001902	168065
贵州	16052137.55	4136942.93	2507207.29	9051692	477314	86439
云南	16912617.23	3881182.25	2075650.70	8252788	207288	99226
西藏	2321584.80	306856.60	161831.88	456722	10097	5312
陕西	9710834.33	1936577.95	1557321.44	7699219	373132	145937
甘肃	8564764.48	1636176.81	1417264.37	4709654	245370	52645
青海	2579144.43	599690.72	332767.00	1283901	111503	16663
宁夏	5243904.09	1705475.32	470590.75	1372317	198108	18663
新疆	13333312.77	3139795.29	1578377.25	3358847	351132	46645

地区	计算机数（台）		教室（间）		固定资产值（万元）		
	其中：教学用计算机		合计	其中：网络多媒体教室	合计	其中：教学、实习仪器设备资产值	
	小计	其中：平板电脑				小计	当年新增
总计	2752592	124566	389768	199616	36423910.11	8443552.50	967204.96
北京	48536	2013	5074	3116	807887.18	318991.49	20559.33
天津	32363	1451	3201	1793	319043.31	113528.84	16796.36
河北	155355	9649	24066	11317	1512928.47	321789.70	33135.96
山西	75227	3007	13318	5340	971651.50	215294.52	22661.45
内蒙古	41742	826	6872	3018	757483.74	166816.45	17980.89
辽宁	77484	2655	10185	4784	1033482.75	242295.94	24317.11
吉林	34297	1838	5100	1839	397433.40	130581.45	19342.88
黑龙江	41312	1731	6633	2634	525526.73	131668.01	20063.48
上海	73211	3050	5880	3862	1307795.54	432641.60	70801.74
江苏	214087	6906	27388	17704	3548805.53	667343.72	52483.19
浙江	167200	5138	17404	13282	1953297.88	538544.52	75140.60
安徽	127599	3561	25092	9978	1866028.63	355644.61	35354.32
福建	88769	4178	9164	6371	864006.43	283840.29	34752.96
江西	68717	2969	10483	5068	857889.35	174911.51	15602.67
山东	185302	7832	30309	15689	2715124.24	587801.57	60389.19
河南	168066	10062	30446	12807	1760650.70	374059.02	52152.51
湖北	89296	5413	13232	6385	1094917.32	232076.74	26990.93

续表 23

地区	计算机数（台）		教室（间）		固定资产值（万元）		
	其中：教学用计算机		合计	其中：网络多媒体教室	合计	其中：教学、实习仪器设备资产值	
	小计	其中：平板电脑				小计	当年新增
湖南	123502	12896	16960	8965	1406393.46	288760.27	36247.83
广东	282242	7194	22715	16424	2697853.17	784719.29	81329.18
广西	103932	8545	12251	5971	1146371.97	398003.99	50026.76
海南	21987	141	2233	1477	362140.61	103987.28	11851.15
重庆	74576	4780	9695	6336	1074421.87	204949.06	15788.49
四川	141624	4525	25465	10663	2032805.51	389344.36	46469.85
贵州	68432	2491	11791	6584	1180946.67	222029.99	26575.15
云南	84054	2939	13613	5512	1377604.00	210797.10	31757.06
西藏	4144	698	728	209	204151.19	22970.78	1388.43
陕西	51788	2159	9001	3737	701083.61	138027.53	10890.94
甘肃	41763	2677	8042	3103	577152.79	122217.70	15975.05
青海	13344	247	1879	999	315142.93	64194.13	11080.97
宁夏	15175	238	3048	1461	293521.83	61408.35	10875.98
新疆	37466	2757	8500	3188	760367.77	144312.71	18422.54

中等职业学校（机构）校舍情况（2018 年）

表 24　　单位：平方米

地区	学校产权校舍建筑面积				正在施工校舍建筑面积	非学校产权中独立使用校舍建筑面积
	合计	其中：危房	其中：当年新增	其中：被外单位借用		
总计	210782395.90	650013.21	6129845.38	1010928.35	8008090.73	24650756.55
北京	2374730.69	9403.20	92725.96	56256.81	15154.63	193346.87
天津	1590068.28	5368.49	105703.00	740.80	7100.00	212420.15
河北	10335936.54	5886.90	159695.84	60576.34	503136.10	1468203.98
山西	7093922.74	68237.80	41831.05	4861.00	185356.64	515521.97
内蒙古	3556609.32	19806.00	94811.07	4329.40	121070.09	254198.50
辽宁	5016468.26	17765.00	15900.15	6442.00	88872.87	1161253.77
吉林	2147885.26	8241.35	27270.00	6545.05	66077.75	1236241.14
黑龙江	2806371.00	3675.00	188724.57	13612.10	45675.56	466856.03
上海	2862808.60	0.00	76507.40	21965.13	30728.00	244124.27
江苏	16006335.40	0.00	143376.09	43989.60	484072.22	354207.00
浙江	10895865.06	0.00	493254.52	8269.00	325741.59	1110775.60

续表 24

地区	学校产权校舍建筑面积				正在施工校舍建筑面积	非学校产权中独立使用校舍建筑面积
	合计	其中：危房	其中：当年新增	其中：被外单位借用		
安徽	14869867.59	12390.00	164306.60	19474.80	403501.41	696950.78
福建	5296392.24	9261.00	176389.43	5725.00	309218.08	518256.29
江西	5537181.13	3538.45	324608.88	37492.11	182119.16	963559.07
山东	15601385.95	0.00	569404.44	37509.55	559531.13	1357381.06
河南	15025525.15	33935.70	364841.46	86396.58	628710.73	1368507.43
湖北	8002696.62	0.00	170676.99	62309.00	176476.34	471003.94
湖南	9300033.02	3073.61	360617.60	1050.00	373353.05	1474801.64
广东	13380558.41	34733.99	217139.65	105427.97	380850.27	2857839.37
广西	8470396.96	1904.00	208237.13	35853.11	419481.87	1142905.59
海南	1723562.60	7771.20	20774.00	26324.00	38007.21	178836.20
重庆	6601134.60	0.00	145637.10	29792.00	195409.02	340612.31
四川	11557732.00	18094.00	628463.52	65492.00	423344.93	2281362.94
贵州	7587988.08	6065.95	367535.54	10287.00	540250.14	1334085.75
云南	6262007.77	180827.15	424352.29	199183.00	776161.83	838658.96
西藏	655448.94	2485.94	600.00	0.00	35326.37	0.00
陕西	4910303.97	11822.40	114218.65	6469.00	68360.23	878995.39
甘肃	3928051.35	139593.07	142425.30	3540.00	74222.33	452048.14
青海	1120486.77	0.00	9000.00	8480.00	100948.53	52242.00
宁夏	1619312.20	25885.00	76150.60	4560.00	193751.01	143490.37
新疆	4645329.41	20248.01	204666.55	37976.00	256081.64	82070.04

职业技术培训机构基本情况（总计）（2018 年）

表 25　　单位：人 / 人次

地区	学校数（所）	教学班（点）（个）	结业生数	
			计	其中：女
总计	84500	532452	37254303	18587076
北京	3079	48011	2728319	1312077
天津	2730	26506	880458	450115
河北	4241	17139	1094335	548460
山西	1241	4661	501647	239116
内蒙古	250	1458	85361	45576
辽宁	8491	61366	1082302	569884
吉林	1418	4440	91569	39663

续表 25

地区	学校数（所）	教学班（点）（个）	结业生数	
			计	其中：女
黑龙江	1690	7436	228479	108462
上海	631	21079	1703741	975528
江苏	9389	74370	6474209	3134252
浙江	4620	47588	4561148	2424501
安徽	364	2133	156075	66133
福建	1797	19890	981456	511660
江西	59	285	8460	4389
山东	4090	16458	1100748	586497
河南	5223	9946	1309561	586513
湖北	567	3109	181015	98201
湖南	870	3332	263700	122333
广东	3036	48829	2189165	1109093
广西	51	215	18139	7910
海南	247	2058	0	0
重庆	3564	27145	1160447	563835
四川	4147	18098	1996286	1030418
贵州	3910	7530	873665	448775
云南	9709	29418	4942352	2391627
西藏	0	0	0	0
陕西	5759	17687	1090820	562000
甘肃	966	2203	95873	42814
青海	720	1005	32222	18873
宁夏	79	561	15002	7987
新疆	1562	8496	1407749	580384

地区	注册学生数		教职工数		聘请校外教师
	计	其中：女	计	其中：专任教师	
总计	36541595	17794290	489634	283719	224427
北京	2791660	1316039	81904	29735	16031
天津	734768	350993	9053	4212	6557
河北	864677	373848	15995	10597	7270
山西	493114	246631	6050	3592	2575
内蒙古	59518	33291	2763	1590	337
辽宁	1519400	796613	57233	35012	13493
吉林	109742	50067	7370	4633	934

续表 25

地区	注册学生数		教职工数		聘请校外教师
	计	其中：女	计	其中：专任教师	
黑龙江	164939	72235	10989	8265	1511
上海	1781765	1012750	14051	7914	6816
江苏	5734079	2692006	49977	33225	41029
浙江	4072202	2122086	28023	20560	32168
安徽	169098	75091	2409	1835	4494
福建	1030487	563903	13266	7554	5719
江西	9802	4895	498	417	246
山东	1362398	505758	33438	22685	9968
河南	1158378	497453	12218	6231	7241
湖北	174954	96380	4910	3621	1208
湖南	315825	143125	6106	4238	1471
广东	2396779	1197544	32159	19429	10185
广西	18484	8042	390	270	132
海南	733	168	1045	251	787
重庆	1250080	619127	13827	8082	5491
四川	2117485	1089484	18268	10949	8317
贵州	837569	430784	11225	4980	4774
云南	4476383	2146940	12690	6459	16965
西藏	0	0	0	0	0
陕西	1180725	620008	33537	20959	13868
甘肃	60771	30772	3784	2727	943
青海	27618	18817	509	82	504
宁夏	11299	5627	816	560	197
新疆	1616863	673813	5131	3055	3196

职业技术培训机构资产情况（2018 年）

表 26

地区	占地面积（平方米）	教学行政用房建筑面积	图书（册）
总计	98387467.60	61522534.39	119158298
北京	4488074.12	29072943.07	34945569
天津	1535455.68	778287.58	1511765
河北	4319887.66	1636668.25	3378668
山西	1215909.36	538449.00	1152312

续表 26

地区	占地面积（平方米）	教学行政用房建筑面积	图书（册）
内蒙古	763289.08	157247.38	559178
辽宁	3726463.32	1972657.42	4078801
吉林	1743190.26	448095.57	780541
黑龙江	5705010.03	2048348.06	1728332
上海	1628306.00	1390349.00	2952320
江苏	14819037.47	5544211.14	13125154
浙江	7133927.93	3431529.21	7991289
安徽	2593179.18	540051.28	1087106
福建	970689.57	741736.92	1675110
江西	762125.00	367658.00	242434
山东	6920466.36	1499118.11	4674228
河南	3515514.78	1049822.89	3169654
湖北	3925460.91	850122.46	1680574
湖南	4425773.26	598569.30	1658710
广东	5189636.00	2147301.00	9667171
广西	481814.00	86941.00	326898
海南	250936.00	112162.00	292550
重庆	1080865.82	598217.52	2145550
四川	2690092.54	1226368.87	4455833
贵州	2446074.64	860883.39	2138520
云南	6101509.15	1175893.86	3762282
西藏	0.00	0.00	0
陕西	3448206.10	1327659.07	3620874
甘肃	1991897.08	603522.04	821579
青海	721451.00	54797.70	267259
宁夏	273794.28	55723.00	53805
新疆	3519431.02	607200.30	5214232

地区	计算机数（台）			教室（间）		固定资产总值（万元）	
	合计	其中：教学用计算机		合计	其中：网络多媒体教室	合计	其中：教学、实习仪器设备资产值
		小计	其中：平板电脑				
总计	723688	595242	81148	299581	82962	30757176.96	9487364.87
北京	69406	51460	17990	33167	6612	323486.26	134561.37
天津	18267	14660	2168	5004	1357	55877.37	14644.59
河北	26141	23001	2398	9360	2578	149593.85	40970.07
山西	8399	7045	1445	3359	806	27750.58	9893.11

续表 26

地区	计算机数（台）			教室（间）		固定资产总值（万元）	
	合计	其中：教学用计算机		合计	其中：网络多媒体教室	合计	其中：教学、实习仪器设备资产值
		小计	其中：平板电脑				
内蒙古	5682	5143	84	1957	163	52201.07	14528.87
辽宁	55716	43349	9584	31288	8111	313772.44	81771.38
吉林	6203	5231	239	6243	1813	69570.24	12060.26
黑龙江	11988	9216	686	6303	994	128837.80	43210.34
上海	34227	23999	4070	7316	3099	160203.00	70348.00
江苏	95204	83773	14784	40041	12534	3730887.24	1398165.61
浙江	72413	65505	5346	21634	8204	1674303.96	910367.06
安徽	7018	6074	246	2449	794	105543.08	14518.34
福建	19307	14477	1979	6352	1211	64667.13	17441.57
江西	2313	2048	213	462	80	24623.00	2948.00
山东	34687	30476	3326	29163	4788	207125.96	56001.85
河南	14913	13101	2195	7681	1510	98110.78	20930.73
湖北	15964	14509	254	2834	1257	85449.36	24674.87
湖南	14909	10695	389	3750	749	137059.55	28300.11
广东	69149	54443	6729	24460	8795	21078320.00	5304881.00
广西	3994	3531	130	494	251	98007.67	46748.16
海南	1007	943	92	476	177	11178.93	3176.51
重庆	15938	11983	2290	7644	2784	43435.55	14115.98
四川	30901	26513	811	10295	1504	161216.34	33904.19
贵州	13962	11405	841	5784	2629	138686.40	29573.68
云南	26257	23094	532	11066	3067	451259.58	178304.54
西藏	0	0	0	0	0	0.00	0.00
陕西	28099	22519	1123	13262	4144	1179405.58	928856.90
甘肃	9806	7651	264	1893	1030	91020.59	23974.35
青海	533	461	0	928	15	5600.80	449.90
宁夏	842	669	115	495	193	5110.65	2007.35
新疆	10443	8268	825	4421	1713	30757176.96	9487364.87

教育经费收入情况（普通高职高专学校）（2018 年）

表 27　　　　单位：千元

地区	总计	国家财政性教育经费	公共财政预算安排的教育经费	公共财政教育经费				科研经费	其他
					教育事业费	基本建设经费	教育费附加		
合计	215927807	140994315	136214121	126236789	120786147	2660425	2790216	225142	9752190
北京	4518861	3763651	3733279	3543507	3191853	351385	270	2200	187572
天津	3568338	2463974	2456950	2244167	2211951		32216	650	212133
河北	8006120	4942186	4902233	4816839	4768217	29798	18825	4762	80631
山西	4882230	3545851	3103347	2925542	2760678	24000	140864	2090	175715
内蒙古	5254744	4005692	3994957	3483965	3443778	35571	4616	9284	501708
辽宁	4843955	3443615	3442891	2928955	2815417	81793	31745		513935
吉林	3294653	2299840	2226634	2161641	2047419	8235	105987	32	64961
黑龙江	4038555	2577242	2389023	2265155	2171538	49602	44015	2	123867
上海	3899699	2443927	2322706	2166419	2116419	50000			156288
江苏	17971744	11668166	11471589	10462894	10147042	7996	307856	56558	952137
浙江	10669930	6089238	5808262	4903923	4532235	125252	246437	34777	869561
安徽	8955157	6570398	6505512	6122996	5755360	353908	13729	2929	379587
福建	5734363	3225835	3169113	2956968	2707275	10500	239194	929	211216
江西	7239449	5061013	5043903	4910568	4862500	47776	292	13797	119538
山东	14260532	9442475	9081591	8946345	8604247	22600	319497	12440	122806
河南	13315929	9430311	9018989	8213841	7875583	168923	169335	8442	796707
湖北	9340975	6046655	5999102	5683930	5683930			1535	313638
湖南	11365766	7181271	7162662	6880414	6512224	137919	230271	4697	277551

续表 27

地区	总计	国家财政性教育经费							
			公共财政预算安排的教育经费						
				公共财政教育经费				科研经费	其他
					教育事业费	基本建设经费	教育费附加		
广东	20648240	11803214	11506053	10508495	9627704	200914	679877	44726	952832
广西	6663152	3762041	3486414	3341682	3200373	117539	23770	1896	142836
海南	1454966	704828	696675	644720	615072	29648		230	51726
重庆	6482818	3191702	3184853	2955747	2955747			691	228415
四川	10977953	7008595	5899522	5424438	5260124	150265	14050	6721	468363
贵州	5515170	3773246	3766882	3493533	3396928	34557	62047	1991	271358
云南	4601920	2811704	2542149	2316865	2296465	4000	16401	2059	223224
西藏	751322	718755	385169	356727	244503	112224			28443
陕西	6550712	4227690	4205479	3789728	3696648	87579	5502	972	414780
甘肃	4648479	3700501	3646502	3348454	3323771	18600	6084	1003	297044
青海	1365541	1158077	1157951	1040400	922687	106714	11000	1800	115751
宁夏	1340702	1068555	1047226	787903	738076	21600	28227	6020	253303
新疆	3765833	2864068	2856501	2610028	2300386	271531	38111	1910	244563

续表 27

地区	政府性基金预算安排的教育经费	# 彩票公益金	企业办学中的企业拨款	校办产业和社会服务收入中用于教育的经费	其他属于国家财政性教育经费	民办学校中举办者投入	捐赠收入	事业收入	# 学费	其他教育经费
合计	3832841	323855	577209	280533	89611	1313687	217932	66661771	53583067	6740102
北京	15820	15820		13839	713		1803	625492	447325	127915
天津	2180	2180		3452	1392	4460	4797	991657	796451	103451
河北	39917			24	12	4711	533	2945518	2418464	113172
山西	381295	15148	40663	20525	20		2171	1246621	1004730	87588
内蒙古	10256	10256		335	145	9298	393	1049485	832558	189876
辽宁	721	721			3	5133	359	1358209	1130550	36639
吉林	70000			3206				951502	847120	43311
黑龙江	5091	5091	180907	2100	120		1511	1366746	1114718	93056
上海	118370			1013	1839		1691	1224396	991443	229684
江苏	168803	30		6181	21592		36379	5240322	3942255	1026877
浙江	153935	28618		115803	11238	4665	6117	3833983	2874851	735928
安徽	22066	22066	36541	4958	1321	4099	1475	2134448	1660700	244737
福建	48735	13535		5793	2194	242200	4232	2107156	1678621	154940
江西	728	28		15399	982	191846	18907	1840330	1518761	127353
山东	89361	3306	255017	13087	3419	81492	19126	4262299	3585729	455140
河南	381340	1125	15390	12260	2333	207420	4902	3409141	2903290	264154
湖北	31509	16974	1712	11953	2379		3834	3159347	2359087	131139
湖南	10963	10523		4365	3282	10000	63232	3862523	3195122	248741
广东	267458	10851		4496	25207	71650	9373	8178549	6714561	585454

续表 27

地区	政府性基金预算安排的教育经费	# 彩票公益金	企业办学中的企业拨款	校办产业和社会服务收入中用于教育的经费	其他属于国家财政性教育经费	民办学校中举办者投入	捐赠收入	事业收入	# 学费	其他教育经费
广西	271472	1716		3973	182	103740	2493	2644055	2166399	150823
海南	7005	7005		238	911	113000	3705	532661	426683	100771
重庆	4000				2849	134000	2075	2639770	2184801	515269
四川	1075920	94630	26978	6025	149	47246	7748	3768999	3036797	145366
贵州	4800	4800		484	1080		6156	1485325	1114378	250443
云南	218991	10452	20000	29559	1005	78726	1904	1596394	1361887	113193
西藏	333123				463		3000	29567	10661	
陕西	20000	20000		1285	926		2229	2159328	1727267	161465
甘肃	50845	845			3154		926	902248	715556	44804
青海				73	53		388	154085	109309	52991
宁夏	21328	21328					342	229596	132389	42210
新疆	6810	6810		107	650		6134	732019	580605	163612

教育经费收入情况（中等职业学校）（2018 年）

表 28　　单位：千元

地区	总计	国家财政性教育经费	公共财政预算安排的教育经费	公共财政教育经费	教育事业费	基本建设经费	教育费附加	科研经费	其他
合计	246422417	216657616	212283302	193474197	170141737	4838345	18494115		18809105
北京	6535441	6117142	6038165	5298710	4910758	203949	184003		739455
天津	2907029	2637958	2578880	2299541	2116306		183235		279339
河北	12298976	11206488	10984802	10551678	9529465	97213	925000		433124
山西	5739690	5350868	5249622	4805412	4305024	76512	423876		444210
内蒙古	4352491	4087286	4030268	3374884	3207920	26648	140316		655384
辽宁	5650519	5121196	5089748	4275984	3529432	145623	600928		813764
吉林	4214448	3917917	3899174	3569488	3250968	39153	279366		329686
黑龙江	4096070	3697596	3657712	3185789	2983245	9846	192698		471923
上海	6866695	6350258	6258498	5474535	2956667	2000	2515868		783963
江苏	19422038	16582052	16332176	14840570	13344385	21761	1474424		1491606
浙江	15595538	13935656	13675010	12560410	10867224	561736	1131450		1114601
安徽	9091474	7934985	7850268	7284313	5923400	656950	703963		565954
福建	7403532	6892871	6725830	6259523	5271051	58720	929752		466307
江西	6005978	5060000	5041727	4787746	4304534	42111	441102		253980
山东	18581018	16799597	16457831	15807713	13278634	53190	2475889		650119
河南	14526034	12695724	11973627	10427083	9270552	433560	722971		1546544
湖北	7386041	6541493	6401810	5805134	5805134				596677

续表 28

地区	总计	国家财政性教育经费	公共财政预算安排的教育经费	公共财政教育经费	教育事业费	基本建设经费	教育费附加	科研经费	其他
湖南	10142363	7838211	7798686	7501371	6661538	88101	751733		297315
广东	27090866	23311940	22974193	20765371	17466237	784249	2514886		2208822
广西	7309296	6406674	6168844	5664467	5054041	315966	294460		504376
海南	2070215	1954677	1946073	1695571	1590243	70771	34557		250501
重庆	6688163	5476250	5391341	4636724	4242435	123560	270729		754617
四川	10686624	8964387	8854413	8033472	7473651	126330	433491		820941
贵州	5038296	4369333	4296277	4024785	3857664	58948	108172		271492
云南	9399979	8234097	7589073	6653174	6347470	85876	219828		935899
西藏	1163594	1162474	1149572	1100681	783211	267470	50000		48891
陕西	4933586	3768664	3706478	3537488	3310072	75291	152125		168990
甘肃	3819091	3571043	3544460	3205343	3069836	43366	92141		339117
青海	1324357	1177303	1174695	1014475	948009	53220	13247		160220
宁夏	1202772	1129787	1127548	1015317	971375	20000	23941		112231
新疆	4880204	4363688	4316500	4017443	3511255	296222	209965		299057

续表 28

地区	政府性基金预算安排的教育经费	# 彩票公益金	企业办学中的企业拨款	校办产业和社会服务收入中用于教育的经费	其他属于国家财政性教育经费	民办学校中举办者投入	捐赠收入	事业收入	# 学费	其他教育经费
合计	3730030	714519	229461	414823		1505220	139266	21988749	12646703	6131566
北京	49822	1191	11269	17886		1834	10997	313725	172972	91743
天津	760	760	38743	19575		6000	154	121465	89796	141453
河北	194319	14926	13334	14033		26753	1836	962225	622211	101674
山西	71958	25541	19171	10116		14531	855	316392	108079	57045
内蒙古	32211	26837	18468	6338		8738	3778	192060	131070	60631
辽宁	17670	17670	200	13579		23264		456847	307832	49212
吉林	14174	12822	4567	2		5067	2168	172934	134065	116362
黑龙江	38354	38354	1490	40		9166	505	325938	257769	62866
上海	22804	22737	11622	57334			973	329210	243943	186254
江苏	242240	76678	3742	3894		21157	13952	2008281	1162924	796596
浙江	250257	45537		10389		265101	5613	839525	351228	549642
安徽	82148	26543	204	2365		34444	8692	913085	520247	200267
福建	154752	9286		12290		12011	4632	330080	90601	163938
江西	13231	11730	4252	790		15036	3122	844593	525848	83227
山东	251009	42669	16270	74487		227264	5441	1312807	701218	235908
河南	680873	48580	20811	20413		102844	4145	1405760	720207	317560
湖北	135929	18906	3101	653		10945	3939	681895	368944	147770
湖南	27347	3547	7928	4250		341981	3485	1676919	998598	281768
广东	311531	32238	4242	21974		179883	15203	3289930	2149456	293910

续表 28

地区	政府性基金预算安排的教育经费	# 彩票公益金	企业办学中的企业拨款	校办产业和社会服务收入中用于教育的经费	其他属于国家财政性教育经费	民办学校中举办者投入	捐赠收入	事业收入	# 学费	其他教育经费
广西	227481	2048		10349		2312	2855	641522	176896	255933
海南	7196			1407		4924	2193	67354	28288	41068
重庆	81085	31112	3495	329		18723	5425	660730	315870	527034
四川	40959	27589	2128	66888		94516	6149	1402442	858843	219130
贵州	38387	15930	33075	1594		41585	4010	354586	101001	268781
云南	634750	71257		10274		13210	4405	965469	650072	182797
西藏	12902	12902						1120		
陕西	23264	20264	6800	32122		8016	147	965790	678837	190969
甘肃	23019	10419	3563			11862	2109	161737	59438	72340
青海	870	870	520	1219		2571	243	60782	32749	83457
宁夏	2239	2239				1484	3998	57567	29527	9936
新疆	46490	43340	467	231			18244	155979	58175	342293

教育经费支出明细（普通高职高专学校）（2018 年）

表 29

单位：千元

地区	合计	个人部分	工资福利支出	对个人和家庭的补助支出	# 助学金
合计	210552664	107932664	88450618	19482045	12713938
北京	4324396	2176679	1937325	239354	129756
天津	3715234	2085816	1831390	254426	168914
河北	7864647	4325688	3643490	682199	456858
山西	4818289	2472208	2015566	456642	296900
内蒙古	4834143	2541896	1938785	603111	373466
辽宁	4734207	2555680	2252689	302991	226822
吉林	2817704	1318490	931273	387217	138266
黑龙江	4003017	2501692	2026310	475382	220336
上海	3601958	1205481	1079258	126223	102854
江苏	17937359	9818985	8596928	1222057	811369
浙江	10481189	5923349	5284454	638895	481594
安徽	8756257	4107295	3267063	840232	517949
福建	6347866	2859956	2385384	474572	366074
江西	6893982	3711357	3078624	632732	438478
山东	13573220	7424758	5908375	1516383	991994
河南	12883383	6153419	5184525	968895	651719
湖北	9168211	5155499	3906301	1249198	743394
湖南	11118190	5584917	4635193	949723	591912
广东	19843457	10708007	8573749	2134257	949150
广西	6730950	2957324	2391702	565622	469566
海南	1371575	691624	584526	107098	95483
重庆	6308482	3169876	2499473	670403	544289
四川	11442916	5240483	4354899	885584	648681
贵州	5175878	2890848	2009947	880901	645759
云南	4138888	2255533	1856133	399400	344957
西藏	762763	206656	175497	31159	25043
陕西	6200917	3207718	2598026	609692	482575
甘肃	4582448	1659210	1118094	541116	331821
青海	1330318	415591	354903	60687	26169
宁夏	1071328	635412	497573	137839	115224
新疆	3719493	1971217	1533162	438055	326565

续表 29

地区	公用部分	商品和服务支出	其他资本性支出	专项公用支出	专项项目支出	基本建设支出
合计	99637223	47380792	52256431	25683343	26573088	2982777
北京	1927644	1319364	608280	495130	113150	220073
天津	1622417	1051731	570687	458936	111751	7000
河北	3538045	1772905	1765140	824868	940272	913
山西	2313394	1128522	1184872	514778	670094	32687
内蒙古	2253137	984611	1268526	553064	715462	39111
辽宁	1990614	1160401	830213	500322	329891	187914
吉林	1490979	696158	794820	353685	441136	8235
黑龙江	1440555	1026758	413797	233648	180149	60770
上海	2375042	1971779	403263	264762	138502	21435
江苏	8110377	4283442	3826935	1672466	2154469	7996
浙江	4404734	2694107	1710627	904916	805711	153106
安徽	4264426	1632582	2631844	1392624	1239220	384536
福建	3432907	1312283	2120624	797973	1322652	55003
江西	3045995	1317520	1728475	642486	1085989	136630
山东	6107102	2924217	3182885	1291466	1891419	41360
河南	6566201	2591527	3974674	2136604	1838071	163763
湖北	4012712	1954683	2058029	786555	1271474	
湖南	5456356	2357033	3099323	1342191	1757132	76917
广东	8723018	4496665	4226354	2244150	1982204	412432
广西	3659412	1280015	2379397	1355947	1023451	114213
海南	677748	411410	266339	170020	96319	2202
重庆	3138606	1458816	1679790	653615	1026175	
四川	5984180	2251698	3732482	1860021	1872461	218254
贵州	2250370	935920	1314450	866658	447792	34660
云南	1871300	1007643	863657	532731	330926	12055
西藏	431706	79852	351854	11565	340289	124401
陕西	2890104	1507376	1382728	701268	681461	103094
甘肃	2904638	665948	2238690	1069337	1169354	18600
青海	901982	187876	714106	681017	33088	12745
宁夏	414316	251276	163040	121518	41522	21600
新疆	1437205	666676	770529	249025	521505	311071

教育经费支出明细（中等职业学校）（2018 年）

表 30　　　　单位：千元

地区	合计	个人部分	工资福利支出	对个人和家庭的补助支出	# 助学金
合计	244798886	138495433	117657405	20838028	10074852
北京	6508427	3797873	3492411	305462	72461
天津	2966514	2010053	1828900	181153	55419
河北	12099394	7277407	6560213	717194	350712
山西	5806354	3479023	3139243	339781	183378
内蒙古	4406619	2731332	2103734	627598	279945
辽宁	5618526	3371987	2962915	409072	168779
吉林	4078254	2477439	1775919	701520	158196
黑龙江	4081320	2816746	2205774	610972	78057
上海	6817879	3303778	3008874	294904	215514
江苏	18865082	11601250	10720282	880968	276725
浙江	15838143	9266374	8763598	502777	233458
安徽	9124090	4442468	3417355	1025113	599009
福建	7457863	3938423	3560729	377694	132557
江西	6026878	2810088	2256384	553704	378134
山东	18584108	9960457	8946517	1013940	309065
河南	14144222	7217775	6327364	890411	539168
湖北	7355416	4223918	3559667	664251	319836
湖南	9989258	5265516	4309429	956086	631965
广东	26995290	15840311	12545945	3294366	507069
广西	7368370	3748492	3233674	514818	346586
海南	2095530	1082947	959760	123187	96958
重庆	6480480	3743000	2940900	802100	606558
四川	10603151	6362319	5305682	1056637	710095
贵州	5289311	3191526	2387047	804478	649476
云南	8993262	5378586	4198279	1180307	964226
西藏	1033221	496585	405757	90828	72929
陕西	4746107	2752368	2304671	447697	281185
甘肃	3749768	2138852	1527259	611593	227322
青海	1426822	648379	476036	172343	123547
宁夏	1192308	538481	443771	94710	71154
新疆	5056919	2581682	1989316	592366	435370

续表 30

地区	公用部分	商品和服务支出	其他资本性支出	专项公用支出	专项项目支出	基本建设支出
合计	100952129	49965158	50986971	21146215	29840757	5351324
北京	2638739	1646567	992171	738748	253423	71815
天津	955989	600246	355743	253694	102048	473
河北	4696322	2223373	2472949	681720	1791229	125665
山西	2255501	1172529	1082972	370078	712894	71829
内蒙古	1511506	881556	629951	344585	285366	163781
辽宁	2035233	1394875	640358	235055	405303	211305
吉林	1571548	770969	800580	418556	382024	29266
黑龙江	1248881	789559	459322	190482	268840	15694
上海	3514102	2597520	916582	649447	267135	
江苏	7228385	3315050	3913335	1390225	2523109	35448
浙江	5877522	2943285	2934237	1065837	1868401	694247
安徽	4003046	1617033	2386014	826200	1559814	678576
福建	3398197	1327816	2070381	849699	1220682	121242
江西	3084368	927915	2156453	701625	1454828	132422
山东	8545985	3478593	5067392	1658881	3408511	77666
河南	6411833	3061184	3350650	1538262	1812387	514614
湖北	3125995	1273539	1852457	615681	1236775	5502
湖南	4615244	2313606	2301638	875763	1425875	108498
广东	10414331	6008574	4405757	2533893	1871863	740649
广西	3307879	1279531	2028348	1286814	741534	312000
海南	942205	460656	481549	348997	132551	70379
重庆	2621846	1540638	1081208	395688	685520	115634
四川	4125003	2322979	1802024	710840	1091184	115829
贵州	2021156	915051	1106105	387006	719099	76629
云南	3539862	1678003	1861859	496146	1365713	74814
西藏	372989	115977	257012	29443	227569	163648
陕西	1918449	1198390	720059	294609	425449	75291
甘肃	1550361	629252	921109	343724	577385	60555
青海	698223	237660	460564	236912	223652	80220
宁夏	633826	243142	390685	191000	199684	20000
新疆	2087603	1000092	1087511	486603	600909	387634

全国各地区技工院校综合情况（2018 年）

表 31　　　　单位：个、人、千元

项目	技工学校个数		在职教职工人数					
		职业培训定点培训机构数		女性	文化技术理论课教师			
						高级讲师	讲师	助理讲师
合计	2379	1185	266711	123020	141814	38485	50373	35591
北京	27	11	3257	1624	1309	364	431	245
天津	21	20	2233	1022	960	296	337	254
河北	181	44	13495	6598	7745	2557	2831	1650
山西	84	42	9003	4722	4175	1117	1448	1075
内蒙古	58	37	7995	4268	4212	1468	1601	787
辽宁	104	33	7736	3639	4330	1319	1543	664
吉林	61	21	3818	1915	2089	709	734	425
黑龙江	129	67	10307	4816	5283	1926	1732	1077
江苏	124	76	18491	8851	9814	2912	3622	2113
浙江	77	51	11933	5578	7273	2125	2451	1849
安徽	81	38	8996	3841	5219	1705	1783	1341
福建	62	23	4732	2272	2474	689	626	440
江西	86	38	10637	4778	5488	1515	1782	1422
山东	181	102	29388	12863	16842	4581	6684	4456
河南	107	59	12316	5712	6372	1531	2293	2035
湖北	106	52	8214	3597	4508	1299	1687	987
湖南	133	61	10537	3806	5294	1595	1889	1487
广东	162	58	30397	13954	14876	2617	5639	4271
广西	44	35	6565	3065	3197	649	1103	1024
海南	11	6	1657	681	998	246	372	256
重庆	54	25	4704	2171	2021	454	700	636
四川	89	49	11694	5388	5887	1362	2048	1588
贵州	59	44	6452	2991	3584	809	1253	997
云南	34	25	4888	2040	3267	1067	1063	936
陕西	135	42	10886	4773	4573	1174	1460	1212
甘肃	33	15	2905	1328	1802	460	803	362
青海	12	12	910	432	453	152	153	105
宁夏	22	11	2489	1369	1543	431	411	400
新疆	102	88	10076	4926	6226	1356	1894	1497

续表 31

项目	生产实习指导教师	高级实习指导教师	一级实习指导教师	二级实习指导教师	三级实习指导教师	技师、高级技师	一体化教师	兼职教师人数
合计	56244	7624	11258	9026	4693	17600	77287	43872
北京	442	85	81	69	22	141	861	1342
天津	448	117	156	116	35	20	719	272
河北	2594	415	564	371	160	847	2836	1858
山西	1817	200	319	269	142	739	1911	1799
内蒙古	1212	240	195	149	163	388	1736	1020
辽宁	1017	115	222	160	42	345	1285	1340
吉林	799	116	132	89	55	310	1164	591
黑龙江	1827	294	307	210	106	629	2622	1194
江苏	4559	595	797	688	305	1495	6427	3084
浙江	2518	334	524	488	287	792	4329	1808
安徽	1526	200	199	178	179	608	2725	1613
福建	1119	160	225	231	56	177	1440	810
江西	2338	204	461	406	279	703	2605	1850
山东	5683	1014	1274	861	354	1760	9640	4148
河南	3180	496	795	561	192	992	4302	2135
湖北	1913	476	381	243	106	498	1589	1094
湖南	3306	475	1038	727	316	746	3794	2215
广东	8041	515	1624	1183	491	3025	10707	3325
广西	1551	154	256	265	169	595	1323	665
海南	263	53	70	65	3	41	553	182
重庆	939	135	125	114	127	300	1282	930
四川	2267	235	305	392	203	720	2898	1646
贵州	1379	193	204	258	209	425	1916	1493
云南	1017	183	185	247	93	229	2167	1893
陕西	2308	282	383	401	351	549	1829	1873
甘肃	413	62	80	48	37	116	566	601
青海	295	40	98	38	6	82	340	203
宁夏	243	57	41	45	24	37	731	578
新疆	1230	179	217	154	181	291	2990	2310

续表 31

项目	经费来源总计（亿元）	招生学校数	招生人数			在校学生数			
				高级班学生	农业户口学生		女生	高级班学生	农业户口学生
合计	511.4	1822	1285468	423562	1026738	3416354	1051458	1184155	2682790
北京	17.4	19	11459	2965	4626	29998	8477	6983	17779
天津	7.6	21	6945	1569	5592	21530	5650	3295	15932
河北	16.6	98	47523	7965	43280	120309	33840	14265	110504
山西	11.6	54	27461	5476	22111	89907	27710	23901	74332
内蒙古	5.3	38	6145	704	4471	15805	3765	2524	10627
辽宁	7.6	52	21614	3929	14537	64054	17372	10971	44992
吉林	3.8	56	20123	5410	12111	40862	13489	10597	26432
黑龙江	11.7	86	20379	4095	14554	55494	18230	15178	36741
江苏	35.8	107	96423	36505	58382	262193	88792	79547	164575
浙江	35.3	71	48712	20205	36069	153607	44504	68083	111793
安徽	16.3	68	61383	18043	51977	127561	43967	34665	98795
福建	8.1	45	37794	6885	26804	80832	27707	12119	60620
江西	15.7	77	54803	7356	45344	139437	51244	17343	116672
山东	53.0	160	135184	50748	117019	329897	99340	132690	277412
河南	30.0	99	108509	33834	87698	268050	77544	82709	213968
湖北	12.5	72	32880	7683	24367	80570	25522	24186	57524
湖南	19.9	60	38271	12811	34467	127846	31858	52390	116941
广东	104.0	150	190560	90418	152720	542661	161794	267516	430987
广西	14.4	43	48947	13247	45586	121821	38665	36452	100557
海南	4.0	11	8661	2415	5967	24106	5456	8298	20062
重庆	13.7	41	34571	10930	25343	89261	31609	29004	64062
四川	11.5	70	50395	12794	40729	121576	43077	35646	93469
贵州	7.5	49	29444	2240	24613	69735	22823	8319	58127
云南	15.7	34	44454	29660	40285	144709	40446	93782	129572
陕西	14.8	122	55471	26039	46792	166413	55041	88208	128437
甘肃	1.6	30	11024	1198	9695	33514	10036	3719	22197
青海	0.2	4	557	271	378	2466	539	1414	1698
宁夏	1.4	11	2207	595	1422	7366	2229	2823	4836
新疆	14.4	74	33569	7572	29799	84774	20732	17528	73147

续表 31

项目	毕业生人数			就业人数		培训社会人员（人次）	培训社会人员结业人数
		获得中级职业资格	获得高级职业资格		高级班学生		
合计	902993	437728	215362	881811	274867	4205759	3015720
北京	11023	6032	3180	10975	3157	122912	99327
天津	5083	3207	1534	4942	1519	28837	20994
河北	31331	23338	4719	30612	4933	145274	108314
山西	32499	21950	5358	31257	7954	163176	160915
内蒙古	6438	2390	792	6291	1087	49307	30840
辽宁	17444	7617	2076	16620	2927	110885	19743
吉林	8907	4635	1560	8365	2225	38569	24089
黑龙江	18402	7106	4504	18027	5913	94700	78966
江苏	66226	33207	20898	65343	22602	429042	333157
浙江	31044	19793	9592	30301	9482	267711	176024
安徽	17793	8734	2564	17356	4176	187018	95894
福建	19219	12380	3291	19007	3713	133868	54578
江西	38979	25748	3838	38554	5382	182491	156147
山东	96351	27596	26159	94649	38409	380363	231716
河南	85562	32873	16635	83768	24971	308888	213365
湖北	21698	8297	3302	19537	6922	101453	78725
湖南	30746	13922	11166	29868	11166	120663	96748
广东	161351	71520	50854	159051	65638	251388	165560
广西	29817	22588	3686	29488	4094	60204	47834
海南	5813	1489	314	5528	1573	29935	27348
重庆	21141	13485	3907	20524	5017	103039	100800
四川	35994	18124	6009	35266	8778	137377	114549
贵州	19121	6855	3377	18481	4771	96235	62570
云南	26628	9164	10967	26150	12017	251327	213942
陕西	30095	16265	12314	28859	11971	115180	80508
甘肃	11614	4440	1191	11025	1555	74802	19166
青海	700	280	103	697	424	31815	21488
宁夏	1059	808	81	1051	224	9341	7952
新疆	20915	13885	1391	20219	2267	179959	174461

续表 31

项目	按培训对象分组				按获取证书分组			
	失业人员	劳动预备制人员	在职职工	农村劳动者	初级职业资格	中级职业资格	高级职业资格	技师和高级技师资格
合计	249379	191196	2371197	728732	625803	423107	266183	90462
北京	3748	1432	97074	13981	19398	9635	8188	4814
天津	1102	3980	17154	1990	4001	8424	8119	235
河北	9689	4916	87822	22851	16297	14816	6895	3518
山西	7668	686	120507	23083	7664	7881	6988	1894
内蒙古	4235	1289	26112	6313	3700	10276	1171	536
辽宁	3254	904	46088	5445	2509	3834	1723	427
吉林	2315	795	21042	6138	4513	3555	1602	207
黑龙江	21038	2738	39476	25189	13301	2974	1490	610
江苏	18943	23305	292787	37043	85344	55357	32873	4238
浙江	14572	14448	181680	40412	39302	16730	27119	6822
安徽	21307	4145	90752	38681	13385	28877	17347	921
福建	10502	5804	79320	24730	12229	11123	9536	515
江西	2756	1520	159747	9251	9767	10345	2719	3997
山东	24808	23743	210036	55984	72289	37183	20433	8248
河南	8652	4614	186461	50823	27190	19462	14806	8268
湖北	17740	5828	29128	29867	22931	12266	1640	1539
湖南	3420	2096	72942	28381	9379	20248	7329	1153
广东	7532	16207	158633	28782	27117	28336	19956	2264
广西	3310	10462	17937	13257	16987	2205	1192	639
海南	1413	662	22948	4324	629	1262	140	2
重庆	7347	2045	53798	13558	22895	14387	4680	3246
四川	9921	6229	67387	28713	11595	31337	16225	12093
贵州	1139	2580	25078	57658	21164	5802	5157	646
云南	34969	32191	41538	72897	97623	42522	35438	19665
陕西	1959	2088	79868	14632	18687	7600	4647	832
甘肃	1088	516	46868	9426	4486	5020	1234	172
青海	342	1410	19167	8962	2775	804	547	
宁夏	255	150	4391	2795	4401	673	499	127
新疆	4355	14413	75456	53566	34245	10173	6490	2834

全国职业技能鉴定情况（2018 年）

表 32 单位：人

	鉴定机构数（个）				考评人员	鉴定考核人数					
	小计	鉴定所数	鉴定站数	其他	人 数	小计	初级工	中级工	高级工	技师	高级技师
总计	8912	4781	3792	339	251135	11349052	3939496	4034728	2765047	487978	121803
行业合计	2443		2442	1	94669	2111498	821018	561243	597602	101953	29682
地方总计	6451	4781	1350	320	140224	9007709	3035725	3387425	2112385	380880	91294
中央企业试点	18			18	16242	229845	82753	86060	55060	5145	827

	获取证书人数					
	小计	初级工	中级工	高级工	技师	高级技师
总计	9031831	3245567	3333132	2099864	277673	75595
行业合计	1523099	535170	430306	467782	64713	25128
地方合计	7385556	2663222	2861384	1600846	210192	49912
中央企业试点	123176	47175	41442	31236	2768	555

全国各地区职业技能鉴定情况（2018年）

表33　　　　单位：个、人

项目	职业技能鉴定机构数				考评人员人数
	小计	鉴定所数	鉴定站数	其他	
合计	6451	4781	1350	320	140224
北京	28	28			2394
天津	128	93	24	11	3179
河北	12	12			4313
山西	76	63	13		3954
内蒙古	53		53		6708
辽宁	783	704	79		967
吉林	72	56	16		91
黑龙江	60	46	14		1051
上海	503	303	200		1551
江苏	630	336	5	289	1525
浙江	102	20	82		1577
安徽	344	295	49		9073
福建	203	202	1		3074
江西	359	282	77		6702
山东	149	1	148		10870
河南	439	328	97	14	20018
湖北	37	35	2		1336
湖南	91	79	12		434
广东	423	423			22539
广西	330	330			5244
海南	34	30	4		642
重庆	155	155			3985
四川	344	158	186		4713
贵州	148	142	6		2519
云南	251	192	59		9030
西藏	19	8	11		322
陕西	218	113	105		6186
甘肃	36	36			231
青海	78	33	44	1	126
宁夏	77	76	1		2953
新疆	219	172	42	5	1341
兵团	50	30	20		1576

续表 33

项目	本年鉴定考核人数					
	小计	初级工	中级工	高级工	技师	高级技师
合计	9007709	3035725	3387425	2112385	380880	91294
北京	65643	35408	13491	9032	6317	1395
天津	51875	6528	12362	14950	11401	6634
河北	382425	154743	140351	62084	18528	6719
山西	312211	117717	88481	95214	9687	1112
内蒙古	134177	37874	51214	29573	11659	3857
辽宁	158341	24706	73700	36119	19081	4735
吉林	65518	20490	25225	15233	3520	1050
黑龙江	98558	24640	24934	39406	8748	830
上海	350334	157376	90038	86931	12643	3346
江苏	902345	151174	457376	263989	26677	3129
浙江	552455	144733	161149	203367	35866	7340
安徽	376192	122189	143860	97042	11547	1554
福建	238689	46388	105607	69822	14645	2227
江西	200759	35563	120328	38170	5907	791
山东	866211	390344	231391	201316	32824	10336
河南	489243	177348	159406	134489	15008	2992
湖北	228605	65753	96742	62613	1630	1867
湖南	354850	116863	168735	49119	14871	5262
广东	742270	210141	310808	147806	59796	13719
广西	323199	192033	114002	14521	2202	441
海南	22315	9908	7273	4159	885	90
重庆	223414	44940	145160	23582	6598	3134
四川	540735	102671	230200	188349	18164	1351
贵州	192039	92274	69893	28600	918	354
云南	336240	161824	82240	82198	8465	1513
西藏	9567	9053	464	50		
陕西	231311	57774	107110	61065	4698	664
甘肃	204530	117014	78313	8524	498	181
青海	44900	33670	6046	3678	830	676
宁夏	71289	48814	15814	4998	1397	266
新疆	203854	112012	40423	32126	15565	3728
兵团	33615	13760	15289	4260	305	1

续表 33

项目	本年获取证书人数					
	小计	初级工	中级工	高级工	技师	高级技师
合计	7385556	2663222	2861384	1600846	210192	49912
北京	54789	34018	12013	5570	2696	492
天津	44675	5891	11768	11610	10124	5282
河北	333124	140952	123522	51378	12368	4904
山西	287166	114191	83724	83875	4647	729
内蒙古	104588	33014	46420	17099	5519	2536
辽宁	122643	20472	60611	28082	10999	2479
吉林	46379	15822	20347	7973	1501	736
黑龙江	89431	23516	23745	34865	6722	583
上海	203143	103194	56217	39237	3393	1102
江苏	776769	132001	412729	212215	17641	2183
浙江	436603	124669	139611	150064	19132	3127
安徽	317329	106912	120938	82988	5989	502
福建	183592	39484	93073	45572	4598	865
江西	180670	34694	112382	29451	3659	484
山东	732460	366162	207553	136711	15555	6479
河南	444235	170029	149926	111804	10579	1897
湖北	220490	63310	94534	59273	1562	1811
湖南	238063	81724	112356	32648	9225	2110
广东	445885	154968	188211	76729	21752	4225
广西	278922	170590	93592	12403	1953	384
海南	13979	8444	4164	1197	158	16
重庆	191247	41319	127472	16823	3781	1852
四川	491674	91530	207605	175165	16273	1101
贵州	174330	85729	61261	26373	668	299
云南	299116	154989	73954	64500	5036	637
西藏	8810	8305	455	50		
陕西	186747	47164	88164	47769	3186	464
甘肃	190399	109000	73025	7962	295	117
青海	35662	27456	4600	2715	602	289
宁夏	59027	42873	11879	3426	671	178
新疆	162003	97985	30843	21497	9630	2048
兵团	31606	12815	14690	3822	278	1

国际

【欧盟委员会加强有关公民关键能力的政策倾斜力度】 1月17日，欧盟委员会通过了一项政策提案，将关键能力置于21世纪教育的核心。提案认为，在经济快速变化和劳动力市场技能需求变化的背景下，要对各国教育系统的关键能力教育给予更多重视。欧盟关键能力框架定义了八项关键能力，包括数学、科学和技术以及创业和数字能力。具有较好关键能力的个人在劳动力市场上更加灵活，也更可能满足雇主对创造力和创新的需求。欧洲培训基金会（ETF）在与各伙伴国合作时，特别注意企业家精神和关键数字能力的发展。欧盟关键能力框架已经在指导课程改革的支持工具方面先行一步。企业家能力框架为各级教育提供了学习成果的范例。

【《技能需求预测：系统与方法》发布】 2018年，国际劳工组织（ILO）、欧洲职业培训发展中心（Cedefop）、欧洲培训基金会（ETF）和经济合作与发展组织（OECD）在主要成员和合作伙伴之间开展联合调查的结果——《技能需求预测：系统与方法——利益相关者技能需求评估与预测调查分析》发布。调查涉及61个国家的劳动部、教育部、工会和雇主组织，涉及技能需求评估和预测的制度、方法和体制框架。报告包括关于合作伙伴、合作和协调模式、在政策制定中使用成果以及执行中面临的挑战等问题。报告指出，欧盟的经济复苏有所加强；失业率下降，就业率上升。但经济衰退加速了全球化和数字化的长期趋势，这需要新的技能。由于人口趋势，可用劳动力减少的预测也正在成为现实。职业教育与培训作为综合政策办法的一部分，可以帮助教育水平较低的成年人和欧洲新移民找到工作，促进社会的平等、包容和团结。

【欧盟就欧洲学徒制框架达成协议】 3月15日，在欧盟理事会召开的就业、社会政策和消费者会议上，欧盟成员国就《欧洲优质和有效学徒框架》达成协议。会议上，就业、社会事务、技能和劳动力流动性事务专员 Marianne Thyssen 指出，这一新的欧洲框架对于许多正在推行或升级其学徒制方案的会员国都是极其有帮助的，因为它将指导决策者确保学徒制真正发挥其潜力。这是欧洲职业教育和培训发展的关键一步。《欧洲学徒制质量和效果框架》的提案是由委员会在欧洲技能议程的背景下提出的。

【G20 探讨以公共政策支持劳动力转型与终身学习】 4月12日—13日，UNESCO 和全球19个主要经济体代表在阿根廷布宜诺斯艾利斯参加了二十国集团（G20）会议，讨论如何推进公共政策，激发人们潜能，应对未来工作。与会者讨论了如下问题：如何实现所有公民都能充分参与和融合未来；如何在快速变化的社会中确保高质量和全纳的教育；需要哪些技能和教育政策来培养致力于可持续发展的积极的公民意识。会议认为，迫切需要确定公民充分融入劳动力市场和社会所需的技能，并从终身学习的角度保障其实现全面发展，同时要通过全纳教育政策促进公民（尤其是最弱势群体）的认知、非认知和数字技能发展。

【UNESCO-UNEVOC 召开职业技术教育与培训学习论坛】 5月24日—25日，UNESCO-UNEVOC 组织召开了主题为“混乱时代中的管理技能”的职业技术教育与培训学习论坛。来自5个地区30多个国家的100多位职业技术教育与培训专家，以及国际劳工组织、经济合作与发展组织、欧洲职业培训发展中心、欧洲培训基金会等国际机构代表参加了论坛。推动关于职业技术教育与培训系统适应新的技术要求，确保学习者顺利过渡到发展变化的劳动力市场，并开展终身学习的讨论。论坛包括三次全体会议。第一次全体会议“变化的世界——我们对干扰影响的了解”揭示了环境、数字和人口转变造成的重大干扰及其对职业技术教育与培训以及工作领域的影响，第二次全体会议“通过改进 TVET 系统的治理来管理干扰的影响”讨论了职业技术教育与培训系统治理中的国家级响应和举措，第三次全体会议“提升学习途径”审查了支持和提升年轻人及弱势群体（包括妇女和流离失所者）学习途径的不同政策和体制方法。论坛讨论的重点主要集中在职业技术教育与培训的融资问题、创业精神、职业技术教育与培训教师在信息和通信技术方面的能力培养、职业技术教育与培训与高等教育之间的融通、绿色职业技术教育与培训及为绿色就业所做的准备、移民和流离失所者的职业教育。

【UIL 和 IIEP-UNESCO 推出终身学习在线课程】 5 月 28 日，联合国教科文组织国际教育规划研究所（UNESCO International Institute for Educational Planning，IIEP- UNESCO）与联合国教科文组织终身学习研究所（UNESCO Institute for Lifelong Learning，UIL）宣布，将于 2018 年 10 月推出“将成人教育和非正规教育纳入教育部门规划：从终身学习视角出发”（Mainstreaming Adult/ Non- formal Education into Education Sector Plans：A Lifelong Learning Perspective）在线课程。课程推出的背景是：随着经济、技术和社会的迅速发展，劳动力市场需要人们通过更多学习机会掌握新知识、新技能和创新能力，终身学习已成为全球教育的重中之重。课程将在 IIEP 虚拟校区进行，主要由 4—6 名教育部门人员指导学习。课程目标是让学习者掌握必要的知识和技能，制定并实施合理策略，以强化成人教育和非正规教育，进而确保所有人都能在不断变化的世界中持续学习，为终身学习作出贡献。

【职业教育与培训劳动力市场和技能信息系统研讨会召开】 6 月 26 日，欧洲职业培训发展中心与欧盟轮值主席国保加利亚在布鲁塞尔召开职业教育与培训劳动力市场和技能信息系统研讨会。研讨会讨论了劳动力市场和技能信息系统对职业教育与培训发展的重要性，概述了人工智能数据分析的新发展，并指出人工智能数据分析将有助于更快更好地识别和匹配技能需求。IBM 全球员工政策部门副总裁大卫·巴恩斯（David Barnes）指出，IBM 运用大数据和人工智能为员工提供技能支持以便其进行职业转型，使他们能够掌控自己的职业生涯。

【美国社区学院 STEM 相关专业毕业生职业年薪中位数高于非 STEM 职业】 8 月 20 日，美国社区学院协会网站报道，2014—2024 年，科学、技术、工程、数学（STEM）领域的工作岗位数量预计平均增长 9%—11%，非 STEM 领域的工作岗位数量预计增长 6.5%。美国商务部统计数据显示，一般而言，在同样要求工作者具备学士学位或副学士学位的相关职业中，与 STEM 领域相关的职业工资要比其他领域平均高出 29%，甚至部分仅需接受社区教育，并未强制要求具备学士学位的 STEM 领域相关职业的年薪中位数也较为可观。之所以用收入中位数这一概念来衡量民众的收入水平，是因为相较于受贫富差距影响较大的人均收入，收入中位数更贴近民众的实际生活水平。2016 年，拥有卫生技术高等教育证书工作者的年薪中位数为 41800 美元，而风力发电机维修技师则达到了 52240 美元。目前，尽管包括卫生保健在内的众多职业都提供了高薪职位，但与 STEM 领域相关的职业人才与劳动力市场仍呈现供不应求局面。因此，美国各社区学院正在为积极拓宽 STEM 教育渠道、大力促进 STEM 高等教育成果而努力。

【欧洲培训基金会召开“未来技能：管理转型”研讨会】 11 月 21 日—22 日，欧洲培训基金会在都灵组织召开了以“未来技能：管理转型”为主题的大会，探讨发展中和转型国家如何从技能角度应对全球趋势的挑战。会议指出，第四次工业革命融合了物理、数字和生物世界的新技术，正在改变世界各地的工业、经济和社会，人口变化、移徙和气候变化等其他全球趋势正在加剧这一进程。旧工作正在改变、转移或消失，而新工作正在涌现。随着工作自动化水平的日益提高，工作开始出现两极分化，非常规认知和社交技能成为重要资产。快速的变革使得工人拥有的技能与雇主需要的技能之间越来越不匹配。社会需要具备灵活新技能的人才，以应对不断变化的经济环境的需求。全世界的社会都面临着这一挑战，促使他们重新思考如何为人们配备和重新配备他们在今后的世界中生活和工作所需的知识和技能。不同国家和地区的情况存在差异，需要不同的解决办法和替代途径。其影响和管理方式因地而异。与会者一致认为，各国要制定前瞻性培训和劳工政策，并共同努力确定欧盟如何为这一转型提供支持。

【欧盟召开“塑造未来技能，影响未来社会”国际会议】 为进一步探讨欧盟政策框架及如何加强欧洲培训基金会与欧洲周边及其他国家的合作，6 月 14 日，欧盟在意大利都灵召开了主题为“塑造未来技能，影响未来社会”的高级别会议。从事对外事务、发展与合作方面人员的理事会成员（欧盟成员国专家）、欧洲议会、欧洲委员会和欧洲职业培训发展中心的官员参加了会议。会议认为，技能是经济社会发展和个人成长的基石。尤为关键的是，有关技能、教育和培训方面的政策发展必须跟上快速变化的工作环境。会议重点讨论了以下事项：在已有合作的基础上，为支持邻国更好地应对快速变化的工作环境所带来的挑战，欧盟可通过发展合作采取哪些具体举措？为更好地支持人力资本发展，欧洲培训基金会应如何提升欧盟政策及加强双边合作？为支持欧盟委员会和欧盟成员国，ETF 的专业知识、工具和方案能够作出哪些贡献？

【首届非洲职业教育领导力课程培训举行】 11 月 12—16 日，UNESCO-UNEVOC 和国际教育规划研究所（IIEP）共同主办的“第一届中非、西非和北非职业教育领导力课程培训”在塞内加尔首都达喀尔举行。该领导力课程培训旨在帮助职业教育领域的变革推动者成为各自地区职业教育领域的变革领导者。培训过程中，参与者就区域战略、职业教育框架和政策、性别平等、绿色职业教育、基于工作的学习、资金筹措、先前学习认定等问题与专家交换了意见。职业教育是 UNESCO 各成员国的优先发展事项。《2030 年可持续发展议程》中的可持续发展目标 4（SDG4）明确要求成员国确保包容和公平的优质教育，促进全民享有终身学习机会。在大多数非洲国家，正规的中等职业教育总入学率小于或等于 5%。非盟为了振兴职业教育，将其列为《非洲教育第二个十年规划（2006—2015 年）》（Second Decade of Education for Africa 2006—2015）和《非洲大陆教育战略（2016—2025 年）》（Continental Education Strategy for Africa2016—2025）中的优先发展事项之一。

【“为非洲崛起提供更优质教育项目第二阶段”启动会关注绿色职业教育】 6 月 19 日—20 日，联合国教科文组织在肯尼亚内罗毕举行了“为非洲崛起提供更优质教育项目第二阶段”（BEAR II）启动会。作为 BEAR Ⅱ项目准备和磋商过程的一部分，肯尼亚的利益相关者将环境技术领域确定为优先领域。联合国教科文组织国际职业技术教育与培训中心参加了该项目，以提高参与者对绿色职业技术教育与培训的环境、社会经济和政治层面的认识，其中包括对劳动力市场趋势和需求的认识。会议还向与会者简要介绍了 UNESCO-UNEVOC 计划和《绿色职业技术教育与培训指南》，以及 UNEVOC 网络中绿色行动计划的实例。

【UNESCO-UNEVOC 出版《开放教育资源促进技能发展》】 2018 年 5 月，UNEVOC 出版《开放教育资源促进技能发展》。该出版物探讨了开放教育资源在改善高质量职业技术教育与培训获取途径方面所具备的潜力，强调要为职业技术教育与培训提供开放教育资源。

【世界职教院校联盟大会举行】 10 月 8 日—10 日，主题为“为技能发展做好准备刻不容缓”的世界职业院校与技术大学联盟（WFCP）大会在澳大利亚墨尔本举行，讨论职业技术教育与培训（TVET）领域的最新趋势和最佳做法。大会由澳大利亚职业技术与继续教育（TAFE）委员会主办，来自世界各地社区学院和理工学院的 800 多名代表以及国际教育专家参加会议。与会者讨论了技术变革带来的新挑战及其对工作和社会的影响，以及应对这些挑战的行动解决方案，并为国际代表提供了一个审查其自身职业技术教育与培训体系的机会。联合国教科文组织国际职业技术教育与培训中心主任萨玛尔·玛姆德尔（Shyamal Majumdar）作题为“技能在可持续发展目标中的重要性”的主题演讲，强调了技能在成功实现可持续发展目标方面的作用。

【UNESCO-UNEVOC 就其技能创新中心计划组织专家会议】 11 月 14—15 日，联合国教科文组织国际职业技术教育与培训中心（UNESCO-UNEVOC）举行了一次专家会议，讨论其即将提出的技能创新中心（i-Hubs）计划。来自欧盟委员会、国际合作与发展研究中心、Tknika、Omnia 的代表以及其他职业技术教育与培训（TVET）及创新的国际专家与教科文组织总部和外地办事处以及 UNESCO-UNEVOC 分享并讨论了他们在职业技术教育与培训方面的经验和国际创新方法。i-Hubs 计划由中国政府资助，并由 UNESCO-UNEVOC 及其 10 个试点中心提供资源。在全球范围内，社会和劳动力市场正在发生剧烈动荡，同时为了在变化不定的劳动力市场上取得成功，各国职业技术教育与培训制定者和系统开发人员在提供必需的创新技能时面临越来越多的挑战，i-Hubs 计划的提出正是基于上述原因。在初期阶段，技能创新中心计划将侧重于亚太、非洲和欧洲的试验性职业技术教育与培训机构，尤其是创业、数字化和绿色领域。

【“2018 欧洲职业技能周”举办】 11 月 5 日—9 日，主题为“发掘你的才能！”的第三届欧洲职业技能周在奥地利维也纳举行，共有 350 余人参加，对职业技术教育与培训（TVET）的未来发展进行了讨论。该活动由欧盟委员会举办，并得到了欧洲职业培训发展中心和欧洲培训基金会的支持。活动强调，职业教育与培训是一个明智选择，不仅可以带来优越的教育机会和高质量的就业岗位，还可以提高就业能力。欧盟委员会就业、社会事务和社会融合事务总干事朱斯特·考特（Joost Korte）和教科文组织青年、扫盲和技能发展科科长鲍黑尼·查克尔（Borhene Chakroun）主持了与双边组织的职业教育和培训机构间会议。联合国教科文组织国际职业技术教育与培训中心负责人萨玛尔·玛母德尔（Shyamal Majumdar）在“职业教育与培训的未来——展望欧洲之外”会议上作了主旨发言。他强调了在欧洲与世界其他地区之间建立桥梁的重要性，目的是改善全世界的职业教育与培训。到活动周结束时，已在40多个国家举行了1512场活动。2018年的宣传活动覆盖了220多万人，比2017年增加了120万人（欧盟委员会）。此外，2018年12月之前，欧洲各地正在组织相关活动和会议。

【欧盟 – 地中海地区教育与培训会议召开】 12月17日，来自欧盟和地中海南部国家120名代表在意大利都灵举行首脑会议，讨论欧盟 – 地中海地区教育和培训的作用。会议认为，在地中海南部国家，15岁以下人口占1/3，青年失业率高达30%，这些国家在为年轻人提供更美好未来的机会方面面临挑战。人们对职业教育的认知仍然是负面的，家庭不将职业教育作为首选。此外，资金短缺使各国无法规划长期教育和经济社会措施，这一直影响着公民的未来机会。会议通过建议，并送交参加UFM部长级首脑会议的各国政治当局，在该地区民间社会组织中广泛传播。

世界各国

【德国学徒中断培训率增高】 2018年，德国相关机构发布的数据显示，职业培训正面临新的挑战——约1/4的学徒放弃培训，在诸如厨师、饭店服务人员或理发师等培训职业中，约1/2的学徒在毕业考试前退出培训，这是自20世纪90年代以来德国最高的学徒中断培训率。2016年德国共有14.6万人提前解除培训合同，安保人员中断培训比例高达50.6%，中断培训比例最低的是学习管理类学徒，仅为4.1%。德国工会联合会（Deutscher Gewerkschafts Bund，DGB）副主席哈娜克（Elke Hannack）指出，行业培训报酬越低，该行业学徒中断培训率越高。她呼吁联邦政府尽快实施学徒最低报酬相关法律。从个人角度看，学徒放弃培训也与领导发生冲突、工作环境艰苦、错误的职业设想等因素有关。而企业方指出，学习成绩不佳、缺乏融入企业活动动力等因素是学徒中断培训的重要影响因素。

【新西兰公布免费高等教育及行业培训政策】 新西兰教育部宣布，从2018年1月1日起，所有在2017年或2018年完成中学学业并升入大学的学生，将有资格获得一年免费高等教育或行业培训的机会。符合以下条件的学生可享受该政策：拥有新西兰永久居住权和工作权，或在新西兰和澳大利亚居住满三年的居民；未接受过高等教育或行业培训，或在中学教育以上尚未获得60以上的学分；在高等院校和培训学校完成登记。免费的高等教育和行业培训课程于2018年开始提供，由新西兰高等教育委员会（TEC）拨款资助，被新西兰学历评估委员会（NZQA）承认，并至少处于新西兰学历评估框架第三级。行业培训课程则要至少提供120学分。该变革是新西兰政府计划在2024年前为新西兰人提供3年免费高等教育和行业培训完整方案的第一步。

【数字化为德国职业教育带来新机遇】 2018年，由德国联邦教研部（BMBF）和联邦职教所（BIBB）共同举办的主题为“职业教育4.0——数字化带来的未来机遇”大会在莱比锡举行。来自政界、商界、科学界和教育界的450多名代表围绕数字化对未来职业教育和培训的影响进行了讨论。会议指出，数字化转型的速度令人印象深刻。它改变了人们的生活、交流和工作方式。新的职业环境需要新的职业培训，这需要尝试和创新相结合。在“职业教育4.0”框架下，德国联邦教研部将采取一系列举措：第一，购买新设备。为了继续保持高质量的教育水平，职业培训中心必须尽早将新技术发展纳入培训。为此，教研部支持跨企业的职业教育与培训机构添购数字设备，用于技术工人的培训。第二，加强数字媒体运用。教研部积极推动职教培训中数字媒体的使用。数字媒体为以实践为导向的交流技能提供了新的机会。同时，也为残障人士提供了接受职业教育和培训的机会。第三，改善继续教育。以“面向未来的职业继续教育的创新方法”为重点的资助项目主要调研数字化引发的职业资格要求和培训。

【斯洛文尼亚发布新的《学徒制法案》】 2018年，斯洛文尼亚发布并实施了新的《学徒制法案》。新法案规定，三年制高中职业教育与培训项目有两种途径：在校制和学徒制。两种途径在教育标准和职业面向方面是等同的，使得二者之间的转换更加容易。在学徒制途径下，超过50%以上的项目由一名或数名雇主负责。学徒制也可以通过国际交流项目实现，部分也可在公司间培训中心进行。将有至少40%的学徒制项目在学校实施。普通教育科目由学校为两种途径均等提供，而专业课程则根据途径进行调整。该法案规定了股东的责任，公司、商会和学徒的权利和义务，成为培训公司的条件，学徒合同的要素，学徒保险和报酬，以及监督事项。合作的基础是学徒和公司之间的合同，没有雇佣的要素，因此学徒拥有与学生身份相关的所有权利。合同规定了二者的权利和义务、实际培训的时间计划以及雇主不得让学徒承担与其职业无关任务的限制。不得在22点到次日6点之间进行实践培训。雇主必须给予学徒连续至少六周的暑假。在达到全勤工作要求（每周36小时）的情况下，学徒第一年的最低报酬为250欧元/周，第二年为300欧元/周，最后一年为400欧元/周。失业者也可以成为学徒；在这种情况下，该学徒还可以领取《积极就业政策》措施中规定的活动津贴。

【瑞典职业教育与培训呈现发展迹象】 2018年，瑞典相关机构发布的数据显示，自2011年以来，在2017—2018学年，将职业课程作为首选的申请者比例首次上升。具体来说，自2011年改革以来，瑞典高中职业教育和培训水平一直在下降，但现有迹象表明，这种下降趋势已经停止。欧洲关于职业教育与培训的民意调查显示，瑞典人对职业教育与培训的了解非常突出，并认为职业教育和培训有利于人们快速找到工作。2018年秋季高中教育申请者的初步数据显示，几乎所有职业教育课程的申请者都比前一学年有所增加。2018年，38%的学生将职业教育作为首要选择，比上一年增加了1.2个百分点。瑞典有12个职业高中课程，旨在满足劳动力市场的技能需求。申请人数增长最多、最受欢迎的职业教育与培训项目有：车辆及交通运输项目，申请人数较前一年增加最多（增加17%）；电力及能源课程是最受欢迎的职业教育与培训课程之一；工商管理课程申请人数创下了2011年以来的最大增幅。

【英国政府设立专项基金推动建筑技能培训】 2018年，英国教育部宣布将设立一项由教育部资助、建筑行业培训委员会（CITB）管理的2200万英镑的培训基金。作为英国政府现代工业战略的重要组成部分，该基金项目为期18个月，旨在通过帮助企业在英国各地创造就业机会，解决英国建筑业的技能短缺问题，将英国打造成一个适应未来需求的国家。英国学徒制和技能大臣安妮·米尔顿（Anne Milton）在启动该项基金时提到，英国政府承诺到21世纪20年代中期，每年将新建30万套住房，政府希望在建筑技能培训方面确保投资，以实现这一目标。负责住房事务的国务部部长多米尼克·拉伯（Dominic Raab）指出，政府已在建筑行业中投资10亿英镑用于开发现代化的建筑技术，而此项基金旨在向建筑工人提供建筑技能培训，让工人在实践中应用知识，以满足雇主需求。未来5年，英国预计将新增15.8万个建筑工作岗位。该基金将支持英国设立20个建筑技能培训中心，为希望进入建筑行业的人提供实习机会，为当前失业或希望更换工作的人提供新的培训渠道。

【爱尔兰发布《2018年教育行动规划》】 2月7日，爱尔兰发布《2018年教育行动规划》（Action Plan for Education 2018）。规划重申了爱尔兰教育的主要目标、宗旨以及在2018年年底要实现的370多项教育行动。主要战略目标有：改善学习者的学习；消除教育劣势，为有特殊教育需求的学习者提供帮助；促进教育工作者工作不断进步；在教育和社会之间建立更紧密的联系；改善国家教育规划和支持服务。规划提出，到2026年，要将爱尔兰的教育和培训体系打造成欧洲最佳教育体系。2018年，爱尔兰将面临许多来自国内和国际层面的挑战，其中包括公民对技能提升和再就业机会的需求、技术创新以及不断变化的人口结构等国内新状况，还有英国“脱欧”、美国改变贸易和税务政策方向等国际政治变革。针对上述问题，规划的战略重点包括：提高教育质量，促进教育创新；缩小学生在核心课程方面的差距；鼓励发展教师关键技术；倡导跨学科融合；提升终身学习参与度。规划特别提出了覆盖早期教育至高等教育的长期政策重点，具体包括：采取行动加强STEM教育；利用数字技术加强教学、学习和评估；提高学生外语能力；改革高中教育课程；消除教育劣势，加强其包容性和支持性；培养领导能力并积极构建专业人员队伍；不断提高教学质量，如建立新的教育质量检查模式和高等教育审查制度；加强创新创业；注重企业参与；增加就业渠道和机会，包括继续教育与培训、实习等。

【乌克兰与欧盟就职业教育的未来愿景进行研讨】 2月22日，乌克兰教育部部长莉莉亚·格里涅维奇（Lilia Hrynevych）和欧盟代表团负责人贝雷德·德格罗特（Berend de Groot）在基辅与来自劳动和教育界的欧洲培训基金会（ETF）专家、议员和利益相关方一起讨论了职业教育与培训（VET）的未来。90多名与会者参加了研讨会。研讨会探讨的主题涉及终身学习、权力下放、创新、青年人移徙。会上还分享了来自芬兰和爱尔兰的欧盟最佳做法，这些成果将有助于形成未来愿景。欧盟代表团的贝雷德·德格罗特重申了欧盟对提高技能和教育水平的承诺。“我们希望看到这个国家的经济增长，为此我们需要提高职业技能”。ETF一直与乌克兰密切合作，推动其教育和技能计划，使其制度更接近欧洲标准。职业教育的责任正在移交给25个地区——对一个拥有4500万人口的国家来说，这是一个巨大挑战。乌克兰的职业教育入学率正在下降，许多年轻人移居国外工作。格里涅维奇部长说，建立多功能职业教育与培训中心将有助于填补技能差距。乌克兰正与雇主合作，促进学徒制发展。在欧盟和国际伙伴的财政支持下，该国正在根据劳动力市场的需要更新职业和教育标准，更新学校设备和基础设施。乌克兰雇主联合会主席德米特罗·奥利尼克（Dmytro Oliynyk）说，“公司成功的关键是为他们工作的人。我们梦想的是一个一体化的职业教育与培训体系”。欧洲培训基金会乌克兰地区负责人玛格丽特·尼科洛夫斯卡（Margareta Nikolovska）表示，共同的未来愿景为乌克兰带来了巨大机遇，它将教育、培训、终身学习、创业、就业和劳动力市场，即整个技能体系，置于经济改革的中心。

【日本新一代创新者培养受到关注】 3月13日，经济合作与发展组织（OECD）以日本技术学院（College of Technology）为例，探讨了其在创新人才培养上的亮点。日本技术学院是学生在初中毕业后进行五年一贯制教育的高等教育机构。OECD 提出，提高学生的创新能力和解决问题能力对学校而言是一个重大挑战，这需要学校同时兼顾单一学科和跨学科学习，并提高学生从不同角度思考问题的能力。OECD 总结了日本技术学院在提升学生综合能力方面的实践经验，将课堂教学和项目学习与实践相融合；以学生为中心进行授课，并确保其学习的跨学科性；教师承担教练、导师、协调者和评估者等多种角色；提倡创新，鼓励学生通过努力实现自己的创意，推广学生的创新成果，在学生创新成果和商业市场之间构建渠道，学院重视学生创新成果的可持续发展，进而服务社会发展。

【英国拟投资 1170 万英镑帮助成人学习新技能】 3 月 29 日，英国学徒制和技能大臣安妮·米尔顿（Anne Milton）宣布，英国政府拟投资 1170 万英镑的学习基金，帮助更多的人回到课堂，学习新技能。该基金将支持英国各地的 32 个创新学习项目，鼓励更多人参加新的培训或课程。课程内容包括网络安全、数字技能、商业转型等，帮助人们在就业或工作方面取得新进展。创新学习项目的重点在于提高人们的技能水平，如支持信息技术用户获得网络安全方面的新技能，培养年龄较大工作人员的数字技能，以及提高在职成年人的数学技能和信心等。安妮·米尔顿表示，这些项目的实施将帮助人们学习所需要的技能，并在众多不同的工作领域中取得成功，这笔资金旨在帮助课程提供者和雇主商讨如何共同合作以更好地满足所有年龄段成年人的教育与培训需求，从而使他们有机会学习重要的新技能并改变自己的生活。

【英国学徒制项目参与率下降近 1/4】 4 月 19 日，英国政府发布的数据显示，英国政府通过一年前推出的学徒税（apprenticeship levy）措施力争到 2020 年实现增加 300 万个学徒制岗位，然而本学年前半期参与就业培训的学徒人数反而大幅下降，下降人数近 1/4。英国商会（British Chambers of Commerce，BCC）表示，学徒税自 2017 年 4 月施行以来，学徒制项目的种种限制和刚性要求降低了雇主的积极性。官方数据显示，2017 年 8 月至 2018 年 1 月，学徒制参与人数为 20.6 万人，与 2016—2017 年同期的 26.9 万人相比下降了 24%。财政大臣菲利普·哈蒙德（Philip Hammond）承认，一年前引入学徒税后，由于财政短缺问题导致学徒制参与人数低于预期。英国董事协会（Institute of Directors，IoD）的研究表明，仅 1/7 的雇主认为学徒税达到了预期目的，只有不足 1/5 的雇主愿意利用学徒税补贴招收更多学徒。BCC 商业环境与技能政策部主任简·格拉顿（Jane Gratton）认为，最新数据反映了学徒税对学徒培训的消极影响，她呼吁政府进行学徒税改革，以使其更具可行性。教育部发言人表示，学徒制改革旨在提升优质学徒的数量，使不同年龄和背景的人们享有学徒制带来的机会，增加参与工程、法律等学徒项目的人数。

【英联邦学习共同体推出新的数字教育技能平台】 5 月 7 日，英联邦学习共同体（Commonwealth of Learning，COL）推出了“英联邦数字教育领导力培训行动”（Commonwealth Digital Education Leadership Training in Action）在线平台，旨在提供实现终身学习和普及素质教育的数字教育技能。该平台与南非开普敦大学学习和教学创新中心（Centre for Innovation in Learning and Teaching and the University of Cape Town，South Africa）合作开发课程模块。教师和学生可以通过该平台遵循自我时间、空间和节奏反复练习以提高其技能。该平台旨在协助教师和学生：评估数字教育技能；基于需要改进的领域学习数字教育技能；获得不同等级的证书。COL 教育专家、该平台的推动者圣贾亚·米斯拉（Sanjaya Mishra）博士指出，数字教育技能将是 21 世纪获得成功的基本技能。该平台旨在加强英联邦的数字教育技能环境，COL 将通过该平台与英联邦成员国政府和教育机构合作，为终身学习创造有利环境。

【日本发布“未来的专门学校”发展计划】 5 月 15 日，日本文部科学省发布“未来的专门学校”发展计划。日本的专门学校是为应对社会和产业需求而设立的职业教育和专业技术教育机构，旨在培养多个领域的专业人员。目前，日本正面临由第四次产业革命带来的科学技术的飞速发展以及由全球化带来的产业结构和就业结构变化，需提高在职人员的生产力水平。专门学校顺应上述发展趋势，努力提高教育质量，致力于培养具有高度应变能力的技能型人才。“未来的专门学校”计划旨在通过获取最新的教育信息以培养时代发展所需人才，并形成具体的人才培养计划及举措。

【波兰发布综合技能战略】 6 月 15 日，波兰国家教育部发布《综合技能战略》。战略侧重于建设、维持和利用国家人力资本，以增加就业和经济增长，促进社会包容。战略不仅包括普通和职业教育，以及初级、继续和高等教育，也包括非官方和非正式学习。战略的主要目标是：制定连贯的技能发展政策；协调利益相关者的活动；提供平等获得关于技能需求和供应、职业咨询和教育服务供应信息的机会；增加对培养技能可以为个人、社会和经济增长带来益处的了解；为所有社会群体提供更多的教育和劳动力市场活动，特别是那些面临贫困风险的群体。

【英国教育部新设技术教育课程】 5 月 27 日，英国教育部宣布为首批 52 所学院提供 T- Levels（Technical levels）课程。T- Levels 是为 16 岁以上年轻人在技术和学术教育之间选择而新设的课程，与 A-levels 课程同等水平，建筑、数字教育和儿童保育方面的 T- Levels 课程将于 2020 年 9 月开始授课；从 2021 年起，还将分阶段推出 22 门课程，涵盖财会、工程制造、创意设计等领域。英国教育大臣达米安·海因兹（Damian Hinds）5 月 27 日表示，如今科技和世界经济正快速变化，确保年轻人具备未来工作所需技能是英国现代工业战略的核心，T- Levels 课程期望通过与企业界合作，引领英国技术教育的改革，使之能够与世界优秀技术教育体系相抗衡。

【UNESCO-UNEVOC 举办职业技术教育与培训国际会议】 5 月 30 日至 6 月 1 日，联合国教科文组织国际职业技术教育与培训中心（UNESCO-UNEVOC）主办的以“职业培训的国际会晤——预测未来”（International Encounters on Vocational Training- Anticipating the Future）为主题的国际会议在西班牙巴斯克举办。来自全球 40 多个国家的与会者对当下行业和企业数字化转型带来的挑战进行了讨论，期望通过加强合作和知识交流来应对这些挑战。本次会议围绕如下议题展开：与“工业 4.0”相关的职业技术教育和培训（TVET）系统的发展；TVET 中应用创新和研究的未来趋势；促进 TVET 和国际网络之间知识的交流与协作。UNESCO- UNEVOC 负责人萨玛尔·玛姆德尔（Shyamal Majumdar）就可持续发展目标背景下的“工业 4.0”发表了主旨演讲，他强调，应调整教师的教学方法和学生的学习方式来适应职业的动态需求。同时，需要重新调整培训方向，为学习者提供技能培训，使其能够实现终身学习和有效就业。

【《以色列学徒制和职业教育与培训》报告发布】 6 月 14 日，经济合作与发展组织发布《以色列学徒制和职业教育与培训》（Apprenticeship and Vocational Education and Training in Israel）报告。报告显示，以色列在过去十年中经济增长迅速，人口失业率较低，但许多依赖高技能劳动力的职业出现了劳动力短缺现象，解决该问题的有效途径就是增加移民人口和利用职业教育与培训体系来满足劳动力市场对高技能人才的需求。针对此，报告提出四项具体措施：第一，开发基于工作的职业学习环境。目前，以学校为基础的职业教育与培训体系为学生提供了学习技能的环境，为其进入大学做准备。将学徒制和基于工作的职业学习融入高中职业教育与培训课程，缓解由于没有通过预科考试、中途辍学以及各种原因没有继续接受教育学生的就业压力。第二，鼓励雇主为学生提供更多工作和学习机会。以色列政府将根据对不同目标群体的分析，扩大针对成年人的学徒计划，制定相应的奖励和支持措施，缓解劳动力短缺现状。第三，打造一个连贯、透明的职业教育与培训体系。职业教育与培训体系要实现内部协调一致，明确不同职业教育与培训项目之间的关系以及职业培训与普通教育之间的融合发展途径。为此，以色列建立了相关战略机构，负责制定职业教育与培训政策，并进一步完善国家职业资格框架。第四，提高公民的读写和计算能力。据统计，在以色列有1/3的工作人员计算或读写能力较低。报告提出，要确保所有以色列学生具备读写和计算能力，并为学业成绩较差的学生提供专门辅导，同时还应重视在成年人中开展读写和计算等基本技能教育。

【德国25个新职业培训章程生效】 7月26日，德国联邦职业教育与培训研究所（BIBB）宣布，德国新培训年（New Training Year）于2018年8月1日正式启动，除双元制范围内州政府认可的全部职业外，还重新调整了电子商务管理助理、信息通信系统电子技师、船舶及设备建造师等25个新职业。这25个新职业的培训章程自2018年8月1日起正式生效。数十万名签订培训合同的学徒将通过双元制培训开启他们的职业生涯。BIBB主席弗里德里奇·休伯特·埃塞尔（Friedrich Hubert Esser）指出，“现代卓有成效的职业教育与培训体系离不开培训章程的质量和有效性。技术发展和工作领域的数字化加速了职业教育与培训调整的步伐。足量的高素质专业人员及青年技术工人对德国保持经济地位至关重要。BIBB将继续致力于鼓励有才能的有志青年选择职业教育道路，以开发德国各个领域的技术潜能”。学习者可以从326个受认可的双元制培训职业中自由选择。2008年以来，为适应经济、技术和社会发展需求，BIBB与相关管理部门、社会伙伴、企业专家共同修订了138个培训章程，充分展示了德国双元制培训对新变化的适应能力。

【英国启动首个政府经济服务学位学徒计划】 9月28日，英国启动首个政府经济服务学位学徒计划（Government Economic Service Degree Appren- ticeship Programme，GES- DAP）。作为英国第一个学位级别的经济学徒计划，GES-DAP面向17—27岁达到申请资质的青年学生，申请程序将于2018年12月开始，被成功录用的学徒在攻读学位的同时可在政府部门获得带薪实习的机会，起薪超过2万英镑，伦敦地区为2.2万英镑。预计从2019年秋季开始，约有70名新生将获得在政府各部门任职的机会。GES-DAP是政府推动入职机会向社会开放的重要组成部分，并遵循了技术教育考试标准（T-levels），该标准旨在建立一个世界级的职业技术教育体系，帮助人们在未来的经济竞争中崭露头角。GES- DAP将与肯特大学（University of Kent）合作推出，并将对普通中等教育证书考试（General Certificate of Secondary Education，GCSE）中的数学成绩在B级（6）及以上或在英国大学和学院招生服务中心（Universities and Colleges Admissions Service，UCAS）考试中获得96分以上的考生开放——相当于在英国高中课程（General Certificate of Education Advanced Level，A-Level）考试中获得CCC等级或在商业与技术教育委员会考试（Business & Technology Education Council，BTEC）中获得MMM/DD等级的文凭或证书。英国财政部，劳动和社会保障部，商务能源与产业战略部，教育部，环境、食品和农村事务部等政府部门将在全国范围内提供学徒培训。在推出首个GES-DAP之际，英国政府经济服务部联席主席克莱尔·隆巴尔代利（Clare Lombardelli）和山姆·贝克特（Sam Beckett）表示，GES-DAP将为来自全国各地有才华的年轻人创造全新的就业机会，为政府经济服务部带来更广泛、更多样化的人才集群，期待能与新学徒们共同努力奋斗以解决影响国计民生的重要议题。教育部分管技能和学徒制的国务大臣安妮·米尔顿（Anne Milton）表示，全新的、高质量的专业经济学徒制获得批准，意味着学徒将来不但能取得学位，而且能接受对其成才起到重要作用的职业培训，使学徒在未来职业生涯中具备并发挥自身优势。

【英国“开展继续教学计划”助力继续教育发展】 10月12日，英国学徒制和技能大臣安妮·弥尔顿（Anne Milton）宣布，“开展继续教学”计划（Taking Teaching Further，TTF）为英国前37所继续教育机构提供资金。作为一项试点计划，这项投资额达500万英镑的计划已于2018年6月启动，旨在帮助招聘行业内的优秀工作者进入继续教育机构，支持行业与继续教育之间持续交流。该计划希望通过引入更加多样化的经验和技能，进一步提高为16岁以上（post-16）学生提供教育的教学人员的质量。试点计划首先招募80名专家教师，鼓励他们进入继续教育机构工作，并对学生进行再培训。此外，还有资金总额高达90万英镑的20个创新项目用于探索行业机构和继续教育部门如何协同工作，确保学生获得企业真正需要的知识和技能。TTF计划作为英国政府对继续教育部门进行更大投资的一部分，侧重于支持优先部门，包括英国准备从2020年开始引入一项黄金标准的技术水平课程（Technical Level，T-Level）（相当于英国高中课程的高质量技术课程），具体涉及教育和幼儿保育、数字化、建筑、工程、制造及其他STEM科目，帮助年轻人获得良好的工作或继续培训所需的最前沿的技能和经验。英国将从2020年开始，在50多所继续教育学院提供3门T-Level课程，其余22门课程将在此之后逐步完成。此项改革将真正为英国16岁以上的学生提供技术教育和学术教育的选择机会。

【第11届2030教师教育政策对话论坛召开】 11月5日—9日，第11届2030教师教育政策对话论坛（11th Policy Dialogue Forum on Teachers for Education 2030）在牙买加蒙特哥贝举行，本次会议的主题是“教师培训：技能与工作能力”（Teacher Training：Skills and Competencies for Work）。会议讨论了教师在职业发展中所面临的多重挑战，重点关注职业教育领域。会议讨论了职业教育教师面临的主要挑战与机遇，分享了与会专家和主要从业人员的经验以及国际和地区层面的研究成果。来自马来西亚、牙买加、智利、德国、菲律宾、老挝的代表分享了各自的成功经验，探讨了不同利益相关者在职业教育中的作用。会议就政策、机构、体制层面所面临的关键挑战达成共识：在政策层面，需要将职业教育从业人员的特殊要求融入教师培训政策之中，以吸引、激励、促进所有职业教育从业人员的发展；在机构层面，职业教育教师和培训师不能获得足够的能力提升机会，导致授课质量难以保障；在体制层面，缺乏清晰的监管框架以规定质量的执行标准。针对上述问题，论坛提出如下建议：通过学习、知识分享、深化与利益相关者合作等方式加强职业教育教师的循证研究；在行业发展政策中突出职业教育的地位，提高职业教育形象。与会者还呼吁要在确定相关从业标准的前提下对职业教育教师开展职前和在职培训。这些培训体系要聚焦职业教育教师的能力建设，确保其获得21世纪及未来社会发展所需的技能。

【丹麦呼吁市政当局加强其在职业教育中的作用】 11月20日，欧洲职业培训发展中心发布的数据显示，丹麦的职业学院面临师资招聘困难和低毕业率的困境。此外，由于学生数量和职业教育机构的财政资源不断减少，创造并发展新的、更具吸引力强调学习环境的机会也在不断减少。而且，丹麦咨询公司代表教育部开展的一项调查也强调了上述问题。调查发现：第一，丹麦多数市政当局在发展职业教育与培训、激励学习者方面的作用尚未充分发挥，且此前于2015年丹麦职业教育与培训改革中所提出的提高学习环境吸引力等举措尚未得到充分实施。第二，职业教育与培训在社会上的认可度及受尊重程度仍然较低，通常被视为一种没有必要的教育类型或仅仅被作为普通高中教育的替代方案。第三，一般而言，公立学校的学习者往往不会参加职业教育与培训，职业教育与培训所具备的行业发展潜力也鲜少告知学习者。由此，该调查呼吁丹麦市政当局要更多地考虑学习者的多样性，为符合要求或具有潜力的学习者提供个性化的职业教育与培训服务；提高教师工资待遇，提升职业教育与培训的社会认可度；不断加强职业教育与培训的教学实践。

【德国加强对应用科技大学的支持】 为推动德国应用科技大学开展应用型科研和应用型人才培养，整体推进德国科研体系的数字化建设，11月16日，德国举行联邦和州科学联席会议（GWK），并达成合作协议。根据协议，联邦和州政府将联合实施以下四项计划。一是进一步落实应用科技大学的科研和发展计划。该计划始于2005年，旨在推动应用科技大学开展应用型研究。过去10年，相关研究项目已获得联邦政府提供的4亿多欧元的直接经费资助，州政府提供配套经费，支持获批高校开展研究项目。当前是该项目第三次延期，计划每年继续投入6000万欧元。二是应用科技大学的人员资助计划。该计划是联邦政府和州政府新达成的资助计划，旨在吸引人才到德国应用科技大学担任教授。该计划希望通过设立重点教席、开展联合培养、建立交流与合作平台等措施帮助应用科技大学吸纳兼具扎实理论知识和丰富实践经验的教授人选。此外，应用科技大学可以根据学校自身情况，制定适合本校发展的人才招聘方案，并在人员资助计划中提出资助申请。联邦和州政府预计为该计划投入4.3亿欧元。在计划实施第一期，资助经费全部由联邦政府投入；首期结束后，50%的经费由州政府提供。德国大学校长联席会议（HRK）在事后发表声明，对以上两项计划的达成表示肯定。三是完善国家科研数据基础设施建设计划。该计划旨在加强数字化、区域分布式并联网的数据库建设，改变德国目前整个科学系统中相关数据分散且基于项目临时存储的情况，为数据管理设定标准，从而可持续地保护和利用研究数据，为促进科学研究和社会创新创造条件。该计划将于2019年1月1日启动，联邦和州政府计划按照9：1的比例投入9000万欧元。四是推动高校科研设施、大型设备、国家高性能计算机建设计划。联邦和州政府希望通过该计划进一步推动高性能计算中心建设，有效发挥其技术优势，满足日益增长的科学计算需求及前瞻性科学的数字化要求。为此，联邦和州政府计划每年共同出资6250万欧元，持续10年，用于获批计算中心的设备购置和管理。

【《以色列职业教育与培训评论》发布】 6月14日，《以色列职业教育与培训评论》发布。报告评估了以色列的学徒制度和职业教育与培训。报告指出，在过去十年中，以色列经济增长强劲，许多行业和职业都出现了劳动力短缺现象。与此同时，一些人口群体的不平等和劣势正在加剧。报告主张扩大学徒计划并将其纳入主流高中阶段教育，并在选定的校本职业培训方案中发展系统的在职教育课程。目前，以色列的职业教育和培训不成体系，学生和雇主往往难以做出选择。为应对这一问题，报告建议设立单一的战略机构，负责规划和指导职业教育与培训政策的制定，并在政府内部对该政策予以支持。

【葡萄牙《技能战略》强调加强成人教育】 5月4日，葡萄牙发布《技能战略》(以下简称《战略》)。《战略》提出，提高技能对葡萄牙取得经济成功和社会福祉至关重要。随着全球化和数字化日益改变人们的工作方式、社会运作方式和个人互动方式，葡萄牙需要让全体人民具备良好技能，这样他们才能从新机遇中获益。多年来，葡萄牙一直将教育和技能作为政治议程的重中之重，但仍有半数以上成年人未能完成高中教育。随着人口迅速老龄化和技术代际差距的扩大，葡萄牙需要进一步强化其成人教育系统，建立清晰的成人教育系统愿景，并在包括各级政府、教育和培训机构、雇主、工会、非营利部门和学习者在内的所有利益相关者之间建立起牢固的伙伴关系。《战略》提出，要采取一系列具体行动，帮助葡萄牙改善成人教育系统，进而促进经济增长并增强社会凝聚力。

【缅甸职业教育与培训转型会议召开】 12月3—4日，在联合国教科文组织（UNESCO）、联合国教科文组织国际职业技术教育与培训中心（UNESCO-UNEVOC）、驻缅甸办事处和德国国际合作机构（GIZ）的支持下，在缅甸仰光举行了职业教育与培训转型研讨会，讨论了在该国职业技术教育与培训（TVET）追求卓越的转型过程中所面对的挑战。来自国际和区域的组织，以及柬埔寨、斯里兰卡、印度、新加坡、中国和韩国的6个UNESCO-UNEVOC中心的专家参加了研讨会。缅甸教育部提出，要加大努力，改善青年人接受职业教育与培训的机会，并加强对职业教育与培训系统和机构的有效管理。

【土耳其加强资格制度建设】 9月19日至21日，由欧洲培训基金会（ETF）和欧洲复兴开发银行（EBRD）联合举办的职业资格制度交流研讨会在土耳其穆杜尔努镇举行，来自ETF、欧盟驻土耳其代表团、EBRD和国际劳工组织的专家以及土耳其各地的100多名代表参加了会议。会议认为，土耳其在资格制度发展方面取得了重大进展。国家设立了职业资格认证局（VQA），并以职业测试中心（VocTest Centers）的形式建立了越来越多经核准的认证机构（ACB）网络，负责根据国家职业资格制度对求职者的技能进行评估，从而对其进行认证。在加强和扩大职业测试中心网络的现行工作基础上，研讨会侧重于所取得的经验以及面临的挑战。会议一致认为，雇主的大力支持是土耳其制度的一个优势，雇主应加大对员工的培训力度，会议还提到了工业4.0的挑战以及资格认证体系需要适应新兴的技能需求，必须高度重视资格认证体系的设计，以满足私营部门的新需求。

【黑山加强职业教育和培训管理及融资】 10月17日，欧洲培训基金会（ETF）在黑山技能发展系统合作方的积极参与下，进行了开拓性评估，提出致力于加强其职业教育与培训系统的管理及融资。国家利益相关方与欧洲培训基金会、欧盟和其他捐助方的专家对该评估结果发表了看法，并就该国职业教育和培训系统的优势和需要改进的领域交换了意见。对此，国家利益相关方承诺将采取更系统、更深入的办法处理职业教育与培训的管理和融资问题，重点为采取更加全面和注重成果的办法，并加强私营部门的参与。他们还同意把人均资助视为职业教育与培训融资更为有效的方式。国家职业教育与培训战略的管理与融资评估基于欧洲培训基金会应欧盟委员会要求而制定的方法。欧洲委员会赞扬黑山是成功解决管理和融资等高度敏感问题的先驱。评估强调，需要加强部际协调，加强企业和民间社会力量的参与，增强学校自主权，并采用新的资源分配机制，如人均资金等。为提升管理，则需要一个共同的监测和评价框架。

【摩尔多瓦发布《职教教师专业发展报告》】 12月6日，摩尔多瓦发布《职教教师专业发展报告》草案。报告显示，在过去12个月中，摩尔多瓦有78%的职教教师参加了持续专业发展（CPD），但只有不到一半（48%）接受了与其专业有关的在职培训，且只有17%参加了在工作场所或商业场所提供的课程。研究发现，全国只有大约一半的职业学校在校董事会中有企业代表，但能够支持持续专业能力发展的在线和视频资源的使用正在增加，有43%的职教教师参加了此类在职培训。在介绍了报告要点之后，与会者举行了一次收集意见和建议的会议，以商定相对可行的优先事项。这些事项包括：与行业界建立更好的伙伴关系，与企业进行更直接的互动，以推动职教教师持续的专业发展。

【瑞典启动新的职业资格考试】 10月15日，瑞典启动新的职业资格考试，目的是更好地配合职业教育和劳动力市场的需求，支持学校与工作生活之间的协作，并试图确定何种职业方案对应从事何种工作。作为一项试点，这一新的制度将持续至2021年，如果成功，它将被纳入普通高中和成人教育的常规部分。瑞典国家教育局将根据个人需要支持参加试点项目的人员。职业资格考试应符合EQF4标准，并且由职业教育教师和专业、行业或利益相关者的代表共同制定。职教教师必须是将要进行职业资格考试学校的雇员，以便检查其所受教育是否能够培养出所需要的技能。行业代表必须得到利益相关方委员会批准，以确保资格测试与国家层面相关。

【西班牙将职业教育与培训置于教育部政策首要地位】 9月10日，西班牙教育和职业培训部部长，以及劳工、移民、社会保障部部长向国会提交了各自部门的行动计划。在行动计划中，职业教育与培训成为重新组建的教育与职业培训部（原教育、文化和体育部）新政策的轴心之一，以支持国家生产模式的转变。在国家、自治社区、家庭和个人之间分担责任和权限的背景下，协作和公开对话是计划中的职业教育与培训所依赖的关键因素，具体改革举措包括：取消为13岁以上学生提供的初中教育路线，一种是学术的，另一种是以职业为导向的，这种安排根据学生的表现决定学校的发展方向；修改基本职业教育与培训课程，确保这些课程是为需要更多支持的学生提供的路径，而不是成为次优途径。计划提出四个主要领域：实现职业培训系统现代化和重组，以更好地协调就业和教育当局提供的职业教育与培训；放宽其颁发的职业资格，以及从基础（ISCED353）升入中级职业教育与培训（ISCED354）和从中级到高级职业教育与培训（ISCED554）课程之间的认同门槛；协调不同形式的成人学校参加职业教育考试（入学考试、预备课程）；促进职业教育与培训需求技能方案，解决技能不匹配问题，并应对新经济的新需求；制定国家有效的双重职业教育与培训规定（普通职业教育与培训模式）；与劳动部合作，支持技能提升并改进验证事先学习的过程，并为学术和职业研究制定综合指导模式。

【斯洛文尼亚加强对技能战略实施的指导】 12月5日，经济合作与发展组织（OECD）发布关于斯洛文尼亚技能的研究报告。报告指出，成年人拥有较高技能水平可以让个人、雇主和社会都从中受益。近几十年来，斯洛文尼亚的教育质量和高等教育发展取得了重大进步。然而，在当今的斯洛文尼亚，许多成年人的基本技能水平仍然很低。成人教育的参与度仍然低于斯洛文尼亚的目标水平，对于低技能人员、失业人员、老年人以及小企业工人而言尤其如此。随着经济增长和对技能重要性认识的加深，斯洛文尼亚的政府、社会各方和利益相关方适逢一个难得的机遇，可以借此改进其在成人教育系统中分担责任和共同工作的方式方法。报告建议政府、社会各方和利益相关方采取具体行动，加强协调与合作，以提高成人教育的参与度、成果和成本效益。